R 25565

Paris
1724-1725

Clerselier, Claude-Descartes, René

Lettres...qui traitent de plusieurs belles questions concernant la morale, la physique, la médecine

Tome 2

R

R. 2495.

2564

LETTRES
DE
Mr DESCARTES,

QUI TRAITENT DE PLUSIEURS belles questions concernant la Morale, la Physique, la Medecine, & les Mathematiques.

Où l'on a joint le Latin de plusieurs Lettres qui n'avoient été imprimées qu'en François, avec une Traduction Françoise de celles qui n'avoient jusqu'à present paru qu'en Latin.

Nouvelle Edition enrichie de figures en taille-douce.

TOME SECOND.

A PARIS,

Par la Compagnie des Libraires.

M. DCC. XXIV.

AVEC PRIVILEGE DU ROY.

LETTRES
DE M. DESCARTES.
TOME SECOND.

ILLUSTRISSIMO VIRO,

PRINCIPIQUE PHILOSOPHO,

RENATO DESCARTES.

HENRICUS MORUS.

LETTRE PREMIERE.

Vix me abstinebam (vir Clarissime) quin ab acceptis tuis litteris continuò ad te rescriberem; quamvis profectò id à me factum fuerit inciviliùs; quippe quod satis ex iisdem intelligerem te per septimanas benè multas negotiis fore districtissimum. Quin & mihi ipsi tunc temporis à patris obitu

A ij

acciderunt multa, quæ me alio avocarunt, impediveruntque adeo, ut quod voluissem maximè, præstare haud commodè potuissem. Jam verò ad te tuaque reversus, satisque nactus otii rescribo, gratiasque ago maximas, quod quærendi de tuis scriptis quod lubet, objiciendique, plenum nihi jus tam liberè benignéque concesseris.

Cæterùm, ne abuti videar hac summâ humanitate tuâ ad prolixiores altercationes (nam hactenus eo in loco Philosophiæ versati simus, qui λογομαχίαις lubricitique subtilitatibus opportunior extitit, in confiniis utique Physices, Metaphysicæ & Logicæ) ad ea propero, quæ certum magis firmumque judicium capiunt.

Obiter tantùm notabo, atque primò ad Responsionem ad instantias primas. Quantùm ad Angelos animasque separatas, si immediatè suas invicem deprehendant essentias, id non dici posse sensum propriè; si ipsos fingas penitùs incorporeos. Me verò lubentem cum Platonicis, antiquis Patribus, magisque fermè omnibus, & animas & genios omnes tam bonos quam malos, planè corporeos agnoscere, ac proindè sensum habere propriè dictum (i.e.) mediante corpore quo induuntur exortum. Et profectò, cum nihil non magnum de tuo ingenio mihi pollicear, perquàm gratissimum esset, si conjecturas tuas quas credo pro eâ quâ polles sagacitate ac acumine fore ingeniosissimas, mecum breviter communices super hâc re. Nam quod quidam magnificè se efferunt in non admittendo substantias ullas quas vocant separatas, ut dæmonas, Angelos, animasque post mortem superstites, & maximopere hic sibi applaudunt, quasi re benè gestâ, & tanquam eo ipso longè sapientiores evasissent cæteris mortalibus, id ego non hujus æstimo. Nam quod sæpiùs observavi, hi sunt ut plurimûm, aut Taurini sanguinis homines, perditéque melancholici, aut immane quantùm sensibus & voluptatibus dediti, Athei denique, saltem si permitteret religio, quâ solâ superstitiosè ficti Deum esse agnoscunt. Me vero non pudet palam profiteri, me vel semoto omni Religionis imperio, meâ sponte agnoscere, genios esse, atque Deum; nec ullum alium tamen me posse admittere, nisi qualem optimus quisque ac sapientissimus exoptaret, si deesset, existere. Unde semper suspicatus sum, profligatissimæ improbitatis, summæque stupiditatis triumphum esse, Atheismum; Atheorumque gloriationem perinde esse, ac si stultissimus populus de sapientissimi, benignissimique principis cæde ovarent inter se, & gratularentur. Sed nescio quo impetu huc excursum est. Redeo.

Secundò, Quod ad demonstrationem illam tuam attinet, quâ concludis omnem substantiam extensam esse tangibilem, & impenetrabilem; videor mihi hæc posse regerere: in aliquâ scilicet substantiâ extensâ partes extra partes esse posse, sine ullâ ἀντιτυπία, seu mutuâ resistentiâ, atque hinc perit propriè dicta tangibilitas. Deinde extensionem simul cum substantiâ in reliquam replicari extensionem & substantiam, nec deperdi magis, quam illam substantiæ partem quæ retrahitur in alteram, atque hinc cadit illa impenetrabilitas; Quæ profiteor me clarè & distinctè animo concipere. Quod autem aliquod reale claudi possit (sine ullâ sui diminutione) minoribus majoribusque terminis, constat in motu, ex tuis ipsius principiis. Nam idem numero motus nunc majus, nunc minùs subjectum occupat, juxta tuam etiam sententiam; Ego verò pari facilitate & perspicuitate concipio dari posse substantiam, quæ sine ullâ sui imminutione dilatari & contrahi possit, sive per se id fiat, sive aliundè.

Postremò igitur; Et demiror equidem, quod ne in intellectum tuum cadere possit, quod aut mens humana aut Angelus hoc fermè modo sint extensi, quasi implicaret contradictionem. Cum ego potiùs putarem implicare contradictionem, quod potentia mentis sit extensa, cum mens ipsa non sit extensa ullo modo. Cum enim potentia mentis, sit modus mentis intrinsecus, non est extra mentem ipsam ut patet. Et consimilis ratio est de Deo; unde me consimilis ferit admiratio, quod in Responsione ad penultimas instantias concedis eum ubique esse ratione potentiæ, non ratione essentiæ; quasi potentia Divina, quæ Dei modus est, extra Deum esset sita, cum modus realis quilibet, intimè semper insit rei cujus est modus: Unde necesse est Deum esse ubique, si potentia ejus ubique sit.

Neque suspicari possum per potentiam Dei intelligere te velle, effectum in materiam transmissum; Quod si hoc intelligas, non video tamen quin eodem res recidat. Nam hic effectus non transmittitur nisi per potentiam Divinam, quæ attingit materiam suscipientem, hoc est, modo aliquo reali unitur cum eâ, ac proindè extenditur; nec tamen intereà separatur ab ipsa Divina essentia. Videtur enim, ut dixi, conspicua contradictio. Sed hisce statui non immorandum.

Ad quæstiones transvolo, postquam monuerim, quam contristat animum, continuationis tuæ Philosophiæ desperatio; sed æquè refocillat tamen certa spes tractatus illius desideratissimi, quem hæc æstas partutit; citò & feliciter in lucem prodeat, exopto.

Ad Respons. Ad Quæstiones.

Ad primam & secundam; Respondes sanè constanter & convenienter tuis principiis, quod à qualibet, nisi sententia vicerit melior, & expecto, & laudo.

Ad tertiam; ex navigiolo illo tuo has mihi comparavi merces. 1. In motu esse mutuum eorum quæ moveri dicuntur renixum. 2. Quietem esse actionem, nempe renixum quendam, sive resistentiam. 3. Moveri duo corpora, esse immediatè separari. 4. Immediatam illam separationem esse motum illum, sive translationem, præcisè sumptum.

Cum vero duo corpora se expediunt à se invicem, nisi vim in utroque expeditricem & avulsoriam adjeceris notioni translationis, seu motus, motus hic erit extrinsecus tantùm respectus, aut aliquid fortasse levius. Separari enim, vel significat superficies corporum, quæ se modò mutuò tangebant, distare à se invicem (distantia autem corporum extrinsecus tantum est respectus) vel significat non tangere quæ modo tangebant, quæ privatio duntaxat est, vel negatio. Certè de sententiâ tuâ hâc in re non satis clarè mihi constat.

Ego verò, si mihi ipsi permitteret, judicarem motum esse vim illam vel actionem, quâ se à se invicem mutuò expediunt corpora quæ dicis moveri; immediatam autem illam separationem eorumdem, esse effectum dicti motus, quamvis sit vel nudus duntaxat respectus, vel privatio. Sed aliter tibi visum est philosophari in explicatione definitionis motûs, Art. 25. part. 2. p. 88. princip. ubi equidem mentem tuam non plenè capio.

Ad reliquas quæstiones omnes quas proposui, respondisti perspicuè & appositè. Sed ad pleniorem intelligentiam eorum quæ ad sextam accumulavi, expecto dum prodeat exoptatissimus tuus libellus de affectibus.

Cæterùm, quantum ad verba illa mea ultima, *An ulla res*, &c. Parturibat profectò mihi mens evanidam aliquam subtilitatem, quæ jam effugit, nec meâ interest revocare.

Hoc tantùm quæram denuò ; Utrùm materia sibi liberè permissa, (id est) nullum aliundè impulsum suscipiens, moveretur an quiesceret. Si movetur à se naturaliter, cum materia sit homogenea, & ea propter motus ubique esse æqualis, sequitur quod tota materia simul ac fuerit, disjiceretur in partes tam infinitè exiles, ut nihil ullomodo vlteriùs abradi posset ab ullâ particulâ. Quicquid enim abradendum imaginaris, jam disjectum est, ac dissolutum, ob intimam vim motûs per universam materiam pervadentis, vel si malles, insiti. Nec partium aliæ aliis magis mutuò adhærescent, aliòve cursum flectent, quàm aliæ, cùm sint omnes prorsus consimiles juxta quamlibet rationem imaginabilem.

Nulla enim figuræ asperitas, vel angulositas fingi potest, quæ non jam contusa sit ad ultimum quod motus poterit præstare; Nec ulla motûs inæqualitas in ullis particulis ponenda est, cum materia supponatur perfectè homogenea. Si naturaliter igitur moveretur materia, nec sol, nec cœlum, nec terra esset, nec vortices ulli, nec heterogeneum quicquam, sive sensibile, sive imaginabile, in rerum Natura. Ideoque pariter tuum condendi cœlos, terrasque, cæteraque sensibilia, mirificum artificium.

Quod si materiam quiescere dicis ex se, nisi aliundè movetur, quodque hæc quies sit positivum quid, vim inde materia æternùm pateretur, & affectio naturalis destrueretur in perpetuum, ut contraria dominaretur; Quod videtur duriusculum. Nec tamen tutius forsan esset quietem statuere motûs privationem, sive negationem; caderet enim omnis resistendi actio in materia quiescente, quam tamen agnoscis: Quanvis & id ipsum intellectui meo non nihil negotii facessat. Dum enim quietem actionem statuis materiæ, motum etiam eandem esse statuas necesse est; siquidem materia non agit nisi movendo, aut saltem conando motum. Malè profecto me habent isti scrupuli, quos quàm primùm eximere mihi poteris obsecro ut eximas.

Quin etiam adeo superstitiosè hæc prima principia pensito, ut nova jam mihi ingeratur difficultas de naturâ motus. Cum scilicet motus corporis modus sit, ut figura, situs partium, &c. qui fieri posset, ut transeat ab uno corpore in aliud, magis quam alii modi corporei: Et universim imaginatio mea non capit, qui possit fieri, ut quicquam quod extra subjectum esse non potest (cujus modi sunt modi omnes) in aliud migret subjectum. Deinde quæram, cum unum corpus in aliud minus, sed quiescens impingit, secumque defert, an non quies quiescentis corporis similiter transmigrat indifferens, æquè ac motus moventis in quiescens: Videtur enim quies res adeò otiosa ac pigra, ut tædeat itineris; cum tamen æquè realis sit ac motus, ratio cogit eam transire.

Postremò, obstupesco planè, dum considero, quod tam levicula ac vilis res ac motus, solubilis etiam à subjecto, & transmigrabilis, adeòque debilis ac evanidæ naturæ ut periret protinus, nisi substentaretur à subjecto, tàm potenter tamen contorqueret subjectum, & hac vel illac tam fortiter impelleret. Equidem pronior sum in hanc sentenciam, quod nullus prorsùm sit motuum transitus; sed quod ex impulsu unius corporis, aliud corpus in motum quasi expergiscatur, ut anima in cogitationem ex hac vel illa occasione; quodque corpus non tam suscipiat motum, quàm se in motum exerat, à corpore alio commonefactum; Et quod paulò antè dixi, eodem modo se habere motum ad corpus, ac cogitatio se habet ad mentem, nimirùm neutrum recipi, sed oriri utrosque ex subjecto in quo inveniuntur. Atque omne hoc quod corpus dicitur, stupidè & tumulentè esse vivum, ut pote quod ultimam infimamque divinæ essentiæ, quam perfectissimam vitam autumo, umbram esse statuo, ac idolum; verumtamen sensu ac animadversione destitutam.

Cæterum, transitus ille tuus motuum à subjecto in subjectum, idque à majori in minus, & vicissim, ut supra monui, optimè repræsentat naturam meorum spirituum extensorum, qui contrahere se possunt, & rursus expandere; penetrare facillimè materiam, & non implere; agitare quovis modo ac movere, & tamen sine machinis ullis & uncorum nexu. Ve-

rùm diutiùs in hoc loco hæsi quam putaram:
sed institutum propero, hoc est, ad novas
quæstiones proponendas, super singulis illis articulis Principiorum tuæ Philosophiæ,
quorum vim nondum satis intelligo.

Ad partis primæ principiorum, art. 8.
pag. 5. l. 26.

Perspicuè videmus, &c. nec perspicuè videmus extensionem, figuram, & motum
localem, ad naturam nostram pertinere,
nec videmus perspicuè non pertinere; Utinam hic breviter demonstres nullum corpus posse cogitare.

Ad Artic. 37. pag. 25. lin. 27. ibid.

Annon major perfectio est id solum
velle posse hominem quod sibi optimum
esset, quam posse etiam contrarium; Cum
melius sit semper felicem esse, quam vel
summis aliquando efferri laudibus, vel
etiam semper?

Ad Art. 54. p. 30. lin. 12. ibid.

Hic rursus repeto, quod oportebat demonstrare, nihil extensum cogitare, aut
quod videbitur facilius, nullum corpus
posse cogitare. Est etiam dignum ingenio
tuo argumentum.

Ad art. 60. p. 44 & seq. ibid.

Quamvis mens possit concipere seipsam, ut rem cogitantem, exclusâ omni
corporeâ extensione in hoc conceptu, non
tamen evincit quicquam aliud, nisi quod

mens possit esse corporea vel incorporea, non quod sit de facto incorporea. Iterum igitur rogandus es, ut demonstres, ex aliquibus operationibus mentis humanæ, quæ corporeæ naturæ competere non possunt, hanc mentem nostram esse incorpoream.

Ad Partis secundæ princip. art. 25.
pag. 88. lin. 30.

Non vim vel actionem qua transfert, ut ostendam illum semper esse in mobili, &c. Annon igitur vis ipsa, atque actio motûs, est in re motâ?

Ad artic. 26. ibid. p. 89. l. 11.

Est-ne igitur in quiescentibus perpetua quædam vis statoria, vel actio sistendi se, & corroborandi contra impetus omnes, quibus partes eorum divelli possint, & disjici, vel totum corpus alio abripi, & transferri? Adeo ut quies rectè definiri possit, vis quædam vel actio interna corporis, quâ corporis partes arctè constringuntur ad se invicem, & comprimuntur, adeoque à divisione, vel dirotione, per impulsum alieni corporis, defenduntur? Hinc enim illud consurgeret, quod à meo intellectu minimè alienum est: Materiam utique vitam esse quandam obscuram (ut pote quam ultimam Dei umbram existimo) nec in solâ extensione partium consistere, sed in aliquali semper actione, hoc est, vel in quiete vel in motu, quorum utrumque reverâ actionem esse ipse concedis.

Ad art. 30. ibid. p. 92. lin. 23.

Hic articulus videtur continere demonstrationem evidentissimam, quod translatio sive motus localis (nisi extrinsecus sit corporum respectus duntaxat) non sit reciprocus ullo modo.

Ad artic. 36. ibid. p. 100 lin. 3.

Quæro, annon mens humana, dum spiritus accendit, attentiùs diutiúsque cogitando, corpusque insuper ipsum calefacit, motum auget universi?

Ad artic. 56. ibid. p. 119. lin. 29.

Nunquid igitur cubus perfectè durus, perfectéque planus, motus super mensâ, puta perfectè dura, perfectéque plana, eo ipso instanti quo à motu sistitur, æquè firmiter coalescit cum mensa ac cubi vel mensæ partes cum seipsis; An manet divisus à mensa semper, an ad tempus saltem, post quietem? Nulla enim est compressura cubi in mensam, cum hunc motum tanquam in vacuo factum imaginemur super mensam extra mundi parietes, si fieri posset, sitam, ac proinde ubi nullus locus est gravitati vel levitati; motumque sisti ex eâ parte ad quam tendit cubus. Videntur igitur ex lege naturæ, cum jam divisa sint cubus & mensa, & nulla actio realis detur quâ conjungantur, mansura super actu divisa.

Ad artic. 56. & 57, ibid. p. 120. & seq. fig. . tab. 1.

Non video quî sit opus, ut tam amplos particularium gyros ac lusus circa corpus B. describas, videtur enim satis, si putemus singulas aquæ particulas, si uili impetu moveri à materia subtili, & æquales, esse particularum magnitudines. Hinc enim, cum B. à quolibet latere, brevissimis gyris vel semigyris, vel alia quacunque ratione motus proximè adjacentium particularum, contunditur, necessariò quiescet, nec in unam partem magis quam in aliam promovebitur.

Ad ar. 57. ibi . pag. 124. linea 22.

Nec incedent per lineas tam rectas, &c. Quod: quid jam ad circularem magis accedunt, cum antea ovalem magis referebant figuram? Non plenè capio.

Ad artic. 60. ibid. p. 128. linea 17.

Sed ipsæ quatenus celerius aguntur in quaslibet alias partes ferri. Possunt ne igitur celeritas motus & ejusdem determinatio, divortium pati. Perindè enim videtur, ac si fingamus vectorem currentem, cursum quidem dirigere Londinum versus, sed celeritatem cursus nihilominus ferri Cantabrigiam versus, vel Oxonium. Subtilitas quam neutra universitas capiet

capiet, nisi forte intelligas per *ferri*, motum moliri, vel niti ut aliquorsum fiat motus.

Ad partis tertiæ principiorum, articulum 16. pag. 143.

Annon juxta Ptolemaicam hypothesin Veneris lumen, ad modum Lunæ, nunc decresceret, nunc cresceret, quamvis non tam ampliter.

Ad art. 35. ibid. pag. 158.

Quî fit ut Planetæ omnes in eodem non circumgyrentur Plano (Videlicet in Plano Eclipticæ) maculæque adeò solares; aut saltem in planis Eclipticæ paralellis; Ipsaque Luna, aut in Æquatore aut in Plano Æquatori parallelo; cum à nullâ internâ vi dirigantur, sed externo tantùm ferantur impetu.

Ad art. 36. 37. ibid. pag 160. & 161.

Vellem etiam mihi subindices rationem Apheliorum, & Perihéliorum Planetarum, & quam ob causam locum subindè mutent singula, tum maximè cum in eodem sint vortice omnia; cur non iisdem in locis inveniuntur Planetarum omnium Primariorum Aphelia & Perihelia? Præcessio etiam Æquinoctiorum, quomodo ex tuis oriatur principiis? Hîc enim tu veras & naturales horum Phænomenôn causas explicare poteris, cum alii ficticias tantùm exponant Hypotheses.

Tome II. B

Ad art. 55. *ibid. pag.* 181.

Quæ in orbem aguntur. Sed quomodo primùm inceperunt tam immensa materiæ spatia in gyros convolvi, vorticesque fieri?

Ad art. 57. *ibid. p.* 181. *fig.* 5. *tabula* 1.

Ejus partem qua à funda impeditur, &c. Videtur perceptu difficilius, quod lapis, A, impediatur à motu in D, cum nec de facto illuc unquam feratur, nec si impedimentum tolleretur, illuc naturaliter pergeret; Pergeret enim omnino versus C.

Ad art. 59. *ibid. pag.* 183. *fig.* 12. *tabula* 2. *pr. ncip.*

Novam vim motûs acquiri, & tamen conatum renovari hîc dicis: Nescio quàm bene cohærent. Nam si nova vis acquiritur & superadditur, non est renovatio motûs, sed augmentatio. Quod si globulus A, movendo motum auget, in eodem puncto baculi existens, cur non semper motus seipsum movendo accedit & auget? Hoc autem modo jam pridem omnia in flammam abiissent.

Ad art. 62. *ibid. pag.* 187. *fig.* 13. *tabula* 2.

Hîc quæro, cum conatus globulorum, in quo lux & lumen consistit, fiat per integram vorticis amplitudinem, ita ut basis trianguli LFD multò major esse possit, quam DB, & ab utrinque productæ diametri DB decies putà vel centies majoris factæ, extremitatibus, globuli obliquo conatu, in cuspidem aliquam ad F, oculum cujuslibet intuentis reprimantur, cur lux, puta solis, non major videtur, quam quæ sit intra circulum DCB?

Ad art. 72. ibid. pag. 199.

Non penitùs hoc artificium contorquendi materiam primi elementi in spirales sive cochleares formas intelligo; præsertim in locis ab axe paulo remotioribus. Nisi hoc fiat, non tàm quod globuli torqueantur circa particulas primi elementi, quàm quod ipsum primum elementum, ab ipsis fortassè globulis leviter in gyrationem determinatum, se ipsum inter triangularia illa spatia contorqueat, lineasque spirales in se describat. Oro te ut hîc mentem plenius explices. Sed & alia subinde hic oritur dubitatio. Cum particulæ hæ contortæ constent ex minutissimis particulis, & rapidissimè agitatis, quomodo illæ minutissimæ particulæ, in ullam formam vel magnitudinem majorem coalescant, præsertim cum in formandis hisce particulis striatis, distortio illa sit, motúsque obliquitas.

Ad art. 82. ibid. p. 210.

Tam supremi quam infimi, &c. Prodigii instar mihi videtur rapidus hic globulorum supremorum cursus, præsertim si cum mediorum comparetur, & qui causas quas in subsequenti articulo profers, largè exce-

B ij

dat. Si quid ulteriùs adinvenire possis, quò molliùs hoc dogma reddatur, gratum profectò esset audire.

Ad art. 84. ibid. p. 214.

Cur cometarum caudæ, &c. Primam quamque impatienter tibi obtrudo occasionem explicandi quodlibet: Rogo ut hanc rem etiam hoc in loco breviter expedias.

Ad art. 108. ibid. p. 239. fig. 20. tabula secunda.

Per partes vicinas Eclipticæ Q. H. in cœlum abire coguntur. Quî fit ut non omnes ferè illuc abeant, potiùs quam à polo ad polum migrando vorticem, quem vocas, componant?

Ad art. 121. ibid. pag. 260.

A variis causis assiduè potest mutari, &c. A quibus?

Ad art. 129. ibid. pag. 269.

Non priùs apparere quàm, &c. Cur circumfluxus illius materiæ, cum sit adeo transparens, impedit Cometam ne videatur? Circumfluens enim materia Jovem Planetam non abdit ab oculis nostris. Et cur necesse est, ut, nonnisi obvolutus materiâ rejecti vorticis, Cometa inde egrediatur?

Ad art. 130. ibid. p. 272.

Minuitur quidem, &c. Cur non deletur penitùs, si vortex A, E, I, O, fortiùs vel æquè fortiter urget vicinos vortices, quàm ille ab ipsis urgetur?

Ad art. 149. ibid. pag. 300. fig. 24. tab. 3.

Brevi accedet ad A, &c. Cur non ad F usque pergit, impingitque in ipsam terram?

Quia sic à rectâ lineâ minus deflectet. Non mihi constat lineam, NA, continuatam cum AB, lineam magis rectam constituere, quam eandem NA cum AD continuatam: Sed cum Luna à centro S, recedat, ad modum globulorum cælestium, magis naturaliter videtur consurgere versus B, quam versus D descendere.

Ad partis quartæ ar. 22. pag. 326.

Nec Terra proprio motu cieatur, &c. Non video quid refert unde sit motus ille circularis, modo sit in Terrâ, nec deprehendo quin illi celerrimi gyri telluris imposita omnia rejicerent versus cælos, quamvis motus non esset proprius, sed ab internâ materiâ cælesti profectus, nisi agitatio circumjacentis ætheris, quam supponis multo celeriorem, fatum illud præverteret. Nec videtur terra habere rationem corporis quiescentis, quoad conatum partium recedendi à centro; Videtur enim illud necessarium in omni corpore circulariter moto: Sed quod simul circumvolvitur cum ambiente æthere, nec separantur superficies, hac forsan ratione dicatur Terra quiescere. Hæc autem dico ut ex re intelligam, annon ratio, quod partes Terræ non diffiliant, ad solam celeritatem motûs particularum Ætheris referenda sit.

Ad art. 25. ibid. p. 329.

Propter suarum particularum motum inest levitas. Quid igitur existimas de frigido & candenti ferro? Utrum præponderat? Præterea quomodo moles aquæ levior sit ob motum partium, cum motus harum partium tandem à globulis determinatur deorsùm. Hinc enim videtur magis accelerari descensus corporis, undè major æstimabitur gravitas. Atque hoc modo aqua auro præponderabit.

Ad art. 27. ibid. p. 332.

Nisi forte aliqua exterior causa, &c. Quænam sint illæ causæ, paucis obsecro ut innuas.

Ad art. 133. ibid. p. 433.

Axi parallelo. Parallelismi mentio hic me monet de difficultatibus quibusdam ferè inextricabilibus. Primò. Cur tui vortices non fiant in modum columnæ, seu cylindri, potius quam ellipsis, cum quodlibet punctum axis sit quasi centrum à quo materia cælestis recedat, & quantum video æquali prorsus impetu. Deinde, primum elementum (cum ubique ab axe oporteat globulos æquali vi recedere) cur non æqualiter per axem totum in cylindri formam productum jacet, sed in sphæricam figuram congestum, ad medium ferè axis relegetur. Nam occursus hujus elementi primi, ab utroque polo vorticis nihil impedit quominus totus axis producta flamma luceret. Cum enim ubique cujuslibet axis aequali vi recedant globuli, facilius praeterlabentur se invicem, rectáque pergent ad oppositos polos materiae subtilissimae irruentia fluenta; quàm excavabunt vel distundent sibi, in aliqua axis parte, spatium majus, quàm praesens & aequabilis vorticis, circumvolutio lubens admitteret, vel sponte sua offerret. Tertio deniquè, cum globuli caelestes circa axem vorticis ferantur παράλληλοι & axi & sibi invicem, nec parallelismum perdant, dum locum aliquatenus inter seipsos mutant, impossibile videtur ut ulla omninò fiat particularum striatarum intortio, nisi ipsae particulae striatae in triangularibus illis spatiis circa proprios axes circumrotentur, quod quam commodè fieri possit non video, quemadmodum supra monui.

Ad art. 187, ibid. p. 499.

Nulla sympathiae vel antipathiae miracula, &c. Utinam igitur hîc explices, si breviter fieri possit, qua ratione mechanica evenit, ut in duabus chordis etiam diversorum instrumentorum, vel unisonis, vel ad illud intervallum Musicum quod διαπασῶν dicitur attemperatis, si una percutiatur, altera in altero instrumento subsiliat, cum quæ propiores & laxiores etiam sint, immò & in eodem instrumento in quo chorda percussa, tensæ, non omninò moveantur. Experimentum vulgare est & notissimum. Nulla verò sympathia mihi videtur magis rationes mechanicas fugere, quàm hic chordarum consensus.

Ad art. 188. ibid. p. 502.

Ac sextam de homine essem, &c. Perge, Divine vir, in isto opere excolendo & perficiendo. Pro certissimo enim habeo, nihil unquam Reipub. litterariæ aut gratiùs aut utiliùs in lucem proditurum. Nec est quod experimentorum defectum hîc cauferis. Nam quantum ad corpus nostrum, accepi à dignis fide authoribus, te, quæ ad humani corporis Anatomen spectant, accuratissimè universa explorasse. Quod autem ad animam, cum talem ipse nactus sis, quæ in maximè sublimes amplissimasque operationes evigilavit, spiritúsque habeas agillimos & subtilissimos, generosa tua mens, innatâ suâ vi cælestique vigore, tanquam igni Chymicorum aliquo freta, ita excutiet se, variásque in formas transmutabit, ut ipsa sibi facile esse possit infinitorum experimentorum officina.

Ad art. 195. ibid. 510.

Et Meteoris explicui, &c. Pulcherrimam sanè colorum rationem in Meteoris explicuisti. Est tamen eâ de re improba quædam

dam difficultas, quæ magnum imaginationi meæ negotium facessit. Quippe quod cum colorum varietatem statuas oriri, ex proportione quam habet globulorum motus circularis ad rectilinearem, eveniet necessario ut aliquando etiam in iisdem globulis, & motus circularis rectilinearem, & rectilinearis circularem eodem tempore superet. Verbi gratia, in duobus parietibus oppositis, quorum unus rubro, alter cæruleo colore obductus est; Interjacentes globuli ob rubrum parietem, celerius movebuntur in circulum quàm in lineam rectam; ob parietem tamen cæruleum celerius in lineam rectam movebuntur quàm in circulum, & eodem prorsus tempore; quæ sunt plane ἀσύστατα, vel sic. In eodem pariete, cujus pars, puta dextra rubet, media nigra est, sinistra cærulea, cum ad oculum semper fiat decussatio, omnes globuli, ob radiorum concursum, singulorum globulorum motûs proportionem, circularis nimirum ad rectum, suscipient; adeò ut necesse sit colores omnes in imo oculi permisceri & confundi. Neque ullam rationem solvendi hunc nodum excogitare possum, nisi fortè supponendum sit motum hunc circularem esse duntaxat conatum quendam ad circulationem, non plenum motum, ut reverâ sit in motu recto dictorum globulorum. Et

Tome II. C

ad plerasque omnes alias difficultates quas tibi jam proposui, aliquales saltem solutiones, vel proprio marte, eruere forsan potuero; Sed cum humanitas tua hanc veniam mihi concesserit, & singularis tua dexteritas in solvendis hujusmodi nodis, quam in nuperis tuis litteris perspexi, me insuper invitaverit; (quamvis enim breviter pro angustiis temporis, in quas conjectus tunc eras, egisse te video, tam plenè, tamen mihi satisfacis, tamque fortiter animi sensus mihi moves, ac si præsens digitum digito premeres.) Cum denique majorem præ se laturæ sint auctoritatem elucidationes tuæ, tum apud me ipsum, tum apud alios, si usus fuerit; è re nostra putavi fore, hasce omnes difficultates tibi ipsi proponere, quas cum solveris, nisi magnoperè fallor, penitissimè tuæ Philosophiæ principia intelligam universa. Quod equidem quanti facio vix credibile est. Hosce autem præsentes gryphos mihi cum expediveris (quod quantò citiùs fit, propter impotentem illum amorem quo in tua rapior, eò gratius futurum est) questiones alias è Dioptrice tuâ petitas, mox accipies à

Philosophiæ tuæ studiosissimo.
HENRICO MORO.

LETTRE
DE
MONSIEUR MORUS
A
MONSIEUR DESCARTES.

LETTRE PREMIERE.

Version nouvelle.

MONSIEUR,

J'eus toutes les peines du monde, quand j'eus reçû vôtre derniere lettre, de m'empêcher de vous récrire sur le champ, bien que ç'eût été à moy une incivilité de le faire, ayant compris par les termes de vôtre lettre, que vous seriez occupé durant plusieurs semaines. De plus je me trouvai dans un tel embarras depuis la mort de mon pere, que malgré tout mon empressement, je n'aurois pû trouver un moment commode pour cela. Aujourd'hui que j'ai assez de loisir, je reviens à vous, &

à vôtre Philosophie, & je vous rends mille graces de la bonté que vous avez euë de m'accorder plein pouvoir de faire sur vos écrits toutes les questions & toutes les objections qu'il me plairoit.

Mais pour ne pas abuser de vôtre honnêteté par des altercations éternelles (car jusques icy nous n'avons touché que cette partie de la Philosophie, qui est toute dans les combats des mots, & dans des subtilitez épineuses, nous étant toujours tenus sur les frontieres de la Physique, de la Metaphysique & de la Logique,) je me hâte presentement d'arriver à des questions qui demandent un jugement plus solide & plus ferme. Je remarquerai seulement en passant sur la réponse que vous avez faite à mes premieres instances, pour ce qui regarde les Anges, & les ames separées du corps, si elles connoissent immediatement & par elles-mêmes quelle est leur essence; cette connoissance ne peut être appellée proprement un sentiment, si nous les supposons absolument incorporels. J'aimerois donc mieux dire avec les Platoniciens, les anciens Peres, & presque tous les Philosophes, que les ames humaines, tous les genies tant bons que mauvais, sont corporels, & que par conséquent ils ont un sentiment réel, c'est-à-dire qui leur vient du corps dont ils sont revêtus; & en effet, comme je ne me promets rien que de grand de vôtre esprit, vous me feriez unsensible plaisir si vous vouliez me communiquer en peu de mots ce que vous pensez là-dessus ; cette penetration & cette force d'esprit que je reconnois en vous, me sont un gage assuré que vos conjectures sur ce sujet ne peuvent être que très-ingenieuses : car, quant à l'ostentation de certains Philosophes, qui nient hardiment l'existence de toute substance separée du corps, comme celle des démons, des Anges, & des ames après la mort, & qui semblent s'applaudir là-dessus comme d'une heureuse découverte, & d'un effort de l'esprit humain qui les plus rend plus habiles que tous les autres hommes, je ne fais aucun cas de ce sentiment, car j'ai remarqué plusieurs fois que ces sortes de gens estoient pour la plûpart des ames de sang & de bouë, de noirs & d'affreux melancoliques livrez aux sens & à la volupté, & enfin des athées veritables ; car ce que la Religion leur apprend de la necessité d'un Dieu, n'opere en eux que comme une vaine superstition ; pour moy je veux bien faire cette profession publique de foy, que toute Religion à part, je reconnois volontiers qu'il y a des génies, & un Dieu tel, que les plus honnêtes gens & les plus sensez desireroient qu'il fût, si par impossible il n'y en avoit point ; ce qui m'a toûjours fait regarder l'athéïsme comme le comble de la méchanceté la plus debordée, & de la stupidité la plus brutale, & la gloire que les athées retirent de leur impieté, assez semblable à la fausse joye d'un peuple insensé, qui se feliciteroit, & se sçauroit bon gré du meurtre d'un Roy très-sage & très-humain : mais je reviens de l'écart que mon zele m'a fait faire.

2. A l'égard de vôtre démonstration, à la faveur de laquelle vous concluez que toute substance étenduë est capable d'être touchée, & qu'elle est impenetrable, il me semble qu'on peut dire contre, que dans la substance étenduë, les parties peuvent être les unes hors des autres, sans une mutuelle resistance ; ce qui détruit cette faculté d'être touché : d'ailleurs que l'étenduë avec la substance, se replie sur le reste de l'étenduë & de la substance, & qu'elle ne périt pas davantage que cette partie de la substance qui retourne dans l'autre, & de là tombe son impenetrabilité. Je vous proteste que je conçois clairement & distinctement toutes ces choses. Quant à ce que quelque chose de réel peut être renfermé sans aucune diminution de sa part dans des bornes plus ou moins étroites, cela se prouve par le mouve-

ment même selon vos Principes, car selon vous le même mouvement specifique occupe aussi tantôt un plus grand, tantôt un moindre sujet. Pour moy je conçois avec la même facilité & la même clarté qu'il peut y avoir une substance qui se dilate ou se resserre sans aucune diminution, soit que cela arrive par soi-même, ou d'autre part. Enfin je suis, je vous assure, surpris que vous ne puissiez pas comprendre que l'ame humaine ou l'Ange soient presque étendus de cette maniere, comme si cela impliquoit contradiction. Je croirois plûtôt qu'il y auroit contradiction, que la puissance de l'ame fût étenduë, lors que l'ame elle-même ne le seroit en aucune façon; car la puissance de l'ame étant un mode intrinseque de l'ame, elle n'est pas hors de l'ame même, comme cela est clair. Il faut dire la même chose de Dieu, ce qui fait que je suis dans un pareil étonnement de ce que dans vôtre réponse à mes penultiémes instances vous avoüez qu'il est par tout à raison de sa puissance, & non à raison de son essence, comme si la puissance divine qui est un mode de Dieu, étoit situéé hors de Dieu, puisque chaque mode réel est toujours intimement uni à la chose dont il est mode; d'où il s'enfuit necessairement que Dieu est par tout, si sa puissance est par tout.

Et je ne sçaurois soupçonner que par puissance divine vous vouliez entendre un effet transmis à la matiere. Si vous entendiez même cela, la chose selon moy reviendroit au même ; car cet effet n'est transmis que par la puissance divine, qui touche la matiere qui reçoit son impression, c'est-à-dire qui est unie à elle par quelque mode réel, & par conséquent cette puissance est étenduë, sans être pour cela separée de l'essence divine ; car il semble, comme j'ay dit, qu'il y a là une contradiction manifeste, mais je ne veux pas m'arrêter sur cela davantage.

Je me hâte de passer aux questions, aprés vous avoir dit la peine que je sens de ne plus esperer d'avoir la suite de vôtre Philosophie, ce qui me soutient, c'est l'esperance certaine de ce traité si desiré que nous verrons mettre au jour cet etté, je souhaite qu'il vienne bien-tôt & heureusement.

Aux réponses sur les Questions.

A la premiere & à la seconde, vous répondez tojours constamment & conformément à vos Principes, ce que j'attens & j'approuve de chacun, si un meilleur sentiment ne l'emporte. A la troisiéme voici le gain que j'ay fait avec vôtre petit batteau. 1. Que par rapport au mouvement il y a une refiftance mutuelle entre les deux corps qu'on dit être mûs. 2. Que le repos eft une action, je veux dire un effort pour refifter. 3. Que deux corps qui fe meuvent font immediatement feparez. 4. Que cette feparation immediate eft ce mouvement, ou ce tranfport précis ; mais lors que deux corps fe féparent l'un de l'autre, fi vous n'ajoutez à l'idée de ce tranfport ou de ce mouvement une force dans l'un & dans l'autre, qui les fepare & qui les divife, ce mouvement fera feulement un rapport extrinfeque ou quelque chofe même de moins ; car être feparé, fignifie ou que la furface des corps, qui fe touchoient mutuellement auparavant, eft à prefent éloignée l'une de l'autre, (or la diftance des corps eft feulement un rapport extrinfeque) ou fignifie ne pas toucher ce qui étoit touché auparavant ; ce qui eft feulement une privation ou une negation. Je ne comprens pas bien vôtre penfée là-deffus.

Pour moi, fi je voulois m'en croire, je dirois que le mouvement eft cette force ou cette action par laquelle les corps que vous dites fe mouvoir, fe détachent mutuellement l'un de l'autre, & que leur féparation immediate eft l'effet dudit mouvement, quoique cette féparation foit feulement ou un rapport ou une privation ; mais vous avez raisonné autrement dans l'explication de la définition du mouvement à l'article 25. de la seconde partie p. 88. où pour vous dire le vrai, je n'entens pas bien vôtre pensée. Vous avez répondu d'une maniere claire & précise aux autres questions que je vous ay proposées : mais pour avoir une plus parfaite intelligence de celles que j'ay faites en assez grand nombre à la sixiéme, j'attens avec empressement vôtre livre des Passions.

Au reste, sur mes dernieres paroles, *Si quelque chose, &c.* il m'étoit venu dans l'esprit une vaine subtilité qui m'est échappée, & que je ne me soucie pas de rappeller. Je demande seulement derechef si la matiere abandonnée à elle-même, c'est-à-dire, ne recevant aucune impulsion d'ailleurs, seroit en mouvement ou en repos. Si elle se meut naturellement d'elle-même, la matiere étant homogene, & par conséquent le mouvement étant par tout égal, il s'ensuit que la matiere seroit divisée en des parties si infiniment petites qu'on ne sçauroit rien ôter absolument d'aucune petite parcelle ; car tout ce que l'on conçoit pouvoir être ôté est déja fait à cause de la force intime du mouvement qui penetre toute la matiere, ou si vous voulez qui luy est naturel, & les parties ne s'attacheroient pas davantage les unes aux autres, & les unes ne prendroient pas un cours different des autres, puisqu'elles sont entierement semblables, selon toutes les manieres qu'on peut imaginer ; car on ne sçauroit s'imaginer dans une figure aucune âpreté ou aucun angle qui n'ait été brisé, jusqu'au dernier point où le mouvement peut aller, & il ne faut admettre aucune inégalité de mouvement dans aucune petite parcelle, puisque la matiere est supposée parfaitement homogene. Si la matiere se mouvoit donc naturellement, il n'y auroit ni soleil, ni ciel, ni terre, ni tourbillons, ni rien d'heterogene ou de sensible, & qui pût tomber sous l'imagination dans la nature : ainsi vous verriez perir cet art merveilleux par lequel vous voulez que se puissent former les cieux, la terre, & toutes les autres choses sensibles.

Que si vous dites, que la matiere est de soy-même en repos, à moins qu'elle ne reçoive le mouvement d'ailleurs, & que ce repos est quelque chose de positif, il s'ensuivroit que la matiere souffriroit une violence éternelle, & qu'un de ses modes naturels seroit détruit pour toûjours & cederoit à son contraire, ce qui paroît un peu difficile à admettre. Je ne sçai même s'il seroit plus sûr de dire que le repos.

est la privation ou la negation du mouvement; car on aneantiroit par là toute cette force de resister que vous reconnoissez dans la matiere en repos, bien que cela produise encore quelque embarras dans mon esprit; car en disant que le repos est une action de la matiere, il faut necessairement reconnoître que le mouvement n'est que cette même force; en effet, la matiere n'a point d'autre action que le mouvement actuel, ou bien un effort pour le mouvement. J'ai donc là-dessus de furieux scrupules que vous me ferez plaisir de m'ôter le plûtôt que vous pourrez. Bien plus, j'examine si rigoureusement ces principes, qu'il me vient une nouvelle difficulté sur la nature du mouvement; car si le mouvement est un mode du corps, comme la figure, l'arrangement, les parties, &c. Comment se pourra-t-il faire qu'il passe plûtôt d'un corps dans un autre, que les autres modes corporels ? Et en general je ne sçaurois concevoir comment il se peut faire que quelque chose qui ne peut pas être hors du sujet, tels que sont tous les modes, passe pourtant dans un autre sujet. Je demanderay ensuite si lors qu'un corps heurte un moindre corps qui est en repos, & qu'il l'emporte avec soy, le repos du corps qui étoit en repos, ne passe pas indifferemment dans celuy qui étoit en mouvement, comme le mouvement est passé dans celuy qui étoit en repos; car il semble que le repos est quelque chose d'oisif, & de si paresseux qu'il plaint le chemin qu'il auroit à faire; cependant comme il n'est pas moins réel que le mouvement, la raison veut qu'il passe à l'autre corps; enfin je suis dans un vrai étonnement lors que je considere qu'une chose aussi legere & aussi vile que le mouvement, qui peut être separée du sujet & passer dans un autre corps, qui d'ailleurs est d'une nature si foible & si passagere, qu'il periroit entierement s'il n'étoit soutenu par son sujet, soit pourtant capable de luy donner un si grand branle, & le pousser avec autant de force de côté & d'autre.

J'avoüe que je me sens plus porté à croire qu'il n'y a point de communication de mouvement: mais que par la seule impulsion d'un corps, un autre corps sort pour ainsi dire de son état d'indolence pour entrer en mouvement, comme l'ame a une telle pensée par telle & telle occasion, & que le corps ne reçoit pas tant le mouvement, qu'il s'y détermine, étant averti par un autre; & comme j'ay dit cy-dessus, le mouvement est par rapport au corps, ce que la pensée est par rapport à l'ame; ni l'un ni l'autre n'est reçû dans son sujet;

mais ils naissent du sujet dans lequel ils se trouvent; & veritablement tout ce qu'on appelle corps, n'a qu'une vie, pour ainsi dire, pleine de stupidité & d'yvresse, & je ne le regarde que comme la derniere & la plus infime ombre de l'essence divine qui est la veritable vie & la vie très-parfaite : enfin il est comme une idole qui n'a ni sentiment, ni reflexion. Au reste ce passage des mouvemens d'un sujet à un autre, soit du plus grand au moindre, ou reciproquement, comme j'ay dit ci-dessus, represente tout-à-fait bien la nature de mes esprits étendus qui peuvent se ramasser, & puis s'étendre, pénétrer facilement la matiere sans la remplir, l'agiter en tous sens, & la mouvoir, & le tout sans aucunes machines, & sans liens ni crochets; mais je me suis arrêté icy plus long-tems que je ne pensois. Je me hâte d'arriver à mon but, je veux dire à ces nouvelles questions que j'ay à vous proposer sur chaque article des principes de vôtre Philosophie, dont je ne comprens pas encore assez bien la force.

Sur l'art. 8. de la premiere partie des Principes pag. 5. lig. 26.

Nous connoissons manifestement, &c.
Nous ne voyons pas manifestement que l'étenduë, la figure & le mouvement local, appartiennent à nôtre nature, mais nous ne

voyons pas aussi le contraire; plût à Dieu que vous puissiez me donner icy une bonne démonstration qu'un corps ne sçauroit penser.

Sur l'art. 37 p. 25. l. 27. ibid.

N'est-ce pas une plus grande perfection que l'homme puisse seulement vouloir ce qui luy seroit le plus avantageux, que de pouvoir aussi le contraire, puisqu'il vaut mieux être toujours heureux, que d'être quelquefois, ou même toujours comblé de loüanges.

Sur l'art. 54. p. 39. l. 12. ibid.

Je repete ici derechef qu'il faut nous démontrer que rien d'étendu ne pense, ou ce qui paroîtra plus facile, qu'aucun corps ne peut penser, c'est là un sujet digne de vôtre esprit.

Sur l'art. 60. ibid. p. 44. & suiv.

Quoi que l'ame puisse se considerer elle-même comme une chose qui pense, en excluant toute extension corporelle de cette pensée, on ne peut conclure de là, sinon que l'ame peut être corporelle, ou incorporelle, mais non pas que de fait elle soit incorporelle; il faut donc vous prier derechef de démontrer par quelques operations de l'ame qui ne puissent convenir à la matiere corporelle, que nôtre ame est incorporelle.

Sur l'art. 5. *de la* 5e *ou* 1re *partie des Principes* p. 88. l. 30.

Et non pas la force ou l'action qui transporte, afin de montrer que le mouvement est toujours dans le mobile, &c. Est-ce que la force elle-même, & l'action du mouvement, ne sont pas dans la chose mûë.

Sur l'art. 26. *ibid.* p. 89. l. 11.

Y a-t'il donc dans les choses qui sont en repos une certaine force continuelle qui fait qu'elles se tiennent dans la même situation, ou une action de s'arrêter & de se fortifier contre toutes les forces qui pourroient séparer leurs parties & les disjoindre ou entraîner, & emporter tout le corps autre part; ensorte qu'on peut très-bien définir le repos une certaine force, ou une action interne du corps qui lie étroitement les parties du corps entre elles & les comprime, & qui par là les garantit de la division ou de la séparation, par l'impulsion d'un corps étranger; car il s'ensuivroit de là naturellement ce que je croirois volontiers, que la matiere est une espece de vie obscure, que je regarde comme la derniere ombre de la divinité, & qui ne consiste pas dans la seule extension des parties, mais dans quelque action qu'elle a toûjours, c'est-à-dire, ou dans le repos, ou dans le mouvement, ausquels vous accordez vous-même le nom d'action.

Sur

Sur l'art. 30. *ibid. pag.* 92. *lig.* 23.

Cet article paroît contenir une démonstration très-évidente, que le transport ou le mouvement local, n'est reciproque en aucune maniere, à moins qu'on ne veüille faire seulement attention au rapport extrinseque des corps voisins.

Sur l'art. 36. *ibid. p.* 100. *l.* 3.

Je demande si l'ame humaine, quand elle remuë violemment ses esprits, par une longue & penible attention, ce qui ne manque pas même d'échauffer le corps, n'augmente point le mouvement de l'Univers.

Sur l'art. 55. *ibid. p.* 119. *l.* 29.

Un cube parfaitement dur & plan étant mû sur une table parfaitement dure & parfaitement plane dans le même instant qu'on arreste son mouvement, se réünit-il aussi fermement avec la table que les parties du cube ou de la table le sont entre elles, ou reste-t-il toûjours divisé de la table ou du moins pour un temps après le repos ? Car il n'y a aucune compression du cube vers la table ; puisque nous imaginons ce mouvement comme fait dans le vuide sur la table située hors des murs du monde s'il estoit possible, & par conséquent dans un endroit où il n'y a pas lieu, à la pesanteur, ou à la legereté, & que nous supposons que le mouvement est arresté du costé auquel tend le cube : il paroît donc par la loy de la nature, que le cube & la table étant divisés & n'y ayant aucune action réelle qui les unisse, il paroît, dis-je, qu'ils demeureront toûjours actuellement divisés.

Sur l'art. 56, & 57. ibid. p. 120. & suiv.

Je ne vois point la necessité de tout ce jeu des parties autour du corps B. & pourquoy vous faites decrire de si grands cercles aux petites parties de l'eau. Il suffiroit d'observer que toutes ces petites parcelles sont égales entr'elles, soit par le mouvement que leur donne la matiere subtile, soit par rapport à leur masse. Car il suivra de là que le corps B. étant frappé de tous côtez par les petites parties les plus voisines, par des lignes circulaires, ou autres, il se tiendra necessairement en repos, n'étant pas plûtôt poussé d'un côté que d'un autre.

Sur l'art. 57. ibid. p. 124. l. 22.

Et ne continuent plus de se mouvoir selon des lignes si droites, &c.

Quoi ? parce qu'auparavant elles décrivoient une ligne presque ovale, & qu'elles suivent presentement une ligne qui approche davantage de la circulaire ? je ne comprens pas bien cela.

Sur l'art. 60. ibid. p. 128. l. 17.

Mais seulement qu'elles employent l'agitation qu'elles ont de reste à se mouvoir en plusieurs autres façons.

La vîtesse du mouvement & sa détermination peuvent-elles donc souffrir un divorce ; car c'est la même chose que si on supposoit un voyageur courant qui dirigeât sa course vers Londres, & que cependant la vîtesse de sa course fût portée vers Canrorbery ou vers Oxfort, subtilité qu'aucune de ces Universitez ne comprendra jamais, à moins que vous ne compreniez peut-être, par le mot de *se mouvoir* un effort de mouvement pour tendre quelque part.

Sur l'art. 16. de la troisième partie des Principes pag. 143.

Est-ce que dans le sistême de Ptolomée on ne s'appercevroit pas des changemens de lumiere qu'on remarque dans Venus, un peu moins sensibles à la verité que ceux qu'on apperçoit dans la Lune.

Sur l'art. 35. ibid. pag. 158.

D'où vient que toutes les Planetes, & même les tâches du Soleil ne sont pas emportées dans un même plan, je veux dire dans ce plan de l'Ecliptique, ou du moins dans des plans paralleles à l'Ecliptique: d'où vient pareillement que la Lune n'est pas emportée ou dans le plan de l'Equateur, ou dans un plan parallele à l'Equateur, puisque tous ces corps ne sont point dirigez par aucune action interieure, mais qu'ils sont tous entraînez par une force étrangere.

Sur l'art. 36. & 37. ibid. 160. & 161.

Je voudrois aussi que vous m'expliquassiez la raison des Aphelies, & les Perihelies des Planetes, & la cause pourquoi ces points changent de lieu, sur tout puisqu'elles sont dans le même tourbillon ? pourquoi on ne trouvera pas dans le même lieu les Aphelies & les Perihelies de toutes les grandes Planetes ? comment l'avance des équinoxes naît de vos Principes ; car vous pourrez expliquer icy les causes veritables & naturelles de ces Phenomenes, tandis que les autres ne donnent que des hypotheses feintes.

Sur l'art. 55. ibid. p. 181.
Tous les corps qui se meuvent en rond.

Mais comment ces espaces immenses de matiere ont-ils d'abord commencé à tourner en rond, & à former des tourbillons.

Sur l'art. 57. ibid. p. 181.
Mais seulement à cette partie dont l'effet est empêché par la fronde.

Il paroît plus difficile à concevoir que la pierre A soit empêchée de se mouvoir vers D, puisqu'en effet elle n'y est jamais portée, & qu'elle ne continueroit pas son chemin vers D, si l'empêchement étoit ôté, car elle continueroit son chemin vers C.

Sur l'art. 59. ibid. p. 183.

Vous dites icy qu'une nouvelle force de mouvement est acquise, & que cependant l'effort est renouvellé : je ne sçai si cela quadre bien ; car si une nouvelle force est acquise & surajoûtée, ce n'est pas un renouvellement de mouvement, mais une augmentation. Que si la boule A en se mouvant augmente son mouvement étant dans le même point du bâton, pourquoy le mouvement en se mouvant toûjours ne s'enflâme & ne s'augmente-t-il pas ? Or de cette maniere tout seroit allé depuis long-temps en flamme.

Sur l'art. 62. ibid. p. 62.

Puisque la pression & l'effort des globules, en quoi consiste l'action de la lumiere, se fait selon toute l'étenduë du tourbillon, de façon que la base du triangle B F D, peut être dix ou cent fois plus grande que D B, & que les extrémitez de cette grande base B D fassent un effort oblique sur les globules pour les pousser vers l'œil du spectateur qui sera au sommet du triangle en F. je vous demande pourquoy la lumiere du Soleil ne paroît pas plus grande que si elle ne venoit que du petit cercle D C B.

Sur l'art 72. ibid. pag. 199.

Je n'entends point du tout la maniere ou l'art de tourner la matiere du premier élement en formes spirales, ou en limaçon, sur tout dans les lieux un peu éloignez de l'axe, à moins que cela ne se fasse non tant parce que les globules sont tournés autour des parties du premier élement, que parce que le premier élement peut être déja déterminé par les globules à tourner autour d'eux, se glissant ensuite dans ces petits espaces triangulaires, prenne de lui-même cette figure spirale. Je vous supplie d'expliquer icy plus pleinement vôtre pensée ; mais il naît de là un autre doute. Comment ces petites parties spirales sont composées de particules très-deliées & très-rapidement agitées ? comment ces parties très-petites s'assemblent-elles en une forme, ou en une masse plus considerable, sur tout cette contorsion & cette obliquité du mouvement servant à former ces petites parties canelées?

Sur l'art. 82. ibid. pag. 211.
Celles qui sont plus hautes & celles qui sont plus basses.

Cette course rapide des globules d'enhaut me paroît un espece de prodige, sur tout si on la compare avec celles de ceux qui sont au milieu, & qu'on fasse reflexion qu'elle excede de beaucoup les causes que vous apportez dans l'article suivant. Si vous pouvez trouver quelque autre chose qui rende cette doctrine plus recevable, vous me ferez certainement un grand plaisir de me l'apprendre.

Sur l'art. 84. ibid. pag. 214.
Pourquoy les queuës des cometes, &c.

Dans l'impatience où je suis d'avoir vos explications sur toutes ces matieres, je me saisis de la premiere occasion que je trouve pour vous pousser à le faire ; je vous prie de vouloir bien m'expedier pareillement cette matiere en deux mots.

Sur l'art. 108 ibid. pag. 239.
Ou bien sont chassées vers les parties du Ciel qui sont proches de l'ecliptique G H.

D'où vient qu'elles n'y sont presque pas toutes chassées plûtôt que de composer ce que vous appellez un tourbillon en passant d'un pole à un autre.

Sur l'art. 121. pag. 260.
Et cette détermination peut être continuellement changée par diverses causes.

Par quelles?

Sur l'art 129. ibid. pag. 260.
Et même nous ne pouvons l'y appercevoir que quand, &c.

Pourquoy le flux de cette matiere étant si transparent empêche-t'il la comete d'être aperçûë ; car la matiere de nôtre tourbillon ne cache pas à nos yeux la Planete de Jupiter ; & pourquoi est-il necessaire que la Planete n'en sorte qu'enveloppée de la matiere du tourbillon qu'elle vient de quitter.

Sur l'art. 130. ibid. pag. 272.

La force des rayons est veritablement diminuée.

Pourquoy pas entierement 'perduë, si le tourbillon A E I O presse avec plus de force ou également les tourbillons voisins qu'il n'en est pressé?

Sur l'art. 149. ibid. pag. 300.

Elle a dû venir bien-tôt vers A, &c.

Pourquoy n'avance-t-elle pas jusqu'à F, & ne heurte-t'elle pas même la terre?

Parce qu'en cette façon le cours qu'elle a pris a été moins éloigné de la ligne droite.

Je ne vois pas bien que la ligne NA continuée avec A B, forme plûtôt une ligne droite que la même N A, continuée avec A D; mais puisque la Lune s'éloigne du centre S selon le cours des globules de la matiere etherée, elle doit plus naturellement selon moy s'élever vers B que de descendre vers D.

Sur l'art. 22. de la quatriéme partie, ibid. pag. 326.

Et que la Terre n'a pas de soi-même la force qui fait qu'elle tourne en 24 heures sur son essieu, &c.

Je ne vois pas qu'il soit necessaire de sçavoir d'où vient ce mouvement circulaire, pourvû qu'il soit dans la terre, & je ne comprens pas pourquoy ces mouvemens circulaires & si prompts de la terre ne repousseroient pas vers les cieux toute la matiere qui l'environne, quand même son mouvement ne luy seroit pas propre ; mais qu'il luy viendroit de la matiere celeste interne, si l'agitation de la substance étherée qui l'entoure & à qui vous accordez un mouvement plus rapide, ne l'empêchoit de le faire ; & il me semble qu'il ne faut pas considerer la terre comme un corps en repos par rapport à l'effort continuel de ses parties pour s'éloigner du centre. Cela paroît necessaire en tout corps mû circulairement ; mais la terre peut être dite en repos entant qu'elle est emportée avec la substance étherée qui l'entoure ; & que leurs superficies ne sont point séparées. Je dis ceci pour sçavoir de vous si la raison pour laquelle les parties de la terre ne sont point élancées de tous côtez, ne doit point être attribuée à la seule vitesse du mouvement des parties de la matiere étherée.

Sur l'art. 25. ibid. pag. 329.

Elles ont quelque legereté à cause du mouvement de leurs parties.

Que pensez-vous donc du fer qui est froid, & de celuy qui est chaud, lequel pese davantage ? Outre cela, comment une certaine quantité d'eau est-elle plus legere à cause du mouvement des parties, puisque le mouvement de ces parties

Tome II.

est enfin determiné en bas par les globules; car on doit juger que la pesanteur d'un corps est d'autant plus grande que sa chûte est plus rapide; & ainsi l'eau seroit plus pesante que l'or.

Sur l'art. 27. ibid. pag. 332.

A moins peut-être que quelque cause extérieure, &c.

Quelles sont ces causes ? faites-moi la grace de me le dire en deux mots.

Sur l'art. 153. lig. 12. ibid. pag. 443.

Pensons qu'il y a en la moyenne region plusieurs pores, ou petits conduits parallelles à son essieu.

Le mot de parallelisme me fait souvenir ici de quelques difficultez presque insurmontables. 1. Pourquoy vos tourbillons ne sont-ils pas en forme de colomne ou de cylindre, plûtôt que d'ellipse, puisque chaque point de l'axe est comme un antre duquel la matiere celeste se retire, & autant qu'il me le semble avec un mouvement entierement égal : d'ailleurs (puisqu'il faut par tout que les globules s'écartent de l'axe avec une force égale) pourquoy le premier élement n'est-il pas également étendu tout le long de l'axe en forme de cylindre, plûtôt que d'être repoussé presque vers le milieu de l'axe, & d'y être ramassé en forme de globe ; car ce qui entre du premier élement par les deux poles du tourbillon, n'empêche point que tout l'axe ne doive paroître lumineux ; en effet, comme les globules s'éloignent avec une force égale de tous les points de l'axe, les courants de la matiere très-subtile, qui entre avec impetuosité, trouveront beaucoup plus de facilité à se glisser les uns sur les autres pour arriver aux poles opposez, qu'à se former & à se creuser en quelque endroit de l'axe un espace plus grand que le tournoyement actuel & uniforme du tourbillon ne pourroit leur permettre & leur ceder.

3. Enfin, comme les globules celestes sont emportez autour de l'axe du tourbillon d'une maniere parallele à l'axe & à eux-mêmes, & ne perdent point le parallelisme, lors qu'ils changent en quelque façon de lieu entr'eux, il paroît impossible qu'il se fasse absolument aucune contortion des parties canelées, si ces parties canelées ne tournent autour de leurs propres axes dans ces espaces triangulaires ; or je ne vois pas que cela se puisse faire commodément, comme j'ay dit cy-dessus.

Sur l'art. 187. ibid. pag. 499.
On ne remarque aucuns effets de sympathie ou d'antipathie si merveilleux, &c.

Plût à Dieu que vous explicassiez ici, si cela se pouvoit faire en peu de mots, par quelle raison mechanique il arrive que si de deux cordes de divers instrumens, qui sont ou à l'unisson, ou à cet intervalle que les Musiciens appellent temperez ; l'on en touche une, l'autre trémousse dans un autre instrument, tandis que celles qui sont plus proches, & même qui sont tenduës dans le même instrument, où la corde a été ébranlée, ne se remuent point du tout ; aucune simpathie ne me paroît plus difficile à expliquer mechaniquement que cet accord des cordes, ce qui est une experience vulgaire & très commune.

Sur l'art. 188. ibid. p. 502.
L'autre touchant celle de l'homme, &c.

Continuez, Monsieur, à éclaircir & à achever cette matiere. Je suis très-persuadé qu'on n'a jamais rien mis au jour qui soit plus agreable & plus utile à tous les sçavans. Vous ne devez pas vous excuser sur le défaut d'experiences ; car pour ce qui regarde vôtre corps, j'ay appris par des auteurs dignes de foy, que vous avez examiné avec une exactitude infinie tout ce qui regarde l'anatomie du corps humain. Pour ce qui regarde l'ame, vous en avez reçû une en partage, dont les operations sont si lumineuses, & dont la vivacité & l'égalité sont telles que par le seul secours de cette force & vigueur celeste, comme par un feu chimique, elle se changera en toutes les formes, & tiendra lieu d'une infinité d'experiences.

DE M. DESCARTES. 53
Sur l'art. 195. ibid. p. 510.
Comme j'ai déja expliqué dans les meteores.

Vous avez certainement donné une très-belle raison des couleurs dans les meteores. Il rêste pourtant là-dessus une méchante difficulté qui embarasse beaucoup mon imagination ; car disant que la varieté des couleurs naît de la proportion qu'a le mouvement circulaire des globules, au mouvement rectilinaire, il arrivera necessairement que quelquefois dans les mêmes globules le mouvement circulaire surpassera en même temps le rectilinaire, & le rectilinaire le circulaire. Par exemple, dans deux murailles opposées, dont l'une est teinte en rouge & l'autre en bleu, les globules qui sont entre seront mûs plus vîte en cercle, qu'en ligne droite à cause de la muraille rouge ; & plûtôt en ligne droite qu'en cercle, à cause de la muraille bleuë, & tout cela en même temps ; ce qui ne sçauroit arriver : ou bien de cette autre maniere ; dans la même muraille dont, si vous voulez, la partie droite est rouge, celle du milieu noire, & la gauche bleuë. Comme il se fait toûjours un croisement par rapport à l'œil, tous les globules, à cause du concours des rayons, prendront la proportion du mouvement de chaque globule en particulier, c'est-à-dire du circulaire au

E iij

droit, enforte qu'il est necessaire que toutes les couleurs se mêlent au fond de l'œil, & qu'elles s'y confondent; & je ne sçaurois inventer aucune maniere de lever cette difficulté, à moins qu'il ne faille peut-être supposer que le mouvement circulaire n'est pas un mouvement plein, mais une tendance au mouvement circulaire, comme il arrive en effet dans le mouvement droit des mêmes globules. J'aurois bien pû de moi-même donner une solution telle quelle à presque toutes les difficultez que je vous ay proposées; mais vôtre bonté m'ayant permis de vous les exposer, & y ayant été invité par dessus cela, par cette dexterité admirable que vous avez à resoudre ces difficultez, & que j'ay reconnu dans vos dernieres lettres (car bien que je voye que vous avez esté fort court dans vos réponses à cause du peu de temps que vous aviez) cependant vous me satisfaites si pleinement, & vous me fortifiez aussi-bien dans mes pensées, que si j'étois animé par vôtre presence, & que vous-même montrassiez les choses au doigt; (ajoutez à cela que vos explications auront plus de poids auprès de moy, & & auprès des autres dans le besoin;) j'ai donc crû qu'il estoit de mon interest de vous proposer toutes ces difficultez:

après vôtre décision, j'aurai (si je ne me trompe) une connoissance parfaite de tous les principes de vôtre Philosophie ; vous ne sçauriez croire combien j'estime ce bonheur ; & lorsque vous m'aurez servi de sphinx sur ces questions, ce qui me sera d'autant plus agréable, que vous le ferez plus promptement, à cause de la passion extrême qui me porte à vos ouvrages, vous recevrez sur la Dioptrique les autres difficultez qui vous seront proposées par le plus affectionné de vôtre Philosophie. Je suis, &c.

HENRY MORUS.

CLARISSIMO VIRO,
SUMMOQUE PHILOSOPHO,
RENATO DESCARTES.
HENRICUS MORUS.

Lettre II.

EQuidem impensè doleo, Vir Clarissime, quod tam subitò à viciniâ nostrâ abreptus sis, & in tam longinquas abductus oras. Habeo tamen, ut nihil dissimulem, quo hanc animi ægritudinem ac molestiam mitigare possim, meque ipsum consolari. Et certè non minimum est, quod is honor tibi optimè merenti habitus sit, etiam apud gentes remotissimas, nominisque tui claritudo ad Septentrionales usque spissitudines, crassasque nebulas, tam potenter penetraverit; Neque id (quod caput rei est) frustrà. Cum tantus litterarum & litteratorum amor, generosum pectus Illustrissimæ Heroinæ, Serenissimæ Reginæ Suecorum incesserit, ut famâ librisque tuis non contenta, à scribendo ad te, ut eam inviseres, numquam destiterit, donec voti facta sit compos. Quod cessurum credo in magnum illius regni commodum & ornamentum. Quas ob causas, fateor, me minùs inclementer tulisse tuum ab hisce regionibus nostris abscessum, jacturamque itidem exoptatissimæ illius Epistolæ, quam, prout promisisti, ante abitum tuum à te expectabam. Cujus jam recuperandæ spem omnem, tantùm abest ut abjiciam, ut è contra fortiter confidam, te non solùm illis quas ante scripsi, sed & præsentibus litteris, cum ad manus tuas pervenerint, brevi responsurum. Quâ fretus confidentiâ ad Dioptricem tuam pergo, mox ad Meteora, si quid fortè ibi occurrerit difficultatis profecturus: ut tandem animam meam iis omnibus exonerare possim, quæ in rem nostram putabam fore, tibi pleniùs proponere. Spero enim hoc modo me, cum omnia ex meâ parte perfecta sint, quæ præstare oportebat, molliorem animæ meæ conciliaturum quietem, minùsque in posterùm me anxiè habiturum.

Ad Dioptrices. cap. 2. p. 10. lin. 24. fig. 7.
Tabula prima.

Nullo modo illi oppositum. Linteum C E, videtur opponi B pilæ, aliquo saltem modo, etiam quatenus pila dextrorsum fertur. Quod sic patebit.

Nam G H (*V. fig. 1. to. 2.*) plenè opponitur pilæ B, perfectéque impedit cursum ejus, tam versus HE quam versus CE, seu deorsum. Cum igitur tam propè accedat CE, ad posituram GH, ut desit tantum angulus HBE, sive GBC, ad perfectam oppositionem tendentiæ versus HE. CE etiam suam servans posituram, aliquatenus opponetur pilæ B, etiam quatenus cursum tendit versus HE. Quod insuper manifestiùs apparebit, si fingamus CE udæ argillæ planitiem, & pilam puta æneam ab A ferri ad B, ubi aliquò usque penetrabit ; sed statim suffocabitur vis cursûs tam versus HE, quam versus CE; quod tamen non fieret, si pila ferretur secundum lineam CB E, sed sine impedimento pergeret versus HE ; præsertim si nulla inesset pilæ gravitas: unde patet planitiem CE opponi pilæ B, descendenti ab A, etiam quatenus fertur versus HE, quod opportebat demonstrare.

Dimidiam suæ velocitatis partem amittat, ibid. p. 21. l. 1. Partem hic aliquam velocitatis amissam esse lubens concedam; sed quod & in hoc articulo & in proximè sequenti supponis, hanc partem velocitatis deperdi tantum versus CE (*V. fig. 2. tom. 2.*) non versus FE, nullus capio. Cum enim unicus realis motus sit pilæ, (quamvis varias imaginari possimus pro libitu tendentias hujus motus, sive metas;) si minuitur hic motus, quacumque pergere fingis pilam, tardiùs incedet quam ante motum minutum. Causa igitur tendentiæ pilæ ad I potius quam ad D, non petenda est à tarditate vel celeritate motûs, sed à resistentiâ magni illius anguli CBD, & à debilitate minoris illius anguli cujus EBD, acies ob exilitatem suam, & materiæ fluiditatem, faciliùs cedet pilæ projectæ, quam obtusus angulus CBD. Alioqui si causa referenda esset ad celeritatem, vel tarditatem, pila descendens ab A in B, cursum etiam indeflecteret. Hic schema tuum consule, si opus est.

Ad caput 2. pag. 22. lin. 24. Diopt.

Tam obliquè incumbat, ut linea FE ductâ, &c. Perpetua hæc tua demonstrandi ratio, quo pila profectura sit, lepidam profecto in se habet subtilitatem, sed quæ causam rei non videtur attingere. Vera enim & realis causa intelligenda est ex amplitudine anguli CBD, (*V. fig. 3 tom. 2.*) & exilitate EBD anguli, & magnitudine etiam pilæ, quæ quo major est, eo minorem depressionem lineæ AB, versus CE requirit, ad resiliendum versus aërem L. Major enim pila non tam commodè levat atque aperit cuspidem acutioris anguli, quo intret in ipsam putà aquam, sed contundendo potius transvolat reflexa.

Quod vim ejus motûs augeat, ibid p. 23. lin. 13. Augmentum motûs nihil efficiet, ad detorquendum cursum pilæ inceptum, nisi sit positura alicujus corporis quod dictum cursum pilæ versus partem aliam determinet. Quod ego hoc modo fieri auguror, in mediis illis, quæ tu fingis radium facilius admittere, qualia sunt Chrystallus, vitrum, &c. Nempe cum acies anguli EBD (*Vid. fig. 4. tom. 2.*) in istiusmodi substantiis adeo dura sit, & pervicax, ut nihil cedat, radius impingens in constipam & inclinantem anguli aciem, non nihil avertitur ab incepto cursu, & introrsùm perpendiculum versus abigitur. Utraque igitur refractio reflexio quædam mihi videtur, vel saltem reflexionis quædam inchoatio. Atque quemadmodum in plenâ liberâ reflexione determinatio tollebatur, sine ulla retardatione cursûs pilæ, ita hîc ad minuendam vel mutandam determinationem, nova tarditas vel celeritas non videtur necessaria. Sola igitur determinatio minuta vel aucta sufficit ad utramvis refractionem. Neque enim B cum ad CE superficiem pervenerit, quatenus celerior vel tardior cursum flectit, sed quatenus impingit in corpus determinationem mutans. Alioqui, si nuda duntaxat accesserit celeritas vel tarditas, A semper pergeret à B in D.

In priori igitur refractione, videlicet à perpendiculo, determinatio deorsùm minuitur necessariò, pila autem retardatur per accidens, ob mollitiem curſum immutantem. In poſteriori determinatio deorſum augetur ; pila autem ſi acceleratur, acceleratur per accidens, ob novi medii faciliorem tranſitum. Determinationis igitur mutatio, ejuſque cauſa, ad refractiones juxta ac reflexionem, ſunt planè neceſſariæ, velocitas & tarditas ipſius motûs ſunt duntaxat acceſſoriæ, vel potius planè ſupervacaneæ. Immò verò, novam quod pilæ ſeu globuli accelerationem attinet, in medio faciliori, videtur quidem illa perceptu per quàm difficilis ; propterea quod novum illud medium, non ſuppeditat novos gradus motûs, ſed tantum permitti pilæ, quos etiamnum habet ſuperſtites, ſine ulteriori ullâ diminutione, integros poſſidere, cum nullos ad ſe arripiat, vel imbibat. Æquèque abſurdum videtur, novos, vel ſi mailes priſtinos, gradus reſtitui pilæ medium facilius intranti, ac concedere in puncto reflexionis pilam aliquo momento hærere, priuſquàm reſiliat, quod meritò explodis. In hoc cap. pag. 17. fig. 9.

Cap. 6. p. 61. Diopt. lin. 6. fig. 19.
Tabula 4.

Sed ex ſolo ſitu exiguarum partium cerebri, &c. Suntne igitur huiuſmodi, in cerebri diſſectione, particulæ viſibiles, an ratione duntaxat colligis iſtiuſmodi eſſe oportere, in hunc uſum deſtinatas ? Mihi vero nihil *cipus* harum esse videtur, sed eadem organa quæ motum transmittunt, animam etiam commonefacere necessariò, unde illa fiat motûs transmissio, si nullum interjacet impedimentum.

Ibid. p. 64. lin. 19.

Similem illi, qua Geometræ per duas stationes, &c. Duriuscula hæc videtur obscuriorque comparatio, in nihiloque consentiens, nisi quod utrobique binæ sumuntur stationes. Geometræ enim, vel si malles Geodætæ, stationes sumunt, in lineâ ab arbore putà vel turri rectà productâ; Oculus locum mutans in lineâ transversâ, & fermè objecto parallelâ, si rectè rem capio.

Pag. 66. lin. 6. Diopt. cap. 6.

Ex cognitione seu opinione quam de distantiâ habemus, &c. Adæquatas fortasse causas apparentis corporum magnitudinis explicare, perquàm difficilè esset. Sed in uno hoc maximè consistere opinor, nimirum in magnitudine & parvitate decussationis anguli; ille enim quo major est, major apparebit ejusdem corporis magnitudo, quo minor, minor. Deinde quod observatu dignissimum est, cum objectum aliquod, pollicem puta tuum, intra grani unius distantiam, oculo admoveris, hic decussationis angulus quater aut quinquies major erit, quam ille qui fit ad oculum à pollice distantem decem fermè grana, & si adhuc amovebitur pollex ab oculo, per aliquot dena grana, semper angustior reddetur angulus decussationis, sed minori semper proportione, per dena quæque grana, & minori, semper tamen aliquantò angustior evadit quam antea, donec tandem fiat tam angustus, ut rationem unius lineæ rectæ habere intelligatur. Hinc nemo mirabitur, si multò majorem pollicem deprehendat unico grano ab oculo distantem, quam cum decem abest ab oculo, & posteà per multa dena grana remotum, ad singula grana dena, non multùm magnitudinis deperdere: Tam longinquè tamen removeri posse, ut prorsus desinat ulterius apparere. Distantia enim crurum interni decussationis anguli, minor esse poterit quam unius capillamenti nervi optici diameter. Quid autem hîc facit opinio de distantia, cum imaginis magnitudine comparatâ, parum intelligo. Neque certò scio quomodo aut oculus aut anima istam comparationem secum instituat. Deprehensionem autem magnitudinis ex dicto angulo, quo modo oriri concipio, sic videor mihi posse explicare.

HI, & KL (*Vid. fig. 5. tom. 2.*) sint fundi duorum oculorum, majoris scilicet & minoris. CD sit objectum majus & remotius, EF objectum minus sed propinquius, EGF vel KGL angulus decussationis.

Primùm, hîc statuo esse nisum quendam, seu transmissionem motûs à C in L & à D in K. Et animadversionem meam rectà excurrentem per lineam KGFD offendere unam extremitatem objecti CD, videlicet D, eo revera quo inest loco ; & per lineam LGEC offendere alteram extremitatem objecti CD, videlicet C, in suo itidem loco, & sic de cæteris partibus tam extimis quam intermediis objecti CD. Recto igitur excursu hoc animadversionis meæ, obversam objecti magnitudinem deprehendo. Cujus diametri apparentis mensura est angulus EGF. Servatis igitur eisdem rectis lineis per quas excurrat mea animadversio, & eâdem anguli magnitudine, in oculo HI, quæ modo in KL, dico objectum DC æquè magnum apparere ac in oculo KL. Unde postea colligo, magnitudinem objecti apparentem, ad anguli decussationis magnitudinem, non ad magnitudinem imaginis referri. Postremo, ut magnitudo apparens objecti, non sit ex magnitudine imaginis in oculi fundo (uti porrò patet ex eo quod eadem sit imaginis magnitudo objecti minoris EF, quæ majoris CD, tam in HI oculo, quam in KL) ita neque simpliciter ex magnitudine anguli decussationis: alioquin objectum EF æquè magnum appareret, ac objectum CD, cum idem sit decussationis angulus. Sed amoto EF minore objecto, objectum CD

CD reverâ multò magis apparebit, quàm apparebat modo objectum EF, cum tamen utraque cernerentur sub eodem decussationis angulo. Unde meritò concludi potest apparentem cujusque objecti magnitudinem, partim ex anguli decussationis, partimque ex reali corporis magnitudine oriri. Neque mirum est animadversionem meam, per lineas rectas nisûs illius, sive motûs transmissi pergentem, eò usque penetrare, ibique se sistere ubi motus hic primùm incipit, videlicet ad C & D, nec mirum etiam est (cum reverâ magis distant quam EF, nec sub minori angulo videntur) apparere magis distantes quàm E & F, totum adeò objectum CD majus simpliciter apparere, quàm objectum totum EF.

Ibid. p. 68. lin. 18.

Quoniam sumus assueti judicare, &c. Quid igitur censes de cæco illo à nativitate suâ quem sanavit Christus, si speculum planum ipsi objectum fuisset, antequam consuetudo judicium depravasset? Nunquid ille vultum suum citra speculum, non ultra, vel pone speculum deprehendisset? Mirificè torsit & fatigavit imaginationem meam hic imaginis pone speculum lusus, cujus causas nondum me satis percepisse fateor. Neque enim mihi ullo modo satisfacit hæc depravata judicandi consuetudo.

Si rationes reales magis magisque mechanicas excogitare poteris, & nobiscum communicare, rem sanè gratissimam præstabis.

Ibid. pag. 70. lin. 28.
Indè sequitur diametrum illorum, &c. Cur non diameter Solis vel Lunæ videatur pedalis vel bipedalis, ob angulum decussatorium, ad eam rationem diminutum, quæ apta sit, corpora ejusdem realis magnitudinis cujus sunt Sol & Luna, sub hanc pedalem vel bipedalem magnitudinem apparentem, ad istas distantias, representare?

Ibid. p. 71. lin. 9.
Quia tam versus Horizontem quam versus verticem, &c. Igitur majores Sol & Luna ad Horizontem apparent, quam pro distantiâ oportet apparere. Et ea potius est dicenda vera magnitudo apparens, sive non fallax quæ certæ legi subjicitur, quam quæ externis aliquibus adjunctis alteratur.

Ad caput 7. Dioptr. p. 93. lin. 23.
Quâ arte ob alias causas, &c. Quam invertendi artem hîc intelligis? Et quas ob causas ab ipsâ abstines?

Aut diversis partibus parallelos. Quid sibi hîc velint radii diversis partibus paralleli, nullo modo intelligo. Nihil enim hujusmodi quicquam exhibetur in schemate hoc,

(*Pag.* 120. *Diopt. fig.* 16. *tab.* 3.) de picto. Ut mentem hic apertius explices oro. Obscurissimum etiam illud est, nisi ego sim tardissimus, quod habetur ad calcem hujus articuli, de decussatione radiorum duo vitra convexa D B Q, & d b q, (*Vid. fig.* 51. *pl.* 8. *Diopt.*) permeantium. Sed ad marginem hujus loci in editione tuâ Gallicâ relegas nos ad paginam 108. id est ad figuram illam, quæ in nova editione habetur pagina 112. Ego verò ibi in vitris illis, nullam omninò video radiorum decussationem, sed tantum inter vitra, ad communem focum I. Nulli enim ibi radii apparent, nisi paralleli, qui parallelismum servant donec ad convexitates vitrorum B D, & b d, pervenerint, ubi demùm ita incipiunt inflecti, ut omnium tandem fiat decussatio, in foco I, non alibi. Hic autem dicis radios etiam in illis vitris D B Q, & d b q, primò decussari in superficie Prioris, putà D B Q. Deinde in alterâ posterioris, putà d b q. Quam autem intelligis superficiem, planam an convexam? Et an eandem in utrâque? Pergis porro. *Ii saltem qui ex diversis partibus allabuntur.* Quid est, *ex diversis partibus allabi*? Nunquid intelligis ex adversis sive oppositis. Nam paralleli etiam qui ab eodem objecto emanant rectè dici possunt allabi ex diversis partibus. Hic prorsus in luto hæreo.

Ad cap. 9. ibid. p. 136. lin. 9.

Quò magis hæc perspicilla objectorum imagines augent, eò pauciora simul repræsentant. Cum perfectiora hæc perspicilla aperturam vitri exterioris majorem habent, eaque plures proindè parallelos radios ab objecto suscipit, quàm imperfectiorum minor apertura, omnesque illi radii ad fundum oculi, à convexa dicti vitri superficie contorquentur, cur non plura etiam objecta, æquè ac majores imagines, in oculo poterunt depingere?

Ad cap. 10. ibid. pag. 149. lin. 11.

Hyperbole omnino similis & æqualis priori deprehendetur. Supponis igitur Hyperbolas omnes, quarum foci æquidistant à verticibus, quamvis hæ per conum, illæ per funem & regulam describantur per ἰσαρμογὴν coincidere: Imo hîc ipsam verticum æquidistantiam supponis; quod ut falsum non video, ita puto tamen veritatem illius, cum fundamentum sit totius, quam mox expositurus es, machinæ, fuisse operæ pretium demonstrasse. Quod quidem si facili negotio mihi efficere poteris, lubens audiam; Sin res operosior fuerit, tanto auctori mallem credere, quàm mihi ipsi multum negotium in intelligendo constare.

Ibid. p. 157. *lin.* 13.

Habebit enim & aciem & cuspidem. Aciem habeat, sed quam cuspidem habere poterit non video, præsertim cum acies hujus instrumenti fabricanda sit recta, non concava, sic enim esset sphærica; Quæ si contingat extremos circulos latitudinis rotæ, ad interiores tamen non adaptabitur; Major enim erit quam ut cum illis conveniat. Unde nec tanget instrumenti hujus cuspis circumductam rotam in mediis latitudinis spatiis.

Ibid. pag. 158. *lin.* 8.

Tantam esse non debere, ut ejus semidiameter distantiâ, quæ erit inter lineas 12. *&* 55. *&c.* Hujusce rei rationem autumo, quod tunc concava vitri superficies sphærica fieret, non Hyperbolica.

Ibid. p 162. *lin.* 26.

Ut nonnullos ex maximè industriis & curiosis, &c. Lubenter ex te audirem nunquis ex peritioribus illis artificibus, periculum fecerit adhuc in ingeniosissimo hoc tuo invento, & quo successu. Nam quod quidem hîc mussitant aliquos tentasse, operamque lusisse, id aut falsum arbitror, aut opifices illos qui tentarunt ex peritioribus non fuisse.

Quod ad Meteora attinet, difficultates quæ ibi occurrunt, pauciores sunt, & levioris opinor momenti. Quales autem sint mox audies.

Meteorum caput 1. Pag. 167. lin. 27.

Et denique prope terram quàm prope nubes.

Hoc asseris de radiis tàm rectis quàm reflexis. Qui autem fieri possit, ut recti, nisi quatenus reflectuntur & replicantur iterùm in se prope Terram, vim caloris augeant, non video. Tum verò non sunt simpliciter recti, sed recti cum reflexis conjuncti. Sed & altior scrupulus mihi animo hîc inhæret, de tuâ radiorum reflexione. Nam juxtà vulgatam Philosophiam, simplicissima hujusce rei ratio est : Quod fili instar radius solaris reducitur & replicatur, adeo ut geminatam vim, aut duplam quasi crassitiem, reflexio necessariò conciliet calori. Quod locum non habet in tuâ Philosophiâ. Neque enim duplicatur filum, sed pila repercussa tuum reflexionis modum rectiùs explicat. Unde vix videtur possibile ut calor geminetur. Quoniam pila descendens, putà ab A in B (*Vid. fig. 7. tom. 2. epist.*) simplicem duntaxat motus lineam constituit, qui motus prorsus desiit, prius quàm eadem pila ascenderit à B, ad D. Quapropter, cum unica linea motûs unâ vice existat, nequaquam videtur vis caloris duplo major fieri posse. Immò verò potius minui in aëre terræ vicino, cum non nihil motûs sui globulus seu pila communicet cum particulis terrestribus, unde in BD tardior motus erit & languentior quam fuit in AB. Non igitur abs re esset, si hîc explices, cur calescat aër prope Terram, magis quàm prope nubes. Et annon fieri possit, ut quamvis motus minor sit prope Terram quàm in altioribus aëris regionibus, major tamen calor sentiatur, ob inæqualitatem hujusce motûs.

Caput 7. pag. 268. lin. 1.

Sed etiam inferiores adeò raras atque extensas, &c. At cum tam raræ sint, quî possunt alias in se cadentes nubes excipere, ibique sistere. Videntur potiùs præ suâ tenuitate, ad Terram transmissuræ, si eò, aliàs, profecturæ essent.

Ibid. pag. 268. lin. 9.

Ob aëris circumquaque positi resonantiam, &c. Ita sane fingit Paracelsus tonitru tam immaniter boare & mugire, ob arcuata cæli templa, non absimili ratione, atque si quis æneam machinam, nitrato pulvere onustam disploderet sub tecto testudineato. Tu verò, sat scio, nullis laquearibus ætherem claudi sustines, ac proindè videatur verisimiliùs, quod quò magis ictus distat à terrâ, eò debilior futurus sit sonitus. Cum nec tam commodè fiat resonantia, quòd quò reverberetur sonus, tam longe absit ab aliis corporibus.

Cap. 9. p. 301. lin. 30.

Pauci quippe tantummodo radii, &c. Nunquid igitur radiorum paucitas cœnleum colorem generat. Videtur hoc haud ita consonum præcedentibus. Quippe quod cum supra statueris, colores oriri ex variâ proportione rotationis sphærularum ad motum earundem rectum, & particulatim cæruleum ex rotatione minore, quàm progressu, proficisci; quasi in eo ipso constaret ipsa cærulei coloris ratio; nunc tamen causam refers, non tàm ad rotationis defectum, quàm paucitatem radiorum resilientium à superficie maris. Hîc igitur quæro, utrum sentias, nullam aliam esse colorum rationem, præter eam quam ipse tam subtilitèr & ingeniosè exposuisti, an & aliis modis colores oriri possint, nullâ habitâ ratione rotationis globulorum, motusque rectilinei : præsertim cum & ipse innuis aquam marinam cæruleam videri ob paucitatem duntaxat radiorum. Et certè explicatu haud facile est, cum globuli in æquoris superficiem impingunt, cur non aut albescat mare, aut rubescat cum fortiùs impingunt, aut illis resistitur fortiùs in superficie maris, quam in cælo præ vaporibus albescente.

Proposui jam omnia quæ in scriptis tuis Physicis mihi visa sunt aut intellectu difficilia, aut intellectu difficulter vera. In quibus legendis mirati non immeritò tibi subeat, ingenii mei conditionem & fatum : qui cum profiteri ausi n me cætera

omnia.

omnia in tuis scriptis satis intimè intelligere, (ubi plurima tamen reperiuntur, quæ multò difficiliora videri possint quàm de quibus sæpius hæsito) ista tamen quæ tibi proposui explicanda aut munienda, non æquè ac illa cætera intelligerem. Ego verò hanc naturam meam atque indolem, quam à puero usque in me observavi, (quâ nempe maxima sæpe-numerò fœliciter vinco, victus interim à minimis) ad hunc usque diem emendare non potui. Humanitatis tuæ erit ignoscere, quod nefas est corrigere, nulloque pacto aut affectatæ ignorantiæ, aut disputandi prurigini imputare, quod tam multa congesserim. Feci enim non ex effræni aliquo disputandi desiderio, sed potius ex religioso quodam erga tua studio,

Non tam certandi cupidus, quàm propter amorem
Quod te imitari aveo.

Quod scitè quidem ille. Ego verò hac in causâ verissimè. Quod reliquum est, clarissime Cartesi, exorandus es, ut ista omnia quæ scripsi, æque bonique consulas, & cum primo tuo otio rescribas. Quod si dignatus fueris, peritissimum illum tandem efficies, qui semper fuit hactenùs Philosophiæ tuæ studiosissimus, HENRICUS MORUS.

Cantabrigiæ è Collegio Christi
3. Nonarum Martii 1649.

LETTRE
DE
MONSIEUR MORUS.
A
MONSIEUR DESCARTES
LETTRE II.
Version nouvelle.

MONSIEUR,

Je ressens une douleur bien vive de ce qu'on vous a enlevé si subitement de nôtre voisinage, & qu'on vous a emmené en un païs si éloigné : mais pour ne vous rien déguiser, j'ay de quoy adoucir ce déplaisir & cette tristesse, & de quoy me consoler moi-même ; en effet, ce n'est pas un petit avantage pour vous que les nations les plus reculées ayent rendu un tel honneur à vôtre mérite, & que l'éclat de vôtre réputation ai penetré avec tant de force, jusqu'aux sombres climats & aux broüillards épais du Septentrion ; & ce qui est le plus important, que ce n'ait pas été sans fruit, puisque l'amour des belles lettres, & de ceux qui les cultivent, a fait une si forte impression sur le cœur genereux de la Sereniffime Reine de Suede, cette illustre Heroïne ; que non contente de vos écrits & de vôtre réputation, elle n'a cessé de vous engager par ses Lettres d'aller la voir, jusqu'à ce qu'elle ait été au comble de ses vœux : empressement qui ne manquera pas de tourner, comme je le crois, à l'avantage & à l'ornement de son Royaume. Ces considerations m'ont fait supporter, je vous l'avoüe, avec moins d'impatience vôtre départ, & en même temps la perte de cette lettre si desirée que j'attendois comme vous l'aviez promis avant vôtre départ. Bien loin de renoncer à l'esperance que j'avois conçüe de la recevoir, j'ay au contraire une ferme esperance que non-seulement vous honorerez d'une de vos réponses, celle que je vous ai écrite auparavant, mais encore les presentes dès que vous les aurez reçûës. Plein de cette confiance, je passe à vôtre Dioptrique, pour venir ensuite aux Meteores, s'il y a quelque difficulté qui

G ij

m'y arrête, afin que je puisse decharger une fois pour toutes mon esprit de tout ce que j'avois résolu de vous proposer pour mon avantage ; j'espere par là qu'après avoir fait de ma part tout ce qui étoit en moy, je me procureray une plus grande tranquilité, & que je seray delivré de bien des doutes.

Sur la Dioptrique, discours 2. p. 20. lig. 24. fig. 7. planche 1.

A cause que cette toile ne luy est aucunement opposée en ce sens là.

Il me paroît que la toile CE, s'oppose en quelque façon à la balle B, même par rapport à la détermination qui la fait tendre vers la main droite, ce que je prouve ainsi.

GH (*V. fig. 1. tom. 2.*) est opposé à plein à la balle B, & l'empêche entierement de s'avancer tant du côté HE, que du côté IE, c'est-à-dire vers le bas ; car comme CE ne differe de GH, qui est opposé à plein au mouvement vers HE, que de la quantité de l'angle HBE, ou GBC, il est manifeste que CE, dans la position qu'on luy donne, s'opposera toûjours avec une certaine force au mouvement de la balle vers HE ; nous en serons convaincus davantage, si nous supposons que CE est une superficie d'argile fort molle, & qu'une balle, si vous voulez de cuivre, est poussée d'A vers B, elle s'enfoncera un peu dans l'argile; mais elle perdra tout d'un coup tout son mouvement, tant vers H E, que vers C E, ce qui n'arriveroit point si la balle étoit poussée selon la ligne C B E, elle s'avanceroit vers H E, sans aucun embarras, sur tout si nous imaginons que cette balle n'a aucune pesanteur: donc la superficie C E s'oppose à la balle qui vient de A vers B par rapport à la détermination qui la porte vers H E, ce qu'il falloit démontrer.

Ibid. p. 21. lig. 2.
Car puisqu'elle perd la moitié de sa vîtesse.

Je veux bien qu'elle perde quelque degré de vîtesse: mais je ne puis comprendre ce que vous supposez dans cet article, & dans le suivant, que ce degré de vîtesse n'est perdu que par rapport à C E, (*V. fig. 2. tom. 2.*) & non par rapport à F E; car comme cette balle n'a qu'un mouvement réel, quoi que nous puissions l'imaginer composé de plusieurs déterminations différentes; si ce mouvement est diminué, quelque part que la balle s'avance, son mouvement sera plus lent après cette diminution; ainsi ce qui porte la balle en I, & non point en D, n'est pas son plus ou moins de vîtesse, mais la résistance qui est plus forte dans le grand angle CBD, & plus petite dans l'angle E BD, parce que la pointe de l'angle aigu EBD, jointe à la fluidité du liquide, doit moins refister à la balle que la pointe émoussée de l'angle CBD; sans cela, s'il falloit avoir recours au plus ou moins de vîtesse, la balle qui est poussée de A vers B, seroit portée vers D, vous n'avez qu'à considerer pour cela vôtre figure de la Dioptrique s'il est besoin.

Sur le Discours second de la Dioptrique, p. 22. ligne 24.

Mais si elle est poussée suivant une ligne comme A B, qui soit si fort inclinée sur la superficie de l'eau, ou de la toile CBE, que la ligne FE étant tirée, &c.

Il faut avoüer qu'il y a beaucoup de subtilité dans vôtre maniere de montrer le chemin que doit tenir cette balle : mais il me paroît que vous n'arrivez point au but. La veritable & unique cause que vous auriez dû rapporter, est la grandeur de l'angle CBD, (*V fig. 3. tom. 2.*) la petitesse de l'angle EBD; & la grosseur de la balle qui pour se reflechir en l'air vers L, doit d'autant moins faire baisser la ligne A B, vers CE, que sa grosseur est plus grande; car une grosse balle a plus de peine à ouvrir & écarter la pointe d'un angle aigu, qu'à la froisser en se refléchissant.

Page 23. ligne 13.
Qui augmente la force de son mouvement.

L'augmentation du mouvement ne sert à rien pour détourner la balle, s'il ne se rencontre quelque corps, qui par sa position en change la détermination; ce qui arrive ainsi, selon que je me l'imagine, sur tout dans un lieu que vous dites admettre plus facilement les rayons de la lumiere, tel qu'est le cristal, le verre, &c. comme dans ces matieres la pointe de l'angle E BD est si dure & si inflexible, qu'elle ne peut ceder; le rayon qui tombe sur le sommet incliné de cet angle dont la matiere est si serrée, se détourne de la ligne droite, & est chassée dedans en s'approchant de la perpendiculaire; ainsi ces deux refractions me paroissent une veritable reflexion commencée: or comme dans une véritable & libre reflexion il n'arrive du changement que dans la determination, & non dans la quantité du mouvement, il paroît qu'il ne faut pas avoir recours ici au plus ou au moins de vîtesse, pour diminuer ou changer la determination; donc la seule détermination diminuée ou augmentée suffit pour les deux refractions; car quand la balle B est arrivée à la superficie C E, elle ne se détourne point de son chemin, parce qu'elle a plus ou moins de vîteſſe, mais parce qu'elle tombe ſur un corps qui change la détermination, car autrement s'il n'y a qu'une vîteſſe plus ou moins grande, la balle après avoir paſſé de A en B, iroit en D.

C'eſt pourquoy dans la premiere refraction où la balle s'éloigne de la perpendiculaire, ſa détermination vers le bas eſt diminuée, & ſi elle perd du mouvement, c'eſt par accident à cauſe de la molleſſe du milieu qui réſiſte ; dans la ſeconde où la balle s'approche de la perpendiculaire, ſa détermination vers le bas eſt augmentée ; ſi elle acquiert de la vîteſſe, c'eſt par accident, à cauſe qu'elle penetre un nouveau milieu qui luy donne un paſſage plus libre. La cauſe & le changement de la détermination ſont donc neceſſaires pour les deux refractions, comme pour la reflexion ; & le plus ou moins de vîteſſe ne ſont qu'acceſſoires, & même entierement inutiles pour ces effets ; même il eſt difficile d'imaginer la cauſe qui donne à la balle un nouveau degré de vîteſſe quand elle paſſe dans un milieu plus aiſé ; car tout ce que ce milieu peut faire, c'eſt de laiſſer à la balle toute la celerité qu'elle avoit eu ne recevant par la communication aucune partie de ſon mouvement, mais il ne peut lui rien donner de nouveau ; & il me paroît qu'il ſeroit auſſi abſurde de dire que la balle quand elle entre dans un milieu plus aisé acquiert de nouveaux degrez de vîtesse, soit par pure liberalité, soit si vous l'aimez mieux, par restitution de ceux qu'elle avoit perdu, que d'accorder qu'il y a un instant de repos dans le point de la reflexion, ce que vous avez eu raison de rejetter dans l'art. 2 de ce discours.

Discours sixiéme de la Dioptrique page 61. lig. 6. fig. 19. pl. 14.

Mais seulement de la situation des petites parties du cerveau, d'où les nerfs prennent leur origine.

Ces petites parties sont-elles visibles dans quelques parties du cerveau, ou les supposez-vous seulement par une simple conjecture ; pour moy il me paroît qu'on peut s'en passer ; mais que les mêmes organes qui transmettent le mouvement font connoître necessairement à l'ame d'où vient cette transmission, s'il ne se trouve en chemin aucun empêchement.

Page 64. ligne 19.

Un raisonnement tout semblable à celuy que font les Arpenteurs, lorsque par le moyen de deux differentes stations ils mesurent des distances inaccessibles.

Cette comparaison me paroît obscure, pour ne pas dire un peu forcée ; je n'y vois rien de commun que ces deux stations ;

car les Geometres, ou si vous l'aimez mieux les Geodetes prennent leurs stations sur une ligne droite tirée depuis quelque arbre ou quelque tour, & l'œil prend les siennes en changeant de place sur une ligne à peu près parallele à l'objet ; il me paroît que c'est tout ce qu'on peut déduire de cette comparaison.

Au même discours sixième p. 66. ligne 6.

Leur grandeur s'estime par la connoissance, ou l'opinion qu'on a de leur distance.

Il seroit très difficile de donner une raison exacte de la grandeur apparente des corps ; mais je crois que le jugement que nous en portons, dépend principalement de la grandeur ou de la petitesse de l'angle où les rayons se croisent : plus cet angle est grand, plus l'objet paroîtra grand ; plus il est petit, plus l'objet paroîtra petit : de plus, ce qui merite attention, si vous approchez de vôtre œil quelque objet, par exemple vôtre pouce à la distance d'une ligne, l'angle où les rayons se croisent, sera quatre ou cinq fois plus grand que si vôtre pouce étoit distant de l'œil de dix lignes. Si vous l'éloignez encore de quelques dixaines de lignes, l'angle diminuera, mais en moindre proportion, jusqu'à ce qu'il devienne si petit, qu'on puisse le confondre avec une seule ligne droite ; c'est pourquoy personne ne doit être surpris si son pouce luy paroît beaucoup plus grand, quand il n'est éloigné de son œil que d'une ligne, que quand il est éloigné de dix; & si après cela il paroît toûjours à peu près de la même grandeur, quoi qu'il l'éloigne de 30, 40 lignes, & même davantage: cependant il peut si fort l'éloigner qu'il ne paroîtra plus, car l'ouverture de l'angle peut être plus petit, que le diametre d'un des filamens du nerf optique; mais je ne comprens pas ce que peut produire en cela l'opinion de la distance comparée à la grandeur de l'image de l'objet; comment l'œil ou l'ame peuvent faire cette comparaison: mais il m'est aussi aisé d'expliquer que de concevoir comment par le moyen de l'angle, où les rayons se croisent, nous jugeons de la grandeur des corps. Soient H, I & K, L, (*V. f g. 5. tom. 2.*) le fond de deux yeux, d'un grand & d'un plus petit, C D le plus grand objet, mais plus éloigné; E F le plus petit objet, mais plus voisin E G F, ou K G L, l'angle où les rayons se croisent. D'abord j'établis qu'il y a un effort, ou une transmission de mouvement de O en L, & de D en K, & que ma reflexion se promenant sur la ligne droite KGFD, parvient à D extrêmité de l'objet CD, dans la place où il est veritablement; tandis que par une autre ligne droite L G E C, elle parvient à l'autre extrêmité C, dans l'endroit où elle est veritablement : autant en est-il de toutes les parties de l'objet c d. Je dis donc que c'est par cette course de ma reflexion, que je découvre la grandeur de l'objet qui est devant mes yeux, & que la mesure de son diametre apparent est l'angle E g f ; je dis pareillement que si l'on conserve les mêmes lignes droites que parcourt ma reflexion, & la même ouverture de l'angle à l'égard de l'œil H I, l'objet D C doit luy paroître aussi grand qu'à l'œil K l : d'où je conclus ensuite que la grandeur apparente de l'objet dépend non de la grandeur de l'image, mais de la grandeur de l'angle où les rayons se croisent : Enfin de même que la grandeur apparente de l'objet ne vient pas de la grandeur de l'image peinte au fond de l'œil, puisque le petit objet E f peint, soit dans l'œil h i, soit dans l'œil x l une image d'égale grandeur à celle du grand objet c d ; ainsi elle ne vient pas de la grandeur de l'angle formé par la rencontre des rayons, autrement l'objet E f, paroîtroit aussi grand que c d, cet angle étant le même pour les deux : mais en retirant le petit objet E f, c d, paroîtra beaucoup plus grand, que ne paroîtroit e E f, quoi qu'on les vît tous deux sous un même angle, d'où l'on conclura avec raide M. Descartes. 85

son que la grandeur apparente d'un objet, vient en partie de la grandeur réelle de l'objet. Il n'est pas non plus surprenant que ma reflexion qui se promene sur ces lignes formées par l'effort ou par la transmission du mouvement penetre & s'arrête où le mouvement a commencé, c'est-à-dire en c & en d, & qu'ils paroissent plus distans que E & F, puisqu'en effet ils sont plus éloignez que E f, & qu'on ne les voit point sous un angle plus petit, & qu'enfin tout l'objet c d, paroisse simplement plus grand que tout l'objet e f.

Ibid. pag. 68. ligne 18.

De plus, à cause que nous sommes accoutumez de juger, &c.

Que pensez-vous donc de l'aveugle né que Jesus-Christ guerit ; si on luy eût presenté un miroir plan avant qu'une mauvaise haditude eût depravé son jugement, auroit-il vû son visage en deça du miroir, & non au-delà ou derriere ? Ce petit jeu de l'image derriere le miroir dont j'avouë que je ne connois pas jusques ici le manege, a donné de terribles entraves à mon imagination; car je ne me contente point de cette mauvaise habitude de juger ; vous me feriez grand plaisir de faire agir pour cela la bonne mechanique, & de m'en faire part quand vous l'aurez decouverte.

Ibid. p. 70. ligne 28.

Il suit de là, que leur diametre, &c.

Qui empêche que le diametre du Soleil ou de la Lune ne nous paroisse d'un ou de deux pieds au plus, à cause de l'angle formé par la rencontre des rayons, diminuë d'une maniere propre à nous faire paroître à cette distance des corps de la grandeur réelle du Soleil ou de la Lune sans une image d'un ou deux pieds?

Pag. 71. ligne 11.

Car ordinairement ces astres semblent plus petits, lorsqu'ils sont fort hauts vers le midy, &c.

Donc le Soleil & la Lune paroissent plus grands près de l'horizon qu'ils ne devroient, eu égard à leur distance; & moy je dis qu'une grandeur apparente, soumise à des loix constantes, doit plûtôt être appellée veritable & non trompeuse, de celle qui dépend de quelques circonstances étrangeres & variables.

Sur le Discours 7. de la Dioptrique p. 93. ligne 23.

Si ce n'est peut-être de fort peu en la renversant, &c.

Quel est cet art de renverser? & pourquoi n'en dites-vous rien?

Sur le discours 8. p. 220. lig. 6.

Ou paralleles de divers cotez.

Je ne comprends point ces rayons paralleles de plusieurs divers côtez, car je ne vois rien d'approchant dans vôtre figure 120. de la Dioptrique, c'est pourquoi je vous prie de vous expliquer plus nettement; si je n'ai pas l'esprit bouché, ce que vous avez mis à la fin de cet article n'est guere plus clair ; vous parlez des rayons qui se croisent en traversant les deux verres convexes DBQ, & d b q (*Voy. fig. 51. pag. 108. de la D. ptr.*) dans vôtre édition françoise vous renvoiez en marge à la page 108. c'est-à-dire à la figure qui est à la p. 112. de la nouvelle édition. Pour moy je ne vois pas que les rayons se croisent dans ces verres, mais seulement au de là en i qui est leur foyer commun ; il paroît que tous ces rayons gardent un grand parallelisme, jusqu'à ce qu'ils soient parvenus à la superficie convexe des deux verres BD, b d, c'est là qu'ils se courbent pour se croiser en i, & non ailleurs ; au lieu que vous dites que ces rayons se croisent deux fois dans ces deux verres. Premierement, dans la superficie D B Q, secondement, dans la superficie d b q, quelle superficie entendez-vous ? La plane ou la convexe est-ce la même dans tous les deux verres? Vous ajoûtez : *Du moins les rayons qui viennent de differentes parties.* Qu'est-ce que venir de differentes parties ? entendez-vous parties opposées, car les paralleles qui partent du même objet, peuvent être dits venus de differentes parties ; tirez-moi de ces tenebres ?

Sur le discours 9. p. 136. fig. 9.

Pour ce que, d'autant que ces lunettes font que les objets paroissent plus grands, d'autant en peuvent-elles faire moins voir à chaque fois.

Puisque ces lunettes plus parfaites ont une plus grande ouverture du côté du verre exterieur, qui par conséquent reçoit de l'objet plus de rayons paralleles que les imparfaites, qui ont cette ouverture grande, & la convexité de ce verre renvoyant tous ces rayons au fond de l'œil, d'où vient qu'il ne se peint pas dans cet œil un plus grand nombre d'objets, comme il s'y peint de plus grandes images.

Sur le discours 10 p. 149. lig. 11.

Sera une hyperbole toute semblable, & égale à la précedente.

Vous supposez donc que toutes les hyperboles dont les foyers sont également distants des sommets, quoi que les unes ayent été decrites par le moyen du cône, & les autres avec la corde & la regle, ont neanmoins les mêmes proprietez, & même vous supposez cette égalité de distance des sommets ; quoi que je n'apperçoive en tout cela aucune fausseté, vous auriez dû cependant le démontrer ; puisque c'est le le fondement de la machine que vous allez expliquer ; si vous voulez en prendre la peine vous me ferez plaisir, pourvû que cela soit aisé à comprendre, sinon j'aime mieux en croire un aussi grand homme que vous, que de donner la torture à mon esprit pour en venir à bout.

Ibid. p. 157. ligne 13.

Car il doit avoir un tranchant, & une pointe.

Passe qu'il ait un tranchant : mais comment aura-t'il une pointe, sur tout puisque le tranchant de cet outil doit être fabriqué droit, & non concave ; car de cette façon il seroit spherique. Si ce tranchant peut faire quelque chose vers l'extrémité de la rouë, il ne servira à rien vers le milieu ; car il sera trop grand pour pouvoir y entrer, c'est pourquoi la pointe de cet outil ne touchera point la matiere voisine du centre de la rouë.

Ibid. p. 158. lig. 8.

Doit être si petite que lors que son centre est vis-à-vis de la ligne 55. de la machine qu'on employe à la tailler, la circonference ne passe pas au dessus de la ligne 12. de la même machine.

N'est-ce point à cause que pour lors la superficie concave du verre deviendroit spherique & non hyperbolique.

Tome II.

Ibid. p. 162. l. 26.

Pour obliger quelques-uns des plus curieux & des plus industrieux de nôtre siecle à en entreprendre l'execution.

Je voudrois sçavoir si quelque ouvrier industrieux a essayé d'executer ce projet ingenieux, & quel en a esté le succez; quand à ce qu'on dit icy que quelques-uns l'ont tenté inutilement, je n'en crois rien, ou ces ouvriers n'étoient que de simples artisans : voicy quelques difficultez que j'ay aussi trouvées dans vos meteores, mais elles sont en petit nombre & peu considerables.

Discours premier des Meteores p. 167. lig. 27.

Et contre la Terre que vers les nuées.

Ce que vous dites des rayons du soleil, tant droits, que refléchis; mais je ne vois pas comment les rayons droits peuvent augmenter la chaleur, si ce n'est qu'étant refléchis ils sont renvoyez une seconde fois vers la terre; pour lors ce ne sont pas seulement des rayons droits, mais des rayons droits joints avec des refléchis. J'ai encore une bien plus grande peine par rapport à la reflexion que vous donnez à ces rayons; la Philosophie ordinaire nous en rend une raison très-simple : le rayon solaire se remplit comme un fil, d'où resulte necessairement l'augmentation de la chaleur, ce qui ne peut avoir lieu dans vos Principes; selon vous ce n'est plus un fil qui se plie en double, mais une balle qui refléchit: mais comment prouverez-vous l'augmentation de la chaleur portée au double quand la balle descend de A en B. (*V. fig. 7. tom. 2. des Lettres.*) elle décrit une ligne par son mouvement, & cette ligne n'est plus, quand la balle se dispose à remonter de B en D; nous n'avons donc qu'une ligne de mouvement qui ne peut doubler la chaleur; au contraire, la chaleur diminuera dans l'air voisin de la terre, puisque le globule ou la balle communique quelque chose de son mouvement aux particules terrestres qui l'environnent; c'est pourquoy le mouvement sera plus lent en BD, qu'en AB; il faut donc que vous expliquiez pourquoy l'air s'échaufe plus contre la terre que vers les nuës, & si ne se peut pas faire, que quoy que le mouvement soit plus lent contre la terre que vers les plus hautes regions de l'air, on y sent cependant une plus grande chaleur à cause de l'inégalité de ce mouvement.

Discours 7. p. 63. lig. 1.

Mais aussi les plus basses demeurant fort rares.

Si les nuës inferieures sont si rares ou si peu compactes, comment peuvent-elles recevoir les plus hautes qui tombent sur elles, & les arrêter; il paroît au contraire qu'elles sont si minces, qu'elles devroient être entraînées à terre avec les dernieres, si celles là avoient déja pris ce chemin-là.

Ibid. p. 268. lig. 9.
A cause de la raisonnance de l'air, &c.

C'est l'opinion de Paracelse, que le bruit affreux du tonnerre vient des voûtes du ciel; c'est ainsi qu'on entend un grand bruit lorsque quelqu'un décharge une arme à feu dans une salle voûtée: mais pour vous qui ne reconnoissez ni voûte ni plat-fond au dessus de l'air, vous devez trouver plus vrai-semblable que plus le coup est éloigné de la terre, plus il doit être foible, le bruit étant d'autant moins sensible qu'on est éloigné des corps qui l'ont produit.

Discours 9. p. 301. lig. 30.
Car il ne se réfléchit de sa superficie que peu de rayons.

Voulez-vous donc que le petit nombre de rayons produise le bleu. Vous ne serez pas d'accord avec ce que vous avez dit d'abord: vous avez dit plus haut, que les couleurs sont produites par la différente proportion qui se trouve entre leur mouvement en ligne droite, & le tournoyement sur leur propre centre, & particulierement que le bleu paroît quand les globules tournoyent moins vîte sur leur centre, eu égard à leur mouvement en ligne droite. Présentement vous avez recours au petit nombre des rayons; je voudrois donc sçavoir si vous pensez qu'il n'y a autre cause des couleurs, que celle que vous avez si ingenieusement expliquée ci-dessus, ou si vous croyez qu'elles peuvent être encore produites d'autre façon sans aucun égard au tournoyement & au mouvement direct des globules, sur tout puisque vous avancez que l'eau de la mer paroît bleuë à cause du peu de rayons qui sont refléchis; & certes il n'est pas aisé de dire pourquoy la mer ne paroît pas blanche ou rouge, lorsque les globules viennent à frapper sa superficie, puisque ces globules y trouvent quelquefois plus de résistance que dans l'air chargé de vapeurs qui vous paroît blanc pour lors.

Voilà, Monsieur, tout ce que j'avois à vous proposer sur vos écrits de Physique, & qui m'a paru ou difficile à comprendre, ou dont la verité souffriroit quelques difficultez, surquoi vous aurez sujet d'être surpris du caractere & du tour de mon esprit, qui entrant assez à fond dans tout le reste de vos écrits où se trouvent cependant bien des choses plus difficiles que celles qui l'arrêtent en plusieurs endroits, n'a pas la même pénétration pour ce dont je vous demande l'explication, ou que je vous prie de fortifier par de nouvelles preuves quelques efforts que j'aye fait pour corriger cette disposition de mon esprit, que j'ay remarquée dès mon enfance, je veux dire de surmonter souvent très-heureusement les choses les plus difficiles, & d'être arrêté par les plus petites ; je n'ay pourtant jamais pû en venir à bout. J'espere que vôtre bonté excusera ce qui ne m'est pas possible de corriger, & elle n'imputera ni à une ignorance affectée, ni à une sotte démangeaison de disputer tant de difficultez que j'ai entassées les unes sur les autres ; car je ne l'ay pas fait par un desir effréné de disputer, mais par un zele religieux pour tout ce qui vient de vous.

C'est moins dans le desir d'obtenir la victoire,
Que par le zele ardent d'acquerir vôtre gloire.

Comme le dit élegamment le Poëte, & comme je le repete dans la derniere sincerité.

Au reste, Monsieur, je vous prie de prendre en bonne part tout ce que je vous ay écrit, & d'y faire réponse à vôtre loisir : si vous me faites cette grace, vous aurez la consolation d'avoir rendu très-sçavant celui qui a été jusques icy le plus fidele partisan de vôtre Philosophie. Je suis, &c.

HENRY MORUS.

A Cambrige du Collège de Christ
le 21. Oct. 1649.

Ce qui suit a été trouvé parmy les papiers de Monsieur Descartes, comme un projet ou commencement de la réponse qu'il préparoit aux deux précedentes Lettres de Monsieur Morus.

Lettre III.

CUm tuam Epistolam decimo Calendas Augusti datam accepi, parabam me ad navigandum Sueciam versus, &c.

1. *An sensus Angelorum sit propriè dictus, & an sint corporei, nec ne.*

Resp. Mentes humanas à corpore separatas sensum propriè dictum non habere; de Angelis autem non constare ex sola ratione naturali an creati sint instar mentium à corpore distinctarum, an vero etiam earumdem corpori unitarum; nec me unquam de iis de quibus nullam habeo certam rationem quicquam determinare, & conjecturis locum dare. Quod Deum dicas non esse considerandum nisi qualem omnes boni esse cuperent, si deesset, probo.

Ingeniosa instantia est de acceleratione motûs, ad probandum eandem substantiam nunc majorem nunc minorem locum posse occupare; sed tamen est magna disparitas, in eo quod motus non sit substantia, sed modus, & quidem talis modus, ut intimè concipiamus quo pacto minui vel augeri possit in eodem loco. Singulorum autem entium quædam sunt propriæ notiones, de quibus ex iis ipsis tantum, non autem ex comparatione aliorum est judicandum: Ita figuræ non competit quod motui, nec utrique quod rei extensæ. Qui autem semel bene prospexit nihili nullas esse proprietates, atque ideo illud quod vulgo vocatur spatium vacuum non esse nihil, sed verum corpus, omnibus suis accidentibus (sive iis quæ possunt adesse & abesse sine subjecti corruptione) exutum; notaveritque quomodo una quæque pars istius sive spatii, sive corporis, sit ab omnibus aliis diversa, & impenetrabilis, facilè percipiet nulli alteri rei eandem divisibilitatem, & tangibilitatem, & impenetrabilitatem posse competere. Dixi Deum extensum ratione potentiæ, quod scilicet illa Potentia se exerat, vel exerere possit, in re extensâ; certumque est Dei essentiam debere ubiquè esse præsentem, ut ejus potentia ibi possit se exerere, sed nego illam ibi esse per modum rei extensæ, hoc est, eo modo quo paulò ante rem extensam descripsi.

Inter merces quas ais te ex navigiolo meo tibi comparasse, duæ mihi videntur adulteratæ; una est, quod quies sit actio
sive

sive renixus quidam; etsi enim res quiescens, ex hoc ipso quod quiescat, habeat illum renixum, non ideo ille renixus est quies. Altera est, quod moveri duo corpora sit immediatè separari; sæpe enim ex iis quæ ita separantur, unum dicitur moveri, & aliud quiescere, ut in art. 25. p. 88. & art. 30. p. 92. 2. part. princ. explicui.

Translatio illa, quam motum voco, non est res minoris entitatis quam sit figura, nempe est modus in corpore. Vis autem movens potest esse ipsius Dei conservantis tantumdem translationis in materiâ, quantùm à primo creationis momento in ea posuit; vel etiam substantiæ creatæ, ut mentis nostræ, vel cujusvis alterius rei, cui vim dederit corpus movendi; Et quidem illa vis in substantiâ creatâ est ejus modus, non autem in Deo; quod, quia non ita facilè ab omnibus potest intelligi, nolui de istâ re in scriptis meis agere, ne viderer favere eorum sententiæ, qui Deum, tanquam animam mundi materiæ unitam, considerant.

Considero materiam sibi liberè permissam & nullum aliundè impulsum suscipientem, ut planè quiescentem; Illa autem impellitur à Deo, tantumdem motus sive translationis in eâ conservante, quantùm ab initio posuit; neque ista translatio magis violenta est materiæ, quam quies:

quippe, nomen violenti non refertur nisi ad nostram voluntatem, quæ vim pati dicitur, cum aliquid fit quod ei repugnat. In natura autem nihil est violentum, sed æquè naturale est corporibus, quod se mutuò impellant, vel elidant, quando ita contingit, quam quod quiescant. Tibi autem puto ea in re parare difficultatem, quod concipias vim quandam in corpore quiescente per quam motui resistit, tanquam si vis illa esset positivum quid, nempe actio quædam, ab ipsa quiete distinctum, cum tamen nihil planè sit à modali entitate diversum.

Rectè advertis motum, quatenus est modus corporis, non posse transire ex uno in aliud; sed neque etiam hoc scripsi, quin imo puto motum, quatenus est talis modus, assiduè mutari. Alius est enim modus in primo puncto corporis A, quod à primo puncto corporis B separetur, & alius quod separetur à secundo puncto, & alius quod à tertio, &c. Cum autem dixi tantumdem motus in materia semper manere, hoc intellexi de vi ejus partes impellente, quæ vis nunc ad unas partes materiæ, nunc ad alias se applicat, juxta leges in art. 45. p. 110. & sequentibus partis secundæ principiorum propositas. Non itaque opus est ut sis sollicitus de transmigratione quietis ex uno subjecto in aliud, cum ne quidem motus, quatenus est modus quieti oppositus, ita transmigret.

Quæ addis, nempe tibi videri corpus stupidè & tumulentè esse vivum, &c. tanquam suavia considero ; & pro libertate quam mihi concedis, hic semel dicam, nihil magis nos à veritate invenienda revocare, quam si quædam vera esse statuamus, quæ nulla positiva ratio, sed sola voluntas nostra nobis persuadet ; quando scilicet aliquid commentati sive imaginati sumus, & postea nobis Commentum placet ; ut tibi, de Angelis corporeis, de umbra divinæ essentiæ, & similibus ; quale nihil quisquam debet amplecti ; quia hoc ipso viam ad veritatem sibi præcludat.

Ce qui suit a esté trouvé parmi les papiers de M. Descartes comme un projet ou commencement de la réponse qu'il préparoit aux deux précedentes lettres de Monsieur Morus.

Lettre III.

J'Etois sur mon départ pour le voyage de Suede, lorsque je reçûs vôtre Lettre datée du 23 Juillet, &c.

1. *Si le sentiment dans les Anges est proprement un sentiment, & s'ils sont corporels ou non?*

Je réponds que l'ame humaine separée du corps n'a point proprement de sentiment ; qu'à l'égard des Anges, nous n'avons aucune raison naturelle qui nous fasse connoître s'ils sont créés comme les ames separées des corps, ou comme les mêmes ames qui sont unies au corps, & que je ne détermine jamais rien sur les choses dont je n'ay aucune raison certaine pour donner lieu à des conjectures. J'approuve ce que vous dites, que nous ne devons point nous former d'autre idée de Dieu, que celle que tous les gens de bien souhaiteroient ; s'il n'y avoit point de Dieu.

Vôtre instance sur l'acceleration du mouvement, pour prouver que la même substance peut occuper tantôt un plus grand, tantôt un moindre lieu, est ingenieuse; cependant la disparité est grande, parce que le mouvement n'est pas une substance, mais un mode, & un mode tel en effet que nous concevons intimement comment il peut être diminué ou augmenté dans le même lieu; car tous les êtres ont certaines notions propres par lesquelles seules il en faut porter jugement, & non par comparaison des êtres les uns aux autres; c'est ainsi que les qualitez de la figure ne conviennent pas au mouvement, & que les qualitez de l'une & de l'autre ne conviennent point à l'étenduë. Quand or aura une fois bien compris que le néant n'a aucune proprieté, & que par conséquent ce qu'on apelle communément espace vuide n'est pas un rien, mais un vrai corps dépoüillé de tous ses accidens, je veux dire de ceux qui peuvent se trouver, & ne se pas trouver sans la corruption du sujet, & qu'on aura remarqué comment chaque partie ou de cet espace ou de ce corps est differente de toutes les autres, & impenetrable, on verra facilement que la même divisibilité, la même faculté d'être touché, & la même impenetrabilité ne peuvent convenir à aucune autre chose. J'ai dit que Dieu est étendu en puissance, parce que cette puissance se fait voir ou se peut faire voir dans la chose étenduë ; & il est certain que l'essence de Dieu doit être présente par tout, afin que sa puissance s'y puisse mettre au jour ; mais je dis qu'elle n'y est pas à la maniere des choses étenduës, c'est-à-dire de la maniere que j'ai décrit ci-dessus la chose étenduë. Il me paroît que parmi les marchandises que vous dites avoir gagnées sur mon petit batteau, il y en a deux qui sont de contrebande ; la premiere, que le repos soit une action ou une espece de résistance ; car bien que la chose qui est en repos ait cette résistance, de cela même qu'elle est en repos ; ce n'est pas à dire pour cela que cette résistance soit en repos. La seconde est que mouvoir deux corps, c'est les separer immediatement, car souvent entre les choses qui sont ainsi separées, l'une est dite être mûë, & l'autre être en repos, comme j'ai expliqué dans les art. 25. p. 88. & 30 p. 92. de la seconde partie des Principes.

Ce transport que j'appelle mouvement n'est point une chose de moindre entité que la figure, c'est-à-dire elle est un mode dans le corps, & la force mouvante peut venir de Dieu qui conserve autant de transport dans la matiere, qu'il y en a mis au premier mouvement de la création, ou bien de la substance créée, comme de vôtre ame, ou de quelque autre chose que ce soit, à qui il a donné la force de mouvoir le corps, & cette force dans la substance créée est son mode, mais elle n'est pas un mode en Dieu; ce qui étant un peu au dessus de la portée du commun des esprits, je n'ai pas voulu traiter cette question dans mes écrits, pour ne pas sembler favoriser le sentiment de ceux qui considerent Dieu comme l'ame du monde unie à la matiere, je considere la matiere laissée à elle-même, & ne recevant aucune impulsion d'ailleurs, comme parfaitement en repos; & elle est poussée par Dieu qui conserve en elle autant de mouvement ou de transport qu'il y en a mis dès le commencement, & ce transport ne cause pas plus de violence à la matiere que le repos; car le nom de violence ne se rapporte qu'à nôtre volonté, qui souffre, dit-on, violence, lorsque quelque chose se fait qui y repugne: or dans la nature il n'y a rien de violent, mais il est aussi naturel aux corps de se pousser mutuellement, ou de se briser quand cela arrive, que de se tenir en repos; mais ce qui a été la cause, à ce que je crois, de la difficulté que vous avez proposée, est que vous concevez une certaine force dans le corps qui est en repos, par laquelle il resiste au mouvement, comme si cette force étoit quelque chose de positif, c'est-à-dire une certaine action distincte du repos même, quoi que ce ne soit qu'une entité modale.

Vous remarquez fort bien que le mouvement en tant qu'il est mode du corps, ne peut passer d'un corps dans un autre, & je ne l'ai pas dit aussi. Bien plus, je crois que le mouvement en tant qu'il est un tel mode, reçoit des changemens continuels; car autre chose est le mode dans le premier point du corps A, qui est separé du premier point du corps B, & autre celui qui est separé du deuxiéme & du troisiéme, &c.

Or lorsque j'ai dit qu'il restoit toûjours autant de mouvement dans la matiere, j'ai entendu cela de la force qui pousse ses parties, laquelle force s'applique tantôt à une partie de la matiere, tantôt s'applique aux autres, selon les loix proposées dans l'art. 45. p. 110. & dans les suivantes de la seconde partie. Il ne faut donc pas s'embarrasser du transport du repos d'un sujet à un autre, puisque le mouvement même, en tant qu'il est mode opposé au repos ne passe point ainsi. A l'égard de ce que vous ajoûtez que le corps vous semble joüir d'une vie, mais stupide & pleine d'yvresse, &c.

Je regarde cela comme de fort belles

paroles ; mais permettez-moi une fois pour toutes, avec cette liberté dont vous m'avez permis d'user à vôtre égard, que rien ne nous éloigne plus du chemin de la verité, que d'établir certaines choses comme veritables, qu'aucune raison positive, mais nôtre volonté seule nous persuade, c'est-à-dire, lorsque nous avons inventé ou imaginé quelque chose, & qu'après cela nos fictions nous plaisent, comme vous faites à l'égard de ces Anges corporels, de cette ombre de l'essence divine, & autres choses semblables que personne ne doit admettre, parce que c'est le vrai moyen de se fermer tout chemin à la verité.

AU REVEREND PERE
MERSENNE,

Touchant la Question, sçavoir : Si un Corps pese plus ou moins étant proche du centre de la Terre, qu'en étant éloigné.

LETTRE IV.

MON REVEREND PERE,

Pour satisfaire à la promesse que je vous ai faite par mes precedentes, de vous envoyer la premiere fois mon sentiment touchant la question proposée, je remarque qu'il faut icy distinguer deux sortes de pesanteurs, l'une qu'on peut nommer vraye ou absoluë, & l'autre qu'on peut nommer apparente ou relative. Comme lors qu'on dit qu'en prenant une pique par l'un de ses bouts elle pese beaucoup davantage qu'en la prenant par le milieu, cela s'entend de sa pesanteur apparente ou relative, car c'est-à-dire qu'elle nous semble plus pesante en cette façon, ou bien qu'elle est plus pesante à nôtre égard, mais non pas qu'elle l'est en soi davantage. Or avant que de parler de cette pesanteur relative, il faut déterminer ce qu'on entend par la pesanteur absoluë. La plûpart la prennent pour une vertu, ou qualité interne en chacun des corps qu'on nomme pesants, qui le fait tendre vers le centre de la terre; & les uns pensent que cette qualité dépend de la forme de chaque corps, enforte que la même matiere qui est pesante ayant la même forme de l'eau, perd cette qualité de pesante & devient legere, lorsqu'il arrive qu'elle prend la forme de l'air. Au lieu que les autres se persuadent qu'elle ne dépend que de la matiere, enforte qu'il n'y a aucun corps qui ne soit pesant, à cause qu'il n'y en a aucun qui ne soit composé de matiere, & qu'absolument parlant chacun l'est plus ou moins, à raison seulement de ce qu'il entre plus ou moins de matiere en sa composition; bien que selon que cette matiere est plus ou moins pressée, & s'étend en un moindre ou plus grand espace, les corps qui en sont composez paroissent plus ou moins pesants à comparaison des autres, ce qu'ils attribuent à la pesanteur relative; & ils imaginent que si on pouvoit peser dans le vuide, par exemple, une masse d'air contre une masse de plomb, & qu'il y eust justement autant de matiere en l'une qu'en l'autre, elles demeureroient en équilibre.

Or suivant ces deux opinions, dont la premiere est la plus commune dans toutes les écoles, & la seconde est la plus reçûë entre ceux qui pensent sçavoir quelque chose de plus que le commun, il est évident que la pesanteur absoluë des corps est toûjours en eux-mêmes, & qu'elle ne change point du tout, à raison de leur diverse distance du centre de la terre.

Il y a encore une troisiéme opinion, à sçavoir de ceux qui pensent qu'il n'y a aucune pesanteur qui ne soit relative, & que la force ou vertu qui fait descendre les corps qu'on nomme pesants, n'est point en eux, mais dans le centre de la terre, ou bien en toute sa masse, laquelle les attire vers soy, comme l'aimant attire le fer, ou en quelqu'autre façon. Et selon ceux-cy, comme l'aimant & tous les autres agens naturels qui ont quelque sphere d'activité agissent toujours davantage de près que de loin, il faut avoüer qu'un même corps pese d'autant plus qu'il est plus proche du centre de la terre.

Pour mon particulier, je conçois veritablement la nature de la pesanteur d'une façon qui est fort differente de ces trois; mais pour ce que je ne la sçaurois expliquer qu'en déduisant plusieurs autres choles dont je n'ai pas icy dessein de parler; tout ce que j'en puis dire, est, que par elle je n'apprens rien qui appartienne à la question proposée, sinon qu'elle est purement de fait, c'est-à-dire qu'elle ne sçauroit être déterminée, par les hommes, qu'entant qu'ils en peuvent faire quelque experience, & même que des experiences qui se feront icy en nôtre air, on ne peut pas connoître ce qui en est beaucoup plus bas vers le centre de la terre, ou beaucoup plus haut au-delà des nuës, à cause que s'il y a de la diminution, ou de l'augmentation de pesanteur, il n'est pas vraisemblable qu'elle suive par tout une même proportion.

Or l'experience que l'on peut faire est, qu'étant au haut d'une tour, au pied de laquelle il y ait un puits fort profond, on peut peser un plomb attaché à une longue corde, premierement en le mettant avec toute sa corde dans l'un des plats de la balance, & après en y attachant seulement le bout de cette corde, & laissant pendre le poids jusqu'au fond du puits; car s'il pese fort notablement plus ou moins étant proche du centre de la terre qu'en étant éloigné, on l'appercevra par ce moyen. Mais parce que la hauteur d'un puits & d'une tour est fort petite à comparaison du diametre de la terre, & pour d'autres considerations que j'obmets, cette experience ne pourra servir, si la difference qui est entre un même poids, pesé à diverses hauteurs, n'est fort notable.

Une autre experience qui est déja faite, & qui me semble très-forte, pour persuader que les corps éloignez du centre de la terre, ne pesent pas tant que ceux qui en sont proches, est que les Planettes qui n'ont point en soy de lumiere, comme la Lune, Venus, Mercure, &c. étant comme il est probable des corps de même matiere que la terre, & les cieux étant liquides, ainsi que jugent presque tous les Astronomes de ce siecle, il semble que ces Planettes devroient être pesantes & tomber vers la terre, si ce n'étoit que leur grand éloignement leur en ôte entierement l'inclination. De plus nous voyons que les gros oiseaux, comme les gruës, les cycognes, &c. ont beaucoup plus de facilité à voler au haut de l'air, que plus bas, & cela ne pouvant être entierement attribué à la force du vent, à cause que le même arrive aussi en temps calme, nous avons occasion de juger que leur éloignement de la terre les rend plus legers. Ce que nous confirment aussi ces dragons de papier que font voler les enfans, & toute la neige qui est dans les nuës. Et enfin si l'experience que vous m'avez mandé vous-même avoir faite, & que quelques-uns ont aussi écrite, est veritable, à sçavoir, que les balles des pieces d'artillerie tirées directement vers le Zenith ne retombent point, on doit juger que la force du coup les portant fort haut, les éloigne si fort du centre de la terre, que cela leur fait entierement perdre leur pesanteur.

Voilà tout ce que je puis dire icy de Physique sur ce sujet. Je passe maintedant aux raisons Mathematiques, lesquelles ne se peuvent étendre qu'à la pesanteur relative, & il faut à cet effet déterminer l'autre par supposition, puisque nous ne l'avons sçû faire autrement. A sçavoir, nous prendrons s'il vous plaît pour la pesanteur absoluë de chaque corps la force dont il tend à descendre en ligne droite étant en nôtre air ordinaire à certaine distance du centre de la terre, & n'étant ni poussé, ni soutenu d'aucun autre corps, & enfin n'ayant point encore commencé à se mouvoir. Je dis en nôtre air ordinaire, à cause que s'il est un air plus subtil, ou plus grossier, il est certain qu'il sera quelque peu plus ou moins pesant, & je le mets à une certaine distance de la terre, afin qu'elle soit prise pour regle des autres; & enfin je dis qu'il ne doit point être poussé, ni soutenu, ni avoir commencé à se mouvoir, à cause que toutes ces choses peuvent changer la force dont il tend à descendre.

Outre cela, nous supposerons, que chaque partie d'un même corps pesant, retient toujours en soi une même force ou inclination à descendre nonobstant qu'on l'éloigne, ou qu'on l'approche du centre de la terre, ou qu'on le mette en telle situation que ce puisse être: car encore que, comme j'ai déja dit, cela ne soit peut-être pas vrai, nous devons toutefois le supposer, pour faire plus commodément nôtre calcul: ainsi que les Astronomes supposent les moyens mouvemens des Astres, qui sont égaux, pour avoir plus de facilité à supputer les vrais, qui sont inégaux.

Or cette égalité en la pesanteur absoluë étant posée, on peut démontrer que la pesanteur *relative* de tous les corps durs, étant considerez en l'air libre, & sans être soutenus d'aucune chose, est quelque peu moindre lors qu'ils sont proches du centre de la terre, que lors qu'ils en sont éloignez, bien que ce ne soit pas le même des corps liquides: Et au contraire que deux corps parfaitement égaux étant opposez l'un à l'autre dans une balance parfaitement exacte, lors que les bras de cette balance ne seront pas paralleles à l'horizon, celuy de ces deux corps qui sera le plus

plus proche du centre de la terre pesera le plus, & ce d'autant justement qu'il en sera plus proche. D'où il suit aussi que hors de la balance, entre les parties égales d'un même corps les plus hautes pesent d'autant moins que les plus basses, qu'elles sont plus éloignées du centre de la terre. De façon que le centre de gravité ne peut être un centre immobile en aucun corps, non pas même lorsqu'il est spherique.

Et la preuve de cecy ne dépend que d'un seul principe, qui est le fondement general de toute la Statique ; à sçavoir,

Principe general.

Qu'il ne faut ni plus ni moins de force pour lever un corps pesant à certaine hauteur, que pour en lever un autre moins pesant à une hauteur d'autant plus grande, qu'il est moins pesant, ou pour en lever un plus pesant à une hauteur d'autant moindre.

Comme par exemple, que la force qui peut lever un poids de 100 livres à la hauteur de deux pieds, en peut aussi lever un de 200 livres à la hauteur d'un pied, ou un de 50 livres à la hauteur de quatre pieds, & ainsi des autres, si tant est qu'elle leur soit appliquée.

Ce qu'on accordera facilement, si on

considere que si l'effet doit toujours être proportionné à l'action qui est necessaire pour le produire, & ainsi que s'il est necessaire d'employer la force par laquelle on peut lever un poids de 100 livres à la hauteur de deux pieds, pour en lever un à la hauteur d'un pied seulement, cela témoigne que celui-ci pese 200 livres; car c'est le même de lever 100 livres à la hauteur d'un pied, & derechef encore 100 livres à la hauteur d'un pied, que d'enlever 200 livres à la hauteur d'un pied, & le même aussi que d'enlever 100 livres à la hauteur de deux pieds. Il suit évidemment de cecy que la pesanteur relative de chaque corps, ou ce qui est le même, la force qu'il faut employer pour le soutenir, & empêcher qu'il ne descende lors qu'il est en certaine position, se doit mesurer par le commencement du mouvement que devroit faire la puissance qui le soutient, tant pour le hausser, que pour le suivre s'il s'abaissoit; ensorte que la proportion qui est entre la ligne droite que décriroit ce mouvement, & celle qui marqueroit de combien ce corps s'approcheroit du centre de la terre, est la même qui est entre sa pesanteur *absoluë* & la *relative*; mais cecy peut mieux être expliqué par le moyen de quelques exemples.

Premier Exemple de la Poulie.

Le poids E étant attaché à la poulie D, (*V. fig. 8. tom. 2.*) autour de laquelle est passée la corde ABC, si on suppose que deux hommes soutiennent, ou haussent également chacun l'un des bouts de cette corde, il est évident que si ce poids pese 200 livres, chacun de ces hommes n'employera pour le soutenir ou soulever, que la force qu'il luy faut pour soutenir ou soulever 100 livres ; car chacun n'en portera que la moitié. Puis si l'on suppose que A, l'un des bouts de cette corde, soit attaché ferme à quelque clou, & que l'autre C, soit derechef soutenu par un homme, il est évident que cet homme en C, n'aura besoin non plus que devant, pour soutenir ce poids E, que de la force qu'il faut pour soutenir 100 livres, à cause que le clou qui sera vers A, y fera le même office, que l'homme que nous y supposions auparavant. Enfin supposant que cet homme qui est vers C, tire la corde pour faire hausser le poids E, il est évident que s'il y employe la force qu'il faut pour lever 100 livres à la hauteur de deux pieds, il fera hausser ce poids E, qui en pese 200 de la hauteur d'un pied. Car la corde ABC, étant doublée comme elle est, on la doit tirer de deux pieds par le bout C, pour faire autant hausser ce poids E, que si deux hommes la tiroient l'un par le bout A, & l'autre par le bout C, chacun de la longueur d'un pied seulement.

Et il faut remarquer que c'est cette seule raison, & non point la figure ou la grandeur de la poulie, qui cause cette force; car soit que la poulie soit grande ou petite, elle aura toûjours le même effet. Et si on en attache encore un autre vers A, par laquelle on passe la corde ABCH, (*V. fig. 9. tom. 2.*) il ne faudra pas moins de force pour tirer H vers K, & ainsi lever le poids E, qu'il en falloit auparavant pour tirer C vers G; à cause que tirant deux pieds de cette corde, on fera hausser ce poids d'un pied comme devant. Mais si à ces deux Poulies on en ajoute encore une autre vers D, à laquelle on attache le poids, & dans laquelle on repasse la corde, en même façon qu'en la premiere, on n'aura pas besoin de plus de force pour lever ce poids de 200 livres que pour en lever un de 50 livres sans poulie, à cause qu'en tirant deux pieds de la corde, on ne le fera hausser que d'un demi pied. Et ainsi en multipliant les poulies on peut lever les plus grands fardeaux, avec les plus petites forces, sans qu'il y ait aucune chose à rabattre de ce calcul, sinon la pesanteur de la poulie, &

la difficulté qu'on peut avoir à faire couler la corde & à la porter ; & outre cela qu'il faut toujours tant soit peu plus de force pour lever un poids, que pour le soutenir. Mais ces choses-là ne se content point, lors qu'il est question d'examiner le reste par des raisons Mathematiques.

Exemple II. Du Plan incliné.

Soit A C un plan incliné sur l'horizon BC (*V. fig.* 10. *tom.* 2.) & que A B tende à plomb vers le centre de la terre. Tous ceux qui écrivent des Mechaniques assurent que la pesanteur relative du poids F, en tant qu'il est appuyé sur ce plan AC, a même proportion à sa pesanteur absoluë, que la ligne A B à la ligne A C, ensorte que si A C est double de A B, & que le poids F étant en l'air libre pese 200 livres, il n'en pesera que 100 au regard de la puissance H, qui le traîne ou le soutient sur ce plan A C ; & la raison en est évidente par le principe proposé ; car cette puissance H fera la même action pour lever ce poids à la hauteur de BA, qu'elle feroit en l'air libre pour le lever à une hauteur égale à la ligne C A. Ce qui n'est pas toutefois entierement vrai, sinon lorsqu'on suppose que les corps pesans tendent en bas suivant des lignes paralleles, ainsi qu'on fait communément, lors qu'on ne considere les Mechaniques que pour les rapporter à l'usage ; car le peu de difference que peut causer l'inclination de ces lignes, en tant qu'elles tendent vers le centre de la terre, n'est point sensible. Mais pour faire que ce calcul fût entierement exact, il faudroit que la ligne CB fût une partie de cercle, & CA une partie de spirale qui eussent pour centre le centre de la terre. Et lors qu'on suppose que la superficie AC est toute plate, la pesanteur relative du poids F, n'a pas même proportion à l'absoluë, que la ligne AB, à la ligne AC, sinon pendant qu'il est tout au haut vers A ; car lorsqu'il est tant soit peu plus bas, comme vers D, ou vers C, elle est un peu moindre, ainsi qu'il paroîtra clairement, si on imagine que ce plan soit prolongé jusqu'au point où il peut être rencontré à angles droits par une ligne droite tirée du centre de la terre. Comme si M est le centre de la terre, & que MK soit perpendiculaire sur AC. Car il est évident que le poids F, étant mis au point K, n'y pesera rien du tout au regard de la puissance H. Et pour sçavoir combien il pese en chacun des autres points de ce plan, au regard de cette puissance, par exemple au point D, il faut tirer une ligne droite, comme DN vers le centre de la terre, & du point N, pris à discretion en cette ligne, tirer NP perpendiculaire sur DN, qui rencontre AC au point P; car comme DN est à DP, ainsi la pesanteur relative du poids F en D, est à sa pesanteur absoluë. De quoi la raison est évidente, vû que pendant qu'il est en ce point D, il tend en bas suivant la ligne DN, & toutefois ne peut commencer à descendre que suivant la ligne DP. Notez que je dis commencer à descendre, non pas simplement descendre, à cause que ce n'est qu'au commencement de cette descente à laquelle il faut prendre garde, ensorte que si par exemple ce poids F, n'étoit pas appuyé au point D sur une superficie plate, comme est supposée ADC, mais sur une spherique, ou courbée en quelque autre façon, comme EDG, pourvû que la superficie plate, qu'on imagineroit la toucher au point D, fût la même que ADC, il ne peseroit ni plus ni moins au regard de la puissance H, qu'il fait étant appuyé sur ce plan AC. Car bien que le mouvement que feroit ce poids en montant ou descendant du point D vers E, ou vers G, sur la superficie courbe EDG, fût toute autre que celuy qu'il feroit sur la superficie plate ADC; toutefois étant au point D, sur EDG, il seroit determiné à se mouvoir vers le même côté que s'il étoit sur ADC, à sçavoir vers A, ou vers C. Et il est évident que le changement qui arrive à ce mouvement si-tôt qu'il a cessé de toucher le point D, ne peut rien changer en la pesanteur qu'il a, lors qu'il le touche. Notez aussi que la proportion qui est entre les lignes DP, DN, est la même qu'entre les lignes DM & DK, pource que les triangles rectangles DKM & DNP sont semblables, & par conséquent que la pesanteur relative du poids F en D, est à sa pesanteur absoluë, comme la ligne DK est à la ligne DM. C'est-à-dire en general, que tout corps qui est soutenu par un plan incliné pese moins que s'il n'en estoit point soutenu, d'autant justement, que la distance qui est entre le point où il touche ce plan, & celuy où la perpendiculaire du centre de la terre tombe sur ce même plan, est moindre que celle qui est entre ce poids & le centre de la terre.

Exemple III. Du Levier.

Que CH, (*Voy. fig.* 11. *tom.* 2) soit un levier, tellement soutenu par le point O, que lors qu'on le hausse ou qu'on le baisse, sa partie C décrive le demi cercle ABCLE, & sa partie H, le demi cercle FGHIK,

desquels

desquels demis cercles le point O soit le centre, & du reste qu'on n'ait aucun égard à sa grosseur ou pesanteur, mais qu'on le considere comme une ligne droite Mathematique en laquelle soit le point O. Puis remarquons que pendant que la force ou la puissance qui le meut décrit tout le demy-cercle ABCDE, & agit suivant cette ligne ABCDE, bien que le poids, lequel je suppose être à l'autre bout, décrive aussi le demy-cercle FGHIK, il ne se hausse pas toutefois de la longueur de cette ligne courbe FGHIK, mais seulement de la longueur de la ligne droite FK. De façon que la proportion, qui est entre la force qui meut ce poids & sa pesanteur, ne se mesure pas par celle qui est entre les deux diametres de ces cercles, ou entre leurs deux circonferences, mais plûtôt par celle qui est entre la circonference du premier, & le diametre du second. Considerons outre cela qu'il s'en faut beaucoup que cette force ait besoin d'être si grande pour mouvoir ce levier lors qu'il est vers A ou vers E, que lors qu'il est vers B ou vers D, ni si grande lorsqu'il est vers B ou vers D, que lorsqu'il est vers C. Dont la raison est que le poids y monte moins, ainsi qu'il est aisé à voir, si ayant supposé que la ligne COH est parallele à l'horison, & que AOF la coupe

Tome II. L

à angles droits, on prend le point G également distant des points F & H; & le point B également distant des points A & C, & qu'ayant tiré G S parallele à l'horifon, on regarde que la ligne F S, qui marque combien monte ce poids, pendant que la force agit le long de la ligne AB, est beaucoup moindre que la ligne SO, qui marque combien il monte, pendant que la force agit le long de la ligne BC.

Or pour mesurer exactement quelle doit être cette force en chaque point de la ligne courbe ABCDE, il faut penser qu'elle y agit tout de même que si elle traînoit le poids sur un plan circulairement incliné, & l'inclination de chacun des points de ce plan circulaire ou spherique, se doit mesurer par celle de la ligne droite qui touche le cercle en ce point-là. Comme par exemple, quand la puissance est au point B, pour trouver la proportion qu'elle doit avoir avec la pesanteur du poids qui est alors au point G, il faut tirer la tangente G M, & une autre ligne du point G, comme G R, qui tende tout droit vers le centre de la terre, puis du point M, pris à discretion en la ligne GM, tirer M R à angles droits sur G R; & penser que la pesanteur de ce poids au point G, est à la force qui seroit requise en ce lieu là pour le soutenir ou pour le mouvoir suivant le cercle FGH, comme si la ligne GM est à GR. De façon que la ligne BO, est supposée double de la ligne OG, la force qui est au point B, n'a besoin d'être à ce poids qui est au point G, que comme la moitié de la ligne GR, est à la toute GM; & si BO & OG sont égales, cette force doit être à ce poids comme la toute GR à la toute GM, &c.

Tout de même quand la force est au point D, pour sçavoir combien pese le poids qui est alors au point I, il faut tirer la tangente IP, & la droite IN, vers le centre de la terre, & du point P, pris à discretion dans la tangente, tirer PN à angles droits sur IN, afin d'avoir la proportion qui est entre la ligne IP, & la moitié de la ligne IN, (en cas que DO soit posée double de OI) pour celle qui est entre la pesanteur du poids, & la force qui doit être au point D, pour le mouvoir, & ainsi des autres.

Or il me semble que ces trois exemples suffisent pour asseurer la verité du principe que j'ai proposé, & montrer que tout ce dont on a coutume de traiter en la Statique en dépend. Car le coin & la vis ne sont que des plans inclinez, & les roües dont on compose diverses machines ne font que des leviers multipliez. Et enfin la balance n'est rien qu'un levier qui est soutenu par le milieu. Si bien qu'il ne me reste plus icy qu'à expliquer, comment les deux conclusions que j'ay proposées en peuvent être déduites.

Demonstration, qui explique en quel sens on peut dire qu'un corps pese moins étant proche du centre de la terre, qu'en étant éloigné.

Soit A (*V. fig. 12. tom. 2.*) le centre de la terre, & BCD un corps pesant, que je suppose être en l'air tellement posé, que si rien ne le soutient il descendra de H vers A, suivant la ligne HFA, tenant toujours ses deux parties B & D également distantes de ce point A, & même aussi de cette ligne HF. Et considerons que pendant que ce corps descend en cette sorte, sa partie D ne se peut mouvoir que suivant la ligne DG, ni sa partie B que suivant la ligne BE, & ainsi que ces deux lignes DG & BE representent les deux plans inclinez sur lesquels se meuvent les deux points B & D. Car ce corps BCD étant dur, sa partie D est toujours soutenuë, pendant qu'il se meut de BD jusqu'à EG, par toutes les autres parties qui sont entre D & C, aussi-bien qu'elle pourroit l'être par un plan d'une matiere très-dure qui seroit où est la ligne D G, (sçavoir dans le 2. Exemple qui est du plan incliné.) Mais il a déja été demontré que tout corps pesant soutenu par un poids incliné, pese moins étant proche du point ou la perpendiculaire du centre de la terre rencontre ce plan, qu'en étant éloigné; d'où il suit évidemment que lors que le corps BCD, est vers H, sa partie D pese plus, que lors qu'il est vers F. Et le même suit aussi de sa partie B, & de toutes les autres, pourvû seulement qu'on excepte celles qui se trouvent en la ligne H F, & même cette ligne H F n'étant prise que pour une ligne Mathematique, ses parties n'ont pas besoin d'être comptées, si bien que tout ce corps pese moins étant proche du centre de la terre, que lors qu'il en est éloigné, qui est ce qu'il falloit démontrer.

Il est vrai que cecy ne se peut entendre que des corps durs; car pour ceux qui sont liquides, il est évident que leurs parties ne se peuvent ainsi soutenir les unes les autres, ni même celle des corps qui sont mous & plians. Comme par exemple, si on suppose que B D (*V. fig.* 13. *to.* 2.) soit une corde, j'entens une corde Mathematique, dont toutes les parties se puissent plier également sans aucune difficulté, & qu'elle soit toute droite, lors qu'elle est vers H, la laissant descendre vers A, ses parties se courberont peu à peu à mesure qu'elles approcheront de ce point A. Ensorte que lors que son milieu sera au point F, ses deux bouts seront au point I & K, que je suppose être tels que la difference qui est entre les lignes IA & BA, ou bien KA & DA, est égale à CF.

Mais si on considere les corps liquides, comme contenus en quelques vaisseaux, il y a derechef une autre raison qui montre qu'ils pesent quelque peu moins étant proche du centre de la terre, que lors qu'ils en sont éloignez. Car il faut considerer que la superficie de la liqueur qui est contenuë, par exemple, dans le vaisseau BC, laquelle chacun sçait être spherique, se trouve beaucoup plus voutée lors que ce vaisseau est fort proche du centre de la terre, que lors qu'il en est plus éloigné, & que selon qu'elle est plus voutée le centre de gravité de cette liqueur est plus éloigné du fond du vaisseau. Ensorte que si par exemple A (*V. fig. 14. tom. 2.*) est le centre de la terre, N le fond du vaisseau, & M le centre de gravité de la masse d'eau qu'il contient, & que la ligne NM ait justement un pied de longueur, lors que le fond de ce vaisseau est tout joignant le centre de la terre, il peut être imaginé de telle grandeur, & contenir telle quantité d'eau, que lors qu'on l'en aura éloigné de la hauteur d'une toise, la ligne N M n'aura plus que justement un demy pied de longueur. Mais cela étant, si on l'en éloigne derechef de la hauteur d'une toise, la ligne N M ne pourra pas s'acourcir derechef d'un demy pied ; car par ce moyen elle deviendroit nulle, puis qu'elle n'a déja qu'un demy pied, & elle diminuera seulement, par exemple, d'un pouce ; puis derechef le vaisseau étant haussé d'une toise, cette ligne N M diminuera de beaucoup moins que d'un pouce, &c.

Or pour mesurer de combien on fait hausser la masse d'eau pendant qu'on hausse le vaisseau, il faut seulement considerer de combien on fait hausser son centre de gravité ; car c'est toujours le point où se rencontre le centre de gravité des corps pesans qui détermine l'endroit où ils sont en tant que pesans ; Et pource que la puissance qui éleve ce vaisseau en la premiere toise, ne fait hausser ce centre que de cinq pieds & demy, au lieu que l'élevant en la seconde toise, elle le fait hausser de six pieds moins un pouce, il est évident que cette puissance doit être d'autant plus grande pour l'élever en la seconde toise qu'en la premiere, que la distance de six pieds moins un pouce est plus grande que celle de cinq pieds & demy. Et tout de même en élevant le vaisseau en la troisiéme toise, on élevera le centre de gravité de l'eau un peu davantage qu'en la seconde, & ainsi de suite. De façon que cette eau pese de cela moins étant proche du centre de la terre qu'en étant éloignée, ainsi qu'il falloit démontrer.

Autre démonstration, qui explique en quel sens on peut dire qu'un corps pese plus étant proche du centre de la terre, qu'en étant éloigné.

Soit A le centre de la terre (*V. f. 19. 15. t. 2.*) & que BD soit une balance dont le centre soit C, ensorte que ses deux bras BC & CD soient égaux, & qu'il y ait deux poids, l'un au point B, & l'autre au point D, qui soient parfaitement égaux entr'eux ; lorsque la ligne BD n'est pas parallele à l'horison, le poids qui est le plus bas, comme en D, pese plus que l'autre qui est en B, d'autant justement que la ligne BA est plus longue que la ligne DA. Car si on tire la ligne DE, qui touche au point D le cercle BSD, & du point E la ligne EF, perpendiculaire sur DA, la pesanteur du poids mis en D, est à sa pesanteur absoluë, comme la ligne DF est à la ligne DE, ainsi qu'il est prouvé cy-dessus (en l'exemple 3. du levier.) Puis si du centre de la balance on mene la ligne CG, perpendiculaire sur ADG, les deux triangles rectangles DFE & DGC sont semblables ; c'est pourquoy comme DE est à DF, ainsi DC est à CG, c'est-à-dire, que comme la perpendiculaire menée du centre de la balance sur la ligne qui passe par D, l'extremité de l'un de ses bras, & par le centre de la terre, est à la longueur de ce bras, ainsi la pesanteur relative du corps en D, est à sa pesanteur absoluë. Tout de même ayant mené BH, (*V. fig.* 15. *tom.* 2) qui touche au point B le cercle BSD, & CIH qui coupe AB, au point I, à angles droits, il est prouvé cy-dessus (en l'exemple 3. du levier) que la pesanteur relative du poids en B, est à l'absoluë, comme la ligne BI est à BH, c'est-à-dire, comme CI est à CB ; car les triangles BIH & CIB sont semblables. Et il suit de cecy, que si les deux corps qui sont en B & en D sont parfaitement égaux, la pesanteur relative de celuy qui est en B, est à la pesanteur relative de celuy qui est en D, comme la ligne CI est à la ligne CG. De plus, des points B & D ayant mené BL & DK perpendiculaires sur AC, elles sont égales l'une à l'autre, & le re-

&ctangle C I, B A, est aussi égal au rectangle B L, C A; car prenant C A pour la baze du triangle A B C, c'est B L qui en est la hauteur; puis prenant BA pour la baze du même triangle, c'est C I qui est sa hauteur. Et pour pareille raison le rectangle GC, DA, est égal au rectangle KCDA. Et pour ce que B L & K D sont égales, le rectangle C I, B A, est égal au rectangle CG, DA. D'où il suit que comme DA, est à BA, ainsi CI est à CG. Or le poids en B est à celuy qui est en D, comme CI est à CG, donc il est aussi comme DA, est à AB.

Ensuite de quoi il est évident que le centre de gravité des deux poids B & D joints ensemble par la ligne B D, n'est pas au point C, mais entre C & D, par exemple, au point R, où je suppose que tombe la ligne qui divise l'angle BAD en deux parties égales. Car on sçait assez en Geometrie que cela étant, la ligne B R est à R D, comme A B est à D A, de façon que les poids B & D doivent être soutenus par le point R, pour demeurer en équilibre en l'endroit où ils sont. Mais si on suppose la ligne BD, tant soit peu plus ou moins inclinée sur l'horison, ou bien ces poids à une autre distance du centre de la terre, il faudra qu'ils soient soutenus par un autre point pour être en équilibre, &

ainsi leur centre de gravité n'est pas toujours un même point.

Au reste, il est à remarquer que toutes les parties égales d'un même corps, prises deux à deux, ont même rapport l'une à l'autre, en ce qui regarde leur pesanteur, & leur commun centre de gravité, que si elles étoient opposées dans une balance ; ensorte que, par exemple, en la sphere BEG (*V. fig. 16. tom. 2.*) dont le centre est C, si on la divise par imagination en plusieurs parties égales, comme BEG, &c. le centre de gravité des deux parties B & D considerées ensemble, est au même lieu qu'il seroit, si la ligne BCE étoit une balance dont C fust le centre, à sçavoir il est entre C & D, pource que D est posé plus proche du centre de la terre que n'est B. Et le centre de gravité de ces deux parties G & F, est aussi entre C & F, & celuy des deux E & H, entre C & H, & ainsi des autres. D'où il suit clairement que le centre de gravité de toute cette sphere n'est pas au point C, qui est le centre de sa figure, mais quelque peu plus bas, en la ligne droite qui tend de ce centre de sa figure vers celuy de la terre. Ce qui semble veritablement fort paradoxe lors qu'on n'en considere pas la raison, mais en la considerant on peut voir que c'est une verité Mathematique très-assurée.

Et même on peut démontrer que ce centre de gravité, lequel change de place à mesure que cette sphere change de situation, est toujours en la superficie d'une autre petite sphere décrite du même centre qu'elle, & dont le rayon est aux trois quarts du sien, comme le sien entier est à la distance qui est entre le centre de leur figure, & celuy de la terre. Ce que je ne m'arrête pas icy à expliquer, à cause que ceux qui sçavent comment on trouve les centres de gravité des figures Geometriques, le pourront assez entendre d'eux-mêmes, & que les autres n'y prendroient peut-être pas de plaisir. Aussi que cet écrit est déja plus long que je n'avois pensé qu'il dust être.

Monsieur Descartes a depuis prié le R. P. Mersenne d'effacer ces dernieres lignes, comme s'étant lors trompé, écrivant à demi endormi.

LETTRE
DE MONSIEUR DESCARTES
AU REVEREND PERE
MERSENNE,
Du 12. Septembre 1638.

Pour démonſtration au principe ſuppoſé ci-deſſus.

LETTRE V.

MON REVEREND PERE,

Je penſois differer encore huit ou quinze jours à vous écrire afin de ne vous importuner pas trop ſouvent de mes lettres; Mais je viens de recevoir vôtre derniere du premier Septembre, laquelle m'apprend qu'on fit difficulté d'admettre le principe que j'ai ſuppoſé en mon examen de la queſtion Geoſtatique ; & pource que s'il n'étoit pas vrai, tout le reſte que j'en ai déduit le ſeroit encore moins, je ne veux pas attendre un ſeul jour à vous en envoyer une plus particuliere explication.

Il faut sur tout considerer que j'ai parlé de la force qui sert pour lever un poids à quelque hauteur, *laquelle force a toujours deux dimensions*, & non de celle qui sert en chaque point pour le soutenir, *laquelle n'a jamais qu'une dimension*, ensorte que ces deux forces different autant l'une de l'autre *qu'une superficie differe d'une ligne*. Car la même force que doit avoir un clou pour soutenir un poids de 100 livres un moment de tems, lui suffit aussi pour le soutenir un an durant, pourvû qu'elle ne diminuë point. Mais la même quantité de cette force qui sert à lever ce poids à la hauteur d'un pied, ne suffit pas *eadem numero*, pour le lever à la hauteur de deux pieds ; & il n'est pas plus clair que deux & deux font quatre, qu'il est clair qu'il en faut employer le double. Or pour ce que ce n'est rien que cela même que j'ai supposé pour un principe, je ne sçaurois decider sur quoi est fondée la difficulté qu'on fait de le recevoir. Mais je parlerai ici de toutes celles que je soupçonne, lesquelles viennent pour la pluspart de ce qu'on est déja trop sçavant aux Mechaniques, c'est-à-dire de ce qu'on est préoccupé des principes que prennent les autres touchant ces matieres, lesquels n'étant pas du tout vrais trompent d'autant plus qu'ils semblent plus l'être.

La premiere chose dont on peut en ceci être préoccupé, est que plusieurs ont coutume de confondre la consideration de l'espace, avec celle du tems, ou de la vitesse; ensorte que par exemple, au levier, ou ce qui est de même en la balance BCD A, (*V. fig.* 17. *t.* 2.) ayant supposé que le bras AB est double de BC, & que le poids en C est double du poids en A, & qu'ainsi ils sont en équilibre; au lieu de dire que ce qui est cause de son équilibre est, que si le pois C soulevoit ou bien étoit soulevé par le poids A, il ne passeroit que par la moitié d'autant d'espace que luy, ils disent qu'il iroit de la moitié plus lentement; ce qui est une faute d'autant plus nuisible, qu'elle est plus mal-aisée à reconnoître; car ce n'est pas la difference de la vitesse qui fait que ces poids doivent être l'un double de l'autre, *mais la difference de l'espace*; comme il paroît de ce que pour lever par ex. le poids F, (*V. f.* 18. *t.* 2.) avec la main jusques à G, il n'y faut point employer une force qui soit justement double de celle qu'on y aura employée le premier coup, si on le veut lever deux fois plus vite; mais il en faut employer une qui soit plus ou moins grande que la double, selon la diverse proportion que peut avoir cette vîteſte avec les cauſes qui luy reſiſtent. Au lieu qu'il faut une force qui ſoit juſtement double pour le lever avec même viteſſe deux fois plus haut, à ſçavoir juſques à H. Je dis qui ſoit juſtement double, en comptant qu'un & un ſont juſtement deux: car il faut employer certaine quantité de cette force, pour lever ce poids de F juſques à G, & de re h f encore autant de la même force, pour le lever de G, juſques à H. Que ſi j'avois voulu joindre la conſideration de la viteſſe avec celle de l'eſpace, il m'eût été neceſſaire d'attribuer trois dimenſions à la force, au lieu que je luy en ai attribué ſeulement deux, afin de l'exclure. Et ſi j'ai temoigné tant ſoit peu d'adreſſe en quelque partie de ce petit écrit de Statique, je veux bien qu'on ſçache que c'eſt plus en cela ſeul qu'en tout le reſte; car il eſt impoſſible de rien dire de bon & de ſolide touchant la viteſſe, ſans avoir expliqué au vrai ce que c'eſt que la peſanteur, & enſemble tout le ſyſteme du monde. Or à cauſe que je ne le voulois pas entreprendre, j'ai trouvé moyen d'obmettre cette conſideration, & d'en ſéparer telle ment les autres, que je les puſſe expliquer ſans elle. Car encore qu'il n'y ait aucun mouvement qui n'ait quelque viteſſe, toutefois il n'y a que les augmentations ou diminutions de cette viteſſe

tesse qui sont considerables ; & lors que parlant du mouvement d'un corps, on suppose qu'il se fait suivant la vîtesse qui lui est la plus naturelle, c'est le même que si on ne la consideroit point du tout.

L'autre raison qui peut avoir empêché qu'on n'ait bien entendu mon principe, est qu'on a crû pouvoir démontrer sans luy quelques-unes des choses que je ne démontre que par luy. Comme par exemple, touchant la poulie ABC, (V. fig. 9. tom. 2.) on a pensé que c'étoit assez de sçavoir que le clou en A soutient la moitié du poids B, pour conclure de là que la main en C n'a besoin que de la moitié d'autant de force, pour soutenir & soulever ce poids, ainsi appliqué à cette poulie, qu'il luy en faudroit pour le soutenir sans elle. Mais encore que cela explique fort bien comment se fait l'application de la force en C, à un poids double de celuy qu'elle pourroit lever sans poulie, & que je m'en sois servy moi-même ; je nie pourtant que ce soit simplement à cause que le clou A soutient une partie du poids B, que la force en C, qui le souleve, peut être moindre que s'il n'étoit pas ainsi soutenu : car si cela étoit vrai, la corde CE étant passée autour de la poulie D, la force en E pourroit tout de même être moindre que la force en C, à cause que le clou A ne soutient pas mieux ce poids qu'auparavant, & qu'il y a encore un autre clou qui le soutient, à sçavoir celuy auquel la poulie D est attachée. Ainsi donc pour ne point faillir, de ce que le clou A soutient la moitié du poids B, on ne doit conclure autre chose, sinon que par cette application l'une des dimensions de la force qui doit être en C, pour lever ce poids, diminuë de moitié, & que l'autre ensuite devient double; de façon que si la ligne FG (*V. fig. 20. tom. 2.*) represente la force qu'il faudroit pour soutenir en un point le poids B, sans l'aide d'aucune machine, & le rectangle GH, celle qu'il faudroit pour le lever à la hauteur d'un pied, le soutien du clou A diminuë de moitié la dimension qui est representée par la ligne FG, & le redoublement de la corde ABC fait doubler l'autre dimension, qui est representée par la ligne FH; & ainsi la force qui doit être en C, pour lever le poids B à la hauteur d'un pied, est representée par le rectangle IK; Et comme on sçait en Geometrie, qu'une ligne étant ajoutée ou ôtée d'une superficie, ne l'augmente ni ne la diminuë de rien du tout; ainsi doit-on icy remarquer que la force dont le clou A soutient le poids B, n'ayant qu'une seule dimension, ne peut faire que la force en C considerée selon ses deux dimensions, doit être moindre pour lever ainsi le poids B, que pour le lever sans poulie.

La troisième raison qui aura pû faire imaginer de l'obscurité en mon principe, est qu'on n'a peut-être pas pris garde à tous les mots par lesquels je l'explique ; car je ne dis pas simplement que la force qui peut lever un poids de 50 livres à la hauteur de quatre pieds, en peut lever un de 200 livres à la hauteur d'un pied, mais je dis qu'elle le peut, si tant est qu'elle luy soit appliquée ; or est-il qu'il est impossible de l'y appliquer que par le moyen de quelque machine, ou autre invention, qui fasse que ce poids ne se hausse que d'un pied, pendant que cette force agira en toute la longueur de 4. pieds. Et ainsi qui transforme le rectangle, par lequel est représentée la force qu'il faut pour lever ce poids de 400. livres à la hauteur d'un pied, en un autre, qui soit égal & semblable à celuy qui représente la force qu'il faut pour lever un poids de 50. livres à la hauteur de quatre pieds.

Enfin peut-estre qu'on a eu moins bonne opinion de ce principe, à cause qu'on s'est imaginé que j'avois apporté les exemples de la poulie, du plan incliné, & du levier, afin d'en mieux persuader la verité, comme si elle eût été douteuse ; ou bien que j'eusse si mal raisonné que de vouloir prouver un principe, qui doit de soy être si clair qu'il n'ait besoin d'aucune preuve, par des choses qui sont si difficiles, qu'elles n'avoient peut-être jamais cy-devant été bien demontrées par personne. Mais aussi ne m'en suis-je,y que pour faire voir que ce principe s'étend à toutes les matieres dont on traite en la Statique, ou plûtôt j'ai usé de ce pretexte pour les inferer en mon écrit, à cause qu'il m'eût semblé être trop sec & trop sterile, si je n'y eusse parlé d'autre chose que de cette question de nul usage, que je m'étois proposé d'examiner.

Or on peut assez voir de ce qui a déja icy été dit, comment les forces du levier & de la poulie se démontrent par mon principe; si bien qu'il ne reste plus que le plan incliné, duquel on verra clairement la démonstration par cette figure, en laquelle FG (*V. fig. 21. tom. 2.*) represente la premiere dimension de la force qui décrit le rectangle FH, pendant qu'elle tire le poids D, sur le plan BA, par le moyen d'une corde parallele à ce plan, & passée autour de la poulie E; ensorte que GH, qui est la hauteur de ce rectangle, est égale à la ligne BA, le long de laquelle se doit mouvoir le poids D, pendant qu'il monte à la hauteur de la ligne CA. Et MO represente la premiere dimension d'une autre semblable force, qui décrit le rectangle NP, pendant qu'elle fait monter le poids L, jusques à M. Et je suppose que la ligne ML est égale à BA, & double de CA; Et que NO est égale à FG, & OP à GH. Après cela je considere que lors que le poids D se meut de B vers A, on peut imaginer que son mouvement est composé de deux autres, dont l'un le porte de BR vers CA, pour lequel il ne faut aucune force, ainsi que supposent tous ceux qui traitent des Mechaniques, & l'autre le hausse de BC vers RA, pour lequel seul il faut de la force; ensorte qu'il n'en faut ni plus ni moins pour le mouvoir, suivant le plan incliné BA, que pour le mouvoir suivant la perpendiculaire CA; car je suppose que les inégalitez, &c. du plan n'empêchent point, ainsi qu'on a coutume de faire en traitant de telle matiere. Ainsi donc toute la force FH n'est employée qu'à lever le poids D à la hauteur de la ligne CA; Et pour ce qu'elle est entierement égale à la force NP, qui est requise pour lever le poids L à la hauteur de la ligne LM, qui est double de CA, je conclus par mon principe, que le poids D est double du poids L. Car puis qu'on doit employer autant de force pour l'un que pour l'autre, il y a autant à lever en l'un qu'en l'autre ; & il ne faut que sçavoir compter jusques à deux pour connoître que c'est autant de lever 100 livres depuis C, jusques à A, que d'enlever 100 livres depuis L, jusques à M; puisque ML est double de CA, &c.

Vous me mandez aussi que je devois plus particulierement expliquer la nature de la spirale, qui represente le plan également incliné ; & la façon dont se plie une corde, lors qu'ayant été toute droite & parallele à l'horison, elle descend librement vers le centre de la Terre, & la grandeur de la petite sphere, en laquelle se trouve le centre de gravité d'une autre plus grande sphere. Mais pour cette spirale elle a plusieurs proprietez qui la rendent assez reconnoissable : car si A (V. fig. 22. tom. 2.) est le centre de la Terre, & que ANBCD soit la spirale, ayant tiré les lignes droites AB, AC, AD, & semblables, il y a même proportion entre la courbe ANB, & la droite AB, qu'entre la courbe ANBC, & la droite AC, ou ANBCD, & AD, & ainsi des autres ; & si on tire les tangentes DE, CF, GB, &c. les angles ADE, ACF, ABG, &c. seront égaux. Pour la façon dont se plie une corde en tombant, je l'ai ce me semble assez determiné par ce que j'en ay écrit, aussi bien que le centre de gravité d'une sphere ; il est vrai que j'en ai obmis la preuve, mais je vous diray que ce n'est pas mon stile de m'arrêter à de petites démonstrations de Geometrie, qui peuvent aisément être trouvées par d'autres, & que ceux qui me connoîtront ne sçauroient juger que j'ignore.

Il faut se ressouvenir icy de ce que Monsieur Descartes a desiré qui fût rayé.

EPISTOLA VI.
RENATO DESCARTES
JOHANNES BEVEROVICIUS S. D.

Rogat Cartesium de quibusdam ad circulationem sanguinis pertinentibus.

Nobilissime & eruditissime vir,

Immenso desiderio videre optem mechanicas demonstrationes, quibus audio te plane stabilire circulationem sanguinis, omnemque in ista doctrina omnibus ansam dubitandi præcidere: quas ut commodo tuo communicare mecum digneris, vehementer abs te peto. Editurus epistolicas quæstiones cum magnorum virorum responsis, inter illa & tuum de circulatione lectum iri voveo, simulque ut diu, vir integerrime, feliciter apud nos vivas honorificus Bataviæ civis, ac disciplinarum instaurator. Vale.

Dordrechti 10 Jun. 1643.

A MONSIEUR.

MONSIEUR BEVEROVIC

A

MONSIEUR DESCARTES

LETTRE VI.

Verſion.

MONSIEUR,

Je ſouhaite avec paſſion de voir ces demonſtrations Mechaniques, par leſquelles j'apprens que vous établiſſez ſi nettement la circulation du ſang, qu'il ne reſte plus aucun ſujet de doute en cette doctrine. Je vous prie très-inſtamment de me les communiquer, quand vous le pourrez, ſans vous incommoder. Comme j'ai écrit ſur diverſes queſtions à de grands hommes, j'ai deſſein de donner au public un recüeil de mes lettres, & de leurs réponſes, dans lequel je me ſuis propoſé de mettre la vôtre touchant la circulation ; En l'attendant, je souhaite que vous viviez long-temps & heureusement parmi nous, autant pour l'honneur de nôtre Hollande, qui vous regarde comme un de ses citoyens, que pour la gloire des sciences, dont vous êtes le restaurateur. Adieu.

RESPONSIO

AD PRÆCEDENTEM EPISTOLAM,

De circulatione sanguinis.

Clarissime, & præstantissime vir,

PErhonorificum mihi esse puto, quod, cum varia magnorum virorum responsa velis colligere, à me, in quo nihil magni est, symbolam petas : & vereor ne non sim satis multi æris ad eam conferendam; quicquid enim habui de quæstione quam proponis, ante aliquot annos in dissertatione de Methodo Gallice edita jam dedi, atque ibi omnem motum sanguinis ex solo cordis calore ac vasorum conformatione deduxi. Quippe quamvis circa sanguinis circulationem cum Hervæo plane consentiam, ipsumque & præstantissimi illius inventi, quo nullum majus & utilius in medicina esse puto, primum auctorem suspiciam, tamen circa motum cordis omnino ab eo dissentio. Vult enim, si bene memini, cor in diastole se ex endendo sanguinem in se admittere, ac in systole se comprimendo illum emittere; ego autem rem omnem ita explico. Cum cor sanguine vacuum est, necessario novus sanguis in ejus dextrum ventriculum per venam cavam, & in sinistrum per arteriam venosam delabitur, necessario, inquam, cum enim sit fluidus, & orificia istorum vasorum, quæ corrugata auriculas cordis componunt, sint latissima, & valvulæ quibus muniuntur sint tunc apertæ, nisi miraculo sistatur, debet in cor incidere. Deinde postquam aliquid sanguinis hoc pacto in utrumque cordis ventriculum incidit, ibi plus caloris inveniens quam in venis ex quibus delapsus est, necessario dilatatur, & multo plus loci quam prius desiderat; necessario, inquam, quia talis est ejus natura, ut facile est experiri in eo quod dum frigemus, omnes venæ nostri corporis contrahantur, & vix appareant, cum autem postea incalescimus adeo turgescant, ut sanguis in iis contentus decuplo plus spatii quam prius occupare videatur. Cum autem sanguis in corde sic dilatatur, subito & cum impetu omnes ejus ventriculorum parietes circumquaque propellit, quo fit ut claudantur valvulæ quibus orificia venæ cavæ & arteriæ venofæ muniuntur, atque aperiantur illæ quæ funt in orificis venæ arteriofæ & arteriæ magnæ, ea enim eft fabrica iftarum valvularum, ut neceffario juxta leges mechanicæ ex hoc folo fanguinis impetu hæ aperiantur & illæ claudantur: atque hæc fanguinis dilatatio facit cordis diaftolen. Sed & idem fanguis illo ipfo momento quo in corde dilatatus aperit valvulas venæ arteriofæ & arteriæ magnæ, omnem alium fanguinem in arteriis contentum etiam propellit, quo fit earum diaftole. Poftea ille idem fanguis eodem impetu quo fe dilatavit, arterias ingreditur, ficque cor vacuatur, & in hoc confiftit ejus fyftole. Sanguifque in corde dilatatus cum ad arterias pervenit, rurfus condenfatur, quia non tantus ibi eft calor, & in hoc confiftit arteriarum fyftole, quæ tempore vix differt à fyftole cordis. In fine autem hujus fyftoles fanguis in arteriis contentus (venam arteriofam pro arteria, & arteriam venofam pro vena femper fumo) relabitur verfus cor, fed ejus ventriculos non ingreditur, quia talis eft fabrica valvularum in earum orificiis exiftentium, ut hoc fanguinis relapfu neceffario claudantur. Contra autem valvulæ, quæ funt in orificis venarum, fponte aperiuntur corde detumefcente, ficque novus sanguis ex venis in cor labitur, & nova incipit diastole. Quæ omnia revera sunt mechanica, ut etiam mechanica sunt experimenta quibus probatur esse varias anastomoses venarum & arteriarum per quas sanguis ex his in illas fluit : qualia sunt de situ valvulatum in venis de ligatura brachii ad venæ sectionem, de egressu totius sanguinis ex corpore per unicam venam vel arteriam apertam, &c. Nec mihi de hac re plura occurrunt relatu digna : tam manifesta enim & tam certa mihi videtur, ut eam pluribus argumentis probare supervacuum putem. Sed nonnullæ objectiones ad ipsam pertinentes mihi missæ sunt Lovanio ante sex annos, ad quas tunc temporis respondi, & quia earum auctor meas responsiones mala fide discortas & mutilatas in lucem edidit, ipsas, ut à me revera scriptæ sunt, libenter mittam, si vel nutu significes tibi gratas fore; omnique alia in re quantum in me erit voluntati tuæ ac perhonestis studiis obsequar. Vale.

Egmondæ op. de Hoef, 5 Julii 1643.

RÉPONSE

DE

MONSIEUR DESCARTES.

LETTRE VII.

Version.

MONSIEUR,

Vous me faites beaucoup d'honneur de vouloir que mes réponses trouvent place parmi celles de ces grands hommes, dans ce beau recueil que que vous nous promettez. J'apprehende seulement de n'avoir rien à vous dire qui réponde à vôtre attente, ayant déja cy-devant publié tout ce que je sçai touchant la question que vous me proposez, dans un discours de la methode que je fis imprimer en françois il y a quelques années, où j'ai fait voir que le mouvement du sang ne dépend que de la chaleur du cœur & de la conformation des vaisseaux. Et bien que je sois entierement d'accord avec Hervœus touchant la circulation du sang, & que je le regarde comme le premier qui a fait cette admirable découverte des petits passages par où le sang coule des arteres dans les veines, qui est à mon avis la plus belle & la plus utile que l'on pût faire en Medecine, je suis toutefois d'un sentiment tout-à-fait contraire au sien touchant le mouvement du cœur. Il veut, si je m'en souviens, que le cœur dans la Diastole se dilate pour recevoir le sang, & que dans la Systole il se resserre pour le chasser ; Pour moi, voici comme j'explique toute la chose.

Quand le cœur est vuide de sang, il en tombe necessairement de nouveau dans son ventricule droit par la veine cave, & dans la gauche par l'artere veneuse ; Je dis necessairement, parce qu'étant fluide, & les orifices de ces vaisseaux, dont les rides forment les oreilles du cœur, étant fort larges, & les valvules dont ils sont munis étant pour lors ouvertes, il ne se peut sans miracle qu'il ne descende dans le cœur. Et si-tôt qu'il est ainsi coulé un peu de sang dans l'un & dans l'autre ventricule, comme il y trouve plus de chaleur que dans les veines dont il est sorti, il faut de necessité qu'il se dilate, & qu'il occupe un plus grand espace qu'auparavant ; je dis de necessité, parce que telle est sa nature, & il est aisé de le remarquer, en ce que quand nous avons froid, toutes les veines de nôtre corps sont si resserrées qu'à peine paroissent-elles, & quand ensuite nous venons à avoir chaud, elles s'enflent si fort que le sang qu'elles contiennent semble occuper dix fois plus d'espace. Le sang se dilatant ainsi dans le cœur, pousse de tous côtez les parois de chaque ventricule, avec tant de promptitude & d'effort, qu'il ferme les petites portes qui sont aux entrées de la veine cave & de l'artere veneuse, & ouvre en même tems celles qui sont aux orifices de la veine arterieuse & de la grande artere ;(car ces petites portes sont construites de telle maniere, que selon les loix de la Mechanique celles-cy se doivent ouvrir, & celles-là se refermer, par le seul effort que fait le sang en se dilatant ;) & c'est cette dilatation qui fait la Diastole du cœur. C'est aussi ce qui cause celui des arteres, étant certain que le sang qui se dilate dans le cœur ne peut ouvrir les petites portes de la veine arterieuse & de la grande artere, sans pousser en même tems tout l'autre sang qui est contenu dans les arteres. Ensuite de quoi ce même sang, par le même effort, qu'il s'est dilaté, entre dans les arteres, & ainsi le cœur se vuide ; & c'est en cela que consiste son Systole. Puis, quand ce sang qui s'étoit dilaté dans le cœur est parvenu jusques dans les arteres, il se condense comme auparavant, parce qu'il y trouve moins de chaleur; & c'est en cela que consiste la Systole des Arteres, qui suit de si près celle du cœur, qu'elle semble se faire en même temps. Sur la fin de cette Systole le sang contenu dans les arteres (je prens toûjours la veine arterieuse pour une artere, & l'artere veneuse pour une veine) retombe vers le cœur, mais il ne rentre point pour cela dans ses ventricules, parce que les petites portes qui sont à leurs orifices sont disposées de telle façon, que le sang ne peut retomber sur elles sans les refermer; comme au contraire celles qui sont aux orifices des veines s'ouvrent d'elles-mêmes quand le cœur se desenfle, si bien qu'il y tombe de nouveau sang, qui donne lieu à une nouvelle Diastole. Toutes ces choses sont à la verité Mechaniques, aussi-bien que les experiences par lesquelles on prouve qu'il y a diverses Anastomoses, par où le sang passe des arteres dans les veines; car, par exemple, ce que l'on observe de la situation des valvules dans les veines, de la ligature du bras pour la saignée; de ce que tout le sang peut sortir du corps par l'ouverture d'une seule veine, & d'une seule artere, & plusieurs autres particulieres observations, sont autant d'experiences qui prouvent ces Anastomoses.

Voilà tout ce que je trouve de remarquable sur ce sujet ; & la chose est à mon sens si claire & si certaine, que je tiendrois superflu d'en établir la preuve par d'autres argumens. On m'envoya de Louvain, il y a plus de six ans, des objections sur cette matiere, ausquelles je répondis pour lors ; mais parce que leur Auteur, qui n'a pas esté en cela de bonne foy, en donnant mes réponses au public, les a tournées d'une maniere qui fait violence à mon sens, & qu'il les a tout-à-fait estropiées, je vous les envoyeray volontiers comme je les ay écrites, pour peu que vous me témoigniez que vous les aurez agreables ; vous protestant de faire en toute autre chose ce qui me sera possible pour vôtre service, & pour l'avancement des sciences.

EPISTOLA VIII.

CLARISSIMO VIRO

RENATO

DESCARTES.

Objectiones Medici cujusdam Lovaniensis de motu cordis & circulatione sanguinis.

QUia tam frequentibus iisque semper avidis efflagitationibus meas contra tuam de motu cordis sententiam objectiones postulas; sepono tantisper alias opellas meas & tibi obtemperatum eo.

Imprimis, ut nunc video, sententia illa tua nova non est, sed vetus, & quidem Aristotelica, prodita lib. de respirat. cap. 20. verba ejus sunt. *Pulsatio cordis fervori similis est, fit enim fervor, cum humor caloris opera conflatur, nam humor propterea se attollit, quod in molem adsurgat ampliorem. In ipso autem corde tumefactio humorum, qui semper è cibo accedit ultimam cordis tunicam elevantis pulsum facit: atque hoc semper sine ulla intermissione fit, namque semper humor, ex quo natura sanguinis oritur, continue influit. Pul-*

satio igitur est humoris concalescentis inflatio. Hæc Aristoteles quæ à te ingeniosius & pulchrius explicantur. Galenus noster contra à facultate aliqua cor moveri docuit, & omnes hactenus id docemus Medici, à quibus quod adhuc stem hæ faciunt ratiunculæ.

1. Cor è corpore exemptum pulsat adhuc aliquandiu, imo eo in partes minutas dissecto, singulæ particulæ diutule pulsant, atque ibi nullus sanguis influit vel effluit.

2. Si quis arteriæ incisæ calamum vel æneam fistulam indat, ut sanguis permeare possit, & deinde arteriam vinculo constringat super fistulam, arteria non pulsabit infra ligaturam. Ergo pulsatio non sit ab impetu influentis sanguinis, sed ab alio aliquo, quod per tunicas arteriæ influit. Est illud experimentum Galeni proditum lib. *an sanguis in arteriis contineatur*, cap. 1. Neque dicendum id esse impossibile factu propter sanguinis arteriosi exsilitionem, quia potest hæc caveri hoc pacto. Injice arteriæ duas ligaturas palmo vel amplius à sese distantes, tum acuto scalpello incide eandem arteriam inter dictas duas ligaturas, nullus effluet sanguis nisi qui continetur inter vincula; dein foramini facto inde fistulam, & liga iterum arteriam super similam impositam; solve vero duo priora vincula, sanguis libere per canalem profluet ad extre-

mas usque arterias, neque tamen, quæ sunt infra ligaturam, pulsabunt; solve ligaturam, rursus pulsabunt. Aliquid quidem sanguinis effluet per vulnus, sed quid tum? equidem videre licebit, quod intenditur.

3. Si cordis dilatatio fieret à rarefacto sanguine, multo longior & durabilior esset cordis diastole, quam nunc in animalibus est. Nam notabilis portio sanguinis in cor influit, quæ ut tota in vapores convertatur tempore opus est, neque tam cito aut subito potest rarefieri, quam cito ac subito fit diastole; etsi videamus oleum & picem igni incidentes confestim maxime rarefieri, illud difficultatem non tollit; tantus enim calor non est in corde, quantus in igne, quapropter non id efficere valet quod efficit ignis. Imo in piscibus pusillus calor est, & potius frigus eorum tamen corda peræque celeriter ac nostra pulsant.

4. Si arteriæ distenduntur à sanguine, quem cor in illas effundit, pars vicina cordi, quæ proxime sanguinem illum recipit, tantum pulsabit, reliqua eodem tempore non pulsabunt. Quod enim è corde excutitur, non spargitur in omnes arterias subito, quia hoc repugnat motui corporis non crassi. Atqui omnes totius corporis arteriæ pulsant simul. Hæc de causa motus cordis.

Contra, sanguinis circulationem, quam cum Hervæo adstruis hæc habeo.

1. Sanguis arteriosus & venosus sic plane similis esset, imo idem, quod repugnat autopsiæ. Ille flavior & floridior, hic nigricantior & tristior est.

2. Materia febrilis consistens alibi in venulis à corde remotis, quique adeo febrem intermittentem tantum efficit, deberet plures de die accessiones facere, toties scilicet, quoties fit sanguinis illius & simul humoris febrilis reditus in cor, ponis autem reditum istum fieri centies, imo ducenties per diem.

3. In vivo animali ligatis venis plerisque ad crus tendentibus, liberis relictis arteriis, deberet crus illud brevi temporis spatio mirum in modum tumescere, eo quia sanguis continenter per arterias influeret per venas. Atqui tantum abest ut hoc fiat, ut potius, si diu sinas ligatas venas, pars extenuetur defectu nutrimenti.

Ad isthæc mea dubiola responsiones tuas tam avide expectabo, quam illa ipsa à me expostulasti.

LETTRE D'UN MEDECIN DE LOUVAIN A MONSIEUR DESCARTES.

Lettre VIII.

Version.

Monsieur,

Vous m'avez demandé tant de fois & avec tant d'inſtance mes objections contre vôtre opinion touchant le mouvement du cœur, que je ſuis obligé d'interrompre tant ſoit peu mes autres petits travaux, pour vous donner enfin cette ſatisfaction.

Je vous diray donc tout d'abord, qu'à ce que je puis voir, l'opinion que vous avez n'eſt pas nouvelle, mais très-ancienne, & même d'Ariſtote, qui en fait mention au livre de la Reſpiration chap. 20. Voici ſes paroles; *Le battement du cœur est semblable à un boüillonnement: car le boüillonnement se fait lors qu'une humeur se gonfle par la chaleur, & qu'elle s'éleve de telle sorte que sa masse en est augmentée; or dans le cœur, c'est le gonflement de cette humeur que le suc des viandes luy fournit continuellement, qui en soulevant sa derniere tunique fait son battement: Et cela se fait sans intermission, parce que l'humeur dont le sang se forme y coule sans cesse. Le battement donc n'est autre chose que le gonflement d'une humeur qui s'échauffe.* Voilà le sentiment d'Aristote que vous expliquez d'une façon plus ingenieuse, & plus belle. Galien au contraire nous apprend que le cœur est mû par une faculté; c'est ce que nous autres Medecins avons tous enseigné jusqu'à present; Et voici les raisons bonnes ou mauvaises qui m'obligent encore à tenir ce party.

1. Le cœur étant separé du corps bat encore quelque temps: & même étant coupé par morceaux, chaque parcelle continuë tant soit peu son battement: & cependant il n'y a point alors de sang qui entre, ou qui sorte.

2. Si l'on met dans une artere ouverte quelque tuyau de plume ou d'airain par où le sang puisse passer, & qu'on lie ensuite l'artere par dessus le tuyau, si justement qu'elle le serre de tous côtez, l'artere ne battra

battra point passé la ligature ; d'où il suit que le poux ne se fait pas par l'effort du sang qui coule dans les arteres, mais par quelqu'autre chose qui coule par les Tuniques des mêmes arteres. Cette experience est de Galien au livre intitulé *an sanguis in arteriis contineatur*, cap. 8. Et ne me dites pas qu'il est impossible de la faire, à cause que le sang arteriel rejaillit avec trop d'impetuosité, car son effort peut aisément être arrêté par ce moyen. Faites à une artere deux ligatures éloignées l'une de l'autre d'un demy pied ou environ, puis ouvrez avec la lancette cette même artere entre ces deux ligatures, il est certain qu'il ne sortira point d'autre sang par cet endroit, que celuy qui se trouvera enfermé entre ces deux liens. L'ouverture étant faite, fourrez-y adroitement une canule, sur laquelle vous lierez derechef l'artere : Si après cela vous venez à défaire vos deux premiers liens, vous verrez le sang couler librement par cette canule jusques aux extremitez des arteres, sans que pour cela celles qui seront au dessous de la ligature qui reste ayent aucun poux ou battement; Que si vous défaites cette derniere ligature qui serre l'artere contre la canule, tout aussi-tôt elles recommenceront à battre comme auparavant. Il est vrai qu'il sortira un peu de sang par la playe; mais n'importe, car cela n'empêchera pas que l'on ne voye l'effet prétendu.

3. Si la dilatation du cœur se faisoit par la raréfaction du sang, la Diastole du cœur seroit beaucoup plus lente, & dureroit bien davantage qu'elle ne fait dans les animaux; car il entre dans le cœur une assez notable quantité de sang, qui a besoin de temps pour être toute convertie en vapeur, & qui ne semble pas se raréfier toute entiere dans le peu de temps que dure la Diastole. Que si nous voyons l'huile & la poix se raréfier tout à coup quand elles tombent dans le feu, cela n'ôte pas la difficulté; car il n'y a pas tant de chaleur dans le feu, & ainsi il ne peut pas faire ce que fait le feu. Outre que l'on voit le cœur des poissons, qui n'ont presque point de chaleur, ou plûtôt qui sont froids, battre aussi vîte que les nôtres.

4. Si les arteres sont enflées par le sang que le cœur répand en elles, il n'y aura que la partie voisine du cœur, qui reçoit ce sang, laquelle puisse battre d'abord, mais les autres ne pourront battre dans le même instant; car ce qui sort du cœur ne se répand pas tout d'un coup dans toutes les arteres, à cause que cela repugne au mouvement d'un corps si grossier; & cependant toutes les arteres du corps battent en même temps.

Voilà ce que je pense touchant la cause du mouvement du cœur ; & voicy ce que j'ay à dire contre la circulation, que vous soutenez avec Hervœus.

1. Le sang des arteres & celuy des veines seroient tout-à-fait semblables, ou pour mieux dire ne seroient qu'une même chose, ce qui repugne à l'Autopsie ; le premier étant plus jaunâtre & plus vermeil, & l'autre plus noirâtre & plus sombre.

2. Cette matiere de la fievre qui reside dans les petites veines les plus éloignées du cœur, & qui pour cela ne cause qu'une fievre intermittante, devroit exciter plusieurs accez en un jour, à sçavoir autant de fois que cette matiere corrompuë & le sang qui la porte retournent dans le cœur : or vous dites que ce retour se fait cent fois, voire deux cens fois par jour.

3. Si dans un animal vivant on lioit la plûpart des veines qui vont à la jambe sans lier les arteres, la jambe devroit s'enfler étrangement en peu de temps, parce que le sang continueroit de couler par les arteres dans les veines ; mais tant s'en faut que cela arrive, qu'au contraire, si vous laissez long-temps ces veines liées, la partie demeurera extenuée faute de nourriture. J'attendray vos réponses à ces petits doutes avec un empressement pareil à celuy que vous m'avez témoigné en me les demandant.

EPISTOLA IX.

RESPONSIO

AD PRÆCEDENTEM EPISTOLAM,

De motu cordis & circulatione sanguinis.

NOn immerito tuas in meam de motu cordis sententiam objectiones percupide expectavi; nam cum respicerem ad doctrinam, ingenium & mores tuos, nec non ad benevolentiam qua me prosequeris, illas valde eruditas, ingeniosas, & nullo malignitatis præjudicio inquinatas fore sciebam : meque judicium non fefellit: Sed est quod gratias tibi agam, tum quia illas misisti, tum etiam quia monuisti quo pacto meam opinionem possim Aristotelis auctoritate fulcire. Quippe cum ille homo tam felix extiterit, ut, quæcunque olim sive cogitans, sive incogitans scripturavit, hodie à plerisque pro oraculis habeantur, nihil magis optarem quam ut à veritate non recedendo ejus vestigia in omnibus sequi possem. Sed ne quidem in hac re, de qua est sermo, illud me fecisse ausim gloriari, licet enim ut ille pulsationem cordis ab inflatione humoris in eo concalescentis esse dicam, per humorem tamen istum nihil à sanguine diversum intelligo, neque loquor ut ille *de tumefactione humoris, qui semper à cibo acredit, ultimam cordis tunicam elevantis :* Etenim si talia afferrem multis evidentissimis rationibus possem refutari; & merito crederer ad nullorum animalium cordis fabricam unquam attendisse. Si tacendo de ventriculis, vasis, & valvulis, ultimam tantum ejus tunicam elevari affirmarem. Qui autem ex falsis præmissis (ut Logici loquuntur) verum casu concludit, non melius ratiocinari mihi videtur, quam si falsum quid ex iisdem deduceret ; nec si duo, unus errando, alter recta via incedendo, ad eundem locum pervenerint, unum alterius vestigiis institisse est putandum.

Ad primum quod objicis, nempe cordis è corpore exempti atque dissecti singulas particulas aliquamdiu pulsare, licet ibi nullus sanguis influat vel effluat, respondeo me fecisse olim hoc experimentum satis accurate, præsertim in piscibus, quorum cor excisum multo diutius pulsat, quam cor animalium terrestrium, sed semper vel judicasse, vel, ut sæpe fit, ipsis oculis vidisse nonnullas sanguinis reliquias in partem, in qua pulsatio fiebat, ex aliis superioribus fuisse delapsas ; & facile mihi persuasisse pauxillum sanguinis ex una cordis parte in alium paulo calidiorem illapsi huic pulsationi efficiendæ sufficere. Notandum enim quo minor est quantitas alicujus humoris, tanto facilius illum posse rarescere : & quemadmodum manus nostræ quo frequentius aliquem motum exercent, tanto paratiores ad eundem repetendum evadunt, sic etiam cor, qui à primo formationis suæ momento indesinenti reciprocatione intumuit & detumuit, minima vi ad hoc ipsum continuandum posse impelli; & denique ut videmus quosdam liquores quibusdam aliis admistos hoc ipso incalescere, atque inflari, sic forte etiam in recessibus cordis nonnihil humoris instar fermenti residere, cujus permistione alius humor adveniens intumescit. Cæterum hæc eadem objectio multo plus virium habere mihi videtur in vulgarem aliorum opinionem, existimantium motum cordis ab aliqua animæ facultate procedere : nam quo pacto quæso ab humana anima illa pendebit : ille, inquam, qui etiam in cordis partibus divisis reperitur, cum animam rationalem indivisibilem esse, & nullam aliam sensitivam vel vegetantem sibi adjunctam habere sit de fide ?

Objicis secundo illud quod Galenus prodidit in fine libri, *an sang. in art. cont*. cujus quidem experimentum nunquam feci, nec jam facere est commodum ; sed neque operæ pretium esse existimo; posita enim illa pulsationis arteriarum causa quam pono, mechanicæ meæ, hoc est Physicæ, leges docent, intruso in arteriam calamo, & illa super ipsum calamum ligata, eandem ultra vinculum pulsare non debere, soluta autem ligatura debere, plane ut Galenus expertus est; modo tamen calamus paulo angustior sit quam arteria, ut procul dubio supposuit, & te ipsum idem supponere, ex hoc concludo, quod dicas soluta ligatura nonnihil sanguinis per vulnus effluxurum, nam si calamus totam arteriæ capacitatem impleret, quoniam accurate vulnus obturaret, ne minimum quidem sanguinis per illud elaberetur. Calamo autem in capacitate arteriæ simul cum sanguine natante non mirum est illum ejus motui non obstare. Notandum enim hunc motum non fieri ex eo quod sanguis è corde egressus per omnes arterias subito spargatur, ut in quarta tua objectione supponis, sed ex eo quod partem arteriæ magnæ cordi proximam occupans totum alium sanguinem in ea ejusque ramis contentum expellat & concutiat, quod fit absque mora, hoc est, ut Philosophi loquuntur, in instanti. Ponamus exempli causa BCF esse arteriam sanguine plenam, ut eæ sunt semper, & in quam recenter ex corde A nonnihil novi sanguinis ingreditur: sic enim facile intelligemus hunc novum sanguinem non posse implere spatium B, quod est in orificio hujus arteriæ, quin alia pars sanguinis, quæ prius implebat hoc idem spatium B, recedat versus C, indeque alias partes sanguinis trudat versus D, & sic consequenter usque ad E ; adeo ut eodem ipso instanti quo sanguis ascendit ab A ad B (*V. fig. 23. tom. 2.*) debeat arteria pulsare ad E. Nec obstabit si fingamus in ea contineri calamum D, vel quodvis aliud corpus sive cavum sive solidum, modo libere natet in sanguine, quia æque facile pelletur tale corpus versus E ac ipse sanguis. Superficies enim interna arteriarum est admodum lævis, & quoniam illæ constant tunicis satis duris non se contrahunt ut intestina vel venæ ad mensuram corporis quod in iis continetur, sed etiam vacuæ, & in mortuo animali, patulæ atque hiantes esse solent. Si vero sit alius calamus in E huic arteriæ inditus, & super quem sit ligata, ut vult Galenus, licet sanguis per hunc calamum possit transire ad F, non tamen ibi concutiet latera arteriæ, saltem notabiliter, quoniam ex angusto loco in latiorem transeundo magnam partem suarum virium amittet, reliquasque potius secundum longitudinem arteriæ, quam secundum ejus latitudinem exercebit, ac proinde illam quidem poterit

rit continuo affluxu implere, tumidioremque reddere, non autem distinctis subsultibus agitare. Nec alia ratio est cur venæ per varias anastomoses arteriis conjunctæ non etiam pulsent, quam quia ipsarum extremitates, per quas sanguis ingreditur, angustiores sunt earum alveis in quos fluit.

Possumus autem hoc experimentum Galeni duobus aliis modis tentare. Nempe vel in arteriam intrudendo calamum, sive tubulum alium quempiam, qui sit tam crassus ut totam arteriæ capacitatem replens, ejus superficiei internæ adhæreat, rec natare possit in sanguine, ut ille qui hic ad Grappictus est, intus autem habeat cavitatem tam angustam, ut non liberiorem transitum sanguini præbeat, quam ille qui hic videtur ad E, quo casu etiam non ligatus arteriæ motum sistet. Vel rursus in arteriam intrudendo calamum, qui cavitatem habeat tam latam, ut non minus liberum transitum præbeat sanguini quam vacua arteria : quo casu sive ligetur, sive non ligetur, ejus pulsationi procul dubio non obstabit. Nec est quod nos moveat auctoritas Galeni variis in locis affirmantis, *arterias non d.stendi ut utres, quia mplentur, sed impleri ut folles, fauces, pulmones & pectus universum, quia extenduntur, illasque extentas extremis par-*

tibus & foraminibus ex quocunque loco sibi vicino attrahere quidquid ipsarum sinus implere idoneum est. Refellitur enim certissimo experimento, quod & ante hac aliquoties, & hodie adhuc inter scribendum videre non piguit. Nempe vivi cuniculi thorace aperto, costisque ia diductis ut cor & aortæ truncus apparerent, aortam satis longe à corde filo constrinxi, separatam ab iis omnibus quibus adhærebat, ne qua suspicio esse posset aliquid sanguinis vel spiritus aliunde in ipsam quam ex corde influxurum: deinde scapello eandem incidi inter cor & vinculum, vidique manifestissime eo tempore quo extendebatur sanguinem per incisuram saliendo exilire, eo autem quo contrahebatur non effluere. At contra si Galeni opinio vera esset, arteria ista singulis diastoles momentis aërem per incisuram attrahere, nunquamque nisi tempore systoles sanguinem emittere debuisset, ut nemini dubium esse posse mihi videtur. Pergens autem in hac animalis vivi dissectione, mediam partem cordis, illam scilicet, quæ ejus mucro appellatur, abscidi, sed ab eo momento quo fuit à basi separata ne semel quidem ipsam pulsare animadverti, quod occasione præcedentis objectionis hic moneo, ut observes partes quidem cordis, quæ sunt versus ejus basim, aliquamdiu pulsare, quoniam in illas aliquid novi sanguinis ex vasis & auriculis ipsis adhærentibus influit, pars autem quæ sunt ad cuspidem non ita. Caeterum postquam cordis mucro fuit abscissus, ejus basis manens adhæc vasis, prensa pulsavit satis diu; atque in ea commodissime spexi duas illas cavitates, quæ ventriculi cordis appellantur, in diastole fieri ampliores, & in systole arctiores: quo experimento Hervæi sententia de motu cordis jugulatur, ait enim ille plane contrarium, nempe ventriculos in systole dilatari ut sanguinem recipiant, & in diastole coarctari, ut illum in arterias extrudant. Quæ hic obiter adjunxi ut videas nullam sententiam à mea diversam fingi posse in quam certissima aliqua experimenta non pugnent. Nota, ut hoc experimentum recte fiat, non solam mucronis extremitatem, sed mediam partem totius cordis esse abscindendam, vel etiam amplius; idque in cuniculo, timido animali, non in cane esse tentandum. In canibus enim ventriculi cordis varios habent anfractus, quorum singulæ cavitates dilatatione sanguinis ita extenduntur, ut interim generalis cujusque ventriculi cavitas angustior reddi videatur. Quod forte illis imposuit, quia cor in diastole constringi judicarunt. Atqui tunc illud dilatari vel ipso tactu probari potest, manu enim prehensum multo durius in diastole quam in systole sentitur.

Objicis tertio. Si cordis dilatatio fieret à rarefacto sanguine, multo longiorem & durabiliorem fore ejus diastolen quam nunc est. Quod forte ita tibi persuades, quoniam imaginaris istam rarefactionem esse similem illi, quæ fit in Æolipilis, cum in iis aqua vertitur in vaporem: sed varia ejus genera distinguenda sunt, aliter enim fit cum liquor plane in fumum sive aërem abit & formam mutat, quemadmodum in Æolipilis, aliter cum liquor formam retinet & mole tantum augetur. At primum modum sanguini in corde nulla ratione convenire manifestum est, tum quia non fit totius liquoris simul, sed earum tantum partium quæ ex ejus superficie surgentes in aëre finitimo se extendunt, ut fuse in Meteoris c.2 & 4 explicui: etenim nullus est in corde talis aër, nullaque superficies aëri finitima, sed ejus civitates in vivis animalibus quantæ quantæ sunt totæ sanguine implentur; tum quia si hoc esset, non sanguis in arteriis, sed tantummodo vapidus aër continerætur ex sanguinis vaporibus formatus. Nunc autem dubitat nemo quin sanguine sint plenæ, atque hic obiter mirari licet quam steriles veri fuerint antiqui, apud quos eousque de hac re dubitabatur, ut Ca.enus integrum librum, ad probandum sanguinem in arteriis natura contineri, conscribere dignatus sit. Alter modus rarefactionis, quo liquor mole augetur, rursus est distinguendus, vel enim fit sensim, vel in momento; sensim scilicet cum partes liquoris per gradus acquirunt novum aliquem motum, aut figuram aut situm, ratione cujus plura vel majora quam prius circa se relinquunt intervalla. Et in meteoris explicui quo pacto talis rarefactio non tantum à calore, sed etiam intenso frigore aliisque causis possit oriri. Fit denique rarefactio in momento, juxta Philosophiæ meæ fundamenta, quoties liquoris particulæ vel omnes vel certe plurimæ hinc inde per ejus molem dispersæ simul tempore mutationem aliquam acquirunt, ratione cujus locum notabiliter ampliorem desiderant. Ultimum autem hunc modum eum esse quo sanguis rarefit in corde, res ipsa indicat, ejus enim diastole fit in momento. Atque si attendamus ad ea omnia quæ scripsi in quinta parte libelli de methodo, non magis ea de re dubitare nobis licebit, quam dubitamus an oleum & alii liquores ita rarefiant cum videmus illos in olla subitis subsultibus assurgere. Ad hoc enim tota cordis fabrica, ejus calor atque ipsa sanguinis natura ita conspirant, ut nullam rem sensibus usurpemus, quæ certior esse mihi videatur. Nam quod ad calorem attinet, etiamsi in piscibus non magnus sentiatur, est tamen in eorum corde multo major quam in ullis aliis membris. At negas eam esse sanguinis naturam ut subito rarefiat, quia scilicet non est similis oleo vel pici, sed magis aqueus humor & terreus. Tanquam si so is pinguibus hoc competeret. Numquid ipsa aqua, si tantum in ea vel pisces vel aliud quid coquatur, ita solet intumescere ? nec tamen sanguis ea magis aqueus dici potest. Numquid farina subacta & fermentata etiam absque magno calore sic surgit ? Nec tamen sanguis ea magis terreus videtur. Quid autem illi magis affine quam lac, tum quoad aqueam tum quoad terrestrem naturam ? non credo quippiam similius inveniri posse; interim illud igni appositum, cum ad certum gradum caloris pervenit, etiam ita inflatur. At quid opus est alienis exemplis, quorum magnam multitudinem Chymia posset suppeditare, cum ipse sanguis, si recens è venis eductus in locum aliquanto calidiorem, quam ipse est, incidat, etiam momento dilatetur, ut aliquoties expertus sum. Verumtamen quia novi eam esse ejus naturam ut statim atque est extra vasa corrumpatur, & calorem ignis à calore cordis in quibusdam differre, non ideo affirmo sanguinis rarefactionem, quæ fit in corde, similem esse in omnibus illi quæ sic arte procuratur. Sed ut nihil hic te celem, eam ita fieri existimo. Cum sanguis in corde intumescit, maxima quidem ejus pars per aortam & venam arteriosam foras erumpit, sed alia etiam intus manet, quæ intimos ejus ventriculorum recessus replens, novum ibi caloris gradum & quamdam veluti fermenti naturam adipiscitur : statimque postea, dum cor decumuit, novo sanguini per venam cavam & arteriam venosam illabenti celerrime se admiscens efficit, ut celerrime turgescat, in arterialisque discedat; sed relicta rursus aliqua sui parte, quæ fermenti vice fungatur. Ut panis fermentum fieri solet ex parte farinæ jam fermentatæ, vini fermentum ex uvarum reliquiis, & cerevisiæ fermentum ex quadam ejus fæce. Neque hic valde intensus caloris gradus requiritur, sed varius pro varia sanguinis singulorum animalium natura. Ut neque cerevisia, nec vinum, nec panis, ex quibus magna pars nostri sanguinis exurgit, intenso egent calore ut fermententur, sed sua etiam sponte intepescunt. Ad quartam tuam objectionem puto me jam supra satis respondisse, quoniam ostendi, quo pacto arteriæ omnes simul pulsent. Itaque superest ut ad ea quæ contra sanguinis circulationem attulisti respondeam.

Primum est differentia inter sanguinem arteriosum & venosum, quam quidem ipse met, in p. 66. libelli de Methodo, Hervæo objici posse judicavi, quia per ejus sententiam nulla sanguinis mutatio in corde fieri intelligitur: at mihi, qui subitam ejus inflationem & quasi ebullitionem describo, ne eadem objiceretur non verebar. Nam, quæso, quæ res majoris & magis subitæ mutationis causa in corpore aliquo esse potest, quam ebullitio ista & simul fermentatio ? Sed dices sanguinem ex arteriis per earum extremitates in venas influentem nullam ibi pati mutationem, ideoque illum in venis non diversum esse debere, ab eo qui est in arteriis. Ad quam objectionem ut accurate respondeam, velim primo ut advertas nullam contineri guttam sanguinis in arteriis, quæ per cor paulo ante non transiverit, in venis autem semper esse aliquas quæ ex arteriis non fluxerunt, quia nempe ab intestinis in illas semper aliquid humoris illabitur ; itemque venas omnes una cum hepate instar unius vasis esse spectandas. Quibus positis facile intelligitur sanguinem debere easdem qualitates, quas acquirit in corde, in omnibus arteriis retinere: adeo ut si fingeremus illum per cor transeundo album fieri, ut in hepate fit ruber, nullus plane in arteriis nisi albus contineretur, nullusque in venis nisi ruber, albus enim, qui continuo in illas ex arteriis influeret, alteri jam rubenti permistus, non aliter quam aqua vino infusa, statim colorem ejus induceret. Praeterea est advertendum, multa esse quae, postquam incaluerunt, ex hoc solo quod vel lente vel celeriter refrigerentur, qualitates acquirunt valde diversas. Ita vitrum, nisi lente refrigescat, fit tam fragile ut nequidem aëri resistat, & eadem materia nunc in ferrum potest abire, nunc in chalybem pro diverso modo fusionis. Sanguis enim qui ex arteria effluit cum vitro quod candens è fornace eductum est, ille autem qui ex vena cum vitro, quod lento igne recoctum est, potest conferri: & intensissimus ignis fornacum non tantum posse videtur in chalybem vel vitrum, quam moderatus cordis calor in sanguinem, qui nempe est humor ad mutationem tam paratus, ut solus aër statim atque è venis eductus est illum corrumpat.

Ad id quod addis de materia febrium intermittentium nihil aliud dicendum habeo, quam me ne minimum quidem suspicati illam in venis residere, atque mirari opinionem istam nulla probabili ratione fulcitam multos habuisse sectatores, in quos tam fuse disputat Fernelius Path. l. 4. c. 9. ut auctoritatem etiam auctoritate refellam. Sed praeterea ille rationibus vincit, & inter cæteras unam habet quæ sufficere mihi videtur. Nempe si materia febrium intermittentium procederet ex venis, vel nulla unquam esset duplex tertiana, vel omnis valde vehemens tertiana esset duplex, & idem est de quartana. Nullas autem rationes quæ meæ sint hic addo, nec de febribus dico quod sentiam, nec me ex unis difficultatibus in alias pertrahi sinam.

Superest experimentum de ligatis venis plerisque ad crus tendentibus liberis relictis arteriis, quo facto dicis crus illud non intumesere, sed potius paulatim extenuari defectu nutrimenti. Ubi sane est distinguendum, nam simul ac venæ ita erunt ligatæ, porcul dubio nonnihil intumescent, atque si quam ex iis aperias infra ligaturam, totus aut fere totus corporis sanguis per illam poterit effluere, ut quotidie chirurgi experiuntur. Hocqne, ni fallor, sanguinis circulationem, non dicam probabiliter perfuadet, sed évidenter demonstrat. Si vero diu sic ligatæ venæ relinquantur, ea quæ scribis vera fore mihi facile persuadeo, licet nunquam sim expertus, quia sanguis in venis ligatis stagnans brevi tempore valde crassus & alendo corpori parum idoneus evadet. Non autem novus continenter per arterias ad eam partem fluet, quia ramulis, meatibusque aliis omnibus tum arteriarum tum venarum crasso sanguine obstructis, nullus ei locus patebit. Quinimo etiam forte ipsæ venæ aliquantum detumescent, nempe sero sanguinis in iis contenti per insensibilem transpirationem abeunte. Sed nihil plane hoc facit in assertam circulationem.

REPONSE
DE MONSIEUR DESCARTES.

LETTRE IX. *Version.*

MONSIEUR,

J'avois sujet de souhaiter avec empressement vos objections contre l'opinion que j'ay du mouvement du cœur; car considerant vôtre esprit, vôtre doctrine, vôtre franchise, & la bienveillance que vous avez pour moy, je sçavois bien qu'elles seroient ingenieuses, pleines d'erudition, & tout-à-fait exemptes de ces contentions importunes, qui n'ont point d'autre fondement que l'erreur de nos préjugez, & la malignité où nous porte l'envie & la jalousie. Je ne me suis point trompé dans mon jugement, & j'ay à vous rendre graces, non-seulement de ce que vous me les avez envoyées, mais encore de ce que vous m'avez ouvert un moyen pour appuyer mon opinion de l'autorité d'Aristote. Comme cet homme a été si heureux, que quelques choses qu'il ait avancées dans ce grand nombre d'écrits qu'il a faits, même celles qu'il a dites sans y prendre garde, passent aujourd'huy chez la plûpart pour des oracles, je ne souhaiterois rien tant que de pouvoir sans m'écarter de la verité, suivre ses vestiges en tout. Mais certes je ne dois pas me glorifier de l'avoir fait au sujet dont il est question : car quoy que j'assure avec lui que le battement du cœur vient du gonflement d'une humeur qui s'échauffe dans ses cavitez, toutesfois je n'entens par cette humeur rien qui soit different du sang, & je ne parle pas comme luy *du gonflement d'une humeur que le suc des viandes fournit continuellement, laquelle souleve la derniere tunique du cœur;* car si j'avançois de pareilles choses, on me pourroit aisément convaincre d'erreur, par quantité de preuves très-évidentes ; & l'on croiroit avec raison que je n'aurois jamais consideré avec attention la structure du cœur d'aucun animal, si, sans parler des ventricules & des valvules, j'assurois qu'il n'y a que la derniere tunique du cœur qui se hausse. Au reste, celuy qui sur de fausses premices (comme disent les Logiciens) conclud par hazard quelque chose de vrai, ne raisonne pas mieux, ce me semble, que s'il en déduisoit quelque chose de faux ; & si deux personnes étoient arrivées en un même lieu, l'une par des chemins detournez, & l'autre par le droit chemin, il ne faudroit pas penser que l'une eût été sur les voyes de l'autre.

A vôtre premiere objection, qui est, que quand un cœur est hors du corps, & coupé par morceaux, chaque parcelle bat durant quelque temps, quoique pour lors il n'y ait point de sang qui entre ou qui sorte.

Je répons que j'ay fait autrefois cette experience avez assez d'exactitude, particulierement sur des poissons, dont le cœur bat bien plus long-temps après être coupé, que celuy des animaux terrestres, mais que j'ai toûjours jugé, & même, comme cela se peut souvent faire, j'ai vû qu'il y avoit quelque reste de sang dans la partie où se faisoit le battement, qui y etoit tombé des autres parties plus haures; & je me suis aisément persuadé que pour peu qu'il tombe de sang d'une partie du cœur dans une autre plus chaude, cela suffit pour causer le battement : car il faut remarquer qu'une liqueur se rarefie d'autant plus aisément, qu'elle est en moindre quantité ; & que comme nos mains à force d'être exercées à certains mouvemens y deviennent plus propres, de même, parce que le cœur dès le premier moment de sa formation, n'a cessé de s'enfler, & de se desenfler, il ne faut que très-peu de chose pour luy faire continuer ce mouvement ; Et enfin comme nous voyons certaines liqueurs s'échauffer, & même s'enfler par le seul mélange de quelques autres, il peut y avoir aussi dans les replis du cœur quelque humeur, qui ressemble au levain, par le mélange de laquelle l'humeur qui survient vienne à s'enfler. Au reste cette objection a, ce me semble, beaucoup plus de force contre l'opinion de ceux qui croyent que le mouvement du cœur procede de quelque faculté de l'ame : Car de grace, comment ce mouvement dépendroit-il de l'ame, & sur tout celuy qui se rencontre dans les parties d'un cœur, après qu'elles sont separées ; vû qu'il est de foy, que l'ame raisonnable est indivisible, & qu'il n'y a aucune autre ame sensitive ou vegetante qui luy soit jointe.

Vous m'objectez en second lieu ce que Galien rapporte à la fin du Livre intitulé *An sanguis in arteriis contineatur*. C'est une experience que veritablement je n'ai jamais faite, & pour la faire je n'ay pas maintenant assez de loisir: mais aussi je n'estime pas que cela soit fort necessaire. Car posé une fois la cause du battement des arteres, telle que je la pose, les loix de la Mechanique, c'est-à-dire de ma Physique, m'apprennent, qu'ayant mis un tuyau dans une artere, si on lie cette artere par dessus le tuyau, elle ne doit point battre plus bas que le lien, & qu'en ôtant la ligature elle doit battre au-delà du lien, comme Galien l'a experimenté, pourvû toutefois que le tuyau soit un peu plus étroit que l'artere, ainsi que sans doute il l'a supposé ; & que vous-même le supposez, comme je le puis conclure, de ce que vous dites que si l'on ôtoit la ligature, il sortiroit quelque peu de sang par la playe ; car si le tuyau remplissoit toute la capacité de l'artere, il boucheroit entierement la playe, de sorte qu'il n'en sortiroit pas la moindre goutte ; au lieu que quand le tuyau nage dans l'artere avec le sang, ce n'est pas merveille s'il n'arrête pas son mouvement. Car il faut remarquer que ce qui fait ce mouvement, n'est pas que le sang au sortir du cœur se répande tout à coup dans toutes les arteres, comme vous le supposez dans vôtre quatriéme objection ; mais c'est que venant à occuper toute cette partie de la grande artere, qui est la plus proche du cœur, il pousse & chasse tout l'autre sang qui est contenu dans cette artere & dans ses rameaux, ce qui se fait sans retardement aucun, & pour parler avec les Philosophes, *in instanti*. Posons, par exemple, que BCF, (*Voyez fig. 23. tom 2.*) est une artere pleine de sang, comme les arteres le sont toujours, & dans laquelle il entre nouvellement un peu de sang qui sorte de cœur A, cela étant, nous concevrons facilement que ce nouveau sang ne peut remplir l'espace B, qui est à l'orifice de cette artere, que l'autre sang qui remplissoit auparavant ce même espace B, ne se recule vers C, d'où il chasse les autres parties du sang vers D, & celle-cy les autres de suite jusques à E; en telle sorte qu'au même instant que le sang monte de A vers B, l'artere doit battre en E, quand même nous supposerions qu'il y eût entre deux, comme vers D, un tuyau ou quelqu'autre corps soit creux soit solide, pourvû qu'il nageât librement dans le sang; parce qu'un tel corps seroit aussi facile à pousser vers E, que le sang même; à cause que la superficie interieure des arteres étant fort unie, il ne trouveroit rien qui le pût arrêter, & que les arteres ayant des tuniques assez dures

ne

ne se retrecissent pas comme les intestins, ou les veines, pour s'ajuster à la grosseur des corps qu'elles contiennent; d'où vient même qu'étant vuides, & dans un animal mort, elles ont coutume de demeurer ouvertes, & comme beantes. Que s'il y avoit un autre tuyau inseré dans l'artere, à l'endroit marqué E, sur lequel cette artere fût liée, comme le veut Galien, encore que le sang puisse passer par ce tuyau jusqu'à F, neanmoins il ne secoüera point en cet endroit-là les côtez de l'artere, au moins sensiblement, parce que passant d'un lieu étroit dans un autre plus large, il perdra une grande partie de ses forces, & employera plûtôt ce qui luy en reste à agir suivant la longueur de l'artere en coulant, que suivant sa largeur en la secoüant, c'est-à-dire, qu'il pourra bien par un flux continuel la remplir, & même la rendre plus enflée, mais non pas la faire sauter par des battemens distincts. Et il n'y a point d'autre raison pourquoi les veines qui sont jointes aux arteres par diverses anastomoses, ne battent pas comme elles, sinon parce que les extremitez par où le sang passe pour y entrer, sont plus étroites que leurs petits canaux dans lesquels il s'écoule.

Nous pouvons encore éprouver l'experience de Galien par deux autres moyens;

sçavoir en mettant dans l'artere un tuyau de plume, ou d'autre matiere, qui soit assez gros pour remplir toute sa capacité, & s'attacher à sa superficie interieure, ensorte qu'il ne puisse nager dans le sang, comme celuy qui est representé vers D. En ce cas pourvû qu'il ait le dedans assez étroit pour ne pas donner un plus libre passage au sang que celuy qui est vers E, il est certain que sans être lié, il arrêtera le mouvement de l'artere. Ou bien en mettant dans l'artere un tuyau qui soit assez large par le dedans, pour donner au sang un passage aussi libre que l'artere luy donneroit, s'il n'y avoit point de tuyau : en ce cas soit qu'il soit lié, ou non, il n'empêchera point du tout le battement de l'artere. Et il ne faut pas s'arrêter à l'autorité de Galien, qui assure en divers endroits, *que les arteres ne s'étendent pas, comme des peaux de boucs, parce qu'elles s'emplissent, mais qu'elles s'emplissent comme un soufflet, le gosier, les poumons, & toute la poitrine, parce qu'elles s'étendent, & qu'étant étendues, elles attirent de tous les endroits voisins, par leurs extremitez, & par leurs pores, tout ce qui est propre à les remplir :* car elle se peut refuter par une experience très-certaine, que j'ay vûë assez de fois avant nôtre dispute, & que je n'ay pas été fâché de revoir encore en vous écrivant. Voici quelle elle est. Après avoir ouvert la poitrine d'un lapin vivant, & en avoir de part & d'autre rangé les côtes, ensorte que le cœur & le tronc de l'Aorte se voyoient facilement, j'ay lié avec un fil l'Aorte assez loin du cœur, & l'ay séparée de toutes les choses auxquelles elle touchoit, afin qu'on ne pût soupçonner qu'il y entrât des esprits ou du sang d'ailleurs que du cœur ; ensuite je l'ay ouverte avec une lancette entre le cœur & la ligature, & j'ay vû manifestement, que dans le même temps que l'artere s'étendoit, le sang en jaillissoit par l'incision que l'on y avoit faite, & qu'il n'en sortoit pas une goute dans le temps qu'elle venoit à se retrecir : Au lieu que si l'opinion de Galien étoit vraye, cette artere auroit dû attirer de l'air par l'incision pendant toute la durée de la Diastole, & n'auroit pû jetter de sang que pendant celle de la Systole, comme personne n'en peut douter, ce me semble. Poursuivant la dissection de cet animal vivant, je luy ay coupé cette partie du cœur qu'on nomme sa pointe ; mais depuis le moment qu'elle a été séparée de sa baze, je ne l'ay pas vû batre une seule fois ; Ce que je mets icy à l'occasion de l'objection precedente, afin que vous observiez que ce qui fait que les parties du cœur qui sont vers sa baze battent encore quelque temps, est qu'il y coule quelque peu de sang des vaisseaux & des oreilles qui leur sont adherentes ; mais qu'il n'en est pas ainsi des parties qui sont vers la pointe. Enfin après que la pointe du cœur a été retranchée, sa baze qui étoit demeurée penduë aux vaisseaux a battu assez long-temps ; & j'ay vû clairement que ces deux cavitez, qu'on nomme les ventricules du cœur, devenoient plus larges dans la Diastole, (*c'est-à-dire dans le temps qu'elles rejettoient le sang,*) & plus étroites dans la Systole, (*c'est-à-dire dans celuy auquel elles le recevoient ;*) Laquelle experience ruine entierement l'opinion d'Hervæus touchant le mouvement du cœur ; car il assure tout le contraire, à sçavoir, que les ventricules se dilatent dans la Systole pour recevoir le sang, & qu'ils se resserrent dans la Diastole pour le chasser dans les arteres : ce que j'ay bien voulu mettre icy, pour vous montrer qu'on ne peut imaginer d'opinion contraire à la mienne, qui ne soit renversée par quelques experiences très-certaines. Remarquez que pour bien faire cette experience, il ne faut pas seulement couper l'extremité de la pointe, mais la moitié de tout le cœur, & même davantage ; Et qu'il faut faire cette épreuve sur un lapin, qui est un animal timide, & non pas sur un chien ; car dans les chiens les ventricules du cœur ont plusieurs replis & petits détours, dont les cavitez particulieres s'enflent de telle sorte par la dilatation du sang, que la cavité qui les embrasse toutes en chaque ventricule semble en devenir plus étroite. C'est peut-être ce qui a trompé ceux qui ont crû que le cœur se resserroit dans la Diastole ; mais l'on peut éprouver par le toucher même qu'il se dilate pour lors : car en le prenant dans la main, on le sent beaucoup plus dur dans la Diastole, que dans la Systole.

Vous m'objectez en troisiéme lieu, que si la dilatation du cœur arrivoit par la rarefaction du sang, son Diastole dureroit bien plus long-temps qu'elle ne fait ; ce que vous vous persuadez peut-être de la sorte, parce que vous imaginez que cette rarefaction est semblable à celle qui se fait dans les Æolipiles, quand l'eau qui y est se tourne en vapeur, mais il y a differentes sortes de rarefaction qu'il faut distinguer ; car celle qui se fait quand une liqueur passant toute en fumée, ou en air, change de forme, comme dans les Æolipiles, est autre que celle qui arrive quand cette liqueur retenant sa forme ne fait qu'enfler sa masse : or il est manifeste que cette premiere sorte de rarefaction ne peut nullement convenir au sang dans le cœur. Premierement, parce qu'elle ne se fait pas de toute la liqueur à la fois, mais seulement de celles de ses parties qui s'élevant de sa superficie s'étendent dans l'air prochain (comme j'ai amplement expliqué dans les Meteores au chap. 2. & 4.) Car il n'y a point de cet air dans le cœur, non plus que de superficie voisine de l'air; & ses deux cavitez, quelques grandes qu'elles soient, sont toutes pleines de sang dans les animaux vivans. Secondement, parce que si cela étoit, ce ne seroit pas du sang que contiendroient les arteres, mais seulement un certain air formé des vapeurs du sang. Mais maintenant personne ne doute qu'elles ne soient pleines de sang. Et je diray icy en passant qu'il y a lieu de s'étonner du peu de verité que sçavoient nos anciens, puisque dans le doute qu'ils avoient de celles-cy en particulier, Galien a bien pris de la peine d'écrire un Livre tout entier, pour prouver que c'est du sang qui est contenu dans les arteres. Quant à l'autre sorte de rarefaction, par laquelle une liqueur enfle sa masse, il la faut encore distinguer; car ou elle se fait peu à peu, ou elle se fait en un instant; elle se fait peu à peu, quand les parties de la liqueur acquierrent par degrez quelque nouveau mouvement;

ou quelque nouvelle figure ou situation, qui fait qu'elles laissent autour d'elles des intervalles plus grands, ou en plus grand nombre qu'auparavant ; & j'ay expliqué dans les Meteores comment une telle rarefaction peut proceder non-seulement de chaleur, mais même d'un grand froid, ou de quelques autres causes. Pour la rarefaction qui se fait en un moment, elle arrive, suivant les principes de ma Philosophie, quand toutes les petites parties d'une liqueur, ou du moins plusieurs éparses dans sa masse, acquierrent en même temps quelque changement, à l'occasion duquel elles demandent d'occuper un espace notablement plus grand que celuy qu'elles occupoient. Or il est aisé à voir que c'est de cette derniere façon que le sang se ratefie dans le cœur, parce que son Diastole se fait en un instant ; & si l'on prend bien garde à toutes les choses que j'ay écrites dans la cinquiéme partie du Traité de la Methode, l'on n'en doutera non plus, que l'on ne doute point que c'est ainsi que se rarefie l'huile & les autres liqueurs, quand on les voit enfler tout-à-coup, & s'élever par bouillons dans un pot : car toute la structure du cœur, sa chaleur, & la nature du sang sont si propres, & conspirent tellement à la production de cet effet, que nous n'appercevons par les sens aucune chose qui me semble plus claire & plus certaine que celle-là. Car pour ce qui est de la chaleur, encore que dans les poissons on ne la sente pas fort grande, si est-ce pourtant qu'elle est beaucoup plus grande dans le cœur, que dans aucune autre partie.

Mais vous nierez peut-estre que le sang soit de nature à raréfier tout-à-coup; parce, direz-vous, qu'il n'est pas semblable à l'huile ou à la poix, mais que c'est plûtost une humeur aqueuse & terrestre; comme si cette proprieté ne convenoit qu'aux liqueurs grasses. He! dites-moi de grace? L'eau n'a-t'elle pas coutume de s'enfler de la sorte, quand on y met cuire du poisson ou quelque autre chose? Cependant vous ne sçauriez pas dire que le sang soit plus aqueux que l'eau même. D'ailleurs la farine pétrie avec le levain ne s'eleve-t-elle pas aussi en même façon, sans qu'il soit besoin de beaucoup de chaleur? Cependant vous ne direz pas que le sang soit plus terrestre qu'elle. Mais qu'y a-t'il qui approche plus du sang que le laict, soit pour être aqueux, soit pour être terrestre? Je ne pense pas qu'on puisse rien trouver de plus semblable; cependant il est certain qu'étant mis sur le feu, quand il est parvenu à un certain degré de chaleur, il s'enfle tout à coup. Mais qu'est-
il

il besoin de se servir d'exemples étrangers dont la Chymie nous pourroit fournir un grand nombre, puisque le sang même se dilate en un instant, quand tout nouvellement tiré des veines, il vient à tomber dans un lieu où il trouve plus de chaleur qu'il n'en a, ainsi que je l'ay quelquefois experimenté? Toutefois, parce que je sçai qu'il est de telle nature, que dès qu'il est hors des vaisseaux il se corrompt, & que la chaleur du feu differe en quelque chose de la chaleur du cœur, je ne diray pas que la rarefaction qui se fait du sang dans le cœur, soit semblable en tout à celle qui s'en fait ainsi par artifice. Mais afin de ne vous rien celer icy de ce que je pense, voici comme j'estime qu'elle se fait.

Quand le sang se rarefie & se dilate dans le cœur, à la verité la plus grande partie s'élance dehors par l'Aorte, & par la veine arterieuse, mais il en reste aussi dedans une autre partie, laquelle remplissant les recoins de chaque ventricule, y acquiert un nouveau degré de chaleur, & une certaine proprieté, approchante de celle du levain, qui fait que si-tôt que le cœur se desenfle, cette partie qui étoit restée, venant à se mêler promptement avec le sang qui tombe de nouveau dans le cœur par la veine cave & par l'artere veneuse, ce nouveau sang s'enfle tout-à-coup, & passe dans les arteres; ensorte neanmoins qu'il en reste toûjours, comme j'ay dit, un peu dans le cœur, pour y servir comme de levain; c'est ainsi que le levain de pain se fait d'ordinaire d'un morceau de pâte déja levée, celuy de vin des restes de la vendange, & celuy de bierre d'une certaine lie qu'elle fait. Au reste il n'est pas besoin d'un degré de chaleur fort intense (pour parler en termes de Philosophes) pour faire que ce peu de sang qui reste dans le cœur acquiere cette proprieté de levain; il est besoin seulement qu'il soit different, selon la differente nature du sang de chaque animal; non plus qu'il n'est pas besoin de beaucoup de chaleur pour faire que la bierre, le vin & le pain, dont la plus grande partie de nôtre sang est composée, se convertissent en levain; vû même que ces choses ont cela de propre, qu'elles s'échauffent d'elles-mêmes.

Pour vôtre quatriéme objection, je pense y avoir déja suffisamment satisfait, ayant montré cy-devant de quelle façon toutes les arteres battent en même temps; & ainsi je n'ay plus qu'à répondre aux choses que vous avez avancées contre la circulation du sang.

La premiere est la difference qui se remarque entre le sang des veines & celuy des arteres, laquelle j'ay moi-même fait remarquer en la 64. page de ma Methode, comme une chose qui pouvoit être objectée à Hervæus, parce que suivant sa doctrine on ne conçoit point qu'il arrive aucun changement au sang dans le cœur. Mais pour moy je ne craignois pas qu'elle me pût être objectée, après avoir expliqué en ce lieu-là comment se fait la rarefaction subite du sang dans le cœur, & cette espece de boüillonnement qu'il y souffre. Car enfin, que peut-on imaginer qui puisse causer un plus grand & plus prompt changement dans un corps, que le mélange d'un levain tel que celuy que j'ay décrit, & ce boüillonnement dont j'ay parlé? Peut-être direz-vous que le sang qui sort des arteres ne souffre aucun changement en passant dans les veines, & qu'ainsi celuy des veines ne doit pas être different de celuy des arteres. Pour répondre exactement à cette difficulté, je vous prie premierement d'observer qu'il n'y a pas une goute de sang dans les arteres qui n'ait passé un peu auparavant dans le cœur, & qu'il y en a toujours quelques goutes dans les veines qui n'y sont point entrées par les arteres : (car on sçait qu'il tombe toujours quelque humeur des intestins dans les veines, & aussi que toutes les veines ne doivent être considerées avec le foye que comme un seul vaisseau.

Cela posé, on conçoit facilement que le sang doit retenir dans les arteres les mêmes qualitez qu'il acquiert dans le cœur; ensorte que si nous feignons qu'il devinst blanc en passant dans le cœur, comme il devient rouge en passant dans le foye, tout celuy des arteres seroit blanc, & tout celuy des veines seroit rouge; car le sang qui couleroit sans cesse des arteres dans les veines, pour blanc qu'il fût, venant à se mêler avec celuy des veines qui est déja rouge, prendroit aussi-tost sa couleur, en même façon que l'eau étant versée dans du vin, prend la couleur du vin. De plus il faut remarquer qu'il y a quantité de choses, qui après avoir été fort échauffées, acquierent des qualitez tout-a-fait differentes, pour cela seul qu'on les fait refroidir ou lentement ou promptement : Ainsi, si vous ne laissez refroidir le verre lentement, il devient si fragile, qu'il ne peut pas même resister à l'air : & nous voyons que la même matiere se convertit tantôt en fer, & tantôt en acier, selon qu'elle est diversement trempée ; or le sang qu'on tire d'une artere se peut comparer au verre que l'on tire tout rouge de la fournaise, & celuy qu'on tire des veines se peut comparer au verre qui est recuit à petit feu : & même le feu le plus violent des fournaises ne semble pas avoir tant de force sur l'acier ou sur le verre, que la chaleur moderée du cœur en a sur le sang, qui est une liqueur si susceptible de changement, que l'air seul le corrompt incontinent qu'il est sorti des veines.

Quant à ce que vous ajoutez de la matiere des fiévres intermittantes, je n'ay rien autre chose à dire, sinon que je ne vois pas la moindre apparence qu'elle puisse resider dans les veines, & j'admire comment une opinion qui n'est appuyée d'aucune raison probable, a eu tant de Sectateurs. Fernel au livre quatriéme de sa Pathologie chapitre neuviéme, dispute fort au long contr'eux (ce que je dis pour refuter une autorité par une autre, mais enfin il l'emporte par ses raisons;) & entre les autres il en donne une qui me semble suffire toute seule; qui est, que si la matiere des fiévres intermittantes procedoit des veines, ou il n'y auroit jamais de double tierce, ou toute fiévre tierce bien vehemente seroit double; il en faut dire autant de la fievre quarte. Je ne rapporte icy aucune raison qui soit de moy, & ne dis pas même ce que je pense des fiévres, de peur de me laisser emporter en d'autres difficultez.

Reste maintenant cette experience qui consiste d'lier la pluspart des veines qui tendent vers la jambe, en laissant les arteres libres ; vous dites qu'une jambe en cet état ne s'enfleroit point, mais qu'au contraire elle diminueroit peu à peu, faute de nourriture. Sur quoy j'ay à répondre qu'il faut distinguer les temps ; car il est certain que si-tost que les veines seront ainsi liées, elles s'enfleront un peu ; & même que si l'on vient à en ouvrir quelqu'une au dessous de la ligature, tout le sang qui est dans le corps, ou la plus grande partie, en pourra sortir par l'ouverture que l'on aura faite, comme les Chirurgiens l'experimentent tous les jours. Et cela ne sert pas simplement à nous persuader comme une raison probable, que le sang pourroit bien circuler, mais c'en est, si je ne me trompe, une démonstration très-évidente. Que si on laisse long-temps ces veines ainsi liées, je pense bien que ce que vous en avez écrit se trouvera vray (quoy que je ne l'aye jamais experimenté) parce que le sang ne coulant plus, mais croupissant dans ces veines qui seroient liées, deviendroit en peu de temps fort épais, & peu propre à nourrir les corps ; Et cela étant, il ne pourroit plus couler continuellement de nouveau sang des arteres en cette partie, comme de coûtume, parce que toutes les branches & les petits conduits tant des arteres que des veines étant bouchez par ce sang épaissi, son cours seroit empêché; & même il se pourroit peut-être aussi faire que ces veines se désenfleroient quelque peu, parce que les serositez du sang qu'elles contiennent en pourroient sortir par insensible transpiration. Mais tout cela ne fait rien contre la circulation.

INSTANTIÆ

EJUSDEM MEDICI LOVANIENSIS,

Ad quasdam ex præcedentibus responsionibus.

LETTRE X.

Quod ad responsiones tuas ad mea objecta attinet, petis tibi significari quo pacto eæ mihi satisfecerint, libere dicam me iis ita non posse acquiescere, quin restent quædam quæ adhuc enucleatius à te dici postulem.

Ad primum ais, in cordibus exemptis nonnullas sanguinis reliquias in partem in qua pulsatio fit ex aliis superioribus delabi : sed observo etiam illas partes superiores, in quas ex aliis nihil delabi potest, pulsare. Subjungis hanc eandem objectionem multo plus virium habere in vulgarem aliorum opinionem existimantium, motum cordis ab aliqua animæ facultate procedere, quam in tuam. Sed hoc te non excusat, quia fortassis neque hæc, neque illa tua vera est motus illius causa. Nihilominus ego vulgarem opinionem salvam facere mihi posse videor, nam etsi in corde humano exempto anima non sit, nec consequenter etiam facultas, instrumentum tamen animæ illi aliquantisper inest, spiritus scilicet in virtute animæ agens. Sic existimo in cadavere hominis subito decollati fieri attractiones & coctiones & assimilationes alimenti perinde uti in vivente, quandiu calor & spiritus vivificus cadaveri inest.

Ad secundum dicis: motum arteriarum fieri ex eo quod partem arteriæ magnæ cordi proximam sanguis occupans, totum alium sanguinem impellat, &c. Non ita fieri docent casus chirurgici. Nam vulnerata arteria, maximum opus & labor chirurgis est, ut sanguinem sistant: intrudunt pulveres astringentes & lintea, & nescio quæ in ipsum vulnus arteriæ, adeo ut per ista aliena corpora arteriæ impacta discontinuent sanguinem, qui est in arteria infra vulnus ab eo qui est supra : attamen motus arteriæ infra vulnus non sistitur, neque illa corpora libere fluitant cum sanguine in arteriis, sed fixa & impacta sunt: alioquin enim non sisteretur sanguis.

Postea addis, si in arteriam intrudatur calamus tam crassus ut totam capacitatem ejus repleat, intus autem cavitatem habeat angustam, ita ut non præbeat liberum transitum sanguini, eo casu non ligatus etiam motum sistet, atque ideo putas venas non pulsare, &c. sive intus à tubulo liber sanguinis transitus impediatur, sive foris à circumjecto aliquo corpore arteriam comprehendente id ipsum fiat, perinde est, uti puto. Atqui quantumcumque à corpore extrinseco angustentur arteriæ & comprimantur, modo non penitus collidantur & constringantur tunicæ, motus non aufertur. Est hoc certissimum, ergo, &c. Quæ de viva cuniculi sectione affers vera sunt, & Gal. quoque in lib. de administ. anat. idem prodidit, admirans quomodo basis cordis ultimo pulset.

Ad tertium inquis, etsi in cordibus piscium non magnus calor sentiatur, est tamen illic major quam in aliis eorum membris. Sic ita : non tamen est tantus, ut posset sanguinem piscium rarefacere,

& quidem tam celeriter. Manus nostræ multo sunt cordibus piscium calidiores, at hæ sanguinem piscium continentes id non faciunt.

Confugis deinde ad fermentum cordiale, quod rarefaciet sanguinem, quod fermentum vereor ne figmentum sit. Et ut non sit: quomodo, inquam, tam celeriter rarefaciet: hoc enim vero contra naturam geniumque fermenti est. Hæc igitur explicari adhuc desidero, si lubet; si operæ pretium non videatur, & satis explicata putes, supersede, & conabor per me tua concoquere. Cætera quæ dicis pro circulatione sanguinis, satis bene se habent, neque ea sententia valde displicet.

INSTANCES
DU MESME MEDECIN DE LOUVAIN
A MONSIEUR
DESCARTES.
LETTRE X.
Version.

MONSIEUR,

Puisque vous desirez sçavoir de quelle sorte vos réponses m'ont satisfait, je vous diray librement qu'elles ne m'ont pas pleinement contenté, & qu'il y a encore certaines choses qui demandent que vous expliquiez un peu davantage, si vous voulez me donner une entiere satisfaction.

A ma premiere objection vous dites que quand le cœur est separé du corps, s'il y a quelque partie qui batte, il faut qu'un reste de sang y soit tombé des autres parties superieures ; mais je remarque

que les parties mêmes, qui pour être les plus hautes de toutes, ne peuvent recevoir de sang d'ailleurs, battent aussi.

Vous ajoutez, que cette objection fait moins contre vous, que contre l'opinion vulgaire de ceux qui croyent que le mouvement du cœur procede de quelque faculté de l'ame; mais cela ne vous excuse point: car peut-être que ni eux ni vous ne connoissez point encore la vraye cause de ce mouvement. Et même, quoi que vous disiez, il me semble pouvoir aisément sauver l'opinion vulgaire: car bien que l'ame ne soit plus dans un cœur humain, quand il est separé du corps, & & qu'ainsi il n'y ait plus en luy de faculté; toutefois il reste dans le cœur un certain esprit, qui ayant été l'instrument de l'ame, agit encore par sa vertu, après qu'elle est sortie; & c'est ce qui me fait croire que l'attraction, la coction, & l'assimilation des alimens se font aussi-bien dans le corps d'un homme nouvellement decapité que s'il étoit vivant, tant qu'il y reste de la chaleur & de cet esprit vivifique.

A ma seconde objection, vous dites que le mouvement des arteres vient de ce que le sang qui occupe cette partie de la grande artere qui est proche du cœur, pousse tout l'autre sang. Je trouve neanmoins que cela est contraire aux experiences de la Chirurgie. Car, par exemple, quand une artere est offensée & ouverte par quelque fistule, on sçait que ce n'est pas un petit ouvrage, ni une petite peine pour les Chirurgiens que d'arrêter le sang : c'est ce qui fait que pour en venir à bout, ils mettent dans la playe des poudres astringentes, des linges, & je ne sçai combien d'autres ingrediens ; en sorte que par le moyen de ces corps étrangers qu'ils y fourrent à force, ils font que le sang qui est au dessous de la playe ne touche plus à celuy de dessus ; & cependant le mouvement de l'artere ne s'arrête point au dessous de la playe, mais elle continuë d'y battre, ce qui ne devroit point arriver si ce que vous dites étoit vray, ni ces corps étrangers ne nagent pas librement avec le sang dans les arteres, comme vous voulez qu'ils y nagent, pour ne point empêcher ce battement, mais ils y sont fixes & pressez, autrement ils n'auroient pû arrêter le sang qui sortoit par la playe. Vous ajoutez à cela que si l'on fourre dans une artere un tuyau assez gros pour remplir toute sa capacité, & qui soit si étroit par dedans, que le sang n'y puisse passer librement, il ne laissera pas d'arrêter le mouvement de l'artere, encore qu'il n'y ait aucune ligature ; & c'est pour cette même raison que vous voulez que les veines ne battent point, &c. Mais quelle différence peut-il y avoir; que le passage libre du sang soit empêché, ou en mettant un tuyau dans une artere, ou bien en l'entourant par dehors de quelque corps qui la serre, je pense que cela doit avoir le même effet, & neanmoins que l'on étrecisse & que l'on serre tant que l'on voudra les arteres par dehors, pourvû que leurs tuniques ne touchent point, & qu'elles ne soient pas pressées l'une contre l'autre, leur battement ne sera point arrêté : ce qui étant hors de doute, je vous laisse à en tirer la conséquence. Ce que vous rapportez de la disfection d'un lapin vivant est vrai; & Galien raporte la même chose au livre *De administ. anat.* s'étonnant de ce que la baze du cœur est la derniere partie qui batte.

A ma troisiéme objection, vous répondez qu'encore qu'on ne sente pas une grande chaleur dans le cœur des poissons, ils en ont toutefois plus en cette partie-là, qu'en aucune autre; je vous l'accorde. Mais cette chaleur n'est pas si grande qu'elle puisse rarefier leur sang, & encore en si peu de temps. Nos mains sont beaucoup plus chaudes que le cœur des poissons; cependant quand elles sont pleines de sang de poisson, elles ne le font point rarefier de la sorte.

Enfin vous avez recours à un certain levain que vous dites être dans le cœur, & servir à raréfier le sang: mais je crains fort que ce levain ne soit une chose vaine & imaginaire; & quand il ne le seroit pas, comment pourroit-il raréfier le sang si promptement? Cela est entierement contre l'ordinaire & le naturel du levain. Je souhaiterois donc, s'il vous plaist, que ces choses fussent encore expliquées: toutefois si vous croyez qu'il n'en soit pas besoin, & que vos réponses vous semblent assez claires & assez exactes, demeurez-en là, je tâcheray de les digerer tout seul. Le reste de ce que vous m'avez écrit pour la preuve de la circulation du sang se soutient assez, & c'est une opinion qui ne me déplaist pas.

RESPONSIO CARTESII
AD PRÆCEDENTES INSTANTIAS,

Maximam partem ad pulsationem arteriarum & cordis pertinentes.

LETTRE XI.

Diligentiæ tuæ tum in respondendo, tum in aliorum ad me litteris mittendis multum debeo. Et ea quæ rursus objicis nequaquam contemnenda, sed si quid aliud, responsione accurata digna esse mihi videntur. Ad primum enim optime mones cordis exempti superiores partes præcipue pulsare, unde concludis hanc pulsationem à sanguinis illapsu non pendere. Sed duo hic sunt advertenda, quibus puto hanc difficultatem radicitus extirpari. Unum est illas cordis partes, quæ superiores vocantur, nempe quæ ad basim, duplices esse, alias scilicet quibus inseruntur vena cava & arteria venosa, quæ quidem non moventur ob rarefactionem novi sanguinis in eas delabentis,

postquam

postquam auriculæ & vasa omnia illis adhærentia sunt abscissa, nisi forte quatenus aliquid ex coronaria, vasisque aliis per cordis substantiam sparsis, quæ tunc omnia circa basim aperta sunt, in ipsarum civitates fluit; alias vero, quibus inseruntur vena arteriosa & arteria magna, quæ omnium ultimæ debent pulsare, etiam mucrone cordis abscisso, quia nempe cum sanguis per illas egredi sit assuetus, tam faciles ibi vias invenit, ut omnes ejus reliquiæ quæ in dissecti cordis partibus reperiuntur, eo tendant. Alterum hic notandum est, auricularum cordis partiumque illis adjacentium motum valde diversum esse à motu reliquæ ejus molis; non enim in iis ideo percipitur quod sanguis rarefiat, sed ideo tantum quod ex illis affatim delabatur, saltem corde jam lacero & languenti. Nam in vegeto adhuc & integro alius auricularum motus etiam apparet, qui fit ex eo quod sanguine repleantur. Partes autem cordis superiores usque ad ea ventriculorum loca quibus extremitas valvularum tricuspidum inseruntur, interdum reliqui cordis, interdum auricularum motum imitantur. Quibus notatis, si non graveris ultimos cordis alicujus moribundi motus attente considerare, non dubito quin facillime propriis oculis sis percepturus partes ejus supremas, hoc est illas ex quibus sanguis in alias delabi debet, numquam tunc moveri nisi eo motu quo vacuantur, atque ventriculis secundum longitudinem scissis videbis interdum auriculas ter aut quater agitari, & singulis vicibus aliquid sanguinis in ipsos mittere, priusquam cor semel pulset, aliaque multa quæ sententiam meam omnia confirmabunt. Petes autem fortasse quomodo per illum solum sanguinis ex auriculis cordis delapsum tantus motus in iis fieri possit quantus tibi tunc apparebit, cujus rei duas causas hic exponam. Prima est, quia vivo animali cum sanguis non continuo & æquali motu, sed per interrupta momenta ex auriculis in cor affatim decidat, fibræ omnes partium per quas transit ita conformantur à natura. ut si vel minimum quid per eas delabatur, tantumdem fere & tam cito debeant aperiri, quam consueverunt cum magnæ sanguinis copiæ transitum præbent. Altera est, sanguinis rorem exiguum ex vulneratis partibus cordis exudantem cogi debere in guttulam satis insignis magnitudinis, priusquam in medios ejus ventriculos fluat, eodem modo quo sudor è cute sensim emergens aliquamdiu ibi hæret, donec guttæ ex eo formentur, quæ subito postea in terram cadunt. Cum vero ad hoc quod subjunxi, nempe tuam objectionem plus virium habere in vulgarem aliorum opinionem, quam in meam, respondes hoc me non excusare, verum dicis; & ideo etiam mei moris non est in aliis refutandis tempus terere. Sed ut te ad meas partes pertraherem, non inutile fore putabam, si nullas alias esse, quas potiori jure sequi posses, ostenderem. Verum imitari vis egregios illos belli duces, qui cum arcem aliquam, quæ male munita est, servandam susceperunt, licet obsidentibus resistere se non posse agnoscant, non tamen ideo protinus iis se dedunt, sed malunt omnia prius tela consumere & extrema quæque experiri : unde fit ut sæpe dum vincuntur plus gloriæ quam ipsi victores reportent. Nam cum, ut explices quo pacto cor in hominis cadavere ab anima absente moveri possit, confugit ad calorem & spiritum vivificum, tanquam animæ instrumenta quæ in virtute eius hoc agant, quid quæso aliud est quam extrema velle experiri : etenim si hæc instrumenta interdum ad hoc sola sufficiant, cur non semper? Et cur potius imaginaris illa iu virtute animæ agere, cum ipsa abest, quam ista animæ virtute non indigere, ne quidem cum adest. Ad secundum quod ais, de modo quo chirurgi læsæ arteriæ sanguinem sistunt, respondeo, quoties pulsatio ultra vulnus non cessat, alveum

S ij

ipsum arteriæ per quem sanguis fluere consuevit non obturari, sed tantummodo foramen in cute & carnibus per quod è corpore egredi posset. Ad id autem quod subjungis, respondeo magnum esse discrimen inter arteriam in qua sanguinis transitus à tubulo immisso impeditur, & illam quæ vinculo foris circumjecto redditur angustior: nam licet sententia Galeni dicentis motum arteriarum pendere à vi quadam per earum tunicas fluente, nullo modo probabilis mihi videatur, valde tamen rationi consentaneum esse puto partibus arteriæ ante vinculum concussis ulteriores etiam ex consequenti moveri, saltem quando vinculum non est tale ut motum tunicarum arteriæ plane sistat, quale vix in casu proposito esse potest. Atqui si quæ pars arteriæ multo angustior aliis reddatur, & simul ejus tunicæ eo in loco motu omni priventur, à quacumque demum causa id fiat, partium sequentium pulsationem cessaturam etiam esse firmiter credo.

Ad tertium causaris frigus piscium, ut neges sanguinem in eorum corde rarefieri; sed si mihi nunc hic adesses, non posses non fateri etiam in frigidissimis animalibus motum istum à calore procedere; videres enim anguillæ corculum perexiguum, quod hodie mane ante horas 7. vel 8. excidi, dudum plane mortuum atque in superficie jam siccum, mediocri calore foris ei admoto reviviscere, & rursus satis celeriter pulsare. Ut autem scias non solum calorem, sed etiam sanguinis illapsum ad hoc requiri, ecce illud immitto ejusdem anguillæ sanguini, quem in hunc usum servaveram, & deinde calefaciendo efficio ut non minus celeriter & insigniter pulset quam in vivo animali. In hoc autem corde perspicuo etiam vidi hodie mane, quod de motu partium cordis superiorum, dum sanguis ex iis effluit, supra scripsi : etenim tota ejus parte amputata cui vena cava inserebatur, & quæ proprie suprema omnium dici debet, observavi sequentem partem, quæ tunc suprema erat non amplius cum reliquo corde pulsare, sed tantum sanguinem ex vulnere rorantem in se interdum recipere cum quodam motu ab illo pulsationis prorsus diverso. Verum quia si quando forte incidas in simile experimentum, videre poteris cor ejusmodi frigidorum animalium sæpe pulsare, licet nulla sanguinis aliunde in illud illabentis suspicio esse possit. Ibo hic obviam objectioni quam inde merito desumeres, & dicam quo pacto pulsationem istam fieri intelligam. Primum observo hunc sanguinem multum differre ab eo calidiorum animalium, cujus scilicet, cum è corpore eductus est, partes subtilissimæ momento temporis in auras evolant, & quod superest partim in aquam, partim in grumos facessit: hic enim anguiliæ sanguis tota die, non dicam incorruptus, sed saltem, quantum visu possum percipere, non mutatus mansit, semperque multi vapores ex eo egrediuntur, adeo ut ii, si vel minimum calefiat, instar fumi densissimi assurgant. Præterea memini me alias vidisse cum ligna viridia urerentur, vel poma coquerentur, vapores vi caloris ex eorum partibus interioribus emergentes non modo per angustas corticis rimas exeundo ventum imitari, quod nemo non advertit, sed etiam interdum ita dispositam esse partem corticis in qua tales rimæ fiunt, ut aliquantum intumescat priusquam rima aperiatur, quæ deinde rima aperta confestim detumescit, quia nempe omnis vapor illo tumore inclusus affatim tunc egreditur, nec novus tam cito succedit. Sed paulo post, vapore alio succedente, pars eadem corticis rursum intumescit, & rima aperitur, & vapor exit ut prius. Atque hic modus sæpius repetitus pulsationem cordis, non quidem vivi, sed ejus quod hic habeo ex anguilla excisum perbel'e imitatur. His autem animadversis nihil magis obvium est, quam ut judicemus fibras, ex quibus cordis caro componitur, ita esse dispositas, ut vapor inclusi sanguinis iis attollendis sufficiat, atque ut ex eo quod ita attollantur magni meatus aperiantur in corde, per quos omnis ille vapor statim evolat, & cor detumescit, &c. Quod confirmare libet alio casu hodie etiam à me observato, nempe abscidi corculi anguillæ partem supremam (hoc est illam cui vena cava inserebatur, & quæ eodem ibi officio fungebatur quo dextra auricula in terrestrium animalium cordibus,) ipsamque, cujus confusa lineamenta nihil aliud quam guttulam crassi sanguinis referebant, in ligneo vase separatim servavi, ut experirer an aliqua in ea pulsatio appareret, sed nullam plane initio deprehendi, quia nempe, ut paulo post agnovi, cum multi meatus ibi essent aperti & patentes, vapor omnis è sanguine emergens continuo & non impedito motu evolabat. Sed post horæ quadrantem vel amplius, cum ista sanguinis guttula, cui nempe cordis particula innatabat, in superficie siccari, & quadam veluti cute obduci cœpisset, manifestam in ea pulsationem aspexi, quæ calore admoto increscebat, & non destitit donec omnis humor sanguinis fuerit exhaustus.

Cæterum valde miror id quod attuli

de fermento tibi videri figmentum, & me ad illud confugisse, tanquam si valde urgerer, & aliter me tueri minime possem ; nam certe absque ea mea sententia facillime & explicatur & demonstratur : sed ea admissa necessarium est etiam fateri aliquid sanguinis in corde rarefacti ex una ejus diastole in aliam remanere, atque ibi se permiscendo sanguini de novo advenienti rarefactionem ejus adjuvare, qua in re fermenti naturam & genium plane refert.

REPONSE
DE
MONSIEUR DESCARTES.

LETTRE XI.

Version.

MONSIEUR,

Je vous suis très-obligé de la diligence que vous apportez à répondre à mes lettres, & du soin que vous prenez de m'envoyer celles des autres. Les nouvelles instances que vous me faites sont très-considerables, & si jamais il m'en a esté fait que j'aye jugé dignes de quelque réponse, ce sont celles-cy.

Quant à la premiere, vous m'avertissez fort à propos que les plus hautes parties du cœur sont celles qui battent le plus quand il est tiré du corps, d'où vous inferez que ce battement ne procede pas de la chûte du sang; mais il faut icy prendre garde à deux choses, qui peuvent à mon avis lever toute la difficulté. La premiere est que ces parties du cœur qu'on nomme superieures, c'est-à-dire qui sont à sa baze, sont doubles ; car 1. il y a celles où sont inserées la veine cave & l'artere veneuse ; & pour celles-là, il est vrai de dire qu'elles ne se meuvent pas par la rarefaction de quelque nouveau sang qui y découle, après que les oreilles & tous les autres vaisseaux qui leur étoient joints, & qui avoient coutume de leur en fournir, sont retranchez ; si ce n'est que par hazard il en coule un peu dans leurs cavitez de la coronaire, & des autres petits vaisseaux épars dans la substance du cœur, qui pour lors sont ouverts autour de sa baze. De plus, il y a les parties ausquelles sont inserées la veine arterieuse & la grande artere : Pour celles-là, elles doivent battre les dernieres de toutes, même après que la pointe du cœur est retranchée, parce que comme c'est par ces parties-là que le sang a accoutumé de sortir, il y trouve des routes si faciles, & tout est disposé de telle sorte dans un cœur, quoique coupé, que tout ce qui reste de sang est porté vers elles.

La seconde chose qu'il faut icy observer, est, que le mouvement des oreilles du cœur, & des parties qui leur sont voisines, est fort different de celuy de tout le reste de sa masse ; car si l'on voit qu'elles remuënt quand le cœur est en pieces & déja languissant, ce n'est pas que le sang qu'elles contiennent se rarefie, mais c'est qu'il en sort à grosses goutes. Car quand le cœur est encore vigoureux & entier, il paroist un autre mouvement aux oreilles, qui vient de ce qu'elles s'emplissent de sang ; or les parties superieures du cœur, à les prendre jusqu'à cet endroit des ventricules où les extremitez des valvules tricuspides sont inserées, imitent tantôt le mouvement des oreilles, & tantôt celuy de tout le reste du cœur.

Après ces observations, si vous prenez la peine de considerer avec attention les derniers mouvemens d'un cœur mourant, je ne doute point que vous ne reconnoissiez à l'œil que ses plus hautes parties, (j'entens celles d'où le sang doit tomber dans les autres) n'ont point alors d'autre mouvement, que celuy qu'elles ont ordinairement quand elles se vuident. Et si vous coupez ses ventricules en long, vous verrez les oreilles battre jusques à trois & quatre fois, & à chaque fois dégouter du sang dans les ventricules, avant que le cœur batte une seule fois ; vous verrez aussi avec cela plusieurs autres choses qui confirment mon opinion. Mais vous demanderez peut-être, comment un si grand mouvement, que celuy qui vous paroîtra

T ij

lors aux oreilles du cœur, peut être causé par la seule chûte du sang qui en dégoute. En voici deux causes ; la premiere est, parce que, comme le sang n'entre pas dans le cœur d'un animal, quand il est vivant, d'un flux égal & continuel, mais qu'il ne tombe des oreilles dans ses ventricules qu'à grosses goutes, & à momens interrompus, toutes les fibres des parties par où le sang a accoûtumé de passer sont tellement disposées par la nature, que pour peu qu'il y en coule pour tomber dans le cœur, ces parties se doivent ouvrir aussi fort & aussi vîte qu'elles ont accoutumé de s'ouvrir, quand elles donnent passage à une plus grande quantité de sang. L'autre est, que cette petite rosée de sang, qui sort comme une sueur de toutes les parties du cœur que l'on a blessées en les coupant, doit se rassembler, & former une goute assez notable, avant qu'elle puisse couler jusqu'au milieu de ses ventricules ; en même façon que la sueur, qui sortant insensiblement de nôtre peau, s'arrête quelque temps sur elle, jusques à ce qu'elle se soit assemblée en gouttes, lesquelles par après tombent tout d'un coup à terre.

Au reste, quand sur ce que j'ai dit en répondant à vôtre objection, qu'elle avoit plus de force contre l'opinion vulgaire, que contre la mienne, vous répondez que cela ne m'excuse pas, vous dites vrai ; aussi n'est-ce pas ma coûtume de perdre le temps à refuter les autres ; mais je croyois en cette rencontre ne pas peu faire, pour vous obliger à vous ranger de mon parti, si je vous montrois que vous n'en pouvez suivre d'autre avec plus de raison. Sans doute que vous avez voulu imiter ces braves, qui ayans entrepris de défendre une place mal munie, ne se rendent pas d'abord aux assiegeans, quoi qu'ils voyent bien qu'ils ne leur pourront résister, & qui pour donner des preuves de leur courage, veulent auparavant user toute leur poudre, & tenter les dernieres extrémitez ; d'où il arrive que leur défaite leur est souvent plus glorieuse qu'à leurs vainqueurs. Car lors que pour expliquer comment le cœur peut encore être mû dans le cadavre d'un homme par l'ame qui en est absente, vous avez recours à la chaleur, & à un esprit vivifique, comme à des instrumens qui ayant servi à l'ame pour cet effet, sont encore capables de le produire par sa vertu ; de grace, qu'est-ce autre chose que de vouloir tenter les extrémitez ? Car enfin, si ces instrumens sont quelquefois suffisans pour produire tous seuls cet effet, pourquoi ne le sont-ils pas toujours ? Et pourquoi vous imaginez-vous plûtôt qu'ils agissent par la vertu de l'ame, quand elle est absente, que non pas qu'ils n'ont point besoin de sa vertu, lors même qu'elle est presente.

A la seconde objection, que vous tirez de la maniere dont les Chirurgiens arrêtent le sang d'une artere ouverte, je répons que quand le poux ne cesse pas au dessus de la playe, c'est qu'il n'y a que le trou de la peau, & des chairs par où le sang pourroit sortir, qui soit bouché, & que le canal de l'artere par où le sang a accoutumé de couler ne l'est pas.

A ce que vous ajoutez au même endroit, je répons qu'il y a bien de la difference, entre une artere où le libre passage du sang est empêché par un tuyau qu'on a mis dedans, & entre celle qu'on a renduë plus étroite par une ligature faite en dehors.

Car encore que l'opinion de Galien, qui dit que le mouvement des arteres dépend d'une certaine vertu qui se coule & se glisse le long de leur tunique, ne me semble nullement probable, je pense pourtant que la continuité qui est dans les tuniques, fait que l'on peut raisonnablement croire, que quand les parties d'une artere qui sont au dessus de la ligature sont ébranlées par les secousses du sang, celles qui sont au dessous se doivent aussi par conséquent ressentir de leur mouvement, du moins quand le lien n'est pas si serré qu'il puisse arrester entierement le mouvement des tuniques de cette artere, comme il ne peut presque jamais arriver dans le cas proposé. Mais si l'on rétrécit une artere en quelque endroit, beaucoup plus que dans les autres, & qu'en même temps ses tuniques soient privées de tout mouvement en cet endroit-là, par quelque cause que cela se fasse, je crois fermement que le battement des parties plus basses cessera aussi.

Dans vôtre troisiéme instance, vous alleguez le froid des poissons comme une raison pour nier que le sang se rarefie dans leur cœur ; mais si vous étiez maintenant icy avec moy, vous ne pourriez pas désavoüer que ce mouvement procede de la chaleur, même dans les animaux les plus froids ; car je vous ferois voir presentement le petit cœur d'une anguille, que j'ay coupé ce matin il y a sept ou huit heures, en qui il ne reste plus aucun signe de vie, & qui déja est tout sec en sa surface, comme revivre, & battre encore assez vîte, dés que j'en approche par dehors une mediocre chaleur.

Mais afin que vous sçachiez que la chaleur seule ne suffit pas, & qu'il faut aussi

T iiij

que quelque goute de sang y découle, pour causer ce battement, je vous donne avis que voilà que je mets ce cœur dans le sang de cette même anguille, lequel j'ay gardé tout exprès, puis en l'échauffant médiocrement, je fais qu'il ne bat pas moins vite ni moins fortement que lors que cette anguille étoit vivante. C'est dans ce même cœur que j'ay vû encore clairement ce matin ce que j'ay écrit cy-devant du mouvement qui arrive aux parties superieures du cœur, quand le sang en dégoute ; car après en avoir ôté la partie où étoit inserée la veine cave, qui est proprement la plus haute de toutes, j'ay pris garde que la partie suivante, qui étoit devenuë la plus haute par le retranchement de l'autre, ne battoit plus avec le reste du cœur, mais seulement que recevant par fois une petite rosée de sang qui dégoutoit de la playe, elle avoit un mouvement tout-à-fait different de celuy du poux ordinaire.

Mais parce que s'il vous arrive jamais de faire une semblable experience, vous pourrez voir que le cœur de ces sortes d'animaux froids bat souvent, quoi qu'on ne puisse aucunement soupçonner qu'il y tombe du sang d'ailleurs, je veux prévenir une objection que vous en pourriez legitimement tirer, en vous expliquant comme je conçois que se fait cette sorte de battement. Premierement, j'observe que ce sang differe beaucoup de celuy des animaux, qui ont plus de chaleur, duquel les plus subtiles parties s'envolent en l'air, dès qu'il est tiré du corps, après quoi ce qui reste, ou se résout en eau, ou s'épaissit en grumeaux ; car j'ai gardé tout aujourd'huy le sang de cette anguille, sans qu'il se soit corrompu, ou du moins sans qu'il y soit arrivé aucun changement que l'on puisse appercevoir ; il ne laisse pourtant pas d'en sortir toujours quantité de vapeurs, & si-tôt qu'on l'échauffe tant soit peu, ces vapeurs s'élevent comme une fumée fort épaisse.

De plus, il me souvient d'avoir autrefois observé en voyant brûler du bois verd, ou cuire des pommes, que la chaleur fait élever certaines vapeurs des parties interieures, lesquelles en passant par les petites fentes ou crevasses qui se font à l'écorce, font une espece de vent ; ce que tout le monde peut avoir observé aussi-bien que moy : mais il arrive aussi par fois que l'endroit de l'écorce où se fait une telle crevasse est tellement disposé qu'il s'enfle quelque peu, avant que la crevasse s'ouvre, & qu'il se desenfle si-tôt qu'elle est ouverte, parce que toute la vapeur qui étoit renfermée dans cette tumeur en fort promptement & avec bruit, & qu'il n'en succede pas si-tôt de nouvelle ; mais peu de temps après une autre vapeur succedant, la même partie de l'écorce s'enfle derechef, la petite crevasse se r'ouvre, & la vapeur s'échappe comme auparavant : & ce mouvement ainsi souvent repeté imite parfaitement bien le battement d'un cœur, non pas à la verité d'un cœur vivant, mais d'un cœur tel que celuy dont je me sers pour cette experience, & que j'ai arraché ce matin d'une anguille. Cela ainsi observé, il n'y a rien, ce me semble, qui doive empêcher de croire, que les fibres, dont la chair du cœur est composée, sont disposées ensorte, que la vapeur du sang, qui y est enfermé, est capable de les élever, & de faire que de ce qu'elles s'élevent ainsi, il s'ouvre de grands passages dans le cœur, par où toute cette vapeur s'envole incontinent, au moyen de quoy le cœur se desenfle. Ce que je puis confirmer par une autre observation que j'ay faite encore aujourd'huy, qui est telle. J'ai pris le petit cœur d'une anguille, & en ay coupé la plus haute partie, (c'est-à-dire, celle où la veine cave étoit inserée, & qui faisoit en cette anguille la même fonction que fait l'oreille droite dans le cœur des animaux terrestres.) Après l'avoir coupée, toute dégoutante encore de sang qu'elle étoit, je l'ai mise à part dans une écuelle de bois, où vous l'eussiez prise pour une goute de sang un peu épaissi, qui nageoit dans une autre goute de sang moins épais; après cela j'ai arrêté ma vûë dessus, pour voir si je n'appercevrois point en elle quelque battement, car c'étoit pour cette épreuve que je l'avois ainsi reservée; mais il est vrai qu'au commencement je n'y en ay apperçû aucun; parce que, (comme j'ay reconnu un peu après) toute la vapeur qui sortoit de ce sang, trouvant d'abord des passages libres & tout ouverts, s'envoloit d'un cours continu, & que rien n'interrompoit; mais à un quart d'heure de là, quand la goute de sang, dans laquelle nageoit cette potite portion de cœur, est venuë à se secher par le dessus, il s'est formé comme une petite peau sur sa surface, qui retenant ces vapeurs, m'a fait appercevoir un battement manifeste, lequel s'augmentant à mesure qu'on en approchoit la chaleur, n'a point cessé que toute l'humeur du sang n'ait été épuisée.

Au reste, je m'étonne fort, que ce que je vous ay dit de cette espece de levain que j'estime être dans le cœur, vous semble une chose vaine & imaginaire; & que vous croyez que j'en fasse mon refuge, comme si j'étois fort pressé, & que je ne pusse me défendre autrement: car il est certain que mon opinion s'explique facilement, & même qu'elle se démontre sans cela ; mais en l'admettant, il est necessaire aussi d'avoüer que d'une Diastole à l'autre, il demeure une petite partie du sang qui a été rarefié dans le cœur, laquelle venant à se mêler avec le sang qui y survient de nouveau, aide à le rarefier, en quoy elle imite parfaitement le naturel du levain.

CLARISSIMO VIRO
HENRICO REGIO.

Lettre XII.

VIR CLARISSIME,

Multùm me vobis devinxistis tu, & Clar. D. Æmilius scriptum quod ad vos miseram examinando, & emendando; Video enim vos etiam interpunctiones & ortographiæ vitia corrigere non fuisse dedignatos ; sed magis me adhuc devinxissetis, si quid etiam in verbis sententiisque ipsis mutare voluissetis: Nam quantulumcumque illud fuisset, spem ex eo concepissem ea quæ reliquissetis minùs esse vitiosa, Nunc vereor ne istud non sitis aggressi, quia nimis multa, vel forte omnia fuissent delenda.

Quantùm ad objectiones; in prima dicitis, ex eo quod in nobis sit aliquid sapientiæ, potentiæ, bonitatis, quantitatis, &c. nos formare ideam infinitæ, vel saltem indefinitæ sapientiæ, potentiæ, bonitatis, & aliarum perfectionum quæ Deo tribuuntur, ut etiam ideam infinitæ quantitatis, quod totum libens concedo; & planè mihi persuadeo non esse aliam in nobis ideam Dei, quam quæ hoc pacto formatur. Sed tota vis mei argumenti est, quod contendam me non posse esse talis naturæ, ut illas perfectiones, quæ minutæ in me sunt, possim cogitando in infinitum extendere, nisi originem nostram haberemus ab Ente, in quo actu reperiantur infinitæ; ut neque ex inspectione exiguæ quantitatis, sive corporis finiti, possem concipere quantitatem indefinitam, nisi mundi etiam magnitudo esset, vel saltem esse posset indefinita.

In secunda dicitis, Axiomatum claré & distinctè intellectorum veritatem per se esse manifestam, quod etiam concedo, quandiù clarè & distinctè intelliguntur, quia mens nostra est talis naturæ, ut non possit clarè intellectis non assentiri ; sed quia sæpè recordamur conclusionum ex talibus præmissis deductarum, etiamsi ad ipsas præmissas non attendamus, dico tunc, si Deum ignoremus, fingere nos posse illas esse incertas, quantumvis recordemur ex claris principiis esse deductas ; quia nempe talis forte sumus naturæ, ut fallamur etiam in evidentissimis ; ac proinde, ne tunc quidem, cum illas ex istis principiis deduximus, scientiam, sed tantum persuasionem de illis non habuisse ; Quæ duo ita distinguo, ut persuasio sit, cum superest aliqua ratio quæ nos possit ad dubitandum impellere ; scientia vero, sit persuasio à ratione tam forti, ut nullâ unquam fortiore concuti possit, qualem nullam habent qui Deum ignorant. Qui autem semel clarè intellexit rationes quæ persuadent. Deum existere, illumque non esse fallacem, etiamsi non amplius ad illas attendat, modo tantum recordetur hujus conclusionis, Deus non est fallax, remanebit in eo non tantum persuasio, sed vera scientia tum hujus, tum etiam aliarum omnium conclusionum quarum se rationes clarè aliquando percepisse recordabitur.

Dicis etiam in tuis ultimis (quæ heri

receptæ, me, ut simul ad præcedentes responderem, monueritis.) Omnem præcipitantiam intempestivi judicii pendere ab ipso corporis temperamento, tum acquisito, tum innato, quod nullomodò possum admittere; quia sic tolletur libertas, & amplitudo nostræ voluntatis, quæ potest istam præcipitantiam emendare; vel si non faciat, error inde ortus, privatio quidem est respectu nostri, sed respectu Dei mera negatio.

Venio nunc ad Theses quas misisti; & quia scio te velle, ut liberè scribam meam mentem, tibi hic obtemperabo. Ubi habes *vicinus aër cujus particula*, &c. mallem *vicinus aër qui*, &c. *potest*; neque enim singulæ particulæ condensantur, sed totus aër per hoc quod ejus particulæ magis ad invicem accedant. Neque video cur velis perceptionem Universalium, magis ad imaginationem quam ad intellectum pertinere. Ego enim illam solo intellectui tribuo, qui, ideam ex se ipsâ singularem, ad multa refert. Mallem etiam non dixisses affectum esse tantum duplicem, *lætitiam & tristitiam*, quia planè aliter afficimur ab *ira*, quam à *metu*, quamvis in utroque sit *tristitia*, & sic de cæteris. Quantùm ad auriculas cordis, addidissem, id quod res est, nos de ipsis curiosiùs non egisse, quia tantum illas ut extremitates venæ cavæ & arteriæ venosæ, reliquo ipsarum corpore, &c. Omiseram dubium tuum de cordis ebullitione, quod mihi videris jam ipse satis solvisse; cum enim partes cordis sponte subsidant, vasis per quæ sanguis egreditur adhuc patentibus, non desistit egredi, nec clauduntur vasa ista, donec or subsederit.

In titulo non ponerem, *de triplici coctione*, sed tantum *de coctione*; item etiam lineam nonam pro N. & C. rogo ut totam deleas; neque enim hîc valet Hervæi exemplum, qui longius hinc abest quam ego, nec, ut puto, Vallæo tam conjunctus est, quam ego tibi, & quamvis esset res similis, non tam exemplo moveor, quam causa. In Thesium lineâ primâ, tollerem hæc verba, *Caloris vivifici*, &c. In fine pro his verbis *in recta conformatione*, &c. mallem, in præparatione particularum insensibilium ex quibus alimenta constant, ut eæ, conformationem humano corpori componendo aptam, acquirant. Hæc præparatio alia est communis, & minus præcipua, quæ fit in omnibus viis per quas particulæ transeunt; alia particularis & præcipua, quæ est triplex, 1. in ventriculo & intestinis, 2. in hepate, 3. in corde. 1. In ventriculo & intestinis fit, cum cibus ore masticatus & deglutitus, sicut & potus, vi caloris à corde communicati, & humoris ab arteriis eò impulsi,

dissolvitur

dissolvitur & in chylum convertitur. 2. In hepate, cum chylus in illud, ne per aliquam vim attractricem, sed solâ suâ fluiditate, & pressione vicinarum partium delatus, sanguinique reliquo mixtus, ibi fermentatur, digeritur, & in chymum abit. In corde, cum chymus, sanguini à reliquo corpore ad cor redeunti, permixtus, & simul cum eo in hepate præparatus, in verum & perfectum sanguinem per ebullitionem pulsificam commutatur. Atque hæc tertia coctio, &c. Vides facilè cur ponam coctionem generalem quæ fit omnibus viis, & ex consequenti etiam in omni parte corporis, quia ubicunque est motus, fieri potest ibi aliqua alteratio particularum quæ moventur; & non video quid aliud coctio sit quam talis alteratio; nec cur potius illam in venis Gastricis & Mezaraicis, quam in reliquis omnibus fieri concedas. Non pono succum spirituosum, quia non video distinctè quid ista verba significent. Non pono chyli partes meliores, sed chylum, quia omnes ejus partes alendo corpori inserviunt; & si benè calculum ponamus, ipsa etiam excrementa, præsertim quæ ex venis excernuntur, quandiu sunt in corpore, inter ejus partes sunt recensenda, munere enim ibi suo funguntur, & nulla est pars quæ tandem non abeat in excrementum; modò id quod egreditur per insensilem transpirationem, excrementum etiam appellemus. Chymum autem fermentari puto in hepate, & digeri, hoc est, prout hoc verbum à Chymicis usurpatur, propter aliquam moram alterari.

Pagina 5. delerem *quæ à copiosis ejus spiritibus, & oleoginositate moderata oritur*; neque enim hoc satis clarè rem explicat. In fine paginæ 8. nomen meum rursus invenio, quod fortè honestiùs quàm in titulo possum dissimulare, modò, si placet, Epithetis magis temperes; & malim etiam vero nomine *Descartes*, quam ficto *Cartesius* vocari. Ubi dicis cur Pl. meas responsiones mutilasset, posset fortè addi probatio, quod biennio ante ejus librum, à multis fuerint visæ & exscriptæ; videnturque etiam delenda hæc verba, *vel callido vel ignoranti*, & verba quam mitissima veritatem causæ meliùs confirmabunt. Et finem paginæ nonæ sic mutarem; secundo, quod fœtus in utero existens, ubi isto respirationis usu privatur, duos habet meatus, qui spontè clauduntur in adultis; unum, qui canaliculi instar est, per quem pars sanguinis in dextro cordis sinu rarefacti, in Aortam transmittitur, parte altera in pulmones abeunte; & alium, per quem pars sanguinis, in sinistro cordis sinu rarefaciendi, è vena cava defluit, & alteri parti ex pulmonibus venienti permiscetur. Neque enim negari potest, quin sanguinis pars in fœtu transeat per pulmones; sed præterea usus respirationis explicatio, quæ habetur pagina 10. præcedere debet ejus causas, quæ dantur pag. 8. Quantùm ad venas lacteas nihil definio, quia nondum illas vidi; sed novi hic duos juvenes medicinæ doctores (Silvius, & Schugen nominantur) qui videntur non indocti, & se illas sæpius observasse affirmant, earumque valvulas humoris regressum versus intestina impedire, adeò ut planè à te dissentiant, & ego in eorum sententiam valdè propendeo; ita ut suspicer venas lacteas ab illis Mezaraicis in eo tantum differre, quod nulli arteriæ sint conjunctæ, ideoque succus ciborum in iis albus est, in aliis verò statim fit ruber, quia sanguini per arterias circulato permiscetur. Prima occasione illas in cane vivo simul quæremus: interim, si mihi credis, totum illud corollarium omittes.

Quod ad difficultatem, Quomodo cor possit detumescere, si pars sanguinis rarefacti in eo remaneat, facilè solvitur; quia minima tantum ejus pars manet, ventriculis implendis non sufficiens; impetus enim quo ille egreditur, sufficeret ad omnem educendum, nisi prius valvulæ arteriæ magnæ, & venæ arteriosæ clauderentur, quàm totus esset elapsus; & quantumvis parva portio in ventriculis manens sufficit ad fermentationem.

Tandem hodie accepimus sententiam pro I. A. W. Cujus exemplar postquam erit exscriptum, hoc est, post unam aut alteram diem, ad ipsum mittam. Ita facta est, ut si magnus aliquis fuisset condemnandus, non potuissent Judices mitioribus verbis ejus errores significare; sed nihilominus nullum verbum ex iis quæ à W. scripta sunt, non approbant, & nullum verbum, ex iis quæ ab ejus adversario, non condemnant.

Si quid sit de quo ampliorem explicationem desideres, paratum me semper invenies, ut seu scriptis seu verbis tibi serviam; Imò etiam cum istæ Theses disputabuntur, si velis, Ultrajectum excurram, sed modò nullus sciat, & in speculâ illâ ex qua D. à Schurmans solet audire lectiones possim latere. Vale.

A MONSIEUR REGIUS.

Lettre XII.

Version nouvelle.

Monsieur,

Vous m'avez senſiblement obligé, vous & Monſieur Emilius, d'avoir examiné & corrigé l'écrit que je vous avois envoyé; car je vois que vous avez porté l'exactitude juſqu'à mettre les points & les virgules, & corriger les fautes d'ortographe. Vous m'auriez fait encore un plus grand plaiſir, ſi vous euſſiez voulu changer quelque choſe dans les mots & dans les penſées. Quelques petits qu'euſſent été ces changemens, j'aurois pû me flâter que ce que vous auriez laiſſé auroit été moins fautif; au lieu que je crains que vous n'ayez pas voulu tenter cette entrepriſe, parce qu'il y auroit eu trop à corriger, ou peut-être parce qu'il auroit fallu tout effacer.

A l'égard des objections, vous dites dans la premiere, que de ce qu'il y a en nous quelque sagesse, quelque pouvoir, quelque bonté, quelque quantité, &c. Nous nous formons l'idée d'une sagesse, d'une puissance, d'une bonté infinie, ou du moins indéfinie, & des autres perfections que nous attribuons à Dieu, comme l'idée d'une quantité infinie. Je vous accorde volontiers tout cela, & je suis pleinement convaincu que nous n'avons point d'autre idée de Dieu, que celle qui se forme en nous de cette maniere ; mais toute la force de ma preuve consiste en ce que je prétens que ma nature ne pourroit être telle que je pusse augmenter à l'infini par un effort de ma pensée ces perfections qui sont très-petites en moy, si nous ne tirons cet origine de cet être en qui ces perfections se trouvent actuellement infinies. De-même que par la seule consideration d'une quantité fort petite, ou du corps fini, je ne pourrois jamais concevoir une quantité indéfinie, si la grandeur du monde n'étoit ou ne pouvoit être indéfinie.

Vous dites dans la seconde, que la verité des axiomes qui se font recevoir clairement & distinctement à nôtre esprit, est claire & manifeste par elle-même. Je l'accorde aussi pour tout le temps qu'ils sont clairement & distinctement compris, parce que nôtre ame est de telle nature, qu'elle ne peut refuser de se rendre à ce qu'elle comprend distinctement ; mais parce que nous nous souvenons souvent des conclusions que nous avons tirées de tels prémices, sans faire attention aux prémices mêmes : je dis alors que sans la connoissance de Dieu nous pourrions feindre qu'elles sont incertaines ; bien que nous nous souvenions que nous les avons tirées des principes clairs & distincts, parce que telle est peut-être nôtre nature, que nous nous sommes trompez dans les choses les plus évidentes, & par conséquent que nous n'avions pas une veritable science, mais une simple persuasion, lors que nous les avons tirées de ces principes ; ce que je fais pour mettre une distinction entre la persuasion & la science. La premiere se trouve en nous, lorsqu'il reste encore quelque raison qui peut nous porter au doute ; & la seconde, lorsque la raison de croire est si forte, qu'il ne s'en presente jamais de plus puissante, & qui est telle enfin, que ceux qui ignorent qu'il y a un Dieu, ne sçauroient en avoir de pareille : mais quand on a une fois bien compris les raisons qui persuadent clairement l'existence de Dieu, & qu'il n'est point trompeur ; quand même on ne feroit plus attention à ces principes évidens, pourvû qu'on se ressouvienne de cette conclusion, Dieu n'est pas trompeur, on aura non-seulement la persuasion, mais encore la veritable science de cette conclusion, & de toutes les autres dont on se souviendra avoir eu autrefois des raisons fort claires.

Vous dites aussi dans vôtre derniere Lettre que je reçûs hier, & qui m'a fait souvenir de répondre à vos précedentes, que la précipitation de nos jugemens dépend du temperament du corps, soit qu'il nous soit naturel, soit que nous l'ayons formé par habitude ; ce que je n'admets point du tout, parce que ce seroit ôter la liberté & l'étenduë de nôtre volonté, qui peut corriger une telle précipitation ; ou que ne la corrigeant pas, l'erreur qui en naît, est une privation par rapport à nous, & une pure negation par rapport à Dieu.

Je viens presentement aux Theses que vous m'avez envoyées : comme je sçai que vous voulez que je vous écrive librement ma pensée, je vais vous obéir. Au lieu de ces mots, *l'air voisin dont les petites parties, &c.* j'aime mieux, *l'air voisin qui, &c. peut* ; car ce n'est pas chacune de ces parties qui se condensent, mais toute la masse de l'air en ce que ses petites parties s'approchent plus les unes des autres,

que

que dans son état ordinaire. Je ne vois pas aussi pourquoy vous prétendez que l'idée des universaux appartienne plûtôt à l'imagination qu'à l'intellect. Pour moy je l'attribuë au seul intellect qui rapporte à plusieurs sujets une idée singuliere. J'aurois aussi voulu que vous n'eussiez pas dit qu'il n'y a que deux affections ou passions, *la joye* & *la tristesse* ; car nous sommes bien autrement affectez *par la colere*, que *par la crainte* ; quoique la tristesse se trouve dans l'un & dans l'autre, & ainsi du reste. Quant aux oreillettes du cœur, j'aurois ajouté, ce qui est vrai en effet, que je n'en ai pas traité à fond, parce que je les considere seulement comme les extrémitez de la veine cave, & de l'artere veneuse, &c. J'avois passé vôtre doute de la fermentation du cœur : il me paroît que vous en avez donné une solution suffisante ; car comme les parties du cœur s'affaissent d'elles-mêmes, les vaisseaux par lesquels le sang sort étant encore ouverts, le sang ne cesse d'en sortir, & ces vases ne se ferment que quand le cœur est affaissé.

Je ne mettrois point dans le titre, *de la triple coction*, mais seulement *de la coction*. Je vous prie aussi d'effacer toute la neuviéme ligne. Il ne sert rien de citer icy l'exemple d'Hervæus, qui est plus éloigné de cet avis que moy, & qui n'est pas si uni à Vallée, que je le suis à vous ; & quand même la chose seroit, l'exemple ne me touche pas tant que dans la cause. Dans la premiere ligne de vos Theses j'ôterois ces paroles : *De la chaleur vivifiante, &c.* Et à la fin au lieu de ces paroles : *Dans la droite conformation,&c.* j'aimerois mieux, *Dans la préparation des petites parties insensibles, dont les alimens sont composez,* afin qu'elles acquierent une conformation propre à composer le corps humain. Cette préparation est ou commune, ou moins importante, qui se fait dans toutes les voyes par lesquelles passent les petites parties, ou particuliere & spécifique, qui est triple. 1. Dans le ventricule & dans les intestins. 2. Dans le foye. 3. Dans le cœur. La premiere se fait dans le ventricule & dans les intestins, lorsque la nourriture broyée par les dents & avalée par la bouche, ce qui s'entend du boire & du manger, est dissoute & convertie en chyle par la force de la chaleur que le cœur lui communique, & de l'humeur que les arteres y ont poussé. La seconde se fait dans le foye lorsque le chyle y étant porté, non par une force attractice, mais par sa seule fluidité, & par la compression des parties voisines, & étant mêlé au reste du sang, s'y fermente, s'y digere, & se change en chyme, c'est-à-dire en suc. La troisiéme se fait dans le cœur, lorsque le chyme mêlé au sang qui retourne du reste du corps au cœur, est preparé avec luy dans le foye, se change en un sang parfait & veritable, par une fermentation qui cause le battement du poux & cette troisiéme coction, &c. Vous comprenez aisément pourquoi j'ai dit que je mettrois dans le titre la coction generale qui se fait dans toutes les voyes, & par consequent dans chaque partie du corps, parce que par tout où il y a du mouvement, il peut s'y faire quelque alteration des parties qui sont mûës, & je ne vois pas que la coction puisse être autre chose, qu'une telle alteration. Je ne vois pas pareillement pourquoy vous voulez qu'elle se fasse plûtôt dans les veines gastriques & mesaraïques, que dans toutes les autres. Je ne voudrois pas me servir de ces termes, *sucs spiritueux*, parce que je ne comprens pas clairement ce qu'ils signifient. Je ne me servirois pas non plus de ces autres, *les meilleures parties du chyle*: mais je dirois simplement *le chyle*, parce que toutes ses parties servent à la nourriture du corps, & a bien examiner les choses, les excremens mêmes; sur tout ceux qui sont poussez hors des veines, doivent être censez partie du chyle, au moins tant qu'ils sont dans le corps, car ils y ont leurs fonctions, & il n'y en aucune qui ne s'en aille enfin en excremens, pourvû que vous appelliez excremens, ce qui fort par la transpiration insensible. Quant au chyme, je crois qu'il fermente dans le foye, & qu'il s'y digere dans le sens que les Chymistes donnent à ce mot ; c'est-à-dire qu'il y est alteré à cause de quelque séjour qu'il y fait.

A la page 5. j'effacerois ces mots : *Qui naît de ces esprits abondans, & d'un suc huileux moderé* ; car cela n'explique pas bien la chose, je trouve une seconde fois mon nom à la fin de la huitiéme page, ce que ma modestie peut mieux souffrir que dans le titre, pourvû, s'il vous plaît, que vous n'y ajoûtiez pas tant d'épithetes ; j'aime mieux aussi qu'on m'appelle par mon veritable nom *Descartes*, que par cet autre qu'on a forgé *Cartesius*. A l'endroit où vous dites pourquoy Pl. a tronqué mes réponses, on pourroit peut-être en ajouter la preuve, sçavoir que plusieurs les ont vûës & transcrites deux ans avant que son livre parût. Il me paroît même qu'il faudroit effacer ces paroles, *vel callido, vel ignorante. Que c'est un trait ou de mauvaise finesse, ou d'ignorance.* Les termes les plus honnêtes prouveront mieux la justice de vôtre cause. Je changerois aussi de cette sorte la fin de la neuvième page. En second lieu, parce que le fœtus, qui est encore dans le sein de la mere, où il est privé de l'usage de la respiration, a deux conduits qui se ferment d'eux-mêmes dans les adultes; l'un qui ressemble à un petit canal par lequel une partie du sang se rarefie dans la cavité droite du cœur, passe dans l'aorte, & l'autre partie coulant vers les poumons; & la seconde, par lequel une partie du sang, qui doit se rarefier dans la cavité gauche du cœur, sort de la veine cave, & se mêle à cette autre partie qui revient du poumon; car on ne peut pas nier que dans le fœtus une partie du sang ne passe par les poumons; outre cela l'explication de l'usage de la respiration, qui est page 10. doit preceder ses causes qui sont à la page 8. Je ne définis rien sur les veines lactées, parce que je ne les ai pas encore vûës; mais je connois icy deux jeunes Docteurs en Medecine, Messieurs Silvius & Schagen, qui paroissent avoir de la science, & qui assurent les avoir observées plusieurs fois, & que leurs valvules empêchent le retour de la liqueur vers les intestins; tellement qu'ils sont d'un sentiment tout different du vôtre; pour moy je panche beaucoup pour eux, ensorte que je crois que les veines lactées different seulement des mefaraïques, en ce qu'elles ne font jointes à aucune artere, ce qui fait qu'en elles le fuc des viandes est blanc, & qu'il devient fur le champ rouge dans les autres, parce qu'il fe mêle au fang qui a circulé par les arteres. Nous les chercherons enfemble à la premiere occafion dans un chien en vie. En attendant, fi vous me croyez, vous effacerez tout ce corollaire.

Quant à la difficulté comment le cœur peut fe defenfler, s'il y refte une partie du fang rarefié, elle eft aifée à refoudre, parce qu'il n'en refte qu'une autre très-petite partie, qui ne fuffit pas pour remplir les ventricules ; car l'effort avec lequel il fort, fuffiroit à l'en faire tout fortir, fi les valvules de la grande artere & de la veine arterieufe ne fe fermoient avant que tout le fang fût échappé ; & la plus petite quantité qui refte dans les ventricules, fuffit pour la fermentation.

Enfin, après avoir bien attendu, j'ay reçû aujourd'huy la Sentence pour I. A. W. Je luy enverray l'original dès que j'en auray fait tirer une copie, c'est-à-dire, dans deux jours au plus tard. Elle eft conçûë en termes fi doux & fi moderés, que les Juges n'auroient pû s'exprimer autrement, s'il leur avoit fallu condamner quelque homme de grande qualité ; cependant ils approuvent tout ce que W. a écrit & condamnent tout ce qu'a dit son adversaire. S'il y a quelque autre chose sur quoi vous demandiez une explication plus ample, vous me trouverez toujours prêt à vous servir, ou de ma plume, ou de ma langue. Bien plus ; si vous trouvez à propos que je me rende à Utrecht lors qu'on soutiendra ces Theses, je le ferai avec plaisir, pourvû que personne ne le sçache, & que je puisse me tenir caché dans les écoutes d'où Mademoiselle de Schurmans a coûtume d'entendre vos Leçons. Adieu.

CLARISSIMO VIRO

HENRICO REGIO.

Lettre XIII.

Vir Clarissime,

Cum tuæ litteræ allatæ sunt, hic non eram, jamque primùm domum reversus ipsas accipio. Non magni momenti Silvii objectiones mihi videntur, nihilque aliud quam ipsum Mechanicæ parum intelligentem esse testantur ; sed tamen vellem ut paulo blandiùs ei responderes ; Transversâ lineâ in margine notavi ea loca quæ duriuscula mihi videntur. Ad primum punctum vellem adderes, *Etsi paucus sit sanguis in corpore, venas nihilominus ipso esse plenas, quia se contrahunt ad ejus mensuram*: Imo hoc ipsum posuisti, sed obiter tantum, & puto esse præcipuum ad ejus difficultatem absolvendam. Ad secundum, puto sanguinem moribundi ascitici refriguisse in ejus venulis minoribus, & à corde remotioribus, ibique coagulatum impediisse ne novus ex arteriis in venas per circulationem influeret, dum interim sanguis adhuc calens in cavâ juxta cor, in dextrum ejus ventriculum incidebat, atque in cavam fuisse vacuatam. Ad tertium, gravitas est quidem plerumque causa concomitans & adjuvans, sed non est causa primaria; nam contra situ corporis inverso, & gravitate repugnante, sanguis tamen in cor, non quidem incideret, sed flueret, vel insiliret, ob circulationem, & spontaneam vasorum contradictionem. Ad quartum, ubi loqueris de effervescentiâ sanguinis, mallem ageres de ejus rarefactione, quædam enim magis fervent, quæ tamen non adeò rarescunt. Ad quintum, ubi te accusat quod affinxeris ipsi objectionem quam non agnoscit pro sua responderem me nihil ipsi affinxisse;

ñam cum dixisti, *neque his adversatur quod ventriculi in sistole non sint omni corpore vacui*, idem sensus fuit, ac si dixisses, *sufficere quod maximam partem saltem vacui sint*, quâ ratione verò maxima ex parte vacuentur, te postea fusè explicuisse, nullamque ejus argumenti vim declinasse. Denique, circa auriculas cordis, malè videris ipsas distinguere ab ostiis venæ cavæ & arteriæ venosæ, nihil enim aliud sunt quam ista lata ostia ; & malè etiam aliquam ipsis tribuis sanguinis coctionem per ebulitionem specificam, &c. Vale.

A MONSIEUR REGIUS.

Lettre XIII.

Version nouvelle.

MONSIEUR,

Je n'étois point icy lors qu'on apporta vôtre Lettre, & je ne fais que de la recevoir à mon retour. Les objections de M. Silvius ne me paroissent pas de grande importance, & elles prouvent qu'il n'est pas bien habile en Mechanique. Je voudrois pourtant que vôtre réponse fût un peu plus douce. J'ay marqué avec un crayon à la marge les endroits qui me paroissent un peu durs. Je voudrois que vous ajoutassiez au premier point, *que bien qu'il y ait peu de sang dans le corps, les veines en sont cependant remplies, parce qu'elles se resserrent & se proportionnent à sa mesure.* Vous avez bien dit la même chose: mais ce n'a été seulement qu'en passant, & je crois que cela n'est pas essentiel pour résoudre sa difficulté. Au second, je crois que le sang d'un homme qui meurt d'hydropisie se refroidit dans les plus petites de ses veines, & qui sont les plus éloignées du cœur, & qu'étant figé, il empêche que de nouveau sang ne coule par la circulation des arteres dans les veines, tandis cependant que le sang encore chaud dans la veine cave auprès du cœur tombe dans son ventricule droit, & qu'ainsi la veine cave s'est vuidée. Au troisiéme, la pesanteur est à la verité souvent une cause concomitante & adjutrice, mais elle n'est pas cause premiere; car au contraire la situation du corps étant renversée, & la pesanteur y resistant, le sang ne laisseroit pas, je ne dis pas de tomber dans le cœur, mais d'y couler, ou d'y saillir, à cause de la circulation & de la contraction naturelle des vaisseaux. Au quatriéme, où vous parlez de l'effervescence du sang, j'aimerois mieux que vous traitassiez de sa rarefaction; car il y a certaines choses qui bouillonnent d'avantage sans se rarefier si considerablement. Au cinquiéme, où il vous accuse de luy prêter une objection qu'il n'avoüe pas. Je répondrois, que je ne luy prête rien; car lors que vous avez dit, *& il n'est pas contraire à ces choses de dire que dans le mouvement de systole, les ventricules ne sont pas vuides de tout corps*; c'est la même chose que si vous eussiez dit, *qu'il suffit qu'ils soient vuides au moins pour la plus grande partie*; que vous avez ensuite expliqué fort au long comment ils sont vuides pour la plus grande partie, & que vous avez répondu à cette objection sans recourir à aucun faux-fuyant. Enfin à l'égard des oreillettes du cœur, il paroît que vous avez tort de les distinguer des extremitez de la veine cave, & de l'artere veneuse; car ce ne sont autre chose que l'extension de cette ouverture, & vous leur attribuez aussi mal à propos une sorte de coction du sang par une ébullition particuliere, &c. Adieu.

CLARISSIMO VIRO.
HENRICO REGIO.
Lettre XIV.

Vir Clarissime,

Legi omnia quæ ad me mifisti, curfim quidem, sed ita tamen ut non putem quicquam in iis contineri quod impugnem. Sed sanè multa sunt in Thesibus tuis, quæ fateor me ignorare, ac multa etiam, de quibus si fortè quid sciam, longè aliter explicarem quàm ibi explicueris. Quod tamen non miror; longè enim difficilius est, de omnibus quæ ad rem medicam pertinent suam sententiam exponere, quod docentis officium est, quam cognitu faciliora seligere, ac de reliquis prorsus tacere, quod ego in omnibus scientiis facere consuevi. Valdè probo tuum confilium, de non amplius respondendo Sylvii quæstionibus, nisi forte, ut paucissimis verbis illi significes, tibi quidem ejus litteras esse pergratas, ejusque studium investigandæ veritatis, & gratias agere quod te potissimum elegerit cum quo conferret; Sed quia putas te abundè in tuis præcedentibus ad omnia, quæ circa motum cordis pertinebant, respondisse, nuncque videtur tantum disputationem ducere velle, atque ex una quæstione ad alias transire, quæ res esse posset infinita, rogare ut te excuset, si aliis negotiis occupatus, ipsi non amplius respondeas. Initio enim cum disputat, an venæ contractæ ad mensuram sanguinis quem continent, dicendæ sint plenæ vel non plenæ, movet tantum questionem de nomine. Ac postea, dum petit sibi ostendi alligatum ferro sanguinem, & quænam sit vera gravitatis natura, novas quæstiones movet, quales imperitissimus quisque plures posset proponere, quàm omnium doctissimus in tota vita dissolvere. Cum ex eo quod sanguis ex venis in cor possit insilire, infert venas ergo debere pulsare, facit æquivocationem in verbo *insilire*, tanquam si dixeris sanguinem salire in venis. Cum in comparatione inflationis vesicæ notat aliquam dissimilitudinem, quod sit violenta, & puer à patente fistula os auferat, nihil agit, quia nulla comparatio in omnibus potest convenire; ut neque cum aliâ ratione quam per spontaneam venarum contractionem vult explicare sanguinis propulsationem, affert enim fibras transversas vasa coarctantes, quod non est diversum à venarum contractione, idem enim significat fibras vasa coarctare, ac venas contrahere. Cætera persequerer, sed omnia per te meliùs potes, & jam ex parte solvisti in Thesibus. In his autem adjungis corollarium de maris æstu, quod non probo, non enim rem satis explicas, ut intelligatur, nec quidem ut aliquo modo probabilis fiat, quod jam in multis aliis, quæ eodem modo proposuisti, à plerisque reprehensum est. Qui motum cordis aiunt esse Animalem, non plus dicunt, quam si faterentur se nescire causam motus cordis; quia nesciunt quid sit motus Animalis. Cum autem partes Anguium dissectæ moventur, non alia in re causa est, quam cum cordis mucro etiam dissectus pulsat, nec alia quam cum nervi testudinis in particulas dissecti, atque in loco calido & humido existentes, vermium instar se contrahunt, quamvis hic motus dicatur Artificialis, & prior Animalis; in omnibus enim istis causa est dispositio partium solidarum & motus spirituum, sive partium fluidarum, solidas permeantium. Meditationum mearum impressio ante tres menses Parisiis absoluta est, nec dum tamen ullum exemplar accepi, & idcirco secundam editionem hic fieri consenti. Causam, cur in vorticibus injecta Corpora ad Centrum ferantur, puto esse, quia aqua ipsa dum circulariter movetur in vortice, tendit versus exteriora, ideo enim alia corpora quæ nondum habent istum motum circularem tam celerem in Centrum protrudit. Gratulor D. Vander H. iterum Consuli, & dictaturâ perpetuâ dignum existimo, tibique gratulor quod in eo fidum & potentem habeas defensorem. Vale.

A
MONSIEUR
REGIUS.

Lettre XIV.

Version nouvelle.

MONSIEUR,

J'ai lû assez rapidement tout ce que vous m'avez envoyé : mais cependant j'y ai donné assez d'attention, pour croire que de tout ce qui y est contenu, il n'y a rien que je condamne. Pour vos Theses, il y a à la verité bien des choses que je n'entends pas, & plusieurs même auxquelles, en tant que je puis les entendre, je donnerois une autre explication que la vôtre; ce qui ne me surprend pas : car il est bien plus difficile d'expliquer son sentiment sur toutes les parties de la Medecine, ce qui est du devoir du Professeur, que de choisir ce qu'on connoît de plus facile sur cette matiere, & garder un profond silence sur tout le reste, comme j'ai fait dans les autres sciences. J'approuve fort vôtre dessein de ne plus répondre aux questions de M. Silvius. Tout ce que vous pouvez faire, c'est de lui marquer en peu de mots que ses Lettres vous font très-grand plaisir, que le zele qu'il a pour la recherche de la verité vous est très-agreable, & que vous le remerciez bien affectueusement de vous avoir choisi pour vous demander vôtre avis : mais que vous croyez avoir suffisamment répondu dans vos précedentes, à tout ce qui regarde le mouvement du cœur, qu'il semble à present qu'il n'a plus d'autre vûë, que de continuer la dispute, & passer d'une question à une autre, ce qui iroit à l'infini ; que vous le priez de vous excuser, si vous ne lui répondez plus, parce que vous êtes fort occupé d'ailleurs ; en effet, au commencement de sa dispute, où il demande si les veines resserrées selon la mesure du sang qu'elles contiennent, doivent être

dites

dites pleines ou non pleines. Il agite seulement une question de nom, & ensuite lors qu'il demande qu'on lui montre le sang arrêté par le fer, & quelle est la veritable nature de la pesanteur des corps, il remuë de nouvelles questions, & telles que les plus ignorans sont en état d'en proposer en si grand nombre, que le plus sçavant homme du monde n'en pourroit jamais resoudre dans tout le cours de sa vie. Quand, de ce que le sang peut sauter des veines dans le cœur, il infere de là que les veines doivent donc battre. Il se joüe sur l'équivoque du mot *insilire*, sauter, comme si vous disiez que le sang saute dans les veines, lorsqu'il remarque quelque difference dans la comparaison d'une vessie enflée, comme qu'elle est dans un état violent, & qu'elle se desenfle aussitôt qu'on ôte la bouche de dessus l'ouverture, il ne gagne rien à cela, parce que toute comparaison cloche : comme lors qu'il veut expliquer l'action par laquelle le sang est chassé continuellement par une autre raison que par la contraction naturelle des veines ; car de dire que ces fibres resserrent les vaisseaux, ou que les veines se contractent, c'est précisément la même chose. Je parcourerois le reste de même, mais vous êtes en état de le faire mieux que moi, & vous y avez déja répondu en partie dans vos Theses, dans lesquelles vous ajoutez pourtant un corollaire sur le flux & reflux de la mer, que je n'approuve pas; car vous n'expliquez pas assez la chose pour la rendre intelligible, ni même probable, ce que plusieurs personnes trouvent aussi à redire, dans plusieurs autres propositions, que vous avez avancées de la même maniere. Ceux qui disent que le mouvement du cœur est animal, ne disent pas davantage, que s'ils avoüoient bonnement qu'ils ne sçavent point la cause du mouvement du cœur, parce qu'ils ne sçavent pas ce que c'est que ce mouvement animal. A l'égard des parties des anguilles qui se remuent après avoir été coupées, il n'y en a point d'autre cause que celle qui fait battre la pointe du cœur, quand elle est aussi coupée, & la même qui fait que des cordes de boyaux coupées en morceaux, & conservées dans un lieu chaud & humide se replient comme des vers de terre, quoique ce mouvement s'appelle artificiel, & le premier animal. Dans toutes ces experiences, la seule & veritable cause, est la disposition des parties solides & le mouvement des esprits ou des parties fluides qui penetrent les solides. Il y a trois mois que l'impression de mes Meditations a été achevée à Paris, je n'en ai pourtant pas encore reçû aucun exemplaire, c'est ce qui me fait consentir à une seconde édition dans ces païs. Je crois que ce qui fait que des corps unis dans un tourbillon sont chassez au centre, c'est que l'eau même agitée circulairement, fait effort pour s'écarter en tout sens, & par ce moyen repousse vers le centre les parties étrangeres qui n'ont pas encore acquis toute sa vîtesse. Je felicite Monsieur Vander H. de son nouveau Consulat ; je le crois digne d'une dictature perpetuelle. Je vous felicite aussi d'avoir en ce sage Magistrat un si fidelle & si puissant défenseur. Adieu.

CLARISSIMO VIRO
HENRICO REGIO.

LETTRE XV.

VIR CLARISSIME,

Queri sane non possum de tua & Domini de Raey humanitate, quod meum nomen vestris thesibus præmittere volueritis, sed neque etiam scio qua ratione à me gratiæ vobis agendæ sint ; & tantum video novum opus mihi imponi, quod nempe homines inde sint credituri, meas opiniones à vestris non dissentire, atque ideo ab iis quæ asseruistis, pro viribus deffendendis, me imposterùm excusare non debeam, & tantò diligentius ea quæ legenda misisti debeam examinare, ne quæ in iis prætermittam, quod tueri recusem.

Primum itaque quod ibi minus probo, est, Quod dicas animam homini esse triplicem, hoc enim verbum in mea religione est hæresis, & reverâ, seposita religione, contra Logicam etiam est, animam concipere tanquam genus, cujus species sint *mens, vis vegetativa*, & *vis motrix animalium*; per *Animam* enim *Sensitivam* non aliud debes intelligere præter vim motricem, nisi illam cum rationali confundas. Hæc autem vis motrix, à vi vegetativa, ne specie quidem differt ; utraque autem toto genere à mente distat: Sed quia in re non dissentimus, ego rem ita explicarem.

Anima in homine unica est, nempe *rationalis* ; neque enim actiones ullæ humanæ censendæ sunt, nisi quæ à ratione dependent. Vis autem vegetandi, & corporis movendi, quæ in plantis & brutis *anima vegetativa* & *sensitiva* appellantur, sunt quidem etiam in homine, sed non debent in eo *Anima* appellari, quia non sunt primum ejus actionum principium, & toto genere differunt ab *Anima Rationali*.

Vis autem vegetativa in homine, nihil aliud est quam certa partium corporis constitutio, quæ &c. Et paulo post,

Vis autem sensitiva est, &c. & postea.

Hæ duæ itaque nihil aliud sunt quam corporis humani, &c. Et postea. Cumque *mens, sive anima rationalis* à corpore sit distincta, &c, non immerito *sola* à nobis *Anima* appellatur.

Denique, ubi ais, Volitio vero & intellectio differunt tantum, ut diversi circa diversa objecta agendi modi ; Mallem, differunt tantum ut actio & passio ejusdem substantiæ; intellectio enim proprie mentis passio est, & volitio ejus actio; sed quia nihil unquam volumus, quin simul intelligamus, & vix etiam quicquam intelligamus, quin simul aliquid velimus, ideo non facile in iis passionem ab actione distinguimus.

Quod autem tuus Voëtius hic annotavit, nullo modo tibi adversatur ; cum enim dicunt Theologi nullam substantiam creatam esse immediatum suæ operationis principium, hoc ita intelligunt, ut nulla creatura possit absque concursu Dei operari, non autem quod debeat habere facultatem aliquam creatam, à se distinctam, per quam operetur; absurdum enim esset dicere istam facultatem creatam esse posse immediatum alicujus operationis principium, & ipsam substantiam non posse. Alia vero quæ annotavit, in iis quæ misisti non reperio, ideoque nihil possum de ipsis judicare.

Ubi agis de coloribus, non video cur nigredinem ex illorum numero eximas, cum alii etiam colores sint tantum modi; sed dicerem tantum, nigredo etiam inter colores censeri solet, sed tamen nihil aliud est quam certa dispositio, &c.

De judicio, ubi ais: *Hæc nisi accurata & exacta fuerit, necessario in decidendo*; &c. pro *necessario* ponerem *facile*; & paulo post, pro *itaque hæc potest suspendi*, &c. ponerem *Atque hæc*, &c neque enim quæ subjungis ex præcedentibus deducuntur, ut verbum *itaque* videtur significare

Quod dicis de affectibus, illorum sedem esse in cerebro, est valde paradoxum, atque etiam ut puto contra tuam opinionem; & si enim spiritus moventes musculos veniant à cerebro, sedes tamen affectuum sumenda est pro parte corporis quæ maxime ab illis alteratur, quæ proculdubio est cor; & idcirco dicerem, Affectuum, quatenus ad corpus pertinent, sedes præcipua est in corde, quoniam illud præcipue ab illis alteratur ; sed quatenus etiam mentem afficiunt, est tantum in cerebro, quoniam ab illo solo mens immediatè pati potest.

Paradoxum etiam est dicere, receptionem esse actionem, cum reverà tantum sit passio actioni contraria ; sed eadem tamen quæ posuisti, videntur sic posse retineri. Receptio est actio (vel potius passio) animalis Automatica, qua motus rerum recipimus ; hic enim, ad omnia quæ in homine peraguntur sub uno genere comprehendenda, passiones cum actionibus conjunximus,

Quæ denique habes in fine de temperie ad calidum aut frigidum, &c. deflectente, non examinavi ; quia nullis talibus, tanquam Evangelio, credendum puto. Gaudeo tuum respondentem rectè functum fuisse officio, nec puto quicquam tibi esse metuendum ab iis qui contra te stilum exercebunt. Quæcumque mittes libenter legam, & cum solita mea libertate quicquid sensero rescribam. Nihil scripsi de Centro gravitatis, sed de vario pondere gravium, secundum varia à centro terræ intervalla, quod non habeo nisi in libro, in quo multa alia simul compacta sunt ; sed tamen si legere vis, prima occasione qua D. Van. S. Ultrajectum ibit, illum ad te per ipsum transmittam.

Non probo quod nolis squammas piscium, &c. Vocari corpora lucida, quia non impellunt ipsæmet globulos æthereos; Id enim etiam non facit carbo ignitus, sed sola materia subtilissima, quæ tunc carbonis partes terrestres, tunc globulos illos æthereos impellit. Quod etiam venæ Mezaraicæ Chylum in Pancreate à venis lacteïs accipiant mihi non constat, nec sanè affirmare debes, nisi certissimâ experientiâ cognoveris, nec etiam eâ de re scribere, tanquam si nullæ venæ lacteæ ad hepar usque chylum deferant, quoniam sunt qui affirmant se id expertos, & admodum verisimile mihi videtur. Vellem etiam ut ea deleres quæ habes contra Waleum de motu cordis, quia vir ille est pacificus, & tibi nihil gloriæ potest accedere, ex eo quod ipsi contradicas. Non etiam tibi assentior, cum definis actiones esse operationes ab homine, vi animæ & corporis factas; sum enim unus ex illis qui negant hominem corpore intelligere; nec moveor argumento quo contrarium probare contendis; etsi enim mens impediatur à corpore, ab illo tamen ad intellectionem rerum immaterialium juvari planè non potest, sed tantummodò impediri. De anima hominis triplici jam respondi in præcedentibus quas misi nudius-tertius, & idcirco hic tantum addo, me tibi addictissimum semper futurum,

A MONSIEUR REGIUS.

LETTRE XV.

Version nouvelle.

MONSIEUR,

J'aurois tort de me plaindre de vôtre honnêteté & de celle de Monsieur de Rais, de m'avoir fait l'honneur de mettre mon nom au commencement de vos Theses; mais je ne sçai bonnement comment m'y prendre pour vous en faire mon remerciement. Je vois seulement un surcroit de travail pour moi, parce qu'on va croire dans la suite que mes opinions ne different plus des vôtres, & que je n'ai plus d'excuse à l'avenir, pour m'empêcher de défendre de toutes mes forces vos propositions; ce qui me met par conséquent dans la necessité d'examiner avec un soin extrême, ce que vous m'avez envoyé pour lire, de peur de passer quelque chose que je ne voulusse pas soutenir dans la suite.

La premiere chose donc que je ne sçaurois approuver dans vos Theses, est ce que vous dites que l'ame de l'homme est triple. Ce mot est une heresie parmi ceux de ma Religion; & toute religion à part il est contre toute bonne Logique de concevoir l'ame comme genre, *dont la pensée, la force vegetative, & la force motrice des esprits animaux* soient les espéces; car par *ame sensitive* vous ne devez entendre autre chose, qu'une force motrice, à moins de la confondre avec la raisonnable: or cette force motrice ne differe pas même en espece de la force negative, & l'une & l'autre different en tout de l'esprit; mais puisque nous sommes d'accord dans la chose, voici comme je m'expliquerois. Il n'y a qu'une seule ame dans l'homme, c'est-à-dire *la raisonnable*; car il ne faut compter pour actions humaines que celles qui dépendent de la raison. A l'égard de la force vegetative & motrice du corps à qui on donne le nom d'ame vegetative & sensitive dans les plantes & dans les brutes, elles sont aussi dans l'homme: mais elles ne doivent pas être appellées dans lui *ames*, parce qu'elles ne sont pas le premier principe de ses actions, & elles different *de l'ame raisonnable* en toute maniere Or la force vegetative dans l'homme n'est autre chose qu'une certaine disposition des parties du corps, qui, &c. & un peu après, je dirois, mais pour la force sensitive, c'est, &c. & ensuite. Ainsi ces deux ames ne sont autre chose dans le corps humain que, &c. Et ensuite ; & comme *l'esprit ou l'ame raisonnable* est distincte du corps, &c. c'est avec juste raison que nous lui donnons à elle *seule* le nom d'*ame*.

Enfin, vous dites, l'acte de la volonté & l'intellection different seulement entr'eux, comme differentes manieres d'agir par rapport à divers objets ; j'aimerois mieux dire seulement comme l'action & la passion de la même substance ; car l'intellection est proprement la passion de l'ame, & l'acte de la volonté son action : mais comme nous ne sçaurions vouloir une chose sans la comprendre en même temps, & que nous ne sçaurions presque rien comprendre sans vouloir en même tems quelque chose, cela fait que nous ne distinguons pas facilement en elles la passion de l'action.

Quant à l'observation que vôtre Voëtius a fait sur cet article, elle ne vous porte aucun coup ; car lors que les Theologiens disent qu'aucune substance créée n'est le principe immediat de son operation, ils entendent que nulle creature ne peut agir sans le concours de Dieu, & non qu'elle doive avoir une faculté créée distincte d'elle-même par le moyen de laquelle elle agisse; car il seroit absurde de dire que cette faculté créée peut être le principe immediat de quelque operation, & que la substance elle-même ne le peut pas. Je ne trouve pas ses autres observations dans ce que vous m'avez envoyé, ainsi je ne sçaurois en porter aucun jugement. Dans l'endroit où vous parlez des couleurs, je ne vois pas pourquoi vous ôtez le noir de ce nombre, puisque les autres couleurs ne sont aussi que des modes; je dirois donc seulement, on range aussi le noir parmi les autres couleurs, cependant il n'est autre chose qu'une certaine disposition, &c.

Sur le jugement où vous dites, *si elle n'est ponctuelle & exacte*, il faut qu'en décidant necessairement, &c. au lieu de *necessairement*, je mettrois *facilement*; & peu après au lieu de ces mots, *c'est pourquoy elle peut être suspenduë*, je mettrois, *& elle peut être suspenduë*; car ce que vous ajoutez ne suit point de ce que vous avez dit auparavant, comme le mot, *c'est pourquoi*, semble le signifier. Ce que vous dites des passions, que leur siege est dans le cerveau, cela est fort paradoxe, & même à ce que je crois contraire à vos sentimens; car bien que les esprits qui ébranlent les muscles viennent du cerveau, il faut cependant assigner pour place aux passions la partie du corps qui en est la plus alterée, laquelle partie est sans contredit le cœur; c'est pourquoi je dirois, le principal siege des passions en tant qu'elles regardent le corps, est dans le cœur, parce que c'est lui qui en est le plus alteré; mais leur place est dans le cerveau, en tant qu'elles affectent l'ame, parce que l'ame ne peut souffrir immediatement que par luy; c'est aussi un paradoxe de dire que la reception est une action, puisque dans le fond elle n'est qu'une passion contraire à l'action; cependant vous pouvez, ce me semble, retenir vos positions en les expliquant de cette sorte. La reception est une action ou plûtôt une passion animale semblable à celle des automates, par laquelle nous recevons le mouvement des choses; car pour renfermer sous le même genre tout ce qui se passe en l'homme, nous avons joint les passions avec les actions.

Je n'ai point examiné ce que vous dites à la fin de la temperature qui tourne au chaud ou au froid, parce que je ne crois pas qu'il faille croire à ces choses comme à l'Evangile. Je suis charmé que vôtre répondant ait bien fait son devoir. Je ne crois pas que vous ayez rien à craindre de ceux qui voudront exercer leur plume contre vous. Je lirai volontiers tout ce que vous m'enverrez, & je vous écrirai tout ce que j'en pense avec ma liberté ordinaire. Je n'ai rien écrit du centre de gravité, mais du different poids des choses graves, selon leur differente distance du centre de la terre; ce que je n'ai que dans mon livre, où j'ai assemblé en même temps plusieurs autres choses. Si cependant vous voulez les lire, je vous les ferai tenir par M. Van S. la premiere fois qu'il ira à Utrecht. Je n'approuve pas que vous refusiez d'appeller les écailles des poissons des corps luisans, parce qu'elles ne poussent pas elles-mêmes les globules de la substance étherée, car le charbon allumé ne le fait même pas, mais seulement la matiere très-subtile, qui pousse tantôt les parties terrestres du charbon, tantôt les globules étherées. Je ne suis pas bien certain aussi que les veines Mezaraiques reçoivent le chile des veines lactées dans le pancreas; vous ne devez point l'assurer sans une experience très-certaine, ni écrire là-dessus, comme si aucunes veines lactées ne portoient le chile jusqu'au foye, parce qu'il y en a qui asfurent en avoir fait l'experience, & cela me paroît tout-à-fait vrai-semblable. Je voudrois aussi que vous effaçassiez ce que vous dites contre Walée du mouvement du cœur, parce que c'est un homme pacifique, & qu'il ne peut vous revenir aucune gloire de le contredire. Je ne suis pas aussi de vôtre sentiment lorsque vous définissez les actions des operations que l'homme produit par la force de son ame & de son corps ; car je suis du sentiment de ceux qui disent que l'homme ne comprend point par le moyen du corps ; & l'argument par lequel vous tâchez de prouver le contraire, ne me fait aucune impression ; car quoique le corps empêche quelques fonctions de l'ame, il ne peut neanmoins lui être d'aucun secours pour la connoissance des choses immaterielles, & il ne peut en cette occasion que lui nuire : je vous répondis, il y a trois jours dans ma derniere, sur la triple ame que vous établissez, je n'ai rien à ajouter à celle-ci que de vous assurer du parfait attachement de celui qui est, Vôtre, &c.

CLARISSIMO VIRO HENRICO REGIO.

Lettre XVI.

Vir Clarissime,

Tota nostra controversia de Anima triplici magis est de nomine quam de re. Sed primò, quia Romano Catholico non licet dicere animam in homine esse triplicem, vereorque ne mihi homines impurent, quod in tuis thesibus ponis; mallem ab isto loquendi modo abstineas. 2. Etsi vis vegetandi & sentiendi in brutis sint actus primi, non tamen idem sunt in homine, quia mens prior est, saltem dignitate. 3. Etsi ea quæ sub aliqua generali ratione conveniunt possint à logicis tanquam ejusdem generis partes poni, omnis tamen ejusmodi generalis ratio non est verum genus; nec bona est divisio nisi veri generis in veras species: & quamvis partes debeant esse oppositæ, ac diversæ, ut tamen bona sit divisio, non debent partes à se mutuo nimium distare; nam si quis, exempli causâ, totum humanum corpus in duas partes distingueret, in quarum unâ solum nasum, & in aliâ cætera omnia membra poneret, peccaret ista divisio, ut tua, quod partes essent nimis inæquales. 4. Non admitto vim vegetandi & sentiendi in brutis mereri *animæ* appellationem, ut mens illam meretur in homine; sed vulgus ita voluisse, quia ignoravit bruta mente carere, atque idcirco animæ nomen esse æquivocum, respectu hominis & brutorum. 5. Denique, *deest reliquum.*

A

MONSIEUR

REGIUS.

LETTRE XVI.

Version nouvelle.

MONSIEUR,

Toute nôtre dispute sur la triple ame que vous établissez, est plûtôt une question de nom, qu'une question réelle : mais 1) Parce qu'il n'est pas permis de dire à un Catholique Romain, qu'il y a trois ames dans l'homme, & que je crains qu'on ne m'impute ce que vous mettez dans vos Theses, j'aimerois mieux que vous vous abstinssiez de cette maniere de parler. 2. Quoique la force négative & sensitive dans les brutes soient des actes premiers, ce n'est pas la même chose dans l'homme, parce que l'ame est premiere en lui, du moins en dignité. 3. Bien que les choses qui conviennent sous quelque raison generale, puissent être admises par les Logiciens, comme les parties d'un même genre ; cependant toute raison generale de cette sorte n'est point un veritable genre, & il n'y a point de bonne division, si ce n'est du veritable genre en ses veritables especes, quoi que les parties doivent être opposées & diverses; cependant afin que la division soit bonne, les parties ne doivent pas être trop éloignées les unes des autres : car si quelqu'un, par exemple, distinguoit tout le corps humain en deux parties, dans l'une desquelles il mît seulement le nez, & dans l'autre tous les autres membres, cette division pecheroit comme la vôtre, parce que les parties seroient trop inégales. 4. Je n'admets point que la force ne-

gative & sensitive dans les brutes meritent le nom d'ame, comme l'ame merite ce nom dans l'homme; mais que le peuple l'a ainsi voulu, parce qu'il a ignoré que les bêtes n'ont point d'ames, & que par conséquent le nom d'ame est équivoque à l'égard de l'homme & de la bête.
§. Enfin, *le reste manque.*

CLARISSIMO VIRO
HENRICO REGIO.

Lettre XVII.

VIR CLARISSIME,

Accepi tuas theses, & gratias ago; nihil in ipsis invenio quod non arrideat. Quæ ais de actione & passione nullam mihi videntur habere difficultatem, modo illa nomina rectè intelligantur: Nempe, in rebus corporeis omnis actio & passio in solo motu locali consistunt, & quidem actio vocatur, cum motus ille consideratur in movente, passio vero cum consideratur in moto. Unde sequitur etiam, cum illa nomina ad res immateriales extenduntur, aliquid etiam motui analogum in illis esse considerandum; & actionem dicendam esse, quæ se habet parte motoris, qualis est volitio in mente; passionem vero ex parte moti, ut intellectio & visio in eâdem mente, Qui vero putant perceptionem dicendam esse actionem, videntur sumere nomen actionis pro omni reali potentia, & passionem pro sola negatione potentiæ; ut enim perceptionem putant esse actionem, ita etiam haud dubiè dicerent in corpore duro receptionem motus, vel vim per quam admittit motus aliorum corporum, esse actionem; quod rectè dici non potest, quia passio isti actioni correlativa esset in movente, & actio in moto. Qui autem dicunt actionem omnem ab agente auferri posse, rectè si per actionem motum solum intelligant, non autem si omnem vim sub nomine actionis velint comprehendere; ut longitudo, latitudo, profunditas, & vis recipiendi omnes figuras, & motus, à materia sive quantitate tolli non possunt, nec etiam cogitatio à mente. In Chartulis quas misisti pag. 2. lin. 17. *ac præcipuè cordis*, videtur ibi esse aliquis error calami, non enim premuntur partes à corde, sed sanguis ad hepar ex aliis partibus missus, ac præcipuè ex corde, juvat coctionem. Non intelligo etiam quæ ibi sequuntur de ligatura geminata, & alternatim dissoluta. Pagina 4. experimentum de corde follibus inflando, nisi feceris, non auctor sum ut apponas ; vereor enim ne corde excifo & frigido, tam rigidum evadat, ut ita inflari non possit; sed facile est experiri, & si succedat, pones ut certum, non autem cum verbis *judico*, & *videntur*. Pagina 5. Quæ habes de magnete mallem omitti ; neque enim adhuc planè funt certa ; ut neque illa quæ habes pag. 6. de gemellis, & similitudine sexus. Vale & me ama, & communes amicos meo nomine plurimùm saluta.

A MONSIEUR REGIUS.

LETTRE XVII.

Verſion nouvelle.

MONSIEUR,

J'ai reçû vos Theses, & je vous en fais mon remerciement ; je n'y ai rien trouvé qui ne m'y plût. Ce que vous y dites de l'action & de la passion ne me paroît point faire de difficulté, pourvû que l'on comprenne bien ce que signifient ces noms : c'est-à-dire que dans les choses corporelles toute action & passion consistent dans le seul mouvement local, & on l'appelle action lorsque ce mouvement est consideré dans le moteur, & passion lorsqu'il est consideré dans la chose qui est mûë ; d'où il s'ensuit aussi que lorsque ces noms sont appliquez à des choses immaterielles, il faut considerer en elle quelque chose d'analogue au mouvement, & qu'il faut appeller action celle qui est de la part du moteur, telle qu'est la volition dans l'ame, & passion de la part de la chose mûë, comme l'intellection & la vision dans la même ame. Quant à ceux qui croyent qu'il faut donner le nom d'action à la perception, ils semblent prendre le nom d'action pour toute puissance réelle, & celui de passion pour la seule negation de puissance ; car comme ils croyent que la perception est une action, ils ne feroient pas aussi difficulté de dire que la reception du mouvement dans le corps dur, où la force par laquelle il reçoit le mouvement des autres corps est une action, ce qui ne peut pas se dire ; parce que la passion qui est correlative à cette action seroit dans le moteur, & l'action dans la chose mûë. A l'égard de ceux qui disent que toute action peut être ôtée de l'argent, ils ne se trompent pas, si par action ils entendent le seul mouvement, sans vouloir comprendre sous le nom d'action toute force, telle qu'est la longueur, la largeur, la profondeur, & la force de recevoir toutes sortes de figures & de mouvemens ; car ces choses ne peuvent non plus être ôtées de la matiere ou de la quantité, que la pensée le peut être de l'ame. Dans les papiers *que vous m'avez envoyez*, pag. 2. ligne 7. sur ces mots, *& sur tout du cœur*, il paroît y avoir quelque erreur de copiste, car les parties ne sont pas pressées par le cœur, mais le sang envoyé au foye des autres parties, & sur tout du cœur, facilite la coction. Je ne comprends pas aussi ce qui suit sur cette double ligature, & alternativement dissoluë à la page 4. à moins que vous ne fassiez l'experience du cœur, qu'on peut enfler avec des soufflets, je ne vous conseille pas de mettre cela, car je crains que le cœur étant arraché & froid, ne devienne si roide, qu'il ne soit pas possible de l'enfler ainsi : mais l'experience est facile à faire, & si elle réüssit, vous la mettrez comme certaine, sans vous servir de ces expressions : *je juge, il me semble que cela est ainsi*. J'obmettrois, si j'étois à vôtre place, ce que vous dites p. 5. de l'aiman, car ces choses ne sont pas encore bien certaines, non plus que celles de la page 6. touchant les jumeaux & la ressemblance du sexe. Adieu, Monsieur, aimez-moi toûjours un peu, & faites bien mes complimens à nos amis communs.

CLARISSIMO VIRO

HENRICO REGIO.

Lettre XVIII.

Vir Clarissime,

Legi raptissimè illa omnia quæ jusseras ut perlegerem, nempe partem primi, & partem secundi quaternionis, & quinque alios integros. Quæ in primo de astringentibus, incrassantibus, & narcoticis de tuo habes, mihi non placent; peculiarem enim aliquem modum, quo forté potest aliquando contingere ut res fiat, tanquam universalem proponis, cum tamen plures alii possint excogitari ex quibus probabile est eosdem effectus sæpius sequi. In secundo, ais Idiopathiam esse morbum per se subsistentem; mallem dicere,

esse

esse ab alio non pendentem, ne quis philosophus indè concludat te fingere morbos esse substantias. De febribus autem breviter hic dicam quid sentiam, ne nihil in hac Epistola contineatur ; de reliquis enim vix quicquam dicam. Itaque febris est. *Deest reliquum. Etsi candidè & generosè D. Regius velit agere, illud supplebit.*

A
MONSIEUR
REGIUS.

LETTRE XVIII.

Version nouvelle.

MONSIEUR,

J'ai lû fort rapidement tout ce que vous m'aviez ordonné de lire, c'est-à dire, une partie du premir cahier, & une partie du second, & les cinq autres tout entiers. Je n'approuve point ce que vous dites dans vôtre premier cahier touchant les choses astringentes, celles qui épaississent, & les narcotiques; car vous donnez comme universelle une matiere particuliere dont une chose peut arriver; quoi qu'on puisse imaginer plusieurs autres manieres qui probablement peuvent produire le même effet. Dans le second vous dites que l'Idiopathie est une maladie subsistante par elle-même; j'aimerois mieux dire qu'elle ne dépend point d'une autre, de peur qu'il ne prenne fantaisie à quelque Philosophe de conclure que vous faites les maladies des substances. Je vais vous dire en deux mots ce que je pense des fievres, afin que ma Lettre contienne quelque chose; car je ne parlerai presque pas du reste. La fievre est donc...... *le reste ne se trouve point.*

Si M. Regius veut agir en galant homme, il aura la bonté d'y suppléer, en nous renvoyant ce qu'il a devers lui.

CLARISSIMO VIRO
HENRICO REGIO.

Lettre XIX.

Vir clarissime,

Accepi duas litteras in quibus duas proponis difficultates, circa ea quæ de febribus ad te scripseram: Ad quarum primam, *Cur, scilicet, causam regularium recursuum in febribus, fere semper oriri dixerim, à materia, quæ maturatione quadam indiget, antequam sanguini misceri possit; irregularium vero ab eâ quæ cavitatem aliquam implendo, solâ distentione poros aperit,* facile intelliges, si advertas non dari rationem cur istæ cavitates tantæ sint magnitudinis, & tantus fiat in illis materiæ affluxus, ut semper in omnibus hominibus, vel singulis diebus, vel alternis, vel quarto quoque die, vacuentur; dari autem rationem cur aliquis humor unâ tantum die, alius duobus, alius tribus indigeat ad maturescendum. Alteram etiam, *cur nempe poris apertis tota aut fere tota materia expurgetur:*

facilè solves, advertendo multò difficilius esse poros planè clausos aperire, quam postquam semel aperti sunt impedire ne rursus claudantur; adeo ut satis magna copia materiæ debeat effluere antequam claudantur; imo ferè tota debet effluere, cum nulla est cavitas, nisi quæ ex affluxu istius materiæ, partes vi distendentis, efficitur; quia partes distentæ ad situm naturalem redire debent, antequam pori claudantur. Si autem sit cavitas per extensionem partium facta, concedo quidem illam materiâ corruptâ plenam manere post expurgationem; adeo ut cum pori aperti sunt, non nisi pars exuperans, & latera cavitatis impellens, expurgetur, quæ potest esse decima vel vigesima tantum pars materiæ in illa cavitate contentæ; sed quia sola est hæc pars exuperans, quæ febris paroxismum accendit, ideo sola videtur esse numeranda, & ita semper verum est, totam materiam febris expurgari in singulis paroxismis. Quantum autem ad gangrænam, etsi sanguinis circulatio, in aliquâ parte impedita, possit aliquandò esse remota ejus causa, proxima tantum est corruptio sive putrefactio ipsius partis; quæ ab aliis causis, quam ab impeditâ circulatione potest oriri, atque, ipsâ jam factâ, circulationem impedire.

Quæ de palpitatione habes, non mihi

satisfaciunt, & tam varias judico esse posse ejus causas, ut non ausim etiam aggredi ipsas hîc enumerare. Non etiam existimo excrementa difficiliùs egredi per pilos amputatos, quam per integros, sed planè econtra faciliùs, nisi forte cum radicitùs extirpantur, & pori per quos egressi fuerant occluduntur; multique capitis dolores experiuntur, cum longos alunt pilos, iisque postea liberantur, capillis amputatis. Causam autem cur capilli amputati crescant, puto esse quod excrementa copiosiùs per amputatos egrediantur: Hocque etiam confirmat experientia, quia majores recrescunt, quam si nunquam fuissent amputati; quia nempe ob majorem copiam excrementorum per ipsorum radices transeuntium, eæ ampliores evadunt. Denique convulsionem non puto fieri propter tunicarum densitatem, sed tantum quia valvulæ quædam in nervorum tubulis existentes, præter ordinem aperiantur, aut claudantur; quod & spirituum crassities, & organi læsio, ut punctura in tendine vel nervo, causare potest. Vale.

A MONSIEUR REGIUS.

LETTRE XIX.

Version nouvelle.

MONSIEUR,

J'ai reçû vôtre Lettre dans laquelle vous me proposez deux difficultez sur ce que je vous avois écrit touchant les fiévres. Dans la premiere vous demandez pourquoi j'ai dit que la cause des accez des fiévres reglées, vient presque toujours de la matiere qui a besoin de se mûrir en quelque façon avant de se pouvoir mêler au sang, & que les accez de celles qui ne sont pas reglées proviennent d'une matiere, qui se logeant dans quelque cavité, gonfle tellement les parties, qu'elle oblige les pores de s'ouvrir. Il ne vous sera pas difficile de comprendre tout cela, si vous faites attention qu'il n'y a point de raison qui montre que ces cavitez puissent être assez grandes, & qu'il s'y amasse assez de matiere pour qu'elle se vuide regulierement dans tous les hommes, ou chaque jour, ou de deux jours l'un, ou de quatre jours l'un: mais qu'il y en a une qui nous fait voir pourquoi certaine humeur a besoin d'un jour pour se mûrir, une autre de deux, & une troisiéme de trois. Quant à la seconde question, *pourquoi les pores étant ouverts, toute la matiere, ou du moins presque toute la matiere se purge*: vous en trouverez facilement la solution en remarquant qu'il est beaucoup plus difficile d'ouvrir des pores entierement fermez, que d'empêcher qu'ils se referment quand une fois ils ont été ouverts, ensorte qu'une assez grande abondance de matiere doit s'écouler avant qu'ils soient fermez. Elle doit même s'écouler presque toute, lorsqu'il n'y a d'autre cavité que celle qui est formée par le concours de cette matiere qui dilate par force les parties; parce que les parties dilatées doivent retourner à leur situation naturelle avant que les pores soient fermez. Que s'il y a une cavité produite par quelque humeur qui aura rongé les parties, j'avoüe qu'après l'expurgation elle demeure pleine de matiere corrompuë, ensorte que quand les pores sont ouverts, il n'y a que la partie surabondante, & qui pousse les côtés de la cavité, qui sorte, qui peut être seulement la dixiéme, ou la vingtiéme partie de la matiere contenuë dans cette cavité: mais comme il n'y a que cette partie surabondante, qui allume l'accez de la fiévre, il semble par conséquent qu'on doive la compter seule ; ainsi il est toujours vrai que toute la matiere de la fiévre se purge dans chaque accez. Quant à la gangrene, quoique la circulation du sang arrêtée en quelque partie, puisse être quelquefois sa cause éloignée, sa cause prochaine est seulement une corruption ou pourriture de la partie qui peut provenir d'autres causes, que de la circulation qui a été arrêtée, laquelle corruption étant déja formée, peut empêcher la circulation. Ce que vous dites de la palpitation ne me satisfait point, & je crois qu'elle peut avoir tant de differentes causes, que je n'oserois entreprendre d'en faire ici l'énumeration. Je ne crois pas non plus que les excremens sortent plus difficilement par les cheveux coupez, que par ceux qui ne le sont pas ; ces excremens doivent même sortir plus facilement à moins que les cheveux ne fussent attachez jusqu'à la racine, & que les pores par lesquels ils seroient sortis ne fussent entierement bouchez. Plusieurs personnes sentent

tent des maux de tête lorsqu'ils ont les cheveux fort longs. Le remede est de les couper ; je crois que la cause pourquoi les cheveux coupez croissent, est que les excremens sortent en plus grande abondance dans le bout des cheveux coupez : l'experience confirme encore cela, parce qu'ils reviennent plus longs que si on ne les avoit jamais coupez, parce que la grande abondance d'excremens qui passent par leurs racines, les fait devenir plus grands ; enfin je ne crois pas que la convulsion arrive à cause de l'épaisseur des tuniques, mais seulement parce que certaines petites valvules qui sont dans les petits tuyaux des nerfs s'ouvrent ou se ferment contre la regle ordinaire, ce que la grossiereté des esprits & la lezion de l'organe peuvent causer, comme une piqueure dans un tendon ou dans un nerf.

CLARISSIMO VIRO HENRICO REGIO.

Lettre XX.

Vir Clarissime,

Habui hîc toto pomeridiano tempore præstantissimum virum D. Al. qui multa mecum de rebus Ultrajectinis amicissimè ac prudentissimè disseruit. Planè cum ipso sentio, tibi ad aliquod tempus à publicis disputationibus esse abstinendum, & summoperè cavendum, ne ullos in te verbis asperioribus irrites. Vellem etiam quàm maximè, ut nullas unquam novas opiniones proponeres, sed antiquis omnibus nomine tenus retentis, novas tantum rationes afferres; quod nemo posset reprehendere, & qui tuas rationes rectè caperent, sponte ex iis ea quæ velles intelligi concluderent; ut de ipsis formis substantialibus, & qualitatibus realibus, quid opus tibi fuit eas palam rejicere ? nunquid meministi me in Meteoris pag. 173. editionis gallicæ expressissimis verbis mofuisse ipsas nullomodo à me rejici, aut negari, sed tantummodo non requiri ad rationes meas explicandas? Quod idem si fuisses secutus, nemo tamen ex tuis auditoribus non illas rejecisset, cum nullum earum usum esse perspexisset, nec interim in tantam collegarum tuorum invidiam incidisses. Sed quod factum est infectum fieri nequit. Nunc curandum est, ut quæcunque vera proposuisti, quam modestissimè deffendas, & si quæ minus vera, vel tantum minus aptè dicta, elapsa sint, absque ullâ pertinaciâ emendes, putesque nihil esse in philosopho magis laudandum, quam liberam errorum suorum confessionem. Ut in hoc, *quod homo sit ens per accidens*, scio te nihil aliud intellexisse, quam quod alii omnes admittunt, nempe illum esse compositum ex duabus rebus realiter distinctis; sed quia verbum, *ens per accidens*, eo sensu non usurpatur in scholis, idcirco longè melius est (si fortè uti non possis explicatione, quam præcedentibus meis litteris suggesseram, video enim te ab illâ nonnihil deflectere, nec dum scopulos satis vitare in tuo ultimo scripto) ut apertè fatearis te illum scholæ terminum non rectè intellixisse, quam ut malè dissimiles ; ideoque, cum de re planè idem quod alii sentires, in verbis tantum discrepasse ; atque omnino ubicumque occurret occasio, tam privatim quam publicè debes profiteri, te credere hominem esse *verum ens per se, non autem per accidens*, & mentem corpori realiter & substantialiter esse unitam, non per situm aut dispositionem, ut habes in tuo ultimo scripto (hoc enim rursus reprehensioni obnoxium est, & meo judicio non verum) sed per verum modum unionis, qualem vulgò omnes admittunt, etsi nulli, qualis sit, explicent, nec ideo etiam teneris explicare; sed tamen potes, ut ego in Metaphysicis, per hoc, quod percipiamus sensus doloris, aliosque omnes, non esse puras cogitationes mentis à corpore distinctæ, sed confusas illius realiter unitæ perceptiones; si enim Angelus corpori humano inesset, non sentiret ut nos, sed tantum perciperet motus qui causarentur ab objectis externis, & per hoc à vero homine distingueretur.

Quantùm ad tuum scriptum, & si non videam quid eo facere velis, mihi videtur, ut ingenuè & candidè fatear quod sentio, nec ad rem propositam, nec ad fortunam hujus temporis satis esse accommodatum; multa enim in eo nimis dura, & non satis apertè rationes explicas, quibus bona causa deffenditur, adeò ut in eo scribendo, ex tædio forsan atque indignatione, ingenium tuum languisse videatur. Excusabis ut confido libertatem meam; & quia mihi esset difficilius, de singulis quæ scripsisti monere quid sentiam, quam aliquod tale scriptum delineare, hoc potius agam, & quamvis multò me alia negotia urgeant, unam tamen aut alteram huic rei diem impendam. Existimo itaque operæ pretium esse, ut ad Appendicem Voëtii publico scripto respondeas; quia si planè taceres, tibi forte tanquam victo magis insultarent inimici; sed tam blandè ac modestè respondeas, ut neminem irrites, simulque tam solidè, ut rationibus tuis se vinci Voëtius animadvertat, & ideo, ne sæpius vincatur, tibi contradicendi animum deponat, seque à te demulceri patiatur.

Cursim hic ponam argumentum illius responsionis, qualem ego ipsam faciendam putarem, si tuo in loco essem; & partim Gallicè, partim Latinè scribam, pro ut verba celeriùs occurrent, ne forte, si latine tantum scriberem, verba mea mutare negligeres, & stilus nimis incultus pro tuo non agnosceretur.

A

MONSIEUR

REGIUS,

LETTRE XX.

Version nouvelle.

MONSIEUR,

J'ai eu l'honneur de posseder ici toute cette après-dînée l'illustre Monsieur Al. il m'a entretenu fort long-temps des affaires d'Utrecht, avec une bonté & une sagesse qui m'ont charmé ; je suis tout-à-fait de son avis que vous devez vous abstenir durant un certain temps des disputes publiques, & vous donner bien de garde d'aigrir personne contre vous par des paroles trop dures. Je souhaiterois bien aussi que vous n'avançassiez aucunes opinions nouvelles ; mais que vous vous tinssiez seulement de nom aux anciennes, vous contentant de donner des raisons nouvelles, ce que personne ne pourroit reprendre, & ceux qui prendroient bien vos raisons, en concluroient d'eux-mêmes ce que vous souhaittez qu'on entende. Par exemple, sur les formes substantielles & sur les qualitez réelles, quelle necessité de les rejetter ouvertement? Vous pouvez vous souvenir que dans mes Meteores page 173. de l'Edition Françoise, j'ai dit en termes exprès que je ne les rejettois, ni ne les niois aucunement, mais seulement, que je ne les croyois pas necessaires pour expliquer mes sentimens. Si vous eussiez tenu cette conduite, aucun de vos Auditeurs ne les auroit admises, quand il se seroit apperçû qu'elles ne sont d'aucun usage, & vous ne vous seriez pas chargé de l'envie de vos collegues: mais ce qui est fait est fait; le seul remede que j'y trouve presentement, est de défendre les propositions vrayes que vous avez avancées le plus modestement qu'il vous sera possible; & s'il vous en est échappé quelques-unes de fausses, ou qui ne soient pas assez exactes, vous les corrigerez sans entêtement; vous devez être persuadé qu'il n'y a rien de plus loüable à un Philosophe, que d'avoüer sincerement ses erreurs. Par exemple, lors que vous dites que l'homme est un être par accident, je sçai que vous n'entendez que tout ce que les autres Philosophes entendent; sçavoir qu'il est un composé de deux choses réellement distinctes : mais comme les écoles n'entendent pas ce mot, *être par accident*, dans le même sens, il est beaucoup mieux, (supposé que vous ne puissiez pas vous servir de l'explication que je vous avois insinuée dans mes précedentes ; car je vois que vous vous détournez un peu du sens que j'y donne, & que vous n'évitez pas tout-à-fait cet écüeil dans vôtre dernier écrit,) il est, dis-je, beaucoup mieux d'avoüer bonnement que vous n'aviez pas tout-à-fait bien compris ce terme de l'école, que de déguiser la chose mal-à-propos ; & qu'étant d'accord avec les autres pour le fonds, vous n'avez été different que pour les termes ; ainsi toutes les fois que l'occasion s'en presentera, vous devez avoüer, soit en particulier, soit en public, que vous croyez que l'homme est *un veritable être par soi, & non par accident* ; & que l'ame est réellement & substantiellement unie au corps, non par sa situation & sa disposition, (comme vous dites dans vôtre dernier écrit, ce qui est encore faux & sujet à être repris selon moy :) mais qu'elle est, dis-je, unie au corps par une veritable union, telle que tous les Philosophes l'admettent : quoi qu'on n'explique point quelle est cette union, ce que vous n'êtes pas tenu non plus de faire, cependant vous pouvez l'expliquer, comme je l'ai fait dans ma Metaphysique, en disant que nous percevons que les sentimens de douleur, & tous autres de pareille nature ne sont pas de pures pensées de l'ame distincte du corps; mais des perceptions confuses de cette ame qui est réellement unie au corps : car si un Ange étoit uni au corps humain, il n'auroit pas les sentimens tels que nous, mais il percevroit seulement les mouvemens causez par les objets exterieurs, & par là il seroit different d'un veritable homme.

A l'égard de vôtre écrit, quoi que je ne voye pas bien ce que vous prétendez par là, il me semble cependant, pour vous avoüer ingenuëment ma pensée, qu'il ne tend pas à vôtre but, & qu'il ne s'accorde nullement au temps present, car vous y dites beaucoup de choses assez dures, & vous n'y expliquez pas assez clairement les raisons qui peuvent servir à la défense de la bonne cause ; ensorte qu'on diroit qu'en l'écrivant vôtre esprit est tombé dans une espece de langueur que le chagrin ou l'indignation vous ont causé. J'espere que vous excuserez la liberté que je prends; & comme il me seroit plus difficile de vous dire ce que je pense sur chaque article de vôtre écrit, que de vous tracer un modele semblable, je prendrai ce dernier parti; & bien que je sois accablé d'une multitude d'autres affaires, je donnerai un ou deux jours à ce travail. Je pense donc, qu'il importe au bien de vos affaires, que vous répondiez par un écrit public à l'Appendix de Voëtius, parce que si vous gardiez un profond silence là-dessus, vos ennemis pourroient peut-être vous insulter comme à un homme vaincu; mais que vôtre réponse soit si douce & si modeste que vous n'irritiez personne, & en même temps qu'elle soit si solide, que Voëtius s'apperçoive qu'il est vaincu par vos raisons, & qu'il n'ait plus à l'avenir la démangeaison de vous contredire, pour n'être pas toûjours vaincu, & qu'enfin il souffre que vous adoucissiez son humeur sauvage.

Je vais vous donner en gros le sujet de la réponse que vous devez lui faire, & telle que je la ferois moi-même si j'étois à vôtre place: je la mettrai partie en françois, partie en latin, selon que les termes se presenteront plus facilement à mon esprit, de peur que si j'écrivois seulement en latin, vous ne voulussiez point changer mes paroles, & que mon stile negligé ne fît méconnoître le vôtre.

REPONSE
D'HENRY REGIUS, &c.
A L'APPENDIX,
OU NOTES SUR L'APPENDIX;

Et sur les Corollaires de Theologie & de Philosophie de Mr Gisbert Voëtius, &c.

JE voudrois après commencer par une « honnête Lettre à M. Voëtius, en la- « quelle je dirois, qu'ayant vû les très- « doctes, très-excellentes, & très-subti- « les Theses qu'il a publiées touchant les « formes substantielles, & autres matie- « res appartenantes à la Physique, & « qu'il a particulierement adressées aux « Professeurs en Medecine & en Philo- « sophie de cette Université au nombre « desquels je suis compris; j'ai été extrê- « mement aise de ce qu'un si grand hom- « me a voulu traiter de ces matieres, « comme ne doutant pas qu'il n'auroit « usé de toutes les meilleures raisons qui « peuvent se trouver pour prouver les « opinions qu'il défend; ensorte qu'après «

» les siennes il n'en faudroit plus atten-
» dre d'autres ; & même que je me suis
» réjoüi de ce que la plûpart des opi-
» nions qu'il a voulu défendre en ces
» Theses, étant entierement contraires à
» celles que j'ai enseignées, il semble
» que ç'a été particulierement à moi qu'il
» a adressé sa Preface, & qu'il a voulu
» par là me convier à lui répondre, &
» ainsi m'inviter, par une honnête ému-
» lation, à rechercher d'autant plus curieu-
» sement la verité. Que je m'estime bien
» glorieux de ce qu'il m'a voulu faire cet
» honneur, que je ne puis manquer de
» tirer de l'avantage de cette attaque;
» à cause que ce me sera même de la
» gloire si je suis vaincu par un si fort ad-
» versaire, que je lui en rends graces
» très-affectueusement, & mets cela au
» nombre des graces que je lui ai, & que
» je reconnois être très-grandes. *Hic fusè*
» *commemorarem, quomodo me juverit, in*
» *professione acquirenda, quomodo mihi patro-*
» *nus, mihi fautor, mihi adjutor semper fue-*
» *rit, &c.* je m'étendrois ici sur l'obligation
» que je lui ai de ma chaire de *Professeur;*
» avec quelle bonté il m'a toujours servi de
» *patron & d'aide, &c.* Enfin que je n'au-
» rois pas manqué de répondre à ses The-
» ses, & de faire comme lui des dispu-
» tes publiques sur ces matieres, si je

pouvois esperer une audiance aussi favorable & aussi tranquille ; mais qu'il a en cela beaucoup d'avantage pardessus moi, à cause que le respect & la veneration qu'on a pour lui, non-seulement à cause de ses qualités de Recteur & de Ministre, mais beaucoup plus à cause de sa grande pieté, de son incomparable doctrine, & de toutes ses autres excellentes qualitez, est capable de retenir les plus insolens, & d'empêcher qu'ils ne fassent aucun desordre aux lieux où il préside ; au lieu que n'ayant pas le même respect pour moi, deux ou trois fripons que quelque ennemi aura envoyez à mes disputes, seront suffisans pour les troubler ; & ayant éprouvé cette fortune en mes dernieres, je crois m'abbaisser trop, & ne pas assez conserver la dignité du lieu, que nôtre très-sage Magistrat m'a fait l'honneur de vouloir que j'occupasse en cette Academie, si je m'y opposois doresnavant ; non pas que je sois fâché pour cela, ni que je pense devoir aucunement être honteux de ce qui s'est passé ; car au contraire, ces faiseurs de bruit ayant toûjours interrompu mes réponses avant que de les avoir pû entendre, il a été très-aisé à remarquer que nous n'avons point donné occasion à leur insolence

» par nos fautes ; mais qu'ils étoient ve-
» nus à nos disputes tout à dessein de les
» troubler, & d'empêcher que nous ne
» puissions avoir le temps de faire bien
» entendre nos raisons ; & l'on ne peut
» juger de là autre chose, sinon que mes
» ennemis se servant d'un moyen si sé-
» ditieux & si injuste, ont temoigné qu'ils
» ne cherchent point la verité, & qu'ils
» n'esperent pas que leurs raisons soient
» si fortes que les miennes, puisqu'ils ne
» veulent pas qu'on les entende ; & quand
» on ne sçauroit pas que ces troubles
» m'auroient été procurez par l'artifice
» d'aucuns ennemis, *sed à sola ju. num*
» *aliquot lascivia* ; mais encore par la petu-
» lance de quelques jeunes gens. On sçait
» bien que les meilleures choses étant ex-
» posées au public, sont aussi souvent su-
» jettes à cette fortune, que les plus mau-
» vaises & les plus impertinentes. Aussi
» on étoit autrefois fort attentif aux badi-
» neries d'un danseur de corde, là où ceux
» qui representoient une très-belle & très-
» elegante Comedie de Terence étoient
» chassez du theâtre par de tels battemens
» de mains ; ainsi, &c. Ces raisons donc
» me donnent raison de publier plûtôt cet-
» te reponse, que de faire des Theses,
» joint aussi qu'on peut mieux trouver la
» verité en examinant à loisir & de sens

froid deux écrits opposez sur un même
sujet, que non pas en la chaleur de la
dispute où l'on n'a pas assez de temps
pour peser les raisons de part & d'autre,
& où la honte de paroître vaincus, si
les nôtres étoient les plus foibles, nous
en ôte souvent la volonté ; c'est pourquoi je le supplie de la recevoir en bonne part, comme ne l'ayant fait que pour
lui plaire, & lui témoigner que je ne
suis pas si negligent que de manquer de
satisfaire à l'honnête semonce qu'il m'a
faite par ses Theses, de faire voir au
public les raisons que j'ai pour soutenir
les raisons qu'il a impugnées, & ce pour
le bien general, *totius rei litterariæ, de
la republique des lettres*, & particulierement pour le bien & la gloire de cette
Université, & que je l'annoncerai & estimerai, *ut patronum, fautorem amicissimum, &c. comme un patron & un
protecteur très-zelé ; &c. Vale. Adieu.*

Après une Lettre de cet argument, je
ferois imprimer :

*Domini Gisberti præfatiuncula ad doctissimum expertissimum Medicum, &c. usque
ad thesim primam.*

*Petite Preface de M. Gisbert Voëtius à
M...... très-docte, très-experimenté Medecin, &c. jusqu'à la premiere These.*

RESPONSIO
AD PRÆFATIONEM.
Réponse à la Préface.

» Ue je loüe ici grandement sa ci-
» vilité & sa courtoisie, de ce que
» nonobstant le pouvoir que sa Theolo-
» gie, qui est la principale science, lui
» donne sur toutes les autres , & celui
» que sa qualité de Recteur lui donne par-
» ticulierement en cette Academie, il n'a
» pas voulu traiter de matiere de Physique
» sans user de quelques excuses envers
» les Professeurs en Philosophie & en Me-
» decine ; que je suis fort d'accord avec
» lui de ce qu'il blâme les *adolescentes*
» *qui vix elementis Philosophiæ imbuti abs-*
» *que evidenti & valida demonstrationum*
» *evictione omnium scholarum Philosophiam*
» *exsibilant antequam terminos ejus intelle-*
» *xerint, eorumque notione destituti, aucto-*
» *res superiorum facultatum sine fluctu le-*
» *gant, lectionesque & disputationes tanquam*
» *muta persona aut statua Dedalea, au-*
» *dire cogantur.* Que je blâme ces jeunes gens
» qui à peine instruits des premiers élemens

« de la Philosophie, & destituez de cette
« conviction que donne à l'esprit l'évidence
« & la force des démonstrations, sifflent tout
« ce qui est de la Philosophie de l'école avant
« d'en avoir compris les termes, & qui privez
« de la connoissance de ces choses, se voyent
« dans la necessité de lire sans fruit les Au-
« teurs qui traitent des sciences superieures,
« & se voyent réduits à écouter les leçons &
« les disputes qu'on y fait comme des person-
« nes muettes, & comme des statuës de De-
« dale. *Sed quia valdè diligenter ipsos hoc in
« exordio admonet, ne tam facilè id agant.*
« Mais le soin qu'il prend de les avertir dans
« son exorde de se précautionner contre ces er-
« reurs ; & comme si c'étoit une faute fort
« ordinaire, laquelle toutefois a été incon-
« nuë jusqu'à present, *non immerito suspi-*
« *cor hoc de solis auditoribus meis intelligi* ;
« j'entre dans des soupçons legitimes que vous
« ne parlez ici que de ceux qui prennent mes
« leçons : car j'ai déja sçû que quelques-
« uns étant jaloux de voir les grands pro-
« grez que mes Auditeurs faisoient en peu
« de temps, ont tâché de décrier ma fa-
« çon d'enseigner, en disant que je négli-
« geois de leur expliquer les termes de la
« Philosophie, & ainsi que je les laissois
« incapables d'entendre les Livres & les
« autres Professeurs ; & que je ne leur
« apprenois que certaines subtilitez dont

» la connoissance leur donnoit après cela
» tant de présomption, qu'ils osoient se
» moquer des opinions communes; & pour
» ce sujet me persuadent que M. Voëtius
» (ou *Rector magnificus*, ou *Recteur magni-*
» *fique, &c.* donnez-lui les titres les plus
» obligeans & les plus avantageux que
» vous pourrez) ayant été averti de cette
» calomnie, en a voulu toucher un mot
» ici en passant, afin de me donner occa-
» sion de m'en purger ; ce que je ferai fa-
» cilement, en faisant voir que je ne
» manque pas d'expliquer tous les termes
» de ma profession, lorsque les occasions
» s'en presentent ; bien que j'aye encore
» plus de soin d'expliquer les choses ; &
» je veux bien confesser que d'autant que
» je me sers de raisons qui sont très évi-
» dentes & très-intelligibles à ceux qui ont
» seulement le sens commun, je n'ai pas
» besoin de beaucoup de termes étran-
» gers pour les faire entendre : & ainsi
» qu'on peut bien plûtôt avoir appris les
» veritez que j'enseigne, & trouver son
» esprit satisfait touchant les principales
» difficultez de la Philosophie, qu'on ne
» peut avoir appris tous les termes dont
» les autres se servent pour expliquer
» leurs opinions touchant les mêmes dif-
» ficultez de la Philosophie, & avec tous
» lesquels il ne se satisfont jamais ; ainsi

les esprits qui se servent de leur raison- « nement naturel, mais les remplissent seu- « lement de doutes & de nuages; & enfin « que je ne laisse pas d'enseigner aussi les « termes qui me sont inutiles, & que les « faisant entendre en leur vrai sens, *Cele-* « *rius à me quàm vulgò ab aliis discuntur.* On « les apprend en moins de temps de moi, que « du commun des Philosophes: ce que je puis « prouver par l'experience que plusieurs « de mes Auditeurs ont faite, & dont « ils ont rendu preuve en disputant pu- « bliquement, après n'avoir étudié que « tant de mois, &c. Or je m'assure qu'il « n'y a personne de bon sens qui ose dire « qu'il n'y a rien à blâmer en tout ceci, ni « même qui ne soit grandement à priser: « *Etsi enim sæpè hinc contingat, ut qui mea* « *audiverunt, ea quæ ab aliis in contrarium do-* « *centur ut minùs rationi consentanea, con-* « *temnant, vel etiamsi placet exsibilent:* Et « s'il arrive souvent de là que ceux qui ont « pris mes leçons, méprisent, ou si vous « voulez sifflent, ce que les Professeurs en- « seignent de contraire à mes sentimens, com- « me moins conformes à la raison: on n'en « doit pas rejetter la faute sur ma ma- « niere d'enseigner, mais plûtôt sur celle « des autres, & les conduire à suivre la « mienne autant qu'il leur sera possible, « plûtôt que de la calomnier: *Et velle ipsam* «

» *calumnia sua obruere. Et vouloir l'ensevelir*
» *sous des ruines si odieuses.*

THESIS PRIMA, &c.

Responsio ad primam Thesim.

Planè hic assentior sententiæ Domini Rectoris Magistri, nempe quod innoxia illa entia, quæ formas substantiales & qualitates reales vocant, non sint temerè de antiqua sua possessione deturbanda; quin & ipsa nondum hactenus absolutè rejecimus, sed tantummodò profitemur nos ipsis non indigere, ad causas rerum naturalium reddendas, putamusque rationes nostras eo præcipue nomine esse commendandas, quod ab ejusmodi assumptis incertis & obscuris nullomodò dependeant. Quoniam in talibus idem ferè est dicere, se iis nolle uti, ac dicere, se non admittere : quia nempe ab aliis non aliam ob causam admittuntur, quam quia necessariæ esse putantur ad effectuum naturalium causas explicandas ; non difficiles erimus in confitendo nos illa planè rejicere : neque id, ut spero, Mag. Rector vitio nobis verret, quia dudum scholarum Philosophiam, nominatim Logicam, Metaphysicam, Physicam, si non accuratissimè, saltem mediocriter perdidicimus, & misera illa entia nullius usus esse percipimus, nisi ad excæcanda studiosorum ingenia, & ipsis, in locum doctæ illius ignorantiæ, quam Rect. Mag. tantoperè commendat, superbam quandam aliam ignorantiam obtrudendum. Sed ne parùm liberales videamur, laudo etiam quod Mag. Rect. adolescentes à feroce contemptu, & fugâ studii Philosophi, atque insuper ab idioticâ, rusticâ, & superbâ ignorantiâ velit revocare, nec ullomodò possum suspicari eum hîc respexisse ad illam in meos auditores querelam, de quâ paulò antè, quod scilicet vulgarem Philosophiam meâ intellectâ contemnant. Neque enim fas puto, existimare tam pium virum, ab omni maledicendi studio tam alienum, & mihi privatim summè amicum, tam alienis nominibus uti voluisse, ut cognitionem Philosophiæ quam doceo, quæque tam vera & aperta est, ut qui semel ipsam didicit, alias facilè contemnat, rusticam, idioticam & superbam ignorantiam appellet, contemptumque istum opinionum quæ falsæ existimantur, ortum ex cognitione Philosophiæ verioris, vocet ferocem, & fugam studii Philosophici; tanquam si per studium Philosophicum, nil nisi studium earum controversiarum, in quibus nulla unquam certa veritas habetur, non autem studium ipsius veritatis, sit intelligendum.

THESIS SECUNDA, &c.

Responsio ad Thesim secundam, &c.

Duodecim hîc puncta proponuntur, quæ optimè paulò antè ab ipso Mag. Rectore præjudicia & dubia fuerunt appellata; quia nihil affirmandi, sed dubitandi tantum occasionem dare possunt, iis qui magis præjudiciis quam rationibus moventur, & perfacilè solvuntur ab iis qui rationum momenta examinant.

In primo quærit an conciliari possit opinio negans formas substantiales cum sacrâ scripturâ. Qua de re nemo potest dubitare, qui tantùm sciet, Prophetas & Apostolos; aliosque qui dictante Spiritu Sancto sacras scripturas composuerunt, de Entibus istis Philosophicis, & extra scholas planè ignotis, nunquam cogitasse. Ne enim aliqua sit ambiguitas in verbo, hic est notandum, nomine formæ substantialis, cum illam negamus, intelligi substantiam quandam materiæ adjunctam, & cum ipsâ totum aliquod merè corporeum componentem, quæque non minùs, aut etiam magis quam materia, sit vera substantia, sive res per se subsistens, quia nempe dicitur esse

Actus, illa vero tantum Potentia. Hujus autem substantiæ, seu formæ substantialis, in rebus merè corporalibus, à materiâ diversæ, nullibi planè in sacra scriptura mentionem fieri putamus. Atque inter cætera, ut agnoscatur quam parum urgeant ea loca scripturæ, quæ à Mag. Rect. hîc citantur, puto sufficere si omnia referamus: Nempe Gen. 1. vers. 11. habetur. *Et ait germinet terra herbam virentem & facientem semen, & lignum pomiferum faciens fructum juxta genus suum.* Et 21. *Creavit Deus Cete grandia, & omnem animam viventem atque motabilem, quam produxerunt aquæ in species suas, & omne volatile secundum genus suum, &c.* Je vous prie de mettre tous les autres passages, car je les ai tous cherchez, & je ne vois rien qui serve aucunement à son sujet. Neque enim potest dici verba generis aut speciei designare differentias substantiales, cum sint etiam genera & species accidentium ac modorum, ut figura est genus, respectu circulorum & quadratorum, quæ tamen nemo suspicatur habere formas substantiales, &c.

2. Veretur, *ne si formas substantiales in rebus purè materialibus negemus, dubitare etiam possimus, an detur aliqua in homine; illorumque errores qui animam mundi universalem, aut quid simile imaginantur, non tam fœliciter & tutò retundere, quam assertores formarum.*

Ad secundum. Addi potest, è contrà ex opinione affirmante formas substantiales, facillimum esse prolapsum in ipinionem eorum qui dicunt Animam humanam esse Corpoream, & Mortalem; quæ cum agnoscitur sola esse forma substantialis, alias autem ex partium configuratione & motu constare, maxima hæc ejus supra alias prærogativa ostendit ipsam ab iis natura differre, & naturæ differentia viam aperit facillimam ad ejus immaterialitatem immortalitatemque demonstrandam, ut in Meditationibus de primâ Philosophiâ nuper editis videri potest; adeò ut nulla excogitari possit hac de re opinio, Theologiæ magis favens.

Ad quintum. Absurdum sanè sit pro iis qui ponunt formas substantiales, si dicant ipsas esse immediatum suarum actionum principium; non autem absurdum esse potest pro iis qui formas istas à qualitatibus activis non distinguunt; nos autem qualitates activas non negamus, sed negamus tantum ipsis entitatem aliquam majorem quam modalem esse tribuendam; hoc enim fieri non potest nisi tanquam substantiæ concipiantur. Nec etiam negamus habitus, sed duplicis generis illos intelligimus; nempe alii sunt purè materiales, qui à sola partium configuratione, aut alia dispositione, dependent; alii vero immateriales,

immateriales, sive spirituales, ut habitus fidei, gratiæ, &c. apud Theologos, qui ab eâ non pendent, sed sunt modi spirituales menti inexistentes, ut motus, aut figura, est modus corporeus corpori inexistens.

Ad octavum. Vellem explicare quomodò etiam automata sint opera naturæ, & homines in iis fabricandis nihil aliud faciant, quam applicare activa passivis; ut etiam faciunt dum triticum seminant, vel Mulum generari curant ; quod nullam differentiam essentialem, sed tantum à natura inductam affert ; valdè tamen facit differre secundum magis & minùs, ut ais, quia paucæ illæ rotæ in horologio, cum innumeris ossibus, nervis, venis, arteriis, &c. vilissimi animalculi nullomodo sunt comparandæ. Loca autem scripturæ quæ citat essent hîc rursus omnia afferenda, ut calumnia appareat, nihil enim urgent.

Ad decimum. Eodem titulo Geometria & Mechanicæ omnes essent rejiciendæ ; quod quàm ridiculum, & à ratione alienum nemo non videt. Nec hoc sine risu possem prætermittere, sed non suadeo.

Ad undecimum. Non dicimus Terram à situ, positurâ, & figurâ moveri, sed tantum disponi ad motum ; Nec verò est circulus una u rem ab unâ moveri, & ab aliâ disponi ad motum. Nec etiam vitiosus est circulus, quod unum corpus moveat aliud, & hoc moveat tertium, & hoc tertium moveat rursus primum, si prius moveri desierit; ut neque est circulus, quod unus homo pecuniam tradat alteri, quam hic alter tradat tertio, qui tertius primo rursus tradere potest.

Ad duodecimum. Qui dicunt per hæc principia nihil explicari, legant nostra meteora, & conferant cum Aristotelis Meteoris; item Dioptricam cum aliorum scriptis, qui de eâdem materiâ scripserunt, & agnoscent opprobrium omne opinionibus à natura diversis remanere.

Ad tertiam Thesim.

Rationes omnes, ad probandas formas substantiales, applicari possunt formæ horologii, quam tamen nemo dicet substantialem.

Ad quartam Thesim.

Rationes, sive demonstrationes Physicæ contra formas substantiales, quas intellectum veritatis avidum planè cogere arbitramur, sunt in primis hæc à priori Metaphysica, sive Theologica; Quod planè repugnet ut substantia aliqua de novo existat, nisi de novo à Deo creetur: Videimus autem quotidiè multas ex illis formis, quæ substantiales dicuntur, de novo incipere esse, quamvis à Deo creari non putentur ab iis qui putant ipsas esse substantias ; ergo malè hoc putant. Quod confirmatur exemplo Animæ, quæ est vera forma substantialis hominis ; hæc enim non aliam ob causam à Deo immediatè creari putatur, quam quia est substantia ; ac proinde, cum aliæ non putentur eodem modo creari, sed tantum educi è potentiâ materiæ, non putandum etiam est eas esse substantias. Atque hinc patet non eos qui formas substantiales negant, sed potius eos qui affirmant, eò tandem per solidas consequentias adigi posse, ut fiant aut Bestiæ, aut Athei. Nollem itaque ut rejiceres argumentum ab ortu formarum petitum, nec Thersiticum appellares, quia videtur ad hoc referri ; sed ponerem tantum ea quæ ab aliis eâ de re dicta sunt nos non tangere, quoniam ipsos non sequimur. Altera demonstratio petitur à fine, sive usu formarum substantialium ; non enim aliam ob causam introductæ sunt à Philosophis, quam ut per illas reddi posset ratio actionum propriarum rerum naturalium, quarum hæc forma esset principium & radix, ut habetur in Thesi præcedenti ; sed nullius planè actionis naturalis ratio reddi potest per illas formas substantiales, cum earum assertores fateantur ipsas esse occultas, & à se non intellectas; nam si dicant aliquam actionem procedere à forma substantiali, idem est ac si dicerent, illam procedere à re à se non intellectâ, quod nihil explicat. Ergo formæ illæ ad causas actionum naturalium reddendas nullo modo sunt inducendæ. Contra autem à formis illis essentialibus, quas nos explicamus, manifestæ ac Mathematicæ rationes redduntur actionum naturalium, ut videre est de forma salis communis in meis Meteoris; & hîc subjungi potest quæ habes de motu cordis.

Ad quintam Thesim.

Quod tam sæpe jactat de doctâ ignorantiâ dignum est explicatione. Nempe cum scientia humana sit admodùm limitata, & totum id quod scitur, ferè nihil sit, comparatum cum iis quæ ignorantur, doctrinæ signum est, quod quis liberè fateatur se ignorare illa quæ reverà ignorat: & in hoc propriè docta ignorantia consistit, quia scilicet est peculiaris eorum qui verè docti sunt; Nam alii qui vulgò doctrinam profitentur, nec tamen verè docti sunt, non valentes ea dignoscere, quæ nemo eruditus ignorat, ab iis quæ sine dedecore vir doctus fateri potest se ignorare, omnia ex æquo se scire profitentur; atque ad facilè reddendas omnium rerum rationes (si tamen ratio ullius rei reddatur, cum explicatur obscurum per obscurius) formas substantiales & qualitates reales excogitarunt; quâ in re ipsorum ignorantia nequaquam docta, sed tantum superba & pædagogica dici debet : in hoc enim manifesta superbia est, quod ex eo solo quod naturam alicujus qualitatis ignorent, concludunt ipsam esse occultam, hoc est omnibus hominibus imperscrutabilem, tanquam si ipsorum cognitio esset mensura omnis humanæ cognitionis.

Ad sextam.

Non video hominis ratiocinium in iis quæ de me inserit ; ait me in dissertatione de Methodo non satis evidenter demonstrasse esse Deum, quod ipse etiam ibi professus sum : Quid autem ad hoc spectans inferri potest ex his verbis *cogito, ergo sum* ? Et quam malè hîc citat, & mihi opponit, tractatum patris Mersenni, & suum; cum suus adhuc in herbâ sit, & Mersennus nullum planè præter meas Meditationes de prima Philosophia edi curaverit.

Ad septimam.

Pro his verbis, *ipsa tamen, ut verum fatear, &c.* ponerem; De ipsâ tamen nihil simile opinionibus Taurelli aut Gorlæi sustinuimus, nihilque omnino quod in re à vulgari & orthodoxâ Philosophorum omnium sententiâ diffideat; Asserimus enim hominem ex corpore & anima componi, non per solam præsentiam, sive appropinquationem unius ad alterum, sed per veram unionem substantialem; (*ad quam quidem ex parte corporis requiritur naturaliter situs & partium conformatio; sed quæ tamen sit diversa à situ & figurâ modisque aliis purè corporeis, non enim solum Corpus, sed etiam Animam, quæ incorporea est, attingit.*) Quantum autem ad modum loquendi, etsi fortè sit minùs usitatus, ad id tamen quod significare voluimus satis aptum fuisse existimamus; non enim diximus hominem esse *ens per accidens*, nisi ratione partium, animæ scilicet & corporis: ut nempe significaremus, unicuique ex his partibus esse quodammodò accidentarium, quod alteri juncta sit, quia seorsim potest subsistere, & id vocatur accidens, quod adest vel abest sine subjecti corruptione: Sed quatenus homo in se totus consideratur, omnino dicimus ipsum esse unum ens *per se*, & non per accidens ; quia unio, qua corpus humanum & anima inter se conjunguntur, non est ipsi accidentaria, sed essentialis, cum homo sine ipsâ non sit homo. Sed quoniam multò plures in eo errant, quod putent animam à corpore non distingui realiter, quam in eo quod admissâ ejus distinctione unionem substantialem negent; majorisque est momenti ad refutandos illos qui animas mortales putant, docere istam distinctionem partium in homine, quam docere unionem ; majorem me gratiam initurum esse sperabam à Theologis, dicendo hominem esse ens per accidens, ad designandam istam distinctionem, quam si respiciendo ad partium unionem, dixissem illum esse ens *per se*. Atque ita non meum est respondere ad ea quæ in opiniones Taurelli & Gorlæi fusè objiciuntur, sed tantummodò conqueri, quod tam immeritò, ac tam severè, mihi aliorum errores affingantur.

Cæterum in his fui prolixior quam putaram, & quia non certus sum te hoc meo scripto esse usurum, nolo jam plura scribere ; sed si uti velis, rogo ut moneas quam primùm, & reliqua protinus usque ad finem absolvam, scribasque quâ me linguâ uti malis. Ubi potui, *&c.* Intellexi aliquid deesse quod de tuo sit addendum, omnia. autem si placet cum Achille ac Nestore de nostro Domino V. L. communicabis, & nihil planè nisi ex ejus consilio suscipies; vel sanè si quid sit quod ipse nolit scire, Domini Æmilii viri prudentissimi nobisque amicissimi consilio uteris; & ipsis multò magis quam mihi credes, quia prævalent ingenio, & ibi præsentes de omnibus faciliùs possunt judicare, quam ego absens divinare. Non puto te nimis honorificè de Voëtio loqui posse, velimque etiam ut caveas ne quam eâ in re ironiæ des suspicionem, nisi quatenus ex bonitate tuæ causæ nascetur; ut posteà si nos cogat mutare stilum, tantò meliori jure id possimus, & ipse tantò magis ridiculus evadat. Expedit etiam ut tua responsio quam primùm edatur, & ante finem feriarum, si fieri potest.

Miratus sum admodum quod scribas te de tuâ professione periclitari, si Voëtio respondeas; nesciebam enim illum in vestra civitate regnare, magisque liberam putabam; & miseret me ejus, quod Pedagogo tam vili ac tam misero tyranno servire sustineat. Te quoniam in eâ vivis ad patientiam hortor, atque ut ea tantum facias quæ Dominis tuis magis placitura esse existimabis: Idcircò non modò non per te, sed ne quidem etiam per alium, Voëtio respondendum censeo, quia hoc illum non minùs offenderet. Notulas tamen extemporaneas, quæ mihi tuum scriptum cum omnibus Thesibus conferendo occurrerunt, mitto, ut ipsis utaris ut lubet. Injuriam autem facis nostræ Philosophiæ, si eam nolentibus obtrudas, imò si communices aliisquam enixè rogantibus. Memini te olim mihi gratias egisse, quod ejus causâ professionem fuisses adeptus, atque ideo putabam illam Dominis tuis non esse ingratam. Nam si aliter se res habet, & malint te id quod placet Voëtio, quam quod verius putas docere, censeo ut morem geras; & vel fabulas Æsopi potiùs legas, quam ut ipsis eâ in re displiceas.

Quæ habes in fine tuæ Epistolæ de globulis æthereis, non intelligo; quia non censeo illos à materia subtilissima moveri, sed à se ipsis, cum motum habeant ab exordio mundi sibi inditum; nec etiam majores vehementiùs moveri quam minores, sed absolutè contrarium puto: Dixi quidem in Meteoris, majores cum magis sunt agitati majorem calorem efficere, sed non ideò faciliùs moveri. Vale.

PREMIERE THESE, &c.
Réponse à la premiere Thèse, &c.
Version nouvelle.

JE souscris ici volontiers au sentiment de Monsieur le Recteur, qui dit qu'il ne faut pas chasser sans sujet de leur ancien domaine des pauvres innocens ; c'est-à-dire ces êtres qu'on appelle formes substantielles, & qualitez réelles ; pour nous jusques ici nous ne les avons pas encore absolument rejettez. Nous declarons seulement que nous n'avons pas besoin d'eux, pour rendre raison des choses naturelles, & nous croyons que nos sentimens sont particulierement recommandables, en ce qu'ils sont indépendans de ces êtres supposez incertains, & dont on ignore la nature : mais comme en cette occasion c'est presque la même chose de dire qu'on ne veut pas se servir de ces êtres, & de dire qu'on les rejette, parce que la seule raison qui les fait admettre aux autres, est qu'ils les croyent necessaires pour expliquer la cause des effets naturels, nous ne ferons pas difficulté d'avoüer, que nous les rejettons entierement, & Monsieur le Recteur ne nous fera pas un crime de cela, comme je l'espere ; car il y a déja long-temps que nous sommes instruits, sinon parfaitement, du moins mediocrement de la Philosophie des Colleges, & nommément de la Logique, de la Metaphysique, & de la Physique, & nous avons reconnu que ces miserables êtres ne sont d'aucun autre usage, que d'aveugler l'esprit de la jeunesse, & de mettre à la place de cette docte ignorance que M. le Recteur rend si fort recommandable, une autre espece d'ignorance pleine de vanité & de présomption : mais pour n'être pas en reste de liberalité avec Monsieur le Recteur, je le louë aussi de vouloir ramener à l'étude de la Philosophie les jeunes gens qui ajoutoient à l'éloignement & au mépris brutal qu'ils avoient pour elle, une ignorance grossiere, rustique & orgüeilleuse ; & il ne sçauroit m'entrer dans l'esprit qu'il ait eu ici en vûë les plaintes qu'il forme contre mes écoliers, comme je l'ai déja dit, de ce qu'après avoir goûté ma Philosophie, ils n'ont que du mépris pour celle de l'école : car je croirois faire injure à sa pieté, à l'éloignement infini qu'il a pour la médisance, & à l'amitié qu'il m'a toujours témoignée, de croire qu'il ait voulu se servir de termes si impropres pour mépriser la Philosophie que j'enseigne, qui est si veritable & si claire, que dès qu'on l'a apprise, on méprise les autres, pour la traiter d'idiote & de rustique, & d'ignorance orgüeilleuse; & pour appeller feroce, & fuire de l'étude de la Philosophie, le mépris que l'on fait des opinions qui sont regardées comme très-fausses, & qui ne vient que de la connoissance d'une Philosophie plus veritable, comme si par étude de la Philosophie, il ne falloit entendre que l'étude de ces controverses, où ne se trouve jamais une verité certaine, & non l'étude même de la verité.

SECONDE THESE, &c.

Réponse à la seconde These, &c.

ON prouve ici douze points ausquels Monsieur le Recteur a donné à juste titre un peu auparavant le nom de préjugez & de doutes, parce qu'ils ne donnent occasion de rien assurer, mais seulement de douter, à ceux qui sont piûtôt entraînez par les préjugez que par les raisons, quoique ces doutes n'embarassent pas beaucoup ceux qui examinent la force des raisons.

Dans la premiere, il demande, *si on peut concilier avec l'Ecriture Sainte le sentiment de ceux qui nient les formes substantielles.* On n'en sçauroit douter, pourvû qu'on sçache que les Prophetes, les Apôtres, & les autres Ecrivains sacrez, qui ont écrit par l'inspiration du Saint Esprit, n'ont jamais pensé à ces êtres Philosophiques & inconnus hors des écoles ; & pour ôter toute équivoque dans les mots, il faut observer que par les formes substantielles que nous nions, on entend une certaine substance jointe à la matiere, & qui compose avec elle un certain tout purement corporel, & qui n'est pas moins une substance ou un être qui subsiste par lui-même, que la matiere ; & l'on peut dire que c'est encore à plus juste titre, puisque l'on dit qu'elle est un *acte*, & que la matiere n'est appellée que *puissance*. Or nous croyons que l'Ecriture Sainte ne fait nulle part mention de cette substance ou de cette forme substantielle, differente de la matiere dans les choses purement corporelles, & pour faire connoître aux autres combien ces passages de l'Ecriture que Monsieur le Recteur nous oppose, sont peu pressans, je crois qu'il suffira pour cela de les rapporter tous. Il est dit au premier chapitre de la Genese vers. 11. *Dieu dit encore que la terre pousse de l'herbe qui porte de la grain. & des arbres fruitiers qui portent des fruits chacun selon son espece.* Et vers. 21. *Dieu créa donc les grands poissons & tous les* animaux qui ont la vie & le mouvement que les eaux produisent chacun selon son espece, & il créa aussi tous les oiseaux selon leur espece, &c. " Je vous prie de mettre tous „ les autres passages ; car je les ai tous „ cherchez, & je ne vois rien qui serve „ aucunement à ce sujet. Car on ne peut pas dire que les mots de genre ou d'espece désignent des differences substantielles, puisqu'il y a aussi des genres & des especes d'accidens & de modes, comme la figure est genre à l'égard des cercles & des quarrez, sans que personne s'avise jamais de croire que ces choses ayent des formes substantielles, &c.

2. Il apprehende *que si nous nions les choses substantielles, dans les choses purement materielles, nous ne puissions aussi douter s'il y en a une dans l'homme, & que nous ne puissions pas si heureusement & si sincerement combattre l'erreur de ceux qui imaginent une ame universelle du monde, ou quelque chose de semblable, que les partisans des formes substantielles.* On peut ajoûter au second point, qu'au contraire le sentiment qui établit les formes substantielles, peut très-facilement nous faire tomber dans l'opinion de ceux qui disent que l'ame humaine est corporelle & mortelle, laquelle étant seule reconnuë forme substantielle, & les autres ne consistant que dans la con-

figuration & le mouvement des parties, cette seule prérogative qu'elle a sur les autres, montre clairement qu'elle diffère des autres en nature, & cette différence de nature nous fournit un moyen très-facile pour prouver son immaterialité & son immortalité, comme on peut voir dans les Meditations sur la Metaphysique qu'on vient d'imprimer depuis peu; ensorte qu'on ne sçauroit inventer là-dessus une opinion qui convienne mieux aux principes de la Theologie.

Au cinquième, ceux qui admettent les formes substantielles, tombent dans une grande absurdité, en disant qu'elles sont le principe immediat de leurs actions : ce que l'on ne peut pas imputer à ceux qui ne distinguent point ces formes des qualitez actives. Pour nous nous ne nions pas les qualitez actives, nous disons seulement qu'il ne faut pas leur attribuer aucune entité plus grande qu'une entité de mode; car on ne peut le faire sans les concevoir comme veritables substances. Nous ne nions pas aussi les habitudes : mais nous les comprenons sous un double genre, les unes purement materielles, qui dépendent de la seule configuration, ou autre disposition des parties; & les autres immaterielles ou spirituelles, comme les habitudes de la foy, de la grace, &c. dont parlent les Theologiens, qui ne dépendent point d'elle, mais qui sont seulement des modes spirituels existans dans l'ame : comme le mouvement ou la figure est un mode corporel existant dans le corps.

Au huitième. Je voudrois expliquer comment les automates sont aussi des ouvrages de la nature, & que les hommes en les fabriquant ne font qu'appliquer les choses actives aux passives, comme par exemple, en semant du grain, ou en procurant la generation d'un mulet.

Ce qui n'apporte aucune difference essentielle, mais seulement naturelle. Cette difference pourtant du plus ou du moins, est grande, comme vous dites, parce que le peu de roües qui composent une horloge, ne peuvent entrer en aucune comparaison avec le nombre infini d'os & de nerfs, de veines, d'arteres, &c. qui se trouvent dans le plus vil de tous les plus petits animaux. Ce seroit encore ici le lieu d'apporter tous les passages qu'il cite de l'Ecriture Sainte, afin que la calomnie parût, car ils ne forment pas la moindre preuve du monde.

Au dixième. Donc il faudroit rejetter la Geometrie, & toute la Mechanique. On sent le ridicule de cela, & rien n'est plus déraisonnable. Je ne pourrois jamais passer cet article sans rire un peu à ses dépens : mais je ne vous le conseille pas.

A l'onziéme. Nous ne disons pas que la terre se meuve par rapport à sa situation, à sa position & à sa figure, mais seulement qu'elle est disposée par là au mouvement. Ce n'est point non plus faire un cercle dans le raisonnement, de dire qu'une chose est mûë par une cause, & qu'elle est disposée au mouvement par une autre ; ce n'est point aussi un cercle vicieux, qu'un corps en remuë un autre, ce second un troisiéme, & ce troisiéme derechef le premier. Si le premier cesse derechef d'être mû ; comme ce n'est pas un cercle qu'un homme donne de l'argent à un autre, lequel le donne à un troisiéme, & ce troisiéme le redonne au premier.

Au douziéme. Ceux qui se plaignent que nous n'expliquons rien par ces principes, n'ont qu'à lire nos Meteores, & les confronter avec ceux d'Aristote ; ils peuvent lire aussi ma Dioptrique, avec les écrits de ceux qui ont travaillé sur la même matiere, & ils reconnoîtront sans peine que tout le deshonneur & toute la honte ne retomberont que sur des opinions qui sont si éloignées de la simple nature.

A la troisiéme Thèse.

Toutes les raisons qui servent de preuves aux formes substantielles, se peuvent appliquer à la forme de l'horloge, que personne ne dira jamais être substantielle.

A la quatriéme Thèse.

Les raisons, ou les démonstrations Physiques contre les formes substantielles, que nous croyons capables de convaincre tout esprit qui aime la verité, sont principalement les suivantes, tirées de la Metaphysique, ou Theologie naturelle, & qu'on peut appeller *à priori* (ou preuve d'un effet par ses causes:) il est contre le bon sens que quelque substance que ce soit existe de nouveau, si Dieu ne l'a créée de nouveau : cependant nous voyons tous les jours que plusieurs de ces formes qu'on nomme substantielles, commencent d'être de nouveau, quoi que ceux qui les admettent pour substances, ne croyent pas que Dieu les crée. Ils se trompent donc, ce qui est confirmé par l'exemple de l'ame, qui est la veritable forme substantielle de l'homme ; car la veritable raison pour laquelle on croit que Dieu l'a créée immediatement dans chaque corps, c'est qu'elle est une substance ; & par consequent comme on ne croit pas que les autres soient créées de la même manière, mais seulement qu'elles sont tirées de la puissance de la matiere, il ne faut pas croire aussi qu'elles soient substances. On voit par là clairement que ce n'est pas ceux qui nient les formes substantielles, mais plûtôt ceux qui les admettent, qui méritent à plus juste titre, par une suite necessaire de raisonnement, le nom de bêtes & d'athées. Je ne voudrois donc pas que vous rejettassiez la preuve tirée de l'origine des formes substantielles, & que vous l'appellassiez une preuve de Thersite, parce qu'elle y a du rapport, en ce qu'elle est donnée par des aveugles ; je mettrois seulement que ce que les autres ont dit sur cela, ne vous regarde point, parce que nous ne suivons point leur opinion. L'autre démonstration se tire de la fin ou de l'usage des formes substantielles ; car les Philosophes ne les ont introduites que pour rendre raison des actions propres des choses naturelles dont cette forme seroit le principe & la source, comme on voit dans la These précedente ; mais ces formes substantielles ne sçauroient nous fournir une raison solide d'aucune action naturelle, puisque leurs partisans avoüent qu'elles sont occultes, & qu'ils ne les comprennent pas ; car s'ils disent que quelque action procede d'une forme substantielle; c'est la même chose que s'ils disoient qu'elle procede d'une chose qu'ils ne comprennent pas, ce qui n'explique rien; ainsi il ne faut se servir en aucune maniere de ces formes pour rendre raison des actions naturelles; au contraire, les formes essentielles, telles que nous les admettons, nous fournissent des raisons certaines & Mathematiques pour rendre raison des actions naturelles, comme on le peut voir dans mes Meteores touchant la forme du sel commun. Vous pouvez joindre ici ce que vous dites du mouvement du cœur.

A la cinquiéme Thefe.

Ces mots, *de docte ignorance*, qu'il repete si souvent avec tant de plaisir, méritent une petite explication. Comme la science humaine est fort limitée, & que tout ce que l'on sçait, comparé à ce que l'on ignore, n'est presque rien, c'est une marque de science d'avoüer sincerement qu'on ignore ce que l'on ignore veritablement, & c'est en cela que consiste principalement cette docte ignorance, parce qu'elle est particuliere aux veritables sçavans; car les autres qui font profession de science sans être veritablement sçavans, n'ayant pas assez d'esprit pour faire le discernement necessaire de ce que tout vrai sçavant sçait, de ce dont le même sçavant avoüe son ignorance sans craindre qu'il y aille de son honneur : ces faux sçavans, dis-je, se vantent de tout sçavoir également ; & pour rendre facilement raison de toutes choses (si toutefois on peut dire qu'ils rendent raison des choses, lorsqu'ils expliquent une chose obscure, par une autre qui l'est encore plus) ils ont inventé les formes substantielles & les qualitez réelles, en quoi leur ignorance n'est point accompagnée de science, & ne merite que le nom d'orgüeilleuse & de pedantesque ; car l'orgüeil consiste visiblement en ce qu'ignorant la nature de quelque qualité, ils concluent que c'est une qualité occulte, c'est-à-dire, impenetrable à l'esprit humain, comme si leur connoissance devoit être la regle de toutes les connoissances humaines.

A la sixiéme Thèse.

Je ne vois pas quel est le raisonnement de cet homme, sur ce qu'il a mis à mon sujet. Il dit que dans ma Dissertation sur la Methode, je n'ai pas donné une démonstration assez évidente de l'existence de Dieu : c'est ce que j'ai dit dans le même endroit. Que peut-il donc inferer à cet égard par ces paroles, *je pense, donc je suis*. Il cite & il m'oppose là bien mal-à-propos le traité du Pere Merfenne & le fien, puifque le fien est encore en herbe, & que le Pere Merfenne n'a jamais rien fait imprimer de Metaphyfique, que mes Meditations.

A la septiéme Thefe.

Je dirois en changeant un peu la phrafe. Nous n'avons cependant rien foutenu là-deffus qui foit conforme aux opinions de Taurellus, ou de Gorleus, & tout ce que nous y avons avancé s'accorde parfaitement avec le fentiment le plus commun & le plus orthodoxe des Philofophes; car nous affurons que l'homme est un compofé de corps & d'ame, non par la feule prefence ou la proximité de l'un à l'autre, mais par une veritable union fubftantielle, pour laquelle à la verité il faut naturellement une certaine fituation & conformation dans les parties du corps; mais cette union est bien differente de celles qui n'ont pour principes que la fituation, la figure, & d'autres modes purement corporels, parce qu'elle appartient non-feulement au corps, mais encore à l'ame qui est incorporelle. Quant à l'expression, bien qu'elle soit peut-être moins usitée, nous croyons pourtant qu'elle est propre pour signifier ce que nous voulons dire ; car nous ne disons pas que l'homme est *un être par accident*, si ce n'est à raison des parties qui le composent, je veux dire l'ame & le corps, voulant marquer par là qu'il est en quelque façon accidentel à ces deux parties d'être unies ensemble, parce que chacune d'elles peut subsister séparément ; ce qui s'appelle un accident qui peut se trouver present ou absent sans la corruption du sujet ; mais en tant que nous considerons l'homme totalement en lui-même, nous disons qu'il est un être existant *par soi-même*, & non par accident, parce que l'union qui joint le corps humain & l'ame ensemble, n'est point accidentelle, mais essentielle, puisque sans elle l'homme n'est point homme, mais parce qu'il y a plus de gens qui se trompent, en ce qu'ils ne croyent pas que l'ame soit réellement distinguée du corps, qu'en ce qu'après avoir admis cette distinction, ils nient l'union substantielle, & que c'est un plus fort argument pour refuter ceux qui croyent l'ame mortelle, d'établir cette distinction des parties dans l'homme, que d'établir cette union ; j'esperois que les Theologiens me sçauroient meilleur gré en disant que l'homme est un être par accident pour marquer cette distinction; que si n'ayant consideré que l'union des parties, j'avois dit que l'homme est un être *par soy* : ainsi ce n'est pas à moi de répondre à ce que l'on objecte au long contre les opinions de Taurellus & de Gorleus, mais de me plaindre de ce qu'on me prête si injustement & avec tant de severité les erreurs d'autrui. Au reste, je me suis étendu plus que je ne voulois sur ces choses, & comme je ne sçai point si vous ferez usage de cet écrit, je ne veux pas en écrire davantage; mais si vous trouvez à propos de vous en servir, je vous prie de me le faire sçavoir au plûtôt, & j'acheverai sur le champ le reste jusqu'à la fin : mandez-moi aussi en quelle langue vous aimez mieux que je vous écrive ; quand j'ai mis un &c. ma pensée est qu'il manque quelque chose que vous devez suppléer. Vous communiquerez toutes ces choses, si vous le trouvez bon, à nôtre Achille, & nôtre Nestor. M VI. & vous, n'entreprendrez rien sans son conseil ; & s'il y a quelque chose qu'il feigne de ne pas sçavoir, vous vous servirez du conseil de Monsieur Emilius, dont la prudence est égale à l'amitié dont il nous honore, & vous ajouterez plus de foy à leurs paroles, qu'aux miennes, parce qu'ils ont plus d'esprit que moi, & qu'étant sur

les

les lieux, ils sont plus en état de porter un jugement exact, que moi de deviner d'ici ce qu'il y aura à faire. Je ne crois pas que vous puissiez employer des termes trop honnêtes pour parler de Voëtius. Je vous prie aussi de prendre garde de ne pas donner lieu de soupçonner que vous avez employé l'ironie, qu'autant qu'elle naîtra de la bonté de vôtre cause, afin que dans la suite, s'il nous contraignoit de changer de stile, nous fussions d'autant plus en état de le faire, & le rendre plus ridicule. Il est aussi important que vôtre réponse voye au plûtôt le jour, & avant la fin même des vacances, s'il est possible.

J'ai été étrangement surpris de ce que vous m'écrivez que vous craignez pour vôtre Chaire de Professeur, si vous faites une réponse à Voëtius ; car je ne sçavois pas qu'il eût une autorité souveraine dans vôtre Ville. Je croyois qu'elle joüissoit d'une plus grande liberté, & j'ai compassion d'elle, voyant qu'elle veut être sous l'esclavage d'un si vil pedagogue, & d'un si misérable tyran : puisque vous êtes obligé d'y vivre, je vous exhorte à la patience, & de ne faire que ce que Messieurs vos Magistrats trouveront bon; c'est pourquoi mon sentiment est qu'il faut non-seulement ne pas répondre à Voëtius par vous-même, mais encore par quelqu'autre que ce soit, parce qu'il ne s'en sentiroit pas moins offensé. Je vous envoye pourtant ces petites notes que j'ai écrites sur le champ, & qui se sont presentées à mon esprit comme je conferois vôtre écrit avec toutes ses Theses. Vous en ferez usage si vous le trouvez bon ; mais c'est faire outrage à nôtre Philosophie de la produire à des gens qui n'en veulent point; bien plus, de la communiquer à d'autres qu'à ceux qui la demanderont avec empressement. Je me souviens que vous m'avez autrefois remercié d'avoir eu par son moyen vôtre Chaire de Professeur, ce qui me faisoit croire qu'elle ne déplaisoit pas à vos Magistrats. Si la chose est autrement, & s'ils aiment mieux que vous enseigniez ce qui plaît à Voëtius, que ce que vous croyez plus conforme à la verité, je vous conseille d'obéïr, & d'enseigner plûtôt les Fables d'Esope, que de leur déplaire en cela.

Je ne comprens pas ce que vous dites à la fin de vôtre Lettre sur les globules étherés, parce que je ne crois pas qu'ils soient mûs par la matiere subtile, mais par eux-mêmes, puisqu'ils ont un mouvement qui leur a été communiqué dès le commencement du monde; je ne crois pas non plus que les plus grands ayent un mouvement plus prompt que celui des plus petits. Je pense absolument le contraire. J'ai dit à la verité dans les Meteores que les plus grands étant plus agitez, produisent une plus grande chaleur, mais ils ne sont pas mûs pour cela avec plus de facilité. Adieu.

CLARISSIMO VIRO

HENRICO REGIO.

Lettre XXI.

Vir Clarissime,

Vix quicquam durius, & quod majorem offensæ ac criminationis occasionem daret, in Thesibus tuis ponere potuisses, quam hoc, *Quod homo sit ens per accidens*: nec video quâ ratione meliùs possit emendari quàm si dicas te in nonâ thesi considerasse totum hominem in ordine ad partes ex quibus componitur, contra verò in decimâ considerasse partes in ordine ad totum. Et quidem in nonâ te dixisse hominem ex corpore & animâ fieri per accidens, ut significares dici posse *quodammodo* accidentarium corpori, quod animæ conjungatur, & animæ quod corpori, cum & corpus sine anima, & anima sine corpore esse possint; Vocamus enim accidens, omne id quod adest vel abest sine subjecti corruptione, quamvis forte in se spectatum sit substantia, ut vestis est accidens homini; sed te non idcirco dixisse *hominem esse ens per accidens*, & satis ostendisse in decima thesi, te intelligere illum esse ens per se; ibi enim dixisti, Animam & Corpus, ratione ipsius, esse substantias imcompletas, & ex hoc quod sint incompletæ, sequitur illud quod componunt esse ens per se, Utque appareat, id quod est Ens per se fieri posse per Accidens, nunquid mures generantur, sive fiunt per accidens, ex sordibus? & tamen sunt entia per se. Objici tantum potest, non esse Accidentarium humano corpori, quod animæ conjungatur, sed ipsissimam ejus naturam; quia corpore habente omnes dispositiones requisitas ad animam recipiendam, & sine quibus non est proprie humanum corpus, fieri non potest sine miraculo, ut anima illi non uniatur; atque etiam non esse accidentarium animæ, quòd juncta sit corpori, sed tantum accidentarium esse illi post mortem, quod à corpore sit sejuncta; quæ omnia non sunt prorsus neganda, ne Theologi rursus offendantur; sed respondendum nihilominus, ista ideo dici posse accidentaria, quod considerantes corpus solum, nihil planè in eo percipiamus, propter quod animæ uniri desideret; ut nihil in anima, propter quod corpori debet uniri; & ideò paulò antè dixi, esse *quodammodo* accidentarium, non autem *absolutè* esse accidentarium. Alteratio simplex est illa quæ non mutat formam subjecti, ut calefactio in ligno; generatio verò, quæ mutat formam, ut ignitio; & sanè, quamvis unum alio modo non fiat quam aliud, est tamen magna differentia in modo concipiendi, ac etiam in rei veritate; nam formæ, saltem perfectiores, sunt congeries quædam plurimarum qualitatum, quæ vim habent se mutuo simul conservandi; at in ligno est tantum moderatus calor ad quem sponte redit postquam incaluit; in igne vero est vehemens calor, quem semper conservat, quamdiu est ignis. Non debes irasci Collegæ illi qui consilium dabat de addendo corollario ad interpretandam tuam Thesim; amici enim consilium fuisse mihi videtur. Omisisti aliquod verbum in tuis thesibus manu scriptis, Thesi decimâ, *omnes aliæ*, non dicis quæ sint illæ aliæ, nempe *qualitates*; in cæteris nihil habeo quod dicam, video enim vix quicquam in iis contineri, quod non jam ante alibi posueris, & laudo: esset enim laboriosum nova semper velle invenire. Si huc adveneris; semper mihi tuus adventus erit pergratus. Vale.

A MONSIEUR REGIUS.

LETTRE XXI.

Version nouvelle.

Monsieur,

Vous ne pouviez rien mettre de plus dur, & qui fût plus capable de reveiller les mauvaises intentions de vos ennemis, & leur fournir des sujets de plainte, que ce que vous avez mis dans vos Theses, que l'homme est un être par accident. Je ne vois pas de plus sûr moyen pour corriger cela, que de dire que dans vôtre neuviéme These vous avez consideré tout l'homme par rapport aux parties qui le composent, & que dans la dixiéme vous avez consideré les parties par rapport au tout; que dans la neuviéme, dis-je, vous avez dit que l'homme est composé d'une ame, & d'un corps par accident, pour marquer qu'on pourroit dire *en quelque façon* qu'il étoit accidentaire au corps d'être uni à l'ame, & à l'ame d'être unie au corps, puisque le corps peut exister sans l'ame, & l'ame sans le corps : car nous appellons accident tout ce qui est present ou absent sans la corruption du sujet ; quoique consideré en soi-même ce soit peut-être une substance, comme l'habit est accidentel à l'homme; mais que vous n'avez pas prétendu dire que l'homme soit un être par accident, & que vous aviez assez fait voir dans vôtre dixiéme These que vous entendiez qu'il est un être par soi-même; car vous y avez dit que l'ame & le corps par rapport à lui étoient des substances incomplettes, & dès là qu'elles sont incomplettes, il s'ensuit que le tout qu'ils composent, est un être par soi-même ; & pour faire voir que ce qui est un être par soi-même, peut devenir un être par accident, les rats qui sont engendrez ou faits par accident, des ordures, sont cependant des êtres par eux-mêmes. On peut seulement vous objecter qu'il n'est point accidentel au corps humain d'être uni à l'ame, mais que c'est sa propre nature; parce que le corps ayant toutes les dispositions requises pour recevoir l'ame, sans lesquelles il n'est pas proprement un corps humain, il ne se peut faire sans miracle que l'ame ne lui soit unie. On nous objectera aussi qu'il n'est pas accidentel à l'ame d'être jointe au corps, mais seulement, qu'il lui est accidentel après la mort, d'être separé du corps, ce qu'il ne faut pas absolument nier, de peur de choquer derechef les Theologiens ; mais cependant il faut répondre qu'on peut appeller ces deux substances accidentelles, en ce que ne considerant que le corps seul, nous n'y voyons rien qui demande d'être uni à l'ame, & rien dans l'ame qui demande d'être uni au corps ; c'est pourquoi j'ai dit un peu auparavant, que l'homme est *en quelquefaçon* & non *absolument* parlant, un être accidentel. L'alteration simple est celle qui ne change point la forme du sujet, comme quand le bois s'échauffe ; & la generation est celle qui change la forme comme quand le bois est consumé par le feu ; & en effet, quoi que l'un ne se fasse pas d'une autre maniere que l'autre, il y a cependant une grande difference, soit dans la maniere de concevoir, soit dans la verité de la chose ; car les formes du moins les plus parfaites, sont un amas de plusieurs qualitez qui ont la force de se conserver mutuellement ensemble ; mais dans le bois c'est seulement une chaleur moderée à laquelle il retourne de soi-même, après qu'il s'est échauffé dans le feu ; c'est une chaleur vehemente qu'il conserve toûjours tant qu'il est feu. Vous ne devez pas être fâché contre le collegue qui vous conseilloit d'ajouter un corollaire pour expliquer vôtre These, il me paroît qu'il vous donnoit un conseil d'ami. Vous avez oublié un mot dans vos Theses manuscrites. Dans la dixiéme These vous mettez ces mots, *toutes les autres*, & vous ne dites point ce que c'est. Vous voulez dire *toutes les autres qualitez*. Je n'ai rien à dire sur tout le reste, car je vois qu'elles ne contiennent presque autre chose que ce que vous avez déja mis autre part ; vous avez raison, car ce seroit un très-grand travail de vouloir inventer toujours quelque chose de nouveau. Si vous venez me voir, vous me ferez toujours un très-grand plaisir. Adieu.

CLARISSIMO VIRO HENRICO REGIO.

LETTRE XXII.

VIR CLARISSIME,

Hic te ab aliquot diebus expectavi, jam autem aliquid audio, quod etsi non videatur esse ullius momenti, vereor tamen ne forte tuum iter tardaverit; & ego è contra tantò magis tecum loqui exopto, ut quid super hac re agendum sit communibus consiliis videamus. Nempè audio tuos adversarios tandem vicisse, atque effecisse, ut tibi interdiceretur, ne nostra amplius doceres; Quo animo istud feras nescio, sed si mihi credis planè irridebis, & contemnes, tamque apertam invidiam tibi magis gloriosam esse existimabis, quam imperitorum applausus. Neque profectò mirandum est, quod in re in qua vocum pluralitas locum habet, tu solus, cum veritate paucisque fautoribus, adversariorum multitudini resistere non potueris. Si hoc solo risu & silentio ulcisci velis, atque otium sequi, non dehortabor, sin minùs, quantum in me erit, tibi non deero. Interim rogo ut vel voce, vel litteris tui me instituti quamprimum facias certiorem. Vale & me ama. Si huc venias, rogo ut quamplurimas ex adversarii tui thesibus, tecum afferas. Vale.

A
MONSIEUR
REGIUS.
LETTRE XXII.
Version nouvelle.

MONSIEUR,

Je vous attendois ces jours passez, & j'apprends aujourd'hui une nouvelle, qui bien que de peu de conséquence, ne laisse pas de me faire craindre qu'elle n'ait été la cause de vôtre retardement ; cela redouble l'empressement que j'ay de vous voir pour prendre ensemble là-dessus de justes mesures. J'apprends donc que vos ennemis ont enfin le dessus, & qu'ils sont venus à bout de vous faire défendre d'enseigner mes Principes. Je ne sçai comment vous prenez la chose, mais si vous m'en croyez vous ne ferez qu'en rire & mépriser tout cela. Vous regarderez la jalousie qu'on fait paroître contre vous, comme plus glorieuse que tous les applaudissemens des ignorans ; & certes il n'est pas surprenant que dans une affaire qui se decide à la pluralité des voix, vous n'ayez pû resister avec le seul secours de la verité & de quelques-uns de ses partisans, à la multitude de vos adversaires. Si pour toute vengeance vous prenez le parti d'en rire en vôtre particulier, de garder un profond silence, & de vous tenir en repos, j'y donne les mains. Si vous voulez vous servir d'autres moyens, je ne vous manquerai point au besoin. Je vous prie cependant de m'apprendre au plûtôt, ou par lettres de vive voix, quelles sont vos resolutions. Adieu, aimez-moi toujours un peu. Si vous venez me voir, apportez, je vous prie, avec vous le plus de Theses que vous pourrez de vôtre adversaire. Adieu.

CLARISSIMO VIRO HENRICO REGIO.

LETTRE XXIII.

VIR CLARISSIME,

Quantùm audio ab amicis, nemo legit responsionem tuam in Voëtium, qui non eam valdè laudet ; legerunt autem quam plurimi ; nemo qui Voëtium non irrideat, & dicat ipsum de causâ suâ desperasse, quando quidem ope vestri Magistratûs indiguit ad ipsam defendendam. Formas autem substantiales omnes explodunt, & palam dicunt, si reliqua omnis nostra Philosophia ita esset explicata, neminem non eam amplexurum. Dolere non debes quod tibi Physicorum problematum explicatio interdicta sit, quin & vellem etiam ut privata institutio interdicta fuisset, talia enim omnia in honorem tuum cedent, & in dedecus adversariorum. Ego certè, si tuorum consulum loco essem, & Voëtium vellem evertere, non aliter tecum agerem ejus causâ, quam faciunt ; & quis scit quid in animo habent? Certe non dubito quin Dominus V. H. tibi faveat, debesque accuratè ejus consiliis mandatisque obtemperare; Gaudeo quod noluerit, ut litteras quas ad te nuper scripseram, cuiquam ostenderes; etsi enim à me ipso impetrassem, antequam mitterem, ut ea, si opus esset, præstarem, quæ Voëtio per ipsas promittebam, longè tamen malo ut ne sit opus; nimis multa me quotidie avocant à Philosophia mea, quam tamen hoc anno absolvere decrevi. Cæterum obsequere accuratè ac læto animo iis omnibus, quæ tibi à Dominis tuis præscribentur, ut certus, ea tibi dedecori nullo esse posse. Disputationes autem quæ in te fient contemne, ac dicas tantum, si quid in illis boni afferant, ipsos etiam posse illud idem scriptis mandare, te vero non posse nisi editis scriptis respondere. Vale.

A

MONSIEUR

REGIUS.

Lettre XXIII.

Version nouvelle.

Monsieur,

J'apprens par mes amis que personne ne lit vôtre réponse à Voëtius qu'il n'en soit très-content, & qu'une infinité de gens l'ont lûë. Ils ajoutent qu'il n'y a personne qui ne se moque de Voëtius, & ne dise qu'il desespere de la bonté de sa cause, puisqu'il a eu recours à vos Magistrats pour la défendre. Tout le monde siffle les formes substantielles; & l'on dit tout haut que si le reste de nôtre Philosophie étoit expliqué comme cet article, chacun l'embrasseroit. Vous ne devez pas être fâché de ce qu'on vous a interdit l'explication des problêmes de la Physique. Je voudrois même qu'on vous défendît de les enseigner en particulier. Tout cela tourneroit à vôtre honneur & à la honte de vos adversaires. Pour moi si j'étois à la place de vos Consuls, & que je voulusse ruiner Voëtius, je ne me comporterois pas autrement à son égard qu'ils font ; & qui sçait ce qu'ils ont dans l'ame ; au moins je ne doute point que Mr V. H. ne soit pour vous ; vous devez suivre exactement ses conseils & ses ordres. Je suis ravi qu'il n'ait pas voulu que vous montrassiez à qui que ce soit, les lettres que je vous écrivis dernierement ; car bien qu'avant de vous les envoyer j'eusse obtenu de moi-même d'effectuer, s'il étoit besoin, ce que je promettois par elles à Voëtius, j'aime cependant mieux que cela ne soit pas necessaire. Bien des choses me détournent tous les jours de ma Philosophie, que j'ai pourtant resolu d'achever cette année ; au reste obéissez exactement & avec plaisir à tout ce que Messieurs vos Magistrats vous ordonneront ; & soyez assuré qu'il ne sçauroit vous en arriver aucun deshonneur. Méprisez les disputes que l'on fera contre vous ; & dites seulement que s'ils ont quelque chose de bon à dire, ils n'ont qu'à vous le donner par écrit, & que vous ne pouvez y répondre autrement. Adieu.

CLARISSIMO

CLARISSIMO VIRO HENRICO REGIO.

LETTRE XXIV.

Vir Clarissime,

Gratulor tibi, quod persecutionem patiaris propter veritatem; gratulor, inquam, & ex animo; non enim video tibi quicquam mali ex istis turbis posse contingere, sed contra gloriæ tuæ multum accedet. Lætari debes quod Deus inimicis tuis consilium ac bonam mentem ademerit; vides enim jam prohibitione libri tui nihil aliud effectum esse, nisi tantum ut cupidius ematur, accuratiùs examinetur, ejus iniquitas & causæ tuæ bonitas à pluribus agnoscatur. Plures jam advertent quam acerbè, quam injuriosè, ac quam sine causâ, solâ invidentiâ suâ permotus, te ille prior lacessiverit; Et contra tu quam modestè, quam leniter, quam etiam (quod sanè indignissimum est) reverenter responderis, & quam justæ ac graves causæ te ad respondendum coëgerint. Plures agnoscent quam infirmæ sint rationes omnes quibus tuas opiniones impugnare conatus est, & contra quam validæ sint ex quibus ipsum refutas. Plures concludent nullas amplius ei superesse ad tibi respondendum, atque omnino plures indignabuntur, quod tantum possit contra jus & fas in vestra civitate, ut ei licuerit publico scripto te Atheum, Bestiam, & aliis ejusmodi nominibus vocare, falsasque adhibere rationes ad falsis te criminibus onerandum; tibi vero nequidem liceat verissimis uti rationibus, verbisque modestissimis ad te purgandum. Egregium vero est quod audio ab ipso proponi, ut nempe verbis sibi liceat in te disputare apud delegatos, qui judicent uter superior sit futurus; haud dubiè quia ejus rationes, dum adhuc calent, ut quædam juscula, sint sorbendæ, & cum frigescunt, corrumpuntur. Hac in re, ut & in aliis multis est St. nostro simillimus; & sanè non judico tibi quicquam à tali adversario esse metuendum. Quid enim deinceps moliri potest? fortè ut tibi prohibeatur à Magistratu, ne amplius doceas ea quæ soles docere; fortè etiam ut tanquam falsa & hæretica condemnentur; fortè denique, quod extremum est, ut tu ipsemet tuo docendi munere priveris. Sed nec puto Consules vestros tam illi fore obsequentes, ut quicquid ei placuerit decernant; Quinimo neminem ex iis esse existimo, cui non facile suboleat, quam ob causam tum à Voëtio, tum ab aliis plerisque ex tuis collegis philosophia tua tam acriter impugnetur; nempe quia verior est quam vellent, rationesque habet tam manifestas, ut erroneas ipsorum opiniones etiam non impugnando evertat, & ridiculas esse ostendat. Nam sanè illi vitio vertere non possunt, quod sit nova, quoniam illi etiam Philosophi quotidiè novas excogitant opiniones, & inde maximè gloriam quærunt, nullusque unquam hoc prohibuit; sed nempe illas sibi mutuo non invident, quia veras non putant; neque etiam tibi tuas inviderent, si falsas esse arbitrarentur. At certè Magistratus, qui hactenus non prohibuerunt ne docerent novas & falsas, non vetabunt etiam ne doceas novas & veras. Et quamvis fortè nonnulli, qui tricas istas scholarum, utpote ad benè regendam Rempublicam minimè utiles, nunquam didicerunt, æquitatem causæ tuæ non videant; confido tamen ipsos tam æquos & prudentes fore, ut non magis testimonio tuorum adversariorum sint credituri, quam tuo; & vel unicum D. V. qui veritatem controversiæ procul dubio rectè intelligit, satis autoritatis apud collegas suos esse habiturum, ut te ab omni injuria deffendat. Sed, etiamsi aliter contingeret, ac vel professio, quod esset mirabiliter absurdum, ac sine ullo exemplo, tibi auferretur, non tamen ideo tibi vel minimùm dolendum esse arbitrarer, nec ullum in te dedecus, sed immortale in alios redundaret; Atque tunc profectò, vel crassa ignorantia, vel veritatis odium, vel ridenda in vestra civitate potentia toti mundo innotesceret. Quin etiam profectò, si tuo essem loco, vellem scire à consulibus, quot ego haberem Dominos, & me potius sponte munere meo abdicare, quam Voëtio servire. Nec dubito quin brevi, si velles, perfacilè alibi professionem & magis honorificam, & magis utilem esses habiturus; citiusque mille alii à vestris invenirentur, qui eadem quæ tui adversarii docerent, quam unus qui eadem quæ tu; Et tamen forté ille unus magis à studiosis desideraretur. Quantum ad me, credidi hactenus me beneficio affectum esse à Dominis tuis, quod cum scirent te à meis in Philosophia opinionibus non esse alienum, non ideo minùs libenter te in professorem elegerunt; ac forté etiam, ut mihi persuadere voluisti, ob hanc præcipuè causam elegerunt. Hoc me peculiariter illis devinxit; atque ideo valdè exopto, ut jactari possit apud posteros, vestram civitatem omnium primam fuisse, in qua Philosophia nostra publicè fuerit recepta, quód spero ipsi dedecori non futurum, ut è contrario non esset laudi, si te nunc tutum ab adversariorum injuriis non præstaret. Debuit enim sciri ab iis qui te primum in professorem receperunt, fieri non posse ut ea nova quæ habebas, aliquid eximii continerent, quin statim plures eorum ex tuis collegis, qui satis ingenii non haberent ad eadem amplectenda, magnam invidiam in te conflarent, atque ideò parati esse debuerunt ad te contra hos protegendum. Nec sanè ipsis erit difficile ; nam quid in te vel per calumniam objici potest ? te scilicet nova docere ? quasi vero in Philosophia hoc non sit tritum, ut quicunque non planè ingenio sunt destituti novas excogitent opiniones, atque inde maximè gloriam quærant ; sed nempe illas sibi mutuo non invident, quia veras non putant ; ut neque etiam tibi tuas inviderent, si falsas esse arbitrarentur ; an vero æquum esset, cum ex aliorum permittantur opiniones, quæ novæ sunt & falsæ, ut tuæ prohiberentur, quia novæ sunt & veræ ? Magnum aliud crimen objicitur, quod in Voëtium scripseris. Quasi vero sit aliquis sanæ mentis, qui legendo utriusque libellum, ac monitus eorum quæ priùs ab illo facta fuerunt, non clarè videat illum ipsum fuisse qui acerbissimè in te scripsit, calumniisque evertere conatus est ; Te vero tantum nimis humaniter, ac nimis moderatè respondisse, eodem modo ac si cum quis te ad occidendum stricto ense fuisset persecutus, tu vero manum ictum à corpore avertisses, nihilque præterea egisses, nisi quod verbis quam humanissimis ejus iram mollire conatus fuisses, ille furore ardens accusaret te, quòd te à se occidi non permisisses. At forte Voëtius ipse te non accusat, sed alii collegæ? tanquam si obscurum esset illos ejus voluntate id facere, eâdemque in te invidiâ flagrare; Ac tanquam si ideo justa esset accusatio, quod impetum in te facientem repuleris, nec ille potius ut aggressor & calumniator sit puniendus. Calumniatorem ob id præcipuè appello, quod sciam ipsum te iniquissimè accusare voluisse, quod aliquas opiniones, Theologiæ vestræ contrarias docuisses, cum tamen omnes tuæ, melius quam vulgares, cum Theologiâ consentiant, & facile esset, vel ex solis ejus thesibus de Atheismo, quas vidi, per certas & evidentes consequentias ostendere, illum potius esse quod de nobis falsò voluit credi. Quin, & si esset operæ pretium ipsum qualis est describere, artesque omnes ejus detegere, talis forte appareret, ut civitati vestræ foret indecorum, ipsum diutiùs in concionatorem aut professorem retinere; magna enim est vis veritatis. Ultimum & præcipuum quod objicitur est Academiæ vestræ detrimentum, quod ex professorum inimicitiis, ut inquiunt, orietur. At primò, non video quid privatæ istæ inimicitiæ universitati nocere possint; nam è contra hoc efficiet, ut singuli reprehensionem aliorum metuentes, tanto diligentiùs officio suo fungantur; ac deinde, si vel maximè hoc noceret, certè alii potius, qui sunt inimicitiarum authores, quam tu, qui illas fugis, eo nomine essent deponendi. Nec dicent, opinor, tua dogmata talia esse ut studiosos avertant ab Academiâ vestrâ frequentandâ, nam audio te & satis multos auditores, & maximè insignes habere; eaque videtur esse fortuna nostrarum opinionum, non solum apud vos, sed & aliis omnibus in locis, ut à præstantioribus ingeniis amentur & æstimentur, nec nisi à vilioribus ludi magistris, qui sciunt se falsis artibus ad aliquam eruditionis famam pervenisse, ideoque timent ne cognitâ veritate illam amittant, odio haberi, Et nisi me augurium fallit, spero fore, ut aliquando, propter te unum plures Academiam vestram sint adituri, quam propter omnes eos qui tibi adversantur; nec forte ad hoc nocebit editio Philosophiæ quam paro; adeò ut si Domini vestræ civitatis ad utilitatem & decus Academiæ suæ respiciant, omnes potius tuos inimicos quam te unum ejicient; nam etiam facilius mille alios invenient, qui eadem doceant, quæ illi, quam unum qui eadem, quæ tu. Nec vereor ne forté aliqui ex vestris consulibus, non imbuti scholasticis studiis, ut pote ad recté regendam Rempublicam non necessariis, magis credant adversariis tuis quam tibi, neque enim illos puto tam obesæ naris, ut horum invidiam non advertant; & vel unicus D. V. R. qui statum totius controversiæ, atque æquitatem tuæ causæ procul dubio recté perspexit, estque rerum istarum planè intelligens, satis authoritatis apud collegas suos est habiturus, ut te ab omni injuria deffendat; tantamque in eo esse scio integritatem ac prudentiam, ut non vereat ne magis faveat adversariis tuis quam veritati. Ac denique ob hoc præcipuè debes lætari, quod tua causa sit talis, ut postquam judicata fuerit à tuis, judicari etiam debeat ab incolis totius orbis terrarum, & cum in ea de honore tantum agatur, si quid tibi priores contra jus ademerint, cum fœnore ab aliis restituetur. Vale.

A MONSIEUR

MONSIEUR REGIUS.

LETTRE XXIV.

Version nouvelle.

MONSIEUR,

Je vous felicite de la persecution que vous souffrez pour la verité ; je vous en felicite, dis-je, de tout mon cœur, car je ne vois pas qu'il puisse vous arriver le moindre mal de tous ces troubles ; au contraire je prévois pour vous une augmentation de gloire. Vous devez vous réjoüir de ce que Dieu a ôté à vos ennemis la prudence & le bon esprit. Vous voyez ce qu'ils ont gagné en faisant défendre vôtre Livre ; on n'est que plus empressé à l'acheter, on l'examine plus attentivement, la bonté de vôtre cause & la malignité de vôtre ennemi en sont connuës d'un plus grand nombre de personnes. Plus de personnes s'appercevront desormais que ce n'est que par jalousie & sans sujet qu'il vous a attaqué le premier avec aigreur & malignité, tandis que vous de vôtre côté, ayant tous les sujets du monde d'entrer dans une juste défense, lui avez répondu avec modestie, avec douceur, & même (triste situation pour un honnête homme) avec un respect qu'il ne mérite pas. Plus de personnes, dis-je, connoîtront la foiblesse des raisons avec lesquelles il attaque vos opinions, & en même temps la force de vos réponses. De là plus de personnes concluront qu'il n'a plus rien de bon à vous répondre, & feront justement indignez contre luy de ce qu'il a assez de pouvoir dans vôtre Ville contre toute justice, pour vous traiter impunément dans un écrit public d'athée & de bête, vous donner d'autres noms odieux, & employer mille mauvaises raisons pour vous charger de crimes supposez & debiter ses calomnies, tandis qu'il ne vous est pas permis d'avoir recours à la verité, & de vous justifier en vous servant des termes les plus modestes. Je trouve en verité admirable qu'il propose qu'il lui soit permis de disputer avec vous devant des Commissaires qui puissent juger du fond de l'affaire: apparemment que ses raisons sont de la nature de ces potions qu'il faut avaler toutes chaudes, & qui ne sont plus bonnes quand elles sont froides. Veritable singe en cela, comme en plusieurs autres choses de nôtre St. en bonne foy je ne vois pas que vous ayez rien à craindre d'un tel adversaire. Que peut-il faire contre vous davantage, vous faire peut-être défendre par le Magistrat d'enseigner ce que vous avez coutume d'enseigner, ou de faire condamner vôtre doctrine comme fausse & heretique ; ou enfin, ce qui seroit de pis, vous obliger de vous démettre de vôtre chaire : mais je ne crois pas que vos Consuls poussent leur complaisance pour lui jusqu'au point de statuer tout ce qui pourroit luy plaire. Bien plus, je ne crois pas qu'il y ait un seul d'eux tous, qui ne sente les motifs qui poussent Voëtius, & la plûpart de vos autres collegues, à attaquer avec tant d'aigreur vôtre Philosophie : je veux dire qu'elle est plus vraye qu'ils ne souhaiteroient, & que vos raisons sont si claires, qu'elles sappent jusques au fondement leurs opinions erronées, & les rendent même ridicules sans les attaquer ; car enfin ils ne sçauroient luy faire un crime de ce qu'elle est nouvelle, puisqu'ils mettent toute leur gloire à enfanter tous les jours de nouvelles opinions, sans que jamais aucun s'y soit opposé ; & la raison pourquoy ils ne se portent aucune envie là-dessus ; c'est qu'ils ne les croyent pas veritables, & ils n'auroient aucune jalousie contre les vôtres, s'ils les croyoient fausses ; mais du moins les Magistrats qui ne les ont pas empêchez jusques ici d'enseigner ces opinions nouvelles & fausses, ne vous empêcheront pas, je pense, d'enseigner les vôtres qui sont nouvelles, mais veritables; & quoique peut-être quelques-uns d'entr'eux qui n'ont jamais appris toutes ces chicanes de l'école, comme très-peu utiles au gouvernement de la Republique, ne voyent pas la bonté de vôtre cause; cependant je me repose tellement sur leur équité & leur prudence que je ne sçaurois croire qu'ils s'en rapportent plûtôt au témoignage de vos adversaires qu'au vôtre, & je suis persuadé que le seul M. D. V. qui sans doute entend très-bien le fond de la question, aura assez d'autorité sur l'esprit de ses collegues pour empêcher qu'il ne vous soit fait aucun tort. Mais quand la chose arriveroit autrement, & que par un évenement aussi extraordinaire, qu'absurde, & sans exemple, vous vous verriez privé de vôtre Chaire de Professeur. Je ne crois pas que vous dûssiez vous inquieter le moins du monde. Je n'y vois aucun deshonneur pour vous : mais une honte éternelle pour les autres, & alors vôtre Ville auroit le déplaisir de voir exposées aux yeux de l'univers, ou l'ignorance crasse, ou la haine de la verité, ou un usage ridicule du pouvoir de ses Magistrats. Bien plus, si j'étois à vôtre place, je voudrois sçavoir des Consuls, combien j'aurois de maîtres, & renoncer plûtôt à mon employ que de ramper devant Voëtius. Je suis sûr qu'en peu de temps, si vous le vouliez, vous auriez facilement ailleurs une Chaire de Professeur plus honorable & plus utile, & on en trouveroit plûtôt mille qui enseigneroient les mêmes choses que vos adversaires, qu'un seul qui enseignât ce que vous enseignez ; & cependant ce seul homme seroit peut-être plus recherché par les amateurs de la science, que tous les autres ensemble. Pour ce qui me regarde, j'ai crû jusques icy avoir une veritable obligation à vos Magistrats, qui sçachant bien que vous n'étiez pas éloigné de mes Principes de Philosophie, n'ont pas été moins disposez à vous donner une Chaire de Professeur, ou peut-être-même y ont été principalement portez par ce motif, comme vous avez voulu me le persuader.

C'est ce qui m'a attaché d'une maniere particuliere à eux, & c'est ce qui fait que je souhaite passionnément que la posterité puisse dire que vôtre Ville a été la premiere de toutes où nôtre Philosophie ait été publiquement reçuë, ce qui ne leur fera, comme je l'espere, aucun deshonneur ; au lieu qu'il seroit honteux pour eux s'il étoit jamais dit qu'ils n'ont pas sçû vous mettre à couvert des mauvais traitemens de vos ennemis.

Car ceux qui vous ont nommé à la Chaire de Professeur ont dû sçavoir, que les opinions que vous enseignez ne pouvoient avoir quelque chose d'excellent, sans exciter infailliblement l'envie de plusieurs de vos Collegues qui n'avoient pas assez d'esprit pour embrasser les mêmes sentimens ; ils ont donc dû être prêts à vous proteger contre eux.

Ce qui ne leur sera pas difficile ; car enfin de quoi la calomnie peut-elle vous accuser ? Que vous enseignez des choses nouvelles, comme si ce n'étoit pas un usage commun dans la Philosophie, que ceux qui ont quelque esprit inventent de nouvelles opinions, & cherchent par là à se faire un nom ; mais enfin ils ne se portent point mutuellement envie, parce qu'ils ne les croyent pas veritables, comme on n'envieroit point les vôtres, si on les croyoit fausses ; mais quoi est-il de la justice que tandis qu'on souffre les opinions des autres, qui sont nouvelles & fausses, on rejette les vôtres, parce qu'elles sont nouvelles & veritables. On vous fait encore un grand crime d'avoir écrit contre Voëtius ; mais pour peu de bon sens qu'on ait, on verra en lisant l'écrit de l'un & de l'autre, & sçachant ce qui s'est passé auparavant de sa part, que c'est Voëtius qui a écrit contre vous d'une maniere très-aigre & très-piquante, & qu'il a tâché de vous perdre par ses calomnies, & que toute la faute qui se trouve en vous, c'est de lui avoir répondu avec trop d'honnêteté & trop de moderation ; de sorte qu'on pourroit vous comparer à un homme qui seroit poursuivi par un ennemi l'épée nuë, & qui ne feroit que détourner avec la main le coup mortel, sans faire autre chose que de tâcher par des paroles très-douces de ralentir sa colere, tandis que lui plein de fureur & de rage vous accuseroit de ne vouloir pas souffrir qu'il vous tuât ; mais peut-être dira-t'on, ce n'est pas Voëtius qui forme contre vous ces accusations, mais d'autres de vos collegnes ; comme si l'on ne sçavoit pas bien qu'ils ne le font qu'en se conformant à ses desseins, & qu'ils sont tourmentez de la même jalousie ; & comme si on avoit raison de vous faire un crime d'avoir repoussé celui qui vous attaquoit, enfin si on ne devoit pas le punir comme un veritable agresseur & un vrai calomniateur. Je lui donne le nom de calomniateur, parce qu'il vous a accusé méchamment d'avoir enseigné certaines propositions contraires à vôtre Theologie, quoi que vos opinions s'accordent mieux avec la Theologie, que les vulgaires; & il seroit facile de prouver par des conséquences certaines & évidentes tirées seulement de ses Theses, que j'ai vû sur l'athéïsme, qu'il est plûtôt lui-même ce qu'il voudroit faire croire faussement de vous. Bien plus, s'il étoit necessaire de le representer tel qu'il est & de découvrir tous ses artifices, il paroîtroit peut-être tel que ce seroit un deshonneur pour vôtre Ville de le conserver plus long-temps dans le poste de Prédicateur & de Professeur; car enfin la force de la verité est grande. La derniere & la plus forte objection que l'on fait, est le dommage que vôtre Academie recevroit, dit-on, des inimitiez qui se forment entre les Professeurs : mais 1. je ne vois pas en quoi ces inimitiez peuvent nuire à vôtre Université; au contraire, il arriveroit de là que chacun en particulier, craignant les reproches des autres, ils s'attacheroient avec d'autant plus de soin à leur devoir.

D'ailleurs quand ces broüilleries nuiroient au corps, il faudroit déposer ceux qui sont les auteurs de ces inimitiez, &

non pas ceux qui les fuyent ; du moins il ne diroit pas, je pense que vos dogmes sont de nature à détourner les jeunes gens des études de vôtre Academie, car je sçai que vous avez grand nombre d'auditeurs, & des plus illustres ; jusques ici nos opinions ont eu non-seulement chez vous, mais dans tous les autres lieux, le bonheur d'être goutées & estimées des plus grands genies, & si quelqu'un ne les a pas estimées, ce n'a été que les Pedans qui sçavent n'être parvenus à quelque reputation d'érudition que par de faux artifices, & qui craignent de la perdre, quand la verité sera connuë ; & si j'en dois croire mon présentiment, je me flatte qu'un jour vous attirerez plus de monde, que tous vos autres adversaires ; à quoi, peut-être, ne nuira pas l'Edition de la Philosophie que je prépare : ensorte que si les Magistrats sont attentifs à l'utilité & à l'ornement de leur Academie, ils ôteront plûtôt vos ennemis de leurs postes que vous, car ils en trouveront plûtôt mille autres qui enseignent les mêmes choses que vous : d'ailleurs je ne crains pas que quelques-uns de vos Consuls, peu instruits des Etudes academiques, comme très-peu necessaires pour le gouvernement, croyent plûtôt vos adversaires que vous, car je ne les crois pas assez peu fins pour ne pas s'appercevoir de leur jalousie. Outre cela le seul M. V. R. qui sçait l'état de la dispute, qui connoît la bonté de vôtre cause, & qui est très-versé dans toutes ces matieres, aura assez d'autorité auprès de ses Collegues pour vous mettre à couvert de tout ressentiment. Je sçai qu'il est doüé d'une integrité & d'une prudence si rares, que je n'apprehende nullement qu'il favorise vos adversaires aux dépens de la verité : Enfin ce qui doit sur tout vous faire plaisir, c'est que vôtre cause est de telle nature, qu'après qu'elle aura été jugée par vos Magistrats, elle sera encore jugée par les habitans de toute la terre; & comme c'est ici une affaire d'honneur, si les premiers Juges vous ôtent quelque chose de vôtre bon droit, les autres vous le rendront avec usure. Adieu.

CLARISSIMO VIRO

HENRICO REGIO.

Lettre XXV.

Vir Clarissime,

Legi, & risi, tum theses Voëtii pueri, sive infantis, filii volui dicere, tum etiam judicium Academiæ vestræ, quæ fortè etiam non immeritò infans dici potest. Laudo Æmilium & Cyprianum quod tot ineptiarum rei esse noluerint; in te verò subirascor, quod talia tibi cordi esse videantur. Lætari enim deberes quam maximè, quod videas adversarios tuos suis se propriis armis jugulare; nam certè nemo mediocriter intelligens scripta ista perleget, quin facilè animadvertat, adversariis tuis & rationes deesse quibus tuas refutent, & prudentiam quâ imperitiam suam tegant. Audivi hodie rursus Monachum tui Voëtii responsionem parare; & quidem certum est, auditum enim à Bibliopolâ qui habet edendam; continebit circiter decem folia, nempe appendix Voëtii cum notis tuis adhuc semel ibi edentur. Faveo sic scribentibus, & velim etiam ut gaudeas. Quantùm ad decretum tuorum Dominorum, nihil mitius, nihil prudentius mihi videtur ab iis fieri potuisse, ut scilicet se collegarum tuorum querelis liberarent. Tu si mihi credis, ipsis quam accuratissimè, atque etiam ambitiosè, obtemperabis, docebisque tuam Medicinam Hyppocraticè & Galenicè, & nihil amplius. Si qui studiosi aliud à te petant, excusabis te perhumaniter, quod tibi non liceat; cavebis etiam ne quam rem particularem explices; & dices, ut res est, ista ita inter se cohærere ut unum sine alio satis intelligi non possit. Dum ita te geres, si quæ antehâc docuisti, digna sint quæ discantur, & habeas auditores dignos qui ea discant, non dubito quin brevi denuò vel Ultrajecti vel alibi copiam & authoritatem illa docendi cum honore duplicato sis habiturus. Interim verò nihil mali mihi videtur tibi contigisse, sed è contrà multum boni, omnes enim te multò plus laudant, & pluris faciunt, quam fecissent, si adversarii tui tacuissent, ac præterea accessit otium, cum docendi onere ex parte sis liberatus, nec ideo de stipendio decessit. Quid deest, nisi animus, qui modestè hæc ferat? Quiesce, quæso, & ride; nec vereare ne adversarii tui satis maturè non puniantur; Denique vicisti, si tantum siles ; si malis redintegrare prælium, fortunæ rursus te committes. Vale.

A

MONSIEUR

REGIUS.

LETTRE XXV.

Version nouvelle.

MONSIEUR,

J'ai ri de bon cœur en lisant les Lettres de Voëtius l'enfant, je veux dire Voëtius le fils, & en voyant le jugement de vôtre Academie à qui le nom d'enfant sied peut-être aussi-bien. Je loûë Messieurs Æmilius & Cyprien de n'avoir pas voulu prendre part à tant de puerilitez ; mais je suis en même temps un peu en colere contre vous de ce que vous prenez trop à cœur tout cela. Vous devriez plûtôt être fort joyeux de voir que vos adversaires se percent par leurs propres armes. Pour peu de bon sens qu'on ait, on s'appercevra en lisant les écrits de vos adversaires qu'ils manquent de raisons pour refuter les vôtres, & de prudence pour couvrir leur ignorance. J'ai appris aujourd'hui pour la seconde fois que le Moine prépare la réponse de vôtre Voëtius, la nouvelle est certaine, & elle vient du Libraire même qui l'imprime ; elle sera environ de dix feüilles. L'Appendix de Voëtius y sera une seconde fois imprimé avec vos notes: j'aime de tels écrivains, & vous devez aussi vous en réjoüir ; rien de plus doux à mon sens & de plus sage que le decret de vos Magistrats pour se délivrer des importunitez de vos Collegues. Si vous m'en croyez, vous acquiescerez à leurs ordres avec la derniere exactitude, & avec une espece de satisfaction interieure, & vous vous contenterez d'expliquer vos Leçons de Medecine selon les principes d'Hippocrate & de Galien, & rien plus ; si quelques bons esprits vous en demandent davantage, vous vous en excuserez bien honnêtement, en leur disant qu'on vous l'a deffendu, & vous éviterez sur tout d'expliquer la moindre chose particuliere, & vous direz, comme c'est la verité, que ces choses sont tellement liées les unes avec les autres, que l'une ne se peut bien comprendre sans l'autre. Tant que vous vous comporterez de la sorte, si les choses que vous avez enseignées jusqu'ici sont dignes d'être apprises, & que vous trouviez des disciples dignes de les apprendre, je suis sûr qu'en peu de tems vous aurez toute permission de les enseigner publiquement à Utrecht, ou ailleurs avec plus d'honneur que vous n'avez eu encore; cependant je crois qu'il ne vous est arrivé aucun mal, au contraire beaucoup de bien; car tout le monde vous louë & vous estime davantage qu'on n'auroit fait, si vos ennemis se fussent tenus en repos. Ajoutez à cela le loisir que vous gagnez, puisque vous êtes delivré d'une partie de vôtre travail, sans que vous perdiez rien de vos appointemens; il ne vous manque qu'une chose, de prendre cela avec moderation. Tranquilisez-vous donc je vous prie, & riez de tout ceci: n'apprehendez-pas que vos adversaires ne soient assez-tôt punis de leur folie: enfin vous remporterez une pleine victoire si vous sçavez vous taire, au lieu que si vous recommencez le combat, vous vous exposez derechef aux traits de la fortune. Adieu.

CLARISSIMO VIRO HENRICO REGIO.

Lettre XXVI.

Vir Clarissime,

Gaudeo nostram de Voëtio historiam vestris non displicuisse; neminem adhuc vidi, ne ex Theologis quidem, qui non illi vapulanti favere videretur. Nec sanè nimis acris mea narratio dici potest, cum nihil nisi rem gestam commemorem, multoque etiam plura scripserim in quendam ex Patribus Societatis Jesu. Legi cursim ea quæ ad me misisti, nihilque in iis non optimum, & valdè ad rem, notavi, præter hæc pauca. Primò, stilus multis in locis non est satis emendatus; Præterea fol. 46. ubi ais materiam non esse corpus naturale, adderem, juxta illos qui corpus naturale definiunt hoc modo, &c. nam quantum ad nos qui eam veram & completam substantiam esse putamus, non video cur corpus naturale esse negaremus; Et fol. 66. differentiam inter res vivas & vitæ

vitæ expertes videris majorem statuere, quam inter horologium aliudve automatum, & clavem, gladium, aliudve instrumentum quod sponte non movetur, quod non probo; sed ut *sponte moveri* est genus respectu machinarum omnium quæ sponte moventur, ad exclusionem aliarum quæ sponte non moventur, ita *vita* sumi potest pro genere formas omnium viventium complectente; Et folio 96. ubi ais, *certè multò majorem efficaciam*, &c. mallem, *certè non minorem efficaciam*, &c. non enim est major in uno quam in altero. Denique fol. 106. locum Ecclesiastæ dicis à Salomone proferri ex persona impiorum. Ego autem in Medit. pag. 305. tom. 2. edit. in 12. eundem locum explicui, ex persona ipsius Ecclesiastes, ut peccatoris. Sed non video cui usui hæc tua responsio esse possit, quia cappadox eâ est indignus, nisi rursus quid novi agat, & tunc unà cum responsione ad istud novum sub nomine alicujus ex tuis discipulis edi posset; nunc existimo esse quiescendum; nec etiam debes nostra in tuis lectionibus cum Galenicis & Aristotelicis miscere, nisi certus sis id tuo Magistratui esse gratum; mallem nullos haberes auditores, neque hoc tibi dedecori esset. Ad id quòd objicis de idea Dei solvendum, notare oportet non agi de essentiâ ideæ, secundum quam ipsa est tantum modus quidam in mente humanâ existens, qui modus homine non est perfectior, sed de ejus perfectione objectivâ, quam principia Metaphysica docent debere contineri formaliter vel eminenter in ejus causa; eodem modo ac si dicenti unumquemque hominem posse pingere tabellas æquè benè ac Appelles; quia illæ constant tantum ex pigmentis diversimodè permixtis, potestque illa quilibet modis omnibus permiscere, esset respondendum, cum agimus de Apellis picturis, nos non tantum in iis considerare permixtionem colorum qualemcunque, sed illam quæ fit certâ arte, ad rerum similitudines repræsentendas, quæque idcirco non nisi ab istius artis peritissimis fieri potest. Ad secundum respondeo, ex eo quod fatearis cogitationem esse attributum substantiæ nullam extensionem includentis, & vice versâ extensionem esse attributum substantiæ nullam cogitationem includentis, tibi etiam fatendum esse substantiam cogitantem ab extensa distingui: Non enim habemus aliud signum quo unam substantiam ab aliâ differre cognoscamus, quam quod unam absque aliâ intelligamus. Et sanè potest Deus efficere quidquid possumus clarè intelligere; nec alia sunt quæ à Deo fieri non posse dicuntur, quam quod repugnantiam involvunt in conceptu, hoc est quæ non sunt intelligibilia; possumus autem clarè intelligere substantiam cogitantem non extensam, & extensam non cogitantem, ut fateris: jam conjungat & uniat illas Deus quantum potest, non ideò potest se omnipotentiâ suâ exuere, nec ideò sibi facultatem adimere ipsas sejungendi, ac proindè manent distinctæ.

Non potui notare ex tuo scripto an Monachum an Voëtium per Cappadocem intelligas, quòd non displicuit, sibi sumat qui volet; sed audio ignorari cujas sit Voëtius, adeo ut erga ipsum sis beneficus, si Cappadociam ei in patriam assignes; multum autem debes Monacho quod auditorum tuorum numerum augeat. Cæterum audivi à D. P. tibi animum esse huc nos invisendi: Ego verò te etiam atque etiam invito, neque te solum, sed & uxorem & filiam; mihi eritis gratissimi, jam virent arbores, ac brevi etiam cærasa & pyra maturescent; Vale, & me ama.

A MONSIEUR REGIUS.

LETTRE XXVI.

Version nouvelle.

MONSIEUR,

Je suis ravi que nôtre Histoire de Voëtius n'ait pas déplû à vos amis. Je n'ai encore vû personne, pas même parmi les Theologiens, qui n'ait été bien aise de lui voir donner sur les oreilles. On ne peut pas m'accuser d'avoir été trop picquant dans ma narration. Je n'ai fait que raconter la chose comme elle s'est passée. J'ai écrit encore avec plus de vivacité contre un Pere Jesuite. J'ai lû en courant ce que vous m'avez envoyé, je n'y ai rien trouvé qui ne fût fort bon & qui n'allât droit à la chose, excepté ceci qui est peu de chose. 1. Le stile n'est pas assez châtié en bien des endroits; outre cela page 46.

où vous dites que la matiere n'est pas un corps naturel, j'ajouterois selon le sentiment de ceux qui définissent le corps naturel de cette maniere, &c. car selon nous qui croyons qu'elle est une substance veritable & complette, je ne vois pas pourquoi nous dirions que la matiere n'est pas un corps naturel; & page 66. il paroît que vous établissez une plus grande difference entre les choses vivantes & celles qui ne le sont point, qu'entre un horloge ou tout autre automate, & une clef, une épée, & tout autre instrument qui ne se remuë pas de lui-même, ce que je n'approuve point, mais comme *se mouvoir de soi-même*, est genre à l'égard des machines qui se remuënt d'elles-mêmes, à l'exclusion des autres machines qui ne se remuënt pas ainsi : de même *la vie* ne peut être prise pour le genre qui embrasse les formes de tous les êtres vivans ; & page 96. où vous dites, *certè multò majorem efficaciam*, *que son effet est beaucoup plus grand*, *&c.* j'aimerois mieux, *certè non minorem efficaciam*, *&c. que son effet n'est pas moindre* : car il n'est pas plus grand dans l'un que dans l'autre. Enfin page 106. vous dites que dans cet endroit de l'Ecclesiaste, Salomon fait parler les impies ; & moy page 303. tom. 2. des Medit. j'ai expliqué le même endroit prononcé par le même Ecclesiaste, en tant que pecheur lui-même ; mais je ne vois pas de quelle utilité pourra être vôtre réponse, parce que le Capadocien ne la mérite pas, à moins qu'il ne fasse quelque nouvelle équipée, & en ce cas-là elle pourroit paroître avec vôtre réponse, à ce qu'il pourroit dire de nouveau, sous le nom de quelqu'un de vos Disciples. Presentement je crois qu'il faut se tenir en repos ; vous ne devez pas même mêler dans vos leçons mes sentimens avec ceux de Galien & d'Aristote, à moins que vous ne sçachiez que cela ne plaît pas au Magistrat qui vous protege. J'aimerois mieux que vous n'eussiez point d'auditeurs, & cela ne vous tourneroit pas à deshonneur. Quant à la solution que vous demandez sur l'idée de Dieu, il faut remarquer qu'il ne s'agit point de l'essence de l'idée selon laquelle elle est seulement un mode existant dans l'ame (ce mode n'étant pas plus parfait que l'homme:) mais qu'il s'agit de la perfection objective, que les principes de Metaphysique enseignent devoir être contenus formellement ou éminemment dans sa cause. De même qu'il faudroit répondre à celui qui diroit, que chaque homme peut peindre un tableau aussi-bien qu'Appelles, puisqu'il ne s'agit que des couleurs diversement appliquées, & que chacun peut les mêler en toutes sortes de manieres, il faudroit, dis-je, répondre à cette personne-là, que lorsque nous parlons de la peinture d'Appelles, nous ne confiderons pas feulement en elle un certain mélange de couleurs ; mais ce mélange qui eſt produit par l'art du Peintre, pour repréſenter certaines reſſemblances des choſes, mélange par conſéquent qui ne peut être exécuté que par les plus habiles de l'art. Je réponds au ſecond, que de ce que vous avoüez, que la penſée eſt un attribut de la ſubſtance qui n'enferme aucune étenduë, & qu'au contraire l'étenduë eſt l'attribut de la ſubſtance, qui n'enferme aucune penſée ; il faut par là que vous avoüiez auſſi que la ſubſtance qui penſe, eſt diſtinguée de celle qui eſt étenduë ; car nous n'avons point d'autre marque pour connoître qu'une ſubſtance differe de l'autre, que de ce que nous comprenons l'une indépendemment de l'autre ; & en effet, Dieu peut faire tout ce que nous pouvons comprendre clairement ; & s'il y a d'autres choſes qu'on dit que Dieu ne peut faire, c'eſt qu'elles impriment contradiction dans leurs idées, c'eſt-à-dire, qu'elles ne ſont pas intelligibles. Or nous pouvons comprendre clairement une ſubſtance qui penſe & qui ne ſoit pas étenduë, & une ſubſtance étenduë qui ne penſe pas, comme vous l'avoüez: cela étant, que Dieu lie & unisse ces substances autant qu'il le peut, il ne pourra pas pour cela se priver de sa toute-puissance, ni s'ôter le pouvoir de les séparer, par conséquent elles demeureront distinctes.

Je n'ai pû remarquer dans vôtre écrit si par Capadocien vous entendez le Moine ou Voëtius. J'ai trouvé cela bien. Se l'appliquera qui voudra, mais j'apprends qu'on ne sçait pas le païs de Voëtius, ainsi vous lui procureriez un bien de lui assigner la Cappadoce pour patrie. Vous avez beaucoup d'obligation au Moine de ce qu'il grossit vôtre auditoire; au reste, j'ai appris de Monsieur P. que vous aviez dessein de nous venir voir, je vous y invite de tout mon cœur, non-seulement vous, mais Madame vôtre épouse & Mademoiselle vôtre fille; je me ferai un plaisir très-sensible de vous recevoir : les arbres sont déja revêtus d'un nouveau feüillage, & bien-tôt nos cerises & nos poires seront mûres. Adieu, & aimez-moi toûjours un peu.

CLARISSIMO VIRO
HENRICO REGIO.
LETTRE XXVII.

Vir Clarissime,

Nescio quid obstiterit, cur non prius ad tuas responderim, nisi quod, ut verum fatear, non libenter à te dissentiam; & quia non videbar in eo quod scribebas debere assentiri, idcirco cunctantiùs calamum assumebam. Mirabar te illa quæ horariæ disputationis examini committere non auderes, indelebilibus typis credere velle, magisque vereri extemporaneas & inconsideratas adversariorum tuorum criminationes, quam attentas & longo studio excogitatas. Cumque meminerim me multa legisse in tuo compendio Physico à vulgari opinione planè aliena, quæ nudè ibi proponuntur, nullis additis rationibus, quibus lectori probabiles reddi possint; Toleranda quidem illa esse putavi in Thesibus, ubi sæpe Paradoxa colliguntur, ad ampliorem disputandi materiam adversariis dandam ; Sed in libro quem tanquam novæ Philosophiæ Prodromum videbaris velle proponere, planè contrarium judico esse faciendum, nempe rationes esse afferendas, quibus lectori persuadeas ea quæ vis concludere vera esse, priusquam ipsa exponas, ne novitate suâ illum offendant. Sed jam audio à Dom. Van. S. te consilium mutasse, multòque magis probo id quod nunc suscipis, nempe Theses de Phisiologia in ordine ad Medicinam ; has enim & firmiùs stabilire, & commodiùs deffendere te posse confido, & minùs facilè de ipsis malè loquendi occasionem adversarii tui reperient. Vale.

A MONSIEUR REGIUS.

LETTRE XXVII.

Version nouvelle.

MONSIEUR,

Je ne sçai ce qui m'a empêché de répondre plûtôt à vôtre derniere, si ce n'est pour vous parler sincerement, que je n'aime pas à être d'un sentiment different du vôtre ; & comme il me paroissoit que je ne pouvois penser comme vous sur les choses que vous m'écrivez, c'est ce qui m'a fait differer si long-temps à prendre la plume ; j'étois surpris effectivement que vous voulussiez confier à l'impression, dont les traits sont ineffaçables, des choses que vous n'osiez pas exposer à l'examen d'une dispute d'une heure, & que vous apprehendassiez davantage les actions subites & inconsiderées de vos adversaires, que celles qu'ils pouvoient former contre vous après une mûre reflexion & une longue étude, m'étant souvenu d'avoir lû dans vôtre Compendium de Physique plusieurs choses entierement éloignées de l'opinion commune, lesquelles vous y proposez nuëment & sans les appuyer d'aucunes raisons qui puissent les rendre probables aux Lecteurs. Je crus que cela pouvoit être supportable dans des Theses où l'on assemble souvent plusieurs paradoxes pour fournir un plus vaste champ de dispute aux adversaires; mais dans un Livre que vous sembliez donner comme un essay de la nouvelle Philosophie, je crois que cela est bien different, c'est-à-dire, qu'il faut les fortifier par des preuves qui puissent persuader le Lecteur que vos conclusions sont veritables, avant de les exposer au public, de peur qu'il ne soit offensé de leur nouveauté; mais j'aprens que M. Van S. vous a fait changer de sentiment, & j'approuve beaucoup plus ce que vous entreprenez, je veux dire ces Theses de Phisiologie par rapport à la Medecine; j'espere que vous pourrez les mieux établir & les mieux défendre, & vos adversaires trouveront moins d'occasion de mordre sur elles. Adieu.

CLARISSIMO VIRO HENRICO REGIO.

LETTRE XVIII.

VIR CLARISSIME,

Cum superiores litteras ad te misi, paucas tantum libri tui paginas pervolveram, & in iis satis causæ putabam me invenisse, ad judicandum modum scribendi quo usus es, nullibi, nisi fortè in Thesibus posse probari, in quibus scilicet moris est, opiniones suas, modo quam maxime paradoxo, proponere, ut tanto magis alii alliciantur ad eas oppugnandas. Sed quantum ad me, nihil mihi magis vitandum puto, quam ne opiniones meæ paradoxæ videantur, atque ipsas nunquam in disputationibus agitari velim; sed tam certas evidentesque esse confido, ut illis à quibus rectè intelligantur, omnem disputandi occasionem sint sublaturæ. Fateor quidm eas per definitiones & divisiones, à generalibus ad particularia procedendo, rectè tradi posse, atqui nego probationes debere tunc obmitti; scio tamen illas vobis adultioribus, & in meâ doctrinâ satis versatis non esse necessarias. Sed considera, quæso, quam pauci sint illi adultiores, cum ex multis Philosophantium millibus vix'unus reperiatur qui eas intelligat : & sanè qui probationes intelligunt, assertiones etiam non ignorant, ideòque scripto tuo non indigent : Alii autem legentes assertiones sine probationibus, variasque definitiones planè paradoxas, in quibus globulorum æthereorum, aliarumque similium rerum, nullibi à te explicatarum, mentionem facis, eas irridebunt, & contemnent, sicque tuum scriptum nocere sæpius poterit, prodesse nunquam. Hæc sunt quæ lectis prioribus scripti tui paginis judicavi; sed cum ad caput de homine perveni, atque ibi vidi quæ de mente humana, & de Deo habes, non modo in priore sententia fui confirmatus, sed insuper planè obstupui & indolui, tum quod talia credere videaris, tum quod non possis abstinere quin ipsa scribas, & doceas, quamvis nullam tibi laudem, sed summa pericula & vituperium creare possint. Ignosce, quæso, quod liberè tibi tanquam fratri sensum meum aperiam. Si scripta ista in malevolorum manus incidant (ut facilè incident cum ab aliquot discipulis tuis habeantur) ex illis probare potuerunt, & vel me judice convincere, quod Voëtio paria facias, &c. Quod, ne in me etiam redundet, cogar deinceps ubique profiteri, me circa res Metaphysicas quam maximè à te dissentire, atque etiam scripto aliquo typis edito id publicè testari, si liber tuus prodeat in lucem. Gratias quidem habeo quod illum mihi ostenderis, priusquam vulgares; sed non gratum fecisti, quod ea quæ in eo continentur privatim me inscio docueris. Nuncque omninò subscribo illorum sententiæ, qui voluerunt, ut te intra Medicinæ terminos contineres. Quid enim tanti opus est, ut ea quæ ad Metaphysicam vel Theologiam spectant scriptis tuis immisceas, cum ea non possis attingere, quin statim in alterutram partem aberres. Prius, mentem, ut substantiam à corpore distinctam considerando, scripseras hominem esse ens per accidens; nunc autem è contra considerando mentem & corpus in eodem homine arctè uniri, vis illam tantum esse modum corporis; Qui error multò pejor est priore. Rogo iterum ut ignoscas, & scias me tam liberè ad te scripturum non fuisse, nisi serio amarem, & essem ex asse tuus. Ren. Descartes.

Librum tuum simul cum hac Epistolâ remisissem, sed veritus sum, ne si forte in alienas manus incideret, severitas censuræ meæ tibi posset nocere; servabo itaque, donec rescivero te hanc Epistolam recepisse.

A MONSIEUR REGIUS.

Lettre XXVIII.

Version nouvelle.

MONSIEUR,

Lors que je vous écrivis ma derniere je n'avois encore parcouru que quelques pages de vôtre Livre, & je crus y avoir trouvé un motif suffisant pour juger que la maniere d'écrire dont vous vous étiez servi, ne pouvoit être soufferte tout au plus que dans des Theses, où la coutume est de proposer ses opinions d'une maniere très-paradoxe, pour attirer plus de gens à la dispute : mais pour ce qui me regarde, je crois devoir éviter soigneusement que mes opinions ne paroissent point paradoxes, & je ne desire point du tout qu'on les propose en forme de dispute, car je les crois si certaines & si évidentes, que je me flatte qu'étant une fois bien comprises, elles ôteront tout sujet de dispute. J'avouë qu'on peut les proposer par definitions & par divisions, en descendant du general au particulier; mais alors il faut les appuyer de preuves; & quoi qu'elles ne soient pas necessaires pour vous qui êtes avancé dans la connoissance de mes principes, considerez, je vous prie, combien il y en a peu qui ayent ces avances, puisqu'entre plusieurs milliers d'hommes qui se mêlent de Philosophie, à peine s'en trouve-t'il un qui les comprenne, & certainement ceux qui entendent les preuves n'ignorent pas aussi les conclusions, & par conséquent n'ont pas besoin de vôtre écrit. Pour les autres, lisans vos conclusions sans preuves, & diverses définitions tout-à-fait paradoxes dans lesquelles vous faites mention de globules étherées, & autres choses semblables que vous n'avez expliquées nulle part, ils se moqueront d'elles & les mépriseront, ainsi vôtre écrit pourra nuire la pluspart du temps, & n'être jamais utile. Voilà le jugement que j'ai porté des premieres pages que j'ai lûës de vôtre écrit : mais lorsque je suis parvenu au chapitre de l'homme, & que j'y ai vû ce que vous dites de l'ame & de Dieu, non-seulement je me suis confirmé dans mon premier sentiment, mais outre cela j'ai été saisi & accablé de douleur, voyant que vous croyez de telles choses, & que vous ne pouvez vous abstenir de les écrire & de les enseigner, quoique cela ne vous puisse procurer aucune loüange, mais vous causer de grands chagrins & une grande honte. Pardonnez-moi, je vous prie, si je vous ouvre mon cœur aussi franchement que si vous étiez mon frere. Si ces écrits tombent entre les mains de personnes mal intentionnées, comme cela ne manquera pas d'arriver, puisque quelques-uns de vos disciples les ont déja, ils pourront vous prouver par là, & vous convaincre même par mon jugement, que vous faites de même à l'égard de Voëtius, &c. de peur que le blâme ne retombe sur moi, je me verrai dans la necessité de publier par tout à l'avenir que je suis entierement éloigné de vos sentimens sur la Metaphysique, & je serai même obligé de le faire connoître par quelque écrit public, si vôtre Livre vient à être imprimé. Je vous suis veritablement obligé de me l'avoir montré avant de le publier; mais vous ne m'avez point du tout fait plaisir d'avoir enseigné ces choses à mon insçû; presentement je souteris volontiers au sentiment de ceux qui souhaittoient que vous vous continssiez dans les bornes de la Medecine ; en effet, qu'est-il necessaire de mêler dans vos écrits ce qui regarde la Metaphysique ou la Theologie, puisque vous ne sçauriez toucher ces difficultez sans errer à droit ou à gauche? Auparavant en considerant l'ame comme une substance distincte du corps, vous avez écrit que l'homme étoit un être par accident. Presentement considerant au contraire que l'ame & le corps sont étroitement unis dans le même homme, vous voulez qu'elle soit seulement un mode du corps, erreur qui est pire que la premiere. Je vous prie derechef de me pardonner, & de croire que je ne vous aurois pas écrit si librement si je ne vous aimois veritablement, & si je n'étois tout à vous.

René Descartes.

Je vous aurois envoyé vôtre Livre avec cette Lettre, mais j'ai craint que s'il venoit à tomber par hazard en des mains étrangeres, la severité de ma censure ne pût vous nuire. Je le garderai donc jusqu'à ce que j'aye sçû que vous avez reçû cette Lettre.

CLARISSIMO VIRO HENRICO REGIO.

LETTRE XXIX.

VIR CLARISSIME,

Maxima mihi injuria fit ab illis, qui me aliqua de re aliter scripsisse quam sensisse suspicantur, ipsosque si qui sint scirem, non possem non habere pro inimicis; Tacere quidem in tempore, ac non omnia quæ sentimus ultrò proferre prudentis est; aliquid autem à sententiâ suâ alienum nemine agente scribere, lectoribusque persuadere conari, abjecti & improbi hominis esse puto. Asserentibus, non magni opus Philosophi esse, refellere rationes quæ pro animæ essentia substantiali allatæ sunt, illasque interim nullo modo refellentibus, nec refellere valentibus, non possum non reponere tua hæc verba, *quilibet Enthusiastes, & cacodoxus, & nugacissimus nugator idem de ineptissimis suis nugis pertinacissimè asserere potest.* Cæterum non vereor ne cujusquam à me dissentientis authoritas mihi noceat, modò ne illi videar assentiri; nec volo ut meâ causâ ullo modo abstineas à quibuslibet scribendis & vulgandis; modo ne etiam ægrè feras, si palam profitear me à te quam maximè dissentire. Sed ne desim amici officio, cum mihi librum tuum eo fine reliqueris, ut quid de eo sentirem, à me intelligeres, non possum non apertè tibi significare, me omninò existimare tibi non expedire, ut quicquam de Philosophiâ in lucem edas : Nec quidem de ejus parte Physicâ ; Primò, quia cum tibi à tuo Magistratu prohibitum sit, ne novam Philosophiam vel privatim vel publicè doceres, satis causæ dabis inimicis, si quid tale evulges, ut ob id ipsum de professione tuâ te deturbent, ac etiam alias irrogent pœnas ; valent enim adhuc illi, & vigent, & fortasse cum tempore majores vires sument quam vereris : Deinde, quia non video te quicquam laudis habere posse ex iis in quibus mecum sentis, quia ibi nihil de tuo addis, præter ordinem & brevitatem, quæ, duo ni fallor, ab omnibus benè sentientibus culpabuntur ; neminem enim adhuc vidi, qui meum ordinem improbaret, quique non potiùs me nimiæ brevitatis quam prolixitatis accusaret ; Reliqua in quibus à me dissentis, meo quidem judicio reprehensione & dedecore, non autem laude ullâ digna sunt, atque ideò iterum dico expressis verbis, me tibi quantùm possum dissuadere istius libri editionem ; saltem expecta tantisper, & ex Horatii consilio, *decimum premas in annum* ; forsan enim cum tempore ipsemet videbis, quam parùm tibi expediat eum edere ; atque interim esse non desinam ex asse tuus.

Renatus Descartes.

A MONSIEUR REGIUS.

LETTRE XXIX.

Version nouvelle.

MONSIEUR,

Ceux qui me soupçonnent d'écrire d'une maniere contraire à mes sentimens, sur quelque sujet que ce soit, me font une injustice criante. Si je sçavois qui sont ces personnes-là, je ne pourrois m'empêcher de les regarder comme mes ennemis. J'avouë qu'il y a de la prudence de se taire dans certaines occasions, & de ne point donner au public tout ce que l'on pense; mais d'écrire sans necessité quelque chose qui soit contraire à ses propres sentimens & sans necessité, & vouloir le persuader à ses lecteurs, je regarde cela comme une bassesse & comme une pure méchanceté. Je ne puis m'empêcher de me servir de vos propres termes pour répondre à ceux qui assurent qu'il ne faut pas être grand Philosophe pour refuter ce qui a été dit sur l'essence substantielle de l'ame, sans neanmoins refuter ces raisons, ni même pouvoir le faire : *tout enthousiaste est mauvais raisonneur : tout impertinent diseur de rien en peut dire autant avec la derniere opiniâtreté*, de toutes les bagatelles ausquelles il s'amuse; au reste, je ne crois pas que l'autorité de qui que ce soit, dont les sentimens soient opposez aux miens, puisse me nuire, pourvû que je ne paroisse pas approuver ses opinions, & je serois bien fâché que vous vous abstinssiez en aucune maniere pour l'amour de moi d'écrire tout ce qu'il vous plaira, & de l'imprimer, pourvû que vous ne trouviez pas mauvais de vôtre côté, que je declare partout publiquement que je suis tout-à-fait opposé à vos sentimens ; mais pour ne pas manquer aux derniers devoirs de l'amitié, puisque vous ne m'avez laiſſé vôtre Livre qu'afin de ſçavoir mon ſentiment, je ne puis m'empêcher de vous dire franchement que je crois qu'il n'eſt pas de vôtre intereſt de rien imprimer ſur la Philoſophie, pas même ſur la Phyſique; 1. Parce que vos Magiſtrats vous ayant fait défendre d'enſeigner en public ou en particulier la nouvelle Philoſophie, ſi vous faiſiez imprimer quelque choſe qui en approchât, vous fourniriez un aſſez beau champ à vos ennemis de vous faire perdre vôtre Chaire, & vous faire condamner même à d'autres peines; car ils ſont encore puiſſans, ils ont la force en main, & peut-être que leur pouvoir s'accroîtra dans la ſuite plus que vous ne penſez. En ſecond lieu, parce que je ne crois pas que vous puiſſiez retirer aucun honneur des choſes où vous penſez comme moi, parce que vous n'y ajoutez rien du vôtre que l'ordre & la brieveté, qui ſeront blâmez, ſi je ne me trompe, par tout bon eſprit, car je n'ai encore vû perſonne qui déſapprouvât l'ordre que j'ai gardé, & qui ne m'accuſât plûtôt d'être trop concis, que d'être diffus. Le reſte en quoi vous differez de moi, vous attirera à mon avis, plus de blâme & de deshonneur, que de loüange; c'eſt pourquoi je vous le repete, je je ne vous conseille pas de faire imprimer vôtre Livre ; attendez encore, suivez le précepte d'Horace, *gardez-le dix ans dans vôtre cabinet* ; peut-être qu'avec le temps vous verrez qu'il n'est pas certainement de vôtre interest de le mettre au jour. Je ne serai pas moins tout à vous,

René Descartes.

A MONSIEUR *****

Lettre XXX.

Monsieur,

Sans user aujourd'hui de l'autorité que vous avez sur moi, qui seroit capable (si vous me le commandiez) de me faire supprimer des choses que j'aurois estimées les plus justes & les plus raisonnables ; je vous prie de ne faire intervenir que vôtre raison, au jugement que je vous demande sur la réponse que j'ai faite à un certain placart, qui contient une vingtaine d'Assertions touchant *l'ame raisonnable*. Mon écrit, que je vous envoye, vous fera connoître les raisons qui m'ont porté à y faire réponse; & quoi que leur Auteur ait supprimé son nom, je ne doute point que vous ne le reconnoissiez par le stile, ou même que vous ne l'appreniez du bruit commun, ainsi que je l'ai appris & reconnu moi-même; mais puisqu'il a tâché de se mettre à couvert, je ne vous le decelerai point. Seulement je vous demande un peu de patience pour cette lecture, & beaucoup d'attention; car j'attens vôtre jugement pour me déterminer si je le dois donner au public; & pour cela je vous l'envoye tel que je me propose de le faire paroître, si vous ne l'improuvez point.

RENATI DESCARTES NOTÆ

In Programma quoddam, sub finem anni 1647. in Belgio editum, cum hoc titulo :

Explicatio mentis humanæ, sive animæ rationalis, ubi explicatur quid sit, & quid esse possit.

Accepi à paucis diebus duos libellos; in quorum uno apertè & directè impugnor, in altero rectè & oblique duntaxat. Et quidem priorem nihil moror : imo habeo gratias ejus auctori, quod cum nihil nisi futiles cavillationes, & nulli credibiles calumnias, improbo labore collegerit, hoc ipso testatus sit, se nihil invenire potuisse in meis scriptis, quod merito reprehenderet, sicque ipsorum veritatem, melius quam si ea laudasset, confirmarit, idque cum dispendio suæ famæ. Alius autem libellus magis me movet : quamvis enim nihil in eo apertè de me habeatur, prodeatque sine nomine auctoris & typographi, quia tamen continet opiniones quas judico perniciosas & falsas, editusque est forma Programmatis, quod vel templorum valvis affigi, & quibuslibet legendum obtrudi possit, dicitur autem jam antea typis mandatus fuisse sub alia forma cum adjuncto nomine cujusdam, tanquam auctoris, quem multi putant non alias quam meas opiniones docere, cogor detegere ejus errores, ne mihi forte imputentur ab illis, qui casu incident in obvias istas chartas, & mea scripta non legerunt.

Sequitur Programma quale ultima vice prodiit in lucem.

EXPLICATIO

Mentis humanæ, sive animæ rationalis, ubi explicatur quid sit, & quid esse possit.

I.

MEns humana est, qua actiones cogitativæ ab homine primo peraguntur; eaque in sola cogitandi facultate, ac interno principio, consistit.

II.

Quantum ad naturam rerum attinet,

ea videtur pati, ut mens possit esse vel substantia, vel quidam substantiæ corporeæ modus; vel, si nonnullos alios philosophantes sequamur, qui statuunt extensionem & cogitationem esse attributa, quæ certis substantiis, tanquam subjectis, insunt cum ea attributa non sint opposita, sed diversa, nihil obstat, quominus mens possit esse attributum quoddam, eidem subjecto cum extensione conveniens; quamvis unum in alterius conceptu non comprehendatur. Quicquid enim possumus concipere, id potest esse: atqui, ut mens aliquid horum sit, concipi potest: nam nullam horum implicat contradictionem: ergo ea aliquid horum esse potest.

III.

Errant itaque, qui asserunt, nos humanam mentem claré & distincté, tanquam necessario à corpore realiter distinctam, concipere.

IV.

Quod autem mens revera nihil aliud sit quam substantia, sive ens realiter à corpore distinctum, & actu, ab eo separabile, & quod seorsim per se subsistere potest, id in sacris litteris, plurimis in locis, nobis est revelatum. Atque ita, quod per naturam dubium quibusdam esse potest, per divinam in sacris revelationem nobis jam est indubitatum.

V.

Nec obstat, quod de corpore dubitare, de mente vero dubitare nequaquam, possimus. Hoc enim illud tantum probat, quod, quamdiu de corpore dubitamus, illam ejus modum dicere non possimus.

VI.

Mens humana, quamvis sit substantia à corpore realiter distincta, in omnibus tamen actionibus, quamdiu est in corpore, est organica. Atque ideò, pro varia corporis dispositione, cogitationes mentis sunt variæ.

VII.

Cum hæc sit naturæ, à corpore, & corporis dispositione, diversæ, nec ab hac oriri queat, ea est incorruptibilis.

VIII.

Cumque ea nullas partes, nec ullam extensionem in conceptu suo habeat, frustra quæritur, an sit tota in toto, & in singulis partibus tota.

IX.

Cum mens æque ab imaginariis, atque à veris affici queat, hinc per naturam dubium est, an ulla corpora à nobis revera percipiantur. Verum, etiam hoc dubium tollit divina in sacris revelatio, qua indubitatum est, Deum cœlum & terram, & omnia, quæ iis continentur, creasse, & etiamnum conservare.

X.

Vinculum, quo anima cum corpore conjuncta manet, est lex immutabilitatis naturæ, qua unumquodque manet in eo statu, in quo est, donec inde ab alio deturbetur.

XI.

Cum sit substantia, & in generatione nova producatur, rectissime sentire videntur ii, qui animam rationalem, per immediatam creationem, à Deo, in generatione, produci volunt.

XII.

Mens non indiget ideis, vel notionibus, vel axiomatis innatis: sed sola ejus facultas cogitandi, ipsi, ad actiones suas peragendas, sufficit.

XIII.

Atque ideo omnes communes notiones, menti insculptæ, ex rerum observatione vel traditione originem ducunt.

XIV.

Imo ipsa idea Dei, menti insita est, vel ex divina revelatione, vel traditione, vel rerum observatione.

XV.

Conceptus noster de Deo, sive idea Dei, in mente nostra existens, non est satis validum argumentum ad existentiam Dei probandam. Cum non omnia existant, quorum conceptus in nobis obsc vantur ; atque hæc idea, utpote à nobis concepta, idque imperfectè, non magis quam cujusvis alius rei conceptus, vires nostras cogitandi proprias superet.

XVI.
Cogitatio mentis est duplex : intellectus & voluntas.

XVII.
Intellectus est perceptio & judicium.

XVIII.
Perceptio est sensus, reminiscentia, & imaginatio.

XIX.
Omnis sensus est perceptio alicujus motûs corporei ; quæ nullas species intentionales desiderat : isque fit, non in externis sensoriis ; sed solo cerebro.

XX.
Voluntas est libera, & ad opposita, in naturalibus, indifferens, ut ipsa nobis testatur conscientia.

XXI.
Hæc seipsam determinat ; nec cœca est dicenda, ut visus non dicendus surdus.

Nulli facilius ad magnam pietatis famam perueniunt quam superstitiosi & hypocritæ.

Sequitur

Sequitur examen Programmatis.

Ad titulum nota.

Adverto *in titulo*, non nudas aſſertiones de anima rationali, ſed ejus explicationem promitti; adeo ut credere debeamus, omnes rationes, vel ſaltem præcipuas, quas auctor habuit, ad ea, quæ propoſuit, non tantum probanda, ſed etiam explicanda, in hoc programmate contineri: nullaſque alias ab ipſo eſſe expectandas. Quod autem *animam rationalem* nomine *mentis humanæ* appellet; laudo: ſic enim vitat æquivocationem, quæ eſt in voce animæ, atque me hac in re imitatur.

Ad ſingulos articulos notæ.

In articulo primo, videtur velle iſtam animam rationalem *definire*, ſed imperfectè: genus enim omittit, quod nempe ſit ſubſtantia, vel modus, vel quid aliud; ſolamque exponit differentiam, quam à me mutuatus eſt: nemo enim ante me, quod ſciam, illam in ſola cogitatione, ſive cogitandi facultate, ac jinterno principio (ſupple ad cogitandum) conſiſtere aſſeruit.

In articulo ſecundo, incipit inquirere in ejus genus; dicitque, *videri rerum naturam pati ut mens humana possit esse vel substantia, vel quidam substantiæ corporeæ modus.*

Quæ assertio contradictionem involvit, non minorem, quam si dixisset, rerum naturam pati, ut mons possit esse vel sine valle vel cum valle. Quippe distinguendum est inter illa, quæ ex natura sua possunt mutari ; ut quod jam scribam vel non scribam, quod aliquis sit prudens, alius imprudens ; & illa, quæ nunquam mutantur, qualia sunt omnia quæ ad alicujus rei essentiam pertinent, ut apud Philosophos est in confesso. Et quidem non dubium est, quin de contingentibus dici possit rerum naturam pati, ut illa vel uno, vel alio modo se habeant, exempli causa, ut jam scribam, vel non scribam ; sed cum agitur de alicujus rei essentia, planè ineptum est & contradictorium, dicere, rerum naturam pati ut se habeat aliquo alio modo quam revera se habet ; atque non magis pertinet ad naturam montis ut non sit sine valle, quam ad naturam mentis humanæ ut sit id quod est, nempe ut sit substantia, si est substantia, vel certè ut sit rei corporeæ modus, siquidem est talis modus ; quod hic *noster* conatur persuadere, atque ad istud probandum subjungit hæc verba, *vel si nonnullos alios philosophantes sequamur*, &c. ubi per *alios philosophantes* me apertè designat ;

primus enim sum, qui cogitationem tanquam præcipuum attributum substantiæ incorporeæ, & extensionem tanquam præcipuum corporeæ, considera vi. Sed non dixi, attributa illa iis inesse tanquam subjectis à se diversis : cavendumque est, ne per *attributum* nihil hic aliud intelligamus quam modum : nam quicquid alicui rei à natura tributum esse cognoscimus, sive sit modus qui possit mutari, sive ipsamet istius rei plane immutabilis essentia, id vocamus ejus *attributum*. Sic multa in Deo sunt attributa, non autem modi. Sic unum ex attributis cujuslibet substantiæ est, quod per se subsistat. Sic extensio alicujus corporis modos quidem in se varios potest admittere, nam alius est ejus modus si corpus istud sit sphæricum, alius si sit quadratum : verum ipsa extensio, quæ est modorum illorum subjectum, in se spectata, non est substantiæ corporeæ modus, sed attributum, quod ejus essentiam naturamque constituit. Sic denique cogitationis modi varii sunt ; nam affirmare alius est cogitandi modus quam negare, & sic de cæteris ; verum ipsa cogitatio, ut est internum principium, ex quo modi isti exurgunt, & qui insunt, non concipitur ut modus, sed ut attributum, quod constituit naturam alicujus substantiæ, quæ an sit corporea an vero incorporea, hic quæritur.

Addit, *ista attributa non esse opposita, sed diversa*, quibus in verbis rursus contradictio est : cum enim agitur de attributis aliquarum substantiarum essentiam constituentibus, nulla major inter illa oppositio esse potest, quam, quod sint diversa ; & cum fatetur, hoc esse diversum ab illo, idem est ac si diceret, hoc non esse illud; esse autem & non esse contraria sunt. Cum, inquit, *non sint opposita, sed diversa, nihil obstat quominus mens possit esse attributum quoddam eidem subjecto cum extensione conveniens, quamvis unum in alterius conceptu non comprehendatur.* Quibus in verbis, manifestus est paralogismus : concludit enim de quibuslibet attributis, id, quod non nisi de modis propriè dictis verum esse potest, & tamen nullibi probat, mentem sive cogitationis internum principium esse talem modum ; sed è contra, non esse, ex ipsismet ejus verbis in *articulo* 5. positis, mox ostendam. De aliis autem attributis, quæ rerum naturas constituunt, dici non potest ea, quæ sunt diversa, & quorum neutrum in alterius conceptu contineatur, uni & eidem subjecto convenire ; idem enim est, ac si diceretur, unum & idem subjectum duas habere diversas naturas, quod implicat contradictionem, siquidem cum de simplici & non composito subjecto quæstio est, quemadmodum hoc in loco.

Sed *tria* hic advertenda sunt, quæ si bene intellecta essent ab hoc scriptore, nunquam in tam manifestos errores incidisset.

Primum est, ad rationem modi pertinere, ut quamvis substantiam sine illo facile intelligamus, non possimus tamen vice versa modum claré intelligere, nisi simul concipiamus substantiam cujus est modus, ut in 1. *parte principiorum art.* 61. explicui, atque in hoc omnes Philosophi consentiunt: *nostrum* autem non attendisse ad hanc regulam, ex ejus *articulo quinto* fit fit manifestum; ibi enim fatetur, nos posse de corporis existentia dubitare, cum interim de mentis existentia non dubitamus: unde sequitur, mentem posse à nobis sine corpore intelligi, ac proinde non esse ejus modum.

Alterum, quod hic notari velim, est differentia inter entia simplicia & composita; quippe compositum illud est, in quo reperiuntur duo vel plura attributa, quorum utrumque sine alio potest distinctè intelligi: ex hoc enim, quod unum sine alio sic intelligatur, cognoscitur non esse ejusmodi, sed res vel attributum rei, quæ potest absque illo subsistere: ens autem simplex illud est, in quo talia attributa non inveniuntur. Unde patet, illud subjectum, in quo solam extensionem cum variis extensionis modis intelligimus, esse ens simplex: ut etiam subjectum, in quo solam cogitationem cum variis cogitationum modis agnoscimus; illud autem, in quo extensionem & cogitationem simul consideramus, esse compositum, hominem scilicet, constantem anima & corpore, quem videtur *auctor noster* pro solo corpore, cujus mens sit modus, hic sumpsisse.

Denique hic notandum, in subjectis, ex pluribus substantiis compositis, sæpe unam esse præcipuam, quæ à nobis ita consideratur, ut quod ei ex reliquis adjungimus nihil aliud sit quam modus: sic homo vestitus considerari potest, ut quid compositum ex homine & vestibus; sed vestitum esse, respectu hominis est tantum modus, quamvis vestimenta sint substantiæ. Eodemque modo, potuit *auctor noster* in homine, qui ex anima & corpore est compositus, considerare corpus tanquam præcipuum quid, ratione cujus, animatum esse vel cogitationem habere, nihil aliud est quam modus: sed ineptum est inde inferre, ipsam animam, sive id per quod corpus cogitat, non esse substantiam à corpore diversam.

Conatur autem, quæ dixit, confirmare hoc Syllogismo: *Quicquid possumus conci-*

pere, id potest esse: atqui ut mens aliquid horum sit (nempe substantia, vel modus corporeæ substantiæ) *concipi potest: nam nullum horum implicat contradictionem. Ergo, &c.* Ubi notandum est, hanc regulam, *quicquid possumus concipere, id potest esse*, quamvis mea sit, & vera, quoties agitur de claro, & distincto conceptu, in quo rei possibilitas continetur, quia Deus potest omnia efficere, quæ nos possibilia esse claré percipimus; non esse tamen temerè usurpandam, quia facile fit, ut quis putet se aliquam rem rectè intelligere, quam tamen præjudicio aliquo excæcatus non intelligit. Atque hoc contingit *huic auctori*, cum negat implicare contradictionem, ut una & eadem res habeat alterutram è duabus naturis plane diversis, nempe, ut sit substantia, vel modus. Si tantum dixisset, nullas se percipere rationes, propter quas mens humana credi debeat substantia incorporea potius quam substantiæ corporeæ modus, posset ejus ignorantia excusari; si vero dixisset, nullas ab humano ingenio posse inveniri rationes, quibus unum potius quam aliud probetur, arrogantia quidem esset culpanda, sed non appareret contradictio in ejus verbis; cum autem dicit, rerum naturam pati, ut idem sit substantia, vel modus, omnino pugnantia loquitur, & absurditatem ingenii sui ostendit.

In articulo tertio, suum de *me* judicium profert. *Ego* enim sum, qui scripsi mentem humanam clarè & distinctè posse percipi ut substantiam à substantia corporea divisam, *noster* autem, quamvis non aliis nitatur rationibus quam istis contradictionem involventibus, quas in articulo præcedenti explicuit., me errare pronunciat. Sed hoc non moror. Nec examino verba, *necessario*, *sive actu*, quæ nonnihil ambiguitatis continent; non enim sunt magni momenti.

Nolo etiam examinare, quæ in *articulo quarto* de sacris litteris habentur, ne videar mihi jus arrogare de alterius religione inquirendi. Sed dicam tantum, tria genera quæstionum esse hîc distinguenda; quædam enim sola fide creduntur, quales sunt de mysterio Incarnationis, de Trinitate, & similibus; aliæ vero, quamvis ad fidem pertineant, ratione tamen naturali quæri etiam possunt, inter quas Dei existentia & humanæ animæ à corpore distincto solent ab Orthodoxis Theologis recenseri; ac denique aliæ sunt, quæ nullo modo ad fidem, sed ad solum ratiocinium humanum spectant, ut de quadratura circuli, de auro arte Chymica faciendo, & similibus. Atque ut illi sacræ scripturæ verbis abutuntur, qui ex iis malè explicatis has ultimas elicere se putant:

ita etiam ejus auctoritati derogant, qui priores argumentis à sola Philosophia petitis demonstrandas suscipiunt: sed tamen omnes Theologi contendunt esse ostendendum, ipsas lumini naturali non adversari, atque in hoc præcipuum suum studium ponunt; medias autem non modo lumini naturali non adversari arbitrantur, sed etiam hortantur Philosophos, ut ipsas rationibus humanis pro viribus demonstrent. Neminem autem unquam vidi, qui affirmaret, rerum naturam pati, ut res aliqua aliter se habeat quam docet sacra scriptura, nisi vellet indirectè ostendere, se scripturæ illi fidem non habere. Cum enim prius nati simus homines quam facti Christiani, non credibile est aliquem amplecti seriò eas opiniones, quas rectæ rationi, quæ hominem constituit, contrarias putat, ut fidei per quam est Christianus adhæreat. Sed fortè etiam *auctor noster* hoc non dicit: verba enim ejus sunt *per naturam dubium quibusdam esse posse, quod per divinam in sacris revelationem nobis jam est indubitatum*, in quibus duplicem contradictionem invenio: primam in eo, quod unius & ejusdem rei essentiam, quam repugnat non eandem semper manere, (quia si supponatur alia fieri, hoc ipso erit alia res, & alio nomine indigitanda) supponat esse, per naturam, dubiam, ac proinde mutabilem : aliam in verbo *quibufdam* ; quia, cum omnium eadem fit natura, quod non nifi quibufdam dubium effe poteft, non eft per naturam dubium.

Articulus quintus referendus eft ad fecundum potiùs quam ad quartum : neque enim in eo agit *auctor* de revelatione divina, fed de natura mentis, an fit fubftantia vel modus : atque ut probet, defendi poffe, illam nihil aliud effe quam modum, conatur folvere objectionem ex meis fcriptis defumptam. Quippe fcripfi nos non poffe dubitare, quin mens noftra exiftat, quia, ex hoc ipfo quod dubitemus, fequitur illam exiftere ; fed interim nos poffe dubitare, an ulla corpora exiftant ; unde collegi & demonftravi, illam à nobis clarè percipi, ut rem exiftentem, five, ut fubftantiam, quamvis nullum planè corpus concipiamus, ac etiam negemus, ulla corpora exiftere, ac proinde mentis conceptum non involvere in fe ullum conceptum corporis : quod argumentum putat fe difflare, cum ait, *illud tantum probare, quod quamdiu de corpore dubitamus, mentem ejus modum dicere non poffimus*. Ubi oftendit, fe planè ignorare, quid fit quod à Philofophis vocatur *modus* : in eo enim confiftit natura modi, quod nullo pacto poffit intelligi, quin conceptum rei cujus eft modus in conceptu fuo involvat, ut jam supra explicui ; *noster au-tem* fatetur, mentem posse aliquando intelligi sine corpore, quando scilicet de corpore dubitatur, unde sequitur illam tunc saltem dici non posse ejus modum ; atque, quod aliquando verum est de alicujus rei essentia vel natura, semper est verum ; sed nihilominus affirmat, *rerum naturam pati, ut mens sit tantum corporis modus :* quæ duo manifestè contradictoria sunt.

In articulo sexto, quid sibi velit, non capio : memini quidem audivisse in scholis, *animam esse actum corporis organici* ; sed ipsam dici *organicam*, nunquam ante hanc diem audivi. Atque ideo ab *auctore nostro* veniam peto, ut, quia nihil hic certi habeo quod scribam, meas conjecturas, non tanquam rem veram, sed tanquam conjecturas duntaxat, exponam. Duo inter se pugnantia mihi videor advertere ; quorum unum est, quod mens humana sit substantia realiter à corpore distincta, hocque apertè quidem dicit *auctor*, sed rationibus, quantum potest, dissuadet, soliusque sacræ scripturæ auctoritate probari posse, contendit ; aliud est, eandem illam mentem humanam in omnibus suis actionibus esse *organicam* sive instrumentalem, quæ scilicet per se nihil agat, sed qua corpus utatur, tanquam membrorum suorum conformatione, aliisque corporeis modis; atque ita, non quidem expressis verbis, sed re ipsa affirmat, *mentem nihil aliud esse quam corporis modum*, ut etiam ad hoc unum probandum omnium rationum suarum aciem instruxit. Quæ duo tam manifestè contraria sunt, ut non putem *auctorem* velle utrumque simul à lectoribus credi, sed ea de industria sic inter se miscuisse, ut simplicioribus quidem suisque Theologis scripturæ auctoritate aliquo modo satisfaciat, sed interim nasutiores agnoscant, illum, cum ait, *mentem esse à corpore distinctam*, ironia uti, atque omnino in ea esse opinione, quod nihil sit quam modus.

In septimo etiam & *octavo articulo* videtur tantum ironia uti. Atque retinet idem Socraticum schema *in posteriore parte articuli noni*. Sed *in priori* rationem assertioni suæ adjungit, ideoque illum ibi serio agere credendum esse videtur. Nempe, docet per naturam dubium esse, an ulla corpora à nobis revera percipiantur, rationemque affert, *quia mens æque ab imaginariis atque à veris affici potest*. Quæ ratio, ut vera sit, supponendum est, nos nullo intellectu propriè dicto posse uti, sed eâ tantum facultate, quæ sensus communis vocari solet: in qua scilicet rerum tam verarum quam imaginariarum species recipiuntur ut mentem afficiant, & quam ipsis brutis Philosophi vulgò concedunt. Sed sanè, qui habent intellectum, nec facti sunt tanquam equus & mulus, etiamsi non à solis rerum verarum imaginibus afficiantur, sed etiam ab iis, quæ in eorum cerebro aliis ex causis occurrunt, ut contingit in somnis, unas tamen ab aliis rationis lumine clarissime dignoscunt. Et, quâ viâ id rectè ac tutò fiat, tam accuratè *in meis scriptis* explicui, ut neminem, qui ea perlegit, & intelligendi est capax, scepticum esse posse confidam.

In decimo & undecimo articulo, licet etiam ironiam suspicari: atque, si anima credatur esse substantia, ridiculum est & ineptum dicere ; *vinculum, quo ipsa manet cum corpore conjuncta, esse legem immutabilitatis naturæ, quâ unumquodque manet in eo statu, in quo est*: æque enim, quæ disjuncta sunt, ac conjuncta, manent in eodem statu, quamdiù nihil eorum statum mutat, quod hîc non quæritur; sed, quomodo fiat, ut mens sit corpori conjuncta, non autem ab eo disjuncta? Si autem anima supponatur esse modus corporis, rectè dicitur, non aliud quærendum esse vinculum, quo ei jungatur, quam quod maneat in eo statu in quo est, quia nullus alius est modorum status, quam quod insunt rebus quorum sunt modi.

In articulo 11. Non videtur nisi solis verbis à me dissentire : cum enim ait, mentem non indigere ideis, vel notionibus, vel axiomatis innatis, & interim, ei facultatem cogitandi concedit (puta naturalem sive innatam) re affirmat plane idem, quod ego, sed verbo negat. Non enim unquam scripsi vel judicavi mentem indigere ideis innatis, quæ sint aliquid diversum ab ejus facultate cogitandi ; sed cum adverterem, quasdam in me esse cogitationes, quæ non objectis externis, nec à voluntatis meæ determinatione procedebant, sed à sola cogitandi facultate, quæ in me est, ut ideas sive notiones, quæ sunt istarum cogitationum formæ, ab aliis adventitiis aut factis distinguerem, illas innatas vocavi : eodem sensu, quo dicimus, generositatem esse quibusdam familiis innatam, aliis verò quosdam morbos, ut podagram, vel calculum, non quod ideo istarum familiarum infantes morbis istis in utero matris laborent, sed quod nascantur cum quadam dispositione sive facultate ad illos contrahendos.

Egregiam vero consequentiam *in articulo* 13. ex præcedenti deducit. *Ideo*, inquit (quod mens, scilicet, non indigeat ideis innatis, sed sola facultas cogitandi ei sufficiat,) *omnes communes notiones menti insculptæ, ex rerum observatione, vel traditione originem ducunt* : tanquam, si facultas cogitandi nihil possit per se præstare, nihilque unquam percipiat vel cogitet, nisi quod accipit à rerum observatione vel traditione, hoc est, à sensibus. Quod adeo falsum est, ut è contra, quisquis rectè advertit, quo usque sensus nostri se extendant, & quidnam sit præcisè, quod ab illis ad nostram cogitandi facultatem potest pervenire, debeat fateri, nullarum rerum ideas, quales eas cogitatione formamus, nobis ab illis exhiberi : adeo ut nihil sit in nostris ideis, quod menti, sive cogitandi facultati, non fuerit innatum, solis iis circumstantiis exceptis, quæ ad experientiam spectant, quod nempè judicemus, has vel illas ideas, quas nunc habemus cogitationi nostræ præsentes, ad res quasdam extra nos positas referri, non quia istæ res illas ipsas nostræ menti per organa sensuum immiserunt ; sed quia tamen aliquid immiserunt, quod ei dedit occasionem ad ipsas, per innatam sibi facultatem, hoc tempore potius quam alio, efformandas. Quippe nihil ab objectis externis ad mentem nostram per organa sensuum accedit, præter motus quosdam corporeos ; ut ipsemet *auctor noster in art. 19.* ex meis principiis affirmat ; sed ne quidem ipsi motus, nec figuræ ex iis ortæ, à nobis concipiuntur, quales in organis sensuum fiunt, ut fusè in *Dioprrica* explicui; unde sequitur, ipsas motuum & figurarum ideas nobis esse innatas: ac tantò magis innatæ esse debent ideæ doloris, colorum, sonorum, & similium, ut mens nostra possit occasione quorundam motuum corporeorum, sibi eas exhibere: nullam enim similitudinem cum motibus corporeis habent. Quid autem magis absurdum fingi potest, quam quod omnes communes notiones quæ menti nostræ insunt, ab istis motibus oriantur, & sine illis esse non possint. Vellem *noster*, me doceret, quisnam ille sit corporeus motus, qui potest in mente nostra formare aliquam communem notionem, exempli causa, *quod quæ eadem sunt uni tertio, sint eadem inter se*, vel quamvis aliam: omnes enim isti motus sunt particulares, notiones vero illæ universales, & nullam cum motibus affinitatem, nullamve ad ipsos relationem habentes.

Pergit tamen in *articulo* 14. affirmare ipsam ideam Dei, quæ in nobis est, non à nostra cogitandi facultate, cui sit innata, *sed ex divina revelatione, vel traditione, vel rerum observatione esse:* cujus assertionis errorem faciliùs agnoscemus, si consideremus aliquid dici posse ex alio esse, vel quia hoc aliud est causa ejus proxima & primaria, sine qua esse non potest

potest, vel quia est remota & accidentaria duntaxat, quæ nempè dat occasionem primariæ, producendi suum effectum uno tempore potius quam alio. Sic artifices omnes sunt operum suorum causæ primariæ & proximæ; qui verò jubent, vel mercedem promittunt, ut illa faciant, sunt accidentariæ & remotæ, quia fortasse nisi jussi non facerent. Non autem dubium est, quin traditio vel rerum observatio sæpè sit causa remota, nos invitans, ut ad ideá, quam habere possumus de Deo, attendamus, illamque cogitationi nostræ præsentem exhibeamus. Quod autem sit causa proxima istius ideæ effectrix, à nemine dici potest, nisi ab eo qui putat nihil à nobis de Deo unquam intelligi, nisi quale sit hoc nomen, *Deus*, vel qualis sit figura corporea quæ nobis ad repræsentandum Deum à pictoribus exhibetur. Quippe observatio, si fiat per visum, nihil propria sua vi menti exhibet præter picturas, & quidem picturas ex sola motuum quorundam corporeorum varietate constantes, ut ipse *auctor noster* docet: si per auditum, nihil præter verba & voces: si verò per alios sensus, nihil in ea habetur quod referri possit ad Deum. Et sanè, quod visus nihil præter picturas, nec auditus præter voces vel sonos, propriè, ac per se exhibeat, unicuique est manifestum: adeo ut illa omnia quæ præter istas voces vel picturas cogitamus tanquam earum significata, nobis repræsententur per ideas non aliunde advenientes quam à nostra cogitandi facultate, ac proinde cum illa nobis innatas, hoc est, potentia nobis semper existentes: esse enim in aliqua facultate, non est esse actu, sed potentia duntaxat, quia ipsum nomen facultatis nihil aliud quam potentiam designat. Quod verò de Deo nihil præter nomen vel effigiem corpoream possimus cognoscere, nemo potest affirmare, nisi qui se apertè atheum, atque etiam omni intellectu destitutum, fateatur.

Postquam *auctor noster* istam suam de Deo opinionem exposuit, refutat *in articulo* 15. argumenta omnia, quibus Dei existentiam demonstravi. Ubi sanè mirari subit hominis confidentiam, quod tam facilè, tam paucis verbis, putet se omnia posse evertere, quæ ego longa & attenta meditatione composui, libróque integro explicui. Sed nempe omnes rationes, quas ad hoc attuli, ad *duas* referuntur: *Prima* est, quod ostenderim nos habere Dei notitiam, sive ideam, quæ talis est, ut, cum ad eam satis attendimus, &, eo modo quo explicui, rem perpendimus, ex sola ejus consideratione cognoscamus, fieri non posse, quin Deus existat, quoniam existentia, non possibilis duntaxat vel contingens, quemadmodum in aliarum omnium rerum ideis, sed omnino necessaria & actualis, in ejus conceptu continetur. Hanc autem rationem, quam pro certa & evidenti demonstratione non ego solus habeo, sed habent etiam alii plures, iique doctrina & ingenio supra cæteros eminentes, qui eam cum cura examinarunt, hanc, inquam, *auctor Programmatis* sic refutat. *Conceptus noster de Deo, sive idea Dei in mente nostra existens, non est satis validum argumentum ad existentiam Dei probandam, cum non omnia existant, quarum conceptus in nobis observatur.* Quibus verbis ostendit, se mea quidem scripta legisse, sed ea nullo modo intelligere, vel potuisse, vel voluisse: non enim vis mei argumenti desumitur ab idea in genere sumpta, sed à peculiari ejus proprietate, quæ in idea, quam habemus de Deo, evidentissima est, atque in nullis aliarum rerum conceptibus potest reperiri: nempe ab existentiæ necessitate, quæ requiritur ad cumulum perfectionum, sine quo Deum intelligere non possumus. *Aliud* argumentum, quo demonstravi Deum esse, ex eo desumpsi, quod evidenter probaverim, nos non habituros fuisse facultatem, ad omnes eas perfectiores, quas in Deo cognoscimus, intelligendas, nisi verum esset, Deum existere, nosque ab illo esse creatos. Quod putat *noster* se abundè dissolvere, dicendo *ideam, quam habemus de Deo, non magis quam cujusvis alterius rei conceptum vires nostras cogitandi proprias superare*: quibus verbis, si tantum intelligit, eum, quem de Deo conceptum, sine gratiæ supernaturalis auxilio, habemus, non minus esse naturalem, quam sint reliqui omnes quos habemus de aliis rebus, mecum sentit, sed nihil inde contra me colligi potest; si verò existimat, in illo conceptu non plures perfectiones objectivas involvi quam in omnibus aliis simul sumptis, apertè errat; ego autem ab hoc solo perfectionum excessu, quo noster de Deo conceptus alios superat, argumentum meum desumpsi.

In sex reliquis articulis, nihil habet notatu dignum, nisi quod, cum velit animæ proprietates distinguere, confusè admodum & improprie de iis loquatur. Quippe ego dixi, eas omnes referri ad duas præcipuas, quarum una est perceptio intellectus, alia vero determinatio voluntatis, quas *noster* vocat, *intellectum & voluntatem*; ac deinde illud quod vocavit *intellectum*, dividit in *perceptionem & judicium*; qua in re à me dissentit: ego enim cum viderem, præter perceptionem, quæ prærequiritur ut judicemus, opus esse affirmatione vel negatione, ad formam judicii constituendam, nobisque sæpè esse liberum ut cohibeamus aſſentionem, etiamſi rem percipiamus, ipſum actum judicandi, qui non niſi in aſſenſu, hoc eſt, in affirmatione vel negatione conſiſtit, non retuli ad perceptionem intellectus, ſed ad determinationem voluntatis. Poſtea inter ſpecies perceptionis non enumerat niſi *ſenſum, reminiſcentiam, & imaginationem*: unde colligi poteſt, eum nullam intellectionem puram, hoc eſt, intellectionem quæ circa nullas imagines corporeas verſetur, admittere; ac proinde ipſum ſentire, nullam de Deo, nec de mente humana, vel aliis incorporeis rebus cognitionem haberi: cujus rei non aliam cauſam poſſum ſuſpicari, quam quod eæ, quas habet de illis rebus cogitationes, ſint tam confuſæ, ut nullam unquam puram, & ab omni corporea imagine diverſam, in ſe animadvertat.

In fine denique addidit hæc verba ex meo aliquo ſcripto deſumpta, *nulli facilius ad magnam pietatis famam perveniunt quam ſuperſtitioſi & hypocritæ*. Quibus quid ſignificare velit non video, niſi forté referat ad hypocriſim; quod uſus ſit ironia multis in locis: ſed non puto illum iſta via poſſe ad magnam pietatis famam pervenire.

Cæterum cogor hic fateri, me pudore ſuffundi, quod antehac iſtum auctorem, tanquam perſpicaciſſimi ingenii virum laudarim, atque alicubi scripserim, me non putare ullas ab ipso doceri opiniones, quas nollem pro meis agnoscere. Sed nempe quando ista scribebam, nullum adhuc videram ejus specimen, in quo fidus exscriptor non fuisset, nisi tantum semel in verbulo uno, quod illi tam male cesserat, ut sperarem nihil tale amplius esse ausurum; & quia videbam ipsum in reliquis magno cum affectu opiniones amplecti, quas verissimas arbitrabar, id ejus ingenio & perspicacitati tribuebam. Nunc autem multiplex experientia cogit me, ut existimem, non tam amore veritatis eum teneri, quam novitatis; atque quoniam omnia, quæ ab aliis didicit pro antiquis & obsoletis habet, nihilque satis novum ei videtur, nisi quod ex proprio cerebro extundit; est autem adeo infelix in suis inventis, ut nullum unquam verbum in ejus scriptis notaverim (quod ex aliis non exscripsisset) in quo non aliquem errorem contineri judicarem. Monere debeo illos omnes, qui meas opiniones ab eo defendi persuadent, nullas esse non modo in *Metaphysicis*, in quibus apertè mihi adversatur, sed etiam in *Physicis*, de quibus alicubi in suis scriptis agit, quas non male proponat & corrumpat. Adeo ut magis indigner, quod talis *doctor* scripta mea pertractet, atque interpretanda sive interpolanda suscipiat, quam quod alii nonnulli summa cum acerbitate ipsa impugnent.

Quippe neminem ex acerbis istis adhuc vidi, qui non mihi tribueret opiniones à meis toto cœlo diversas, atque adeo absurdas & ineptas, ut non verear, ne ullis cordatis viris possit persuaderi meas esse. Sic eo ipso tempore, quo hæc scribo, mihi adhuc afferuntur duo novi libelli ab aliquo hujus generis adversario conscripti, in quorum priore habetur, *esse Neotericos nonnullos, qui certam omnem fidem sensibus abrogent, & Philosophos Deum negare, & de ejus existentia dubitare posse contendunt, qui insitas interim à natura humanæ menti de Deo notitias actuales, species & ideas admittunt.* Dicitur autem in altero, *Neotericos istos au lacter pronuntiare, Deum non modo negativè, sed & positivè sui causam efficientem dici debere.* Atque in utroque libello nihil aliud agitur, quam quod argumenta multa congerantur, ad probandum, primo nos nullam Dei cognitionem *actualem* in utero matris habuisse, ac proinde *nullam de Deo actualem speciem & ideam menti nostræ ingenitam*: secundo, *non oportere Deum negare*, atque *illos atheos & legibus puniendos qui eum negant*: tertio denique Deum non esse *causam efficientem sui ipsius*. Quæ omnia possem quidem supponere contra me non scribi, quia nomen meum in istis libellis non habetur, & nulla est opinionum, quæ in iis impugnantur, quam non planè absurdam & falsam putem. Sed tamen, quia non dissimiles sunt iis quæ jam sæpe ab aliis ejusdem ordinis hominibus mihi per calumniam fuerunt imputatæ, nullique alii agnoscuntur quibus eæ tribui possint, ac denique quia multi non dubitant, quin ego ille sim, contra quem isti libelli scripti sunt; monebo hic, ex occasione, earum auctorem, *primo*, per ideas innatas me nihil unquam intellexisse, nisi quod ipsemet in pag. 6. sui posterioris libelli verum esse expressis verbis affirmat, nempe, *nobis à natura inesse potentiam qua Deum cognoscere possumus*, quod autem istæ ideæ sint *actuales*, vel quod sint species nescio quæ à cogitandi facultate diversæ, nec unquam scripsisse nec cogitasse: imo etiam me magis quam quenquam alium ab ista supervacua entitatum scholasticarum supellectile esse alienum, adeo ut à risu abstinere non potuerim, cum vidi magnam illam catervam, quam vir fortasse minime malus, laboriosè collegit ad probandum, *infantes non habere notitiam Dei actualem quandiu sunt in utero matris*, tanquam si me hoc pacto egregie impugnaret. *Secundo*, me nunquam etiam docuisse, *Deum esse negandum, vel ipsum nos posse decipere vel de omnibus*

esse

esse dubitandum, vel fidem omnem sensibus abrogandam, vel somnum à vigilia non distinguendum, vel similia, quæ à calumniatoribus imperitis aliquando mihi objecta sunt ; sed omnia ista expressissimis verbis rejecisse, validissimisque argumentis, imò etiam ausim addere validioribus quàm ab ullo ante me refutata fuerint refutasse : quod ut commodius & efficacius præstarem, proposui, initio *meditationum* mearum, ista omnia tanquam dubia, quæ non à me primum fuerunt inventa, sed à scepticis dudum decantata. Quid autem iniquius, quàm tribuere alicui scriptori opiniones, quas eo fine tantùm refert ut eas refutet? Quid ineptius quam fingere, saltem illo tempore, quo istæ falsæ opiniones proponuntur & nondùm refutantur, eas doceri ; atque ideo illum, qui refert atheorum argumenta, *esse atheum temporarium* ? Quid magis puerile quàm dicere, si moriatur interim priusquam *speratam suam demonstrationem* scripserit vel invenerit, eum atheum moriturum, ipsumque in antecessum perniciosam doctrinam docuisse, *non autem esse facienda mala ut eveniant bona*, & talia. Dicet forte aliquis, me istas falsas opiniones non retulisse tanquam aliorum, sed tanquam meas : verum quid hoc refert ; quandoquidem in eodem libro, in quo ipsas retuli, omnes refutavi.

atque ex ipso libri titulo potuit intelligi, me ab iis credendis esse planè alienum, quandoquidem in eo *demonstrationes de existentia Dei promittuntur*. Estne aliquis adeo stolidus, ut existimet eum qui talem librum componit, ignorare, dum primas ejus paginas exarat, quid in sequentibus demonstrandum susceperit ? objectiones autem tanquam meas proposui, quia hoc exigebat stylus meditationum, quem rationibus explicandis aptissimum judicavi. Quæ ratio, si nostris censoribus non satisfacit, velim scire quid dicant de sacris litteris, cum quibus nulla humana scripta sunt comparanda, quando vident in iis nonnulla, quæ non possunt rectè intelligi nisi supponantur tanquam ab impiis, vel saltem ab aliis quam à Spiritu Sancto vel à Prophetis dicta esse, qualia sunt Eccl. cap. 2. hæc verba: *nonne melius est comedere & bibere, & ostendere animæ suæ bona de laboribus suis, & hoc de manu Dei est. Quis ita devorabit & deliciis affluet ut ego?* & in capite sequenti: *Dixi in corde meo de filiis hominum, ut probaret eos Deus, & ostenderet similes esse bestiis. Idcircò unus interitus est hominis & jumentorum, & æqua utrisque conditio: sicut moritur homo, sic & illa moriuntur, similiter spirant omnia, & nihil habet homo jumento plus, &c.* An credunt ibi Spiritum Sanctum nos docere, ventri esse indulgendum, & affluendum delicijs, animasque noftras non magis effe immortales quam jumentorum? non puto eos ufque adeo effe furiofos: fed neque debent etiam calumniari, quod iis inter fcribendum non ufus fim cautelis, quæ nunquam ab ullis aliis fcriptoribus fuerunt obfervatæ, nec ab ipfo quidem Spiritu Sancto.

Tertio denique moneo libellorum iftorum auctorem, me nunquam fcripfiffe, *Deum non modo negativè, fed & pofitivè fui caufam efficientem dici debere*, ut in pag. 8. pofterioris fui libelli valde inconfideratè affirmat. Quærat, legat, evolvat mea fcripta, nihil unquam fimile in illis reperiet, fed omninò contrarium. Me verò à talibus opinionum portentis quam maximè effe remotum notiffimum eft iis omnibus, qui vel fcripta mea legerunt, vel aliquam mei notitiam habent, vel faltem omninò fatuum effe non putant. Atque idcircò admodum miror, quis fit fcopus iftorum calumniatorum. Nam fi volunt perfuadere hominibus ea me fcripfiffe, quorum planè contrarium in meis fcriptis reperitur, deberent prius curare ut omnia, quæ in lucem edidi, fupprimantur, nec non etiam, ut ex eorum qui jam ea legerunt, memoria deleantur: quamdiu enim hoc non faciunt, plus fibi nocent quam mihi. Miror etiam quod contra me, qui eos nunquam lacessivi nihilque nocui; sed quibus fortasse, si me irritarint, nocere possem, tanta cum acerbitate ac tanto studio invehantur, interimque nihil agant contra multos alios, qui eorum doctrinam libris integris refutarunt, ipsosque ut simplicios & andabatas deriserunt. Nolo tamen hîc quicquam addere, quo revocem illos ab instituto libellis me suis impugnandi: video libenter me tanti fieri ab ipsis, sed iis interim precor sanitatem.

Hæc scripta sunt Egmondæ in Hollandia circa finem Decembris Anno 1647.

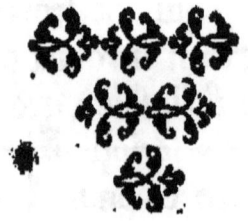

REMARQUES
DE RENÉ DESCARTES,

Sur un certain Placart imprimé aux Pays-Bas vers la fin de l'année 1647. qui portoit ce titre:

Explication de l'Esprit humain, ou de l'Ame raisonnable, où il est montré ce qu'elle est & ce qu'elle peut être.

VERSION.

IL m'a été mis depuis peu de jours deux livrets entre les mains, dans l'un desquels on s'attaque ouvertement & directement à moy, & dans l'autre on ne s'y attaque que couvertement & indirectement. Pour le premier, je ne m'en tourmente pas beaucoup; au contraire, je rends graces à son Auteur, de ce que ne l'ayant rempli que d'inutiles cavillations, & de calomnies si noires qu'elles ne pourront être cruës de personne, il montre par là clairement qu'il n'a pû rien trouver en mes écrits qu'il pût justement reprendre; & ainsi il en confirme mieux la verité, que s'il les avoit publiquement loüez, & cela aux dépens de sa réputation. Pour l'autre je m'en mets davantage en peine; car bien qu'il ne contienne rien qui s'adresse ouvertement à moy, & qu'il paroisse sans aucun nom, ni de l'Auteur, ni de l'Imprimeur: toutefois, pource qu'il contient des opinions que je juge être très-pernicieuses & très-fausses, & qu'il a été imprimé en forme de Placart, afin qu'il pût être commodément affiché aux portes des Temples, & ainsi qu'il fût exposé à la vûë de tout le monde; & aussi pource que j'ai appris qu'il a déja été une autrefois imprimé en une autre forme, sous le nom d'un certain personnage qui s'en dit l'Auteur, que la pluspart estiment n'enseigner point d'autres opinions que les miennes, je me trouve obligé d'en découvrir les erreurs, de peur qu'elles ne me soient imputées par ceux qui n'ayant pas lû mes écrits, pourront par hazard jetter les yeux sur de telles affiches.

Voici maintenant le Placart tel qu'il a paru la derniere fois.

EXPLICATION

De l'Esprit humain, ou de l'Ame raisonnable, où il est montré ce qu'elle est, & ce qu'elle peut être.

Version.

Art. premier.

L'Esprit humain, est ce parquoi les actions de la pensée sont immediatement exercées dans l'homme; & il ne consiste précisément que dans ce principe interne, ou dans cette faculté que l'homme a de penser.

II.

Pour ce qui est de la nature des choses, rien n'empêche, ce semble, que l'esprit ne puisse être ou une substance, ou un certain mode de la substance corporelle; ou si nous voulons suivre le sentiment de quelques nouveaux Philosophes, qui disent que l'étenduë & la pensée sont des attributs qui sont en certaines substances, comme dans leurs propres sujets, puisque ces attributs ne sont point opposez, mais seulement divers, je ne vois pas que rien puisse empêcher que l'esprit, ou la pensée, ne puisse être un attribut, qui convienne à un même sujet que l'étenduë, quoi que la notion de l'un ne soit point comprise dans la notion de l'autre; dont la raison est, que tout ce que nous pouvons concevoir peut aussi être ; or est-il que l'on peut concevoir que l'esprit humain soit quelqu'une de ces choses, car il n'y a en cela aucune contradiction, & partant il en peut être quelqu'une.

III.

C'est pourquoi ceux-là se trompent, qui soutiennent que nous concevons clairement & distinctement l'esprit humain, comme une chose qui *actuellement* & par necessité est distincte réellement du corps.

IV.

Mais maintenant, qu'il soit vrai que l'esprit humain soit en effet une substance, ou un être distinct réellement du corps, & qu'il en puisse être actuellement separé, & subsister de soi-même sans luy, cela nous est revelé en plusieurs lieux de la Sainte Ecriture; & ainsi, ce qui de sa nature peut être douteux pour quelques-uns, (*au moins si nous ne nous contentons pas d'une legere & morale connoissance des choses, mais si nous en voulons rechercher exactement la verité*) nous est maintenant devenu certain & indubitable, par la revelation qui nous en a été faite dans les saintes lettres.

V.

Et cela ne fait rien de dire que nous pouvons douter de l'existence du corps, mais que nous ne pouvons aucunement douter de celle de l'esprit ; car cela prouve seulement que pendant que nous doutons de l'existence du corps, nous ne pouvons pas alors dire que l'esprit en soit un mode.

VI.

Quoi que l'esprit humain, ou l'ame raisonnable soit une substance distincte réellement du corps, neanmoins pendant qu'elle est dans le corps, elle est organique en toutes ses actions ; c'est pourquoi selon les diverses dispositions du corps, les pensées de l'ame sont aussi diverses.

VII.

Comme elle est d'une nature differente du corps, & de ses diverses dispositions, dont elle ne peut tirer son origine, elle est incorruptible.

VIII.

Et comme la notion que nous en avons, ne nous fait concevoir en elle aucunes parties, ni aucune étenduë ; c'est en vain que l'on demande, si elle est toute entiere dans le tout, & toute entiere dans chaque partie.

IX.

Comme les choses qui ne sont qu'imaginaires peuvent aussi bien faire impression sur l'esprit ou sur l'ame, que celles qui sont vrayes, il s'ensuit qu'il est naturellement incertain, si nous appercevons veritablement aucun corps (*au moins si, comme il a déja été dit, nous ne voulons pas nous contenter d'une legere & morale connoissance de la verité, mais que nous veüillons connoître les choses avec certitude,*) mais la revelation qui nous a été faite dans les saintes lettres nous a encore relevez de ce doute; car elle nous apprend certainement, que Dieu a créé le Ciel & la Terre, & toutes les choses qui y sont contenuës, & qu'il les conserve encore à present.

X.

Le lien qui tient l'ame unie & conjointe au corps, n'est autre que la Loy de l'immutabilité de la nature, qui est telle, que chaque chose demeure en l'état qu'elle est, pendant que rien ne la change.

XI.

Comme elle est une substance, & que dans la generation de chaque homme en particulier il s'en produit une nouvelle, ceux là sans doute ont très-bonne raison, qui disent que l'ame raisonnable est produite par une immediate creation de Dieu.

XII.

L'esprit n'a pas besoin d'idées, ou de notions, ou d'axiomes qui soient nez ou naturellement imprimez en lui ; mais la seule faculté qu'il a de penser lui suffit pour exercer ses actions.

XIII.

Et partant toutes les communes notions qui se trouvent empreintes en l'esprit, tirent toute leur origine, ou de l'observation des choses, ou de la tradition.

XIV.

Bien plus, l'idée même de Dieu a été mise en l'esprit, ou par la revelation divine, ou par la tradition, ou par l'observation des choses.

XV.

La notion que nous avons de Dieu, ou cette idée de Dieu qui est existante en nôtre esprit, n'est pas un argument assez fort & convainquant pour prouver que Dieu existe, puisqu'il est certain que toutes les choses dont nous avons en nous les idées n'existent pas actuellement, & qu'il est certain aussi que cette idée, étant une conception de nôtre esprit, & même une conception imparfaite, n'est pas plus au dessus de la portée de nôtre esprit, ou de nôtre pensée, & n'excede pas davantage la vertu naturelle que nous avons de penser, que l'idée d'aucune autre chose que ce soit.

XVI.

La pensée de l'esprit est de deux sortes; à sçavoir, l'entendement & la volonté.

XVII.

L'entendement est la perception & le jugement.

XVIII.

La perception est le sentiment, la reminiscence, & l'imagination.

XIX.

Tout sentiment est une perception de quelque mouvement corporel, laquelle ne demande point l'entremise d'aucunes especes intentionnelles, & le lieu où se fait le sentiment n'est pas l'organe exterieur du sens, mais le cerveau seul.

XX.

La volonté est libre, & indifferente à se determiner aux choses opposées, à l'égard des choses naturelles, comme nous le sçavons par nôtre propre experience.

XXI.

C'est elle-même qui se détermine. Elle ne doit pas être dite aveugle, non plus que l'œil ne doit pas être appellé sourd.

Il n'y en a point qui parviennent plus aisément à une haute réputation de pieté que les superstitieux, & les hypocrites.

EXAMEN
DU SUSDIT PLACARD.

Remarques sur le titre.

Version.

JE remarque que *par le titre* on ne promet pas de simples Assertions ou Propositions touchant l'ame raisonnable, mais qu'on en promet une entiere explication; de sorte que nous devons croire que toutes les raisons, ou du moins les principales de celles que l'Auteur a eu, non-seulement pour prouver, mais même pour expliquer les choses qu'il a proposées, sont contenuës dans ce Placard, & qu'il n'y a pas d'apparence d'en attendre jamais de lui de meilleures. Quant à ce qu'il appelle *l'ame raisonnable* du nom *d'esprit humain*, je lui en sçai bon gré, car par ce moyen il évite l'équivoque qui est dans le mot d'*ame*, & je puis dire qu'en cela il m'a voulu imiter.

Remarques sur chaque article.

Dans le premier article, il semble vouloir *définir* cette ame raisonnable, mais il le fait fort imparfaitement; car il en obmet le genre, à sçavoir qu'elle est ou une substance ou un mode, ou quelque autre chose; & il en donne seulement la différence, laquelle il a empruntée de moi: car personne que je sçache n'a dit avant moi qu'elle ne consiste précisément que dans ce principe interne, ou dans cette faculté que l'homme a de penser.

Dans le second article, il commence à chercher quel est son genre, & dit en ce lieu-là, *qu'il semble qu'il ne repugne point à la nature des choses, que l'esprit humain puisse être ou une substance, ou un certain mode de la substance corporelle.*

Laquelle assertion renferme une contradiction qui n'est pas moindre, que s'il avoit dit, qu'il ne repugne point à la nature des choses qu'une montagne soit sans vallée, ou avec une vallée: car il faut bien prendre garde de faire distinction entre ces choses qui de leur nature sont susceptibles de changement, comme, que j'écrive maintenant, ou que je n'écrive pas; qu'un tel soit prudent, un autre imprudent; & celles qui ne se changent jamais, comme sont toutes les choses qui appartiennent à l'essence de quelque chose, ainsi que tous les Philosophes demeurent d'accord. Et de vrai, il n'y a point de doute qu'à l'égard des choses contingentes, on peut dire qu'il ne repugne point à la nature des choses qu'elles ne soient d'une façon ou d'une autre : par exemple, il ne repugne point que j'écrive maintenant, ou que je n'écrive pas : mais lorsqu'il s'agit de l'essence d'une chose, il est tout à-fait absurde, & même il y a de la contradiction, de dire qu'il ne repugne point à la nature des choses, qu'elle soit d'une autre façon qu'elle n'est en effet ; & il n'est pas plus de la nature d'une montagne de n'être point sans vallée, qu'il est de la nature de l'esprit humain d'être ce qu'il est, à sçavoir d'être une substance, si en effet il en est une, ou d'être un certain mode de la substance corporelle, s'il est vrai qu'il soit un tel mode : & c'est ce que nôtre Auteur tâche ici de persuader ; & pour le prouver il ajoute ces mots, *ou si nous voulons suivre le sentiment de quelques nouveaux Philosophes, &c.* par lesquelles paroles il est aisé à connoître que c'est de moi de qui il entend parler ; car je suis le premier qui ay consideré la pensée comme le principal attribut de la substance incorporelle, & l'étenduë comme le principal attribut de la substance corporelle ; mais je n'ai pas dit que ces attributs étoient en ces substances, comme en des sujets differens d'eux. Et il faut bien prendre garde que par ce mot d'*Attribut*, que je donne à la pensée & à l'étenduë, nous n'entendions ici rien autre chose que ce que les Philosophes appellent communément *un mode* ou *une façon* ; car il est bien vrai qu'à parler generalement nous pouvons donner le nom d'*Attribut* à tout ce qui a été attribué à quelque chose par la nature, & en ce sens le nom d'Attribut peut convenir également au mode, qui peut être changé, & à l'essence même d'une chose qui est tout-à-fait immuable ; mais ce n'est pas ainsi universellement que je l'ai pris, quand j'ai consideré la pensée & l'étenduë comme les principaux attributs des substances où elles résident, mais au sens qu'on le prend d'ordinaire, quand par ce mot d'attribut on entend une chose qui est immuable & inséparable de l'essence de son sujet, comme celle qui la constituë, & qui pour cela même est opposée au mode. C'est en ce sens-là qu'on s'en sert, quand on dit qu'il y a en Dieu plusieurs Attributs, mais non pas plusieurs modes. C'est ainsi que l'un des Attributs de chaque substance, quelle qu'elle soit, est qu'elle subsiste

siste par elle-même. De même aussi l'étenduë d'un certain corps en particulier peut bien à la verité admettre en soi une varieté de modes : car, par ex. quand ce corps est spherique, il est d'une autre façon que quand il est quarré, & ainsi être spherique & être quarré sont deux diverses façons d'étenduë ; mais l'étenduë même qui est le sujet de ces modes, étant consideré en soi, n'est pas un mode de la substance corporelle, mais bien un attribut qui en constituë l'essence & la nature. Ainsi enfin la pensée peut recevoir plusieurs divers modes, car *assurer* est une autre façon de penser que *nier*, *aimer* en est une autre que *desirer*, & ainsi des autres; mais la pensée même, entant qu'elle est le principe interne d'où procedent tous ces modes, & dans lequel ils sont comme dans leur sujet, n'est pas conçuë comme un mode, mais comme un attribut qui constituë la nature de quelque substance : & la question est maintenant de sçavoir si cette substance qu'elle constituë est corporelle, ou incorporelle.

Il ajoute, *Que ces attributs ne sont pas opposez, mais simplement divers* ; en quoi il y a encore une contradiction ; car lors qu'il s'agit d'attributs qui constituent l'essence de quelques substances, il ne sçauroit y avoir entr'eux de plus grande opposion que d'être divers; & lors qu'il confesse que l'un est different de l'autre, c'est de même que s'il disoit que l'un n'est pas l'autre : or être & n'être pas sont opposez. Il poursuit, *puisqu'ils ne sont pas opposez, mais divers, je ne vois pas que rien puisse empêcher que l'esprit ne puisse être un attribut, qui convienne à un même sujet que l'étenduë, quoi que la notion de l'un ne soit pas comprise dans la notion de l'autre.* Dans lesquelles paroles il y a un manifeste paralogisme : car il conclut de toutes sortes d'attributs, ce qui ne peut être vrai que des modes proprement dits; & neanmoins il ne prouve nulle part que l'esprit, ou ce principe interne par lequel nous pensons, soit un tel mode; mais au contraire je prouverai tout maintenant, par ce qu'il dit lui-même dans le cinquiéme article, que ce n'en est pas un. Pour ce qui est de ces autres sortes d'attributs qui constituent la nature des choses, on ne peut pas dire que ceux qui sont divers, & qui ne sont en aucune façon compris dans la notion l'un de l'autre, conviennent à un seul & même sujet : car c'est de même que si l'on disoit qu'un seul & même sujet a deux natures diverses, ce qui enferme une manifeste contradiction, au moins lorsqu'il est question comme Icy, d'un sujet simple, & non pas d'un sujet composé. Mais il y a icy trois choses à remarquer, lesquelles si cet écrivain eût bien entenduës, jamais il ne seroit tombé en des erreurs si manifestes.

La premiere est, qu'il est de la nature du mode, que bien que nous puissions concevoir aisément la substance sans lui, nous ne pouvons pas toutefois reciproquement concevoir clairement le mode, sans concevoir en même temps la substance dont il dépend, & dont il est le mode, comme j'ai expliqué en l'article soixante & unième de la premiere partie de mes Principes ; & en cela tous les Philosophes conviennent. Or il est manifeste, que nôtre Auteur n'a pas pris garde à cette regle, par ce qu'il dit en l'article cinquième ; car il avoüe lui-même en ce lieu-là, que nous pouvons douter de l'existence du corps, lors même que nous ne doutons point de l'existence de l'esprit : d'où il suit que l'esprit peut être conçû sans le corps, & partant que ce n'en est pas un mode.

La seconde chose que je desire que l'on remarque icy, est la difference qu'il y a entre les êtres simples, & les êtres composez ; car cet être-là est composé, dans lequel se rencontrent deux ou plusieurs attributs, chacun desquels peut être conçû distinctement sans l'autre, car de cela même que l'un est ainsi conçû distinctement sans l'autre, on connoît qu'il n'en est pas le mode, mais qu'il est une chose, ou l'attribut d'une chose qui peut subsister sans lui. L'être simple au contraire est celui dans lequel on ne remarque point de semblables attributs. D'où il paroît que ce sujet-là est simple dans lequel nous ne remarquons que la seule étenduë, & quelques autres modes qui en sont des suites & des dépendances : comme aussi celui, dans lequel nous ne reconnoissons que la seule pensée, & dont tous les modes ne sont que des diverses façons de penser : mais que celui-là est composé dans lequel nous considerons l'étenduë jointe avec la pensée, c'est à sçavoir, l'homme, qui est composé de corps & d'ame, lequel *nôtre Auteur* semble icy avoir pris seulement pour le corps dont l'esprit est un mode.

Enfin il faut remarquer icy, que dans les sujets qui sont composez de plusieurs substances, souvent il y en a une qui est la principale, & qui est tellement consideré, que tout ce que nous lui ajoutons de la part des autres, n'est à son égard autre chose qu'un mode, ou une façon de la considerer ; ainsi un homme habillé peut être consideré comme un certain tout composé de cet homme & de ses habits ; mais *être habillé*, au regard de cet homme, est seulement un mode ou une façon d'être sous laquelle nous le considerons, quoi que ses habits soient des substances. Et c'est ainsi que *nôtre Auteur* a pû dans l'homme, qui est composé de corps & d'ame, considerer le corps comme la principale partie, au respect de laquelle *être animé*, ou *être capable de penser*, n'est rien autre chose qu'un mode : mais il est ridicule d'inferer de là, que l'ame même, ou ce principe par lequel le corps est dit être capable de penser, n'est pas une substance differente du corps.

Il tache après cela de confirmer ce qu'il a dit par ce syllogisme. *Tout ce que nous pouvons concevoir, peut aussi être. Or est-il que nous pouvons concevoir que l'esprit humain soit ou une substance, ou un mode de la substance corporelle ; car il n'y a en cela aucune contradiction : donc l'esprit humain peut être l'une ou l'autre de ces deux choses.* Sur quoi il faut remarquer que cette regle, à sçavoir, *que tout ce que nous pouvons concevoir, peut aussi être*; quoi qu'elle soit de moi & veritable, toutes & quantes fois qu'il s'agit d'une conception claire & distincte, laquelle enferme la possibilité de la chose qui est conçûë, à cause que Dieu est capable de faire tout ce que nous sommes capables de concevoir clairement comme possible ; cette regle, dis-je, ne doit pas être temerairement usurpée, pource qu'il peut aisément arriver que quelqu'un croira entendre & appercevoir clairement quelque chose, laquelle neanmoins à cause de quelques préjugez dont il est prévenu & comme aveuglé, il n'entendra & n'appercevra point du tout. Et c'est ce qui est arrivé à *cet Auteur*, lorsqu'il a prétendu qu'il n'y avoit point de contradiction qu'une seule & même chose eût l'une ou l'autre de deux natures entierement diverses, c'est à sçavoir qu'elle fût ou une substance, ou un mode. A la verité s'il eût seulement dit qu'il ne voyoit point de raison pourquoi l'esprit humain dût plûtôt être estimé une substance incorporelle, qu'un mode de la substance corporelle, son ignorance auroit pû être excusée. Si d'ailleurs il avoit dit qu'il n'est pas possible à la raison humaine de trouver jamais aucune preuve par laquelle on puisse demontrer que l'esprit humain soit l'un plûtôt que l'autre; certes son arrogance seroit blâmable, mais du moins il n'y auroit point de contradiction en ses paroles. Mais en disant, comme il fait, qu'il ne repugne point à la nature des choses, qu'une même chose soit une substance ou un mode, il dit des choses qui se contredisent, & fait paroître en cela l'absurdité de son esprit.

Dans le troisiéme article, il expose le jugement qu'il fait de moi ; car c'est moi qui ay écrit que l'esprit humain peut être clairement & distinctement conçû comme une substance differente de la substance corporelle ; & quoi que *cet Auteur* n'allegue point d'autres raisons, que celles que j'ai fait voir en l'article précedent enfermer tant de contradictions, il ne laisse pas de prononcer hardiment que je me trompe ; mais je ne veux pas m'arrêter à cela, ni m'amuser à examiner ces mots *d'actuellement* ou *par necessité*, lesquels contiennent quelque ambiguité, car ils ne sont pas de grande importance.

Je ne veux pas non plus examiner les choses, qui, *dans l'article quatriéme* concernent la sainte Ecriture, de peur qu'il ne semble que je me veüille attribuer le droit de juger de la religion d'autrui. Mais je dirai seulement qu'il y a trois genres de questions, qu'il faut ici bien distinguer. Car 1. il y a des choses qui ne sont crûës que par la Foy, comme sont celles qui regardent le Mystere de l'Incarnation, de la Trinité & semblables. Il y en a d'autres, qui bien qu'elles appartiennent à la foy, peuvent neanmoins être recherchées par la raison naturelle, entre lesquelles les Theologiens ont coutume de mettre l'existence de Dieu, & la distinction de l'ame humaine d'avec le corps ; enfin il y en a d'autres qui n'appartiennent en aucune façon à la Foy, mais qui sont seulement soumises à la recherche du raisonnement humain, comme la quadrature du cercle, la pierre Philosophale, & autres semblables. Et comme ceux-là abusent des paroles de la Sainte Ecriture, qui par quelque mauvaise explication qu'ils leur donnent, croyent en pouvoir déduire ces dernieres ; de même aussi ceux-là derogent à son autorité, qui entreprennent de démontrer les premieres par des argumens tirez de la seule Philosophie : mais neanmoins tous les Theologiens soutiennent que l'on peut entreprendre de montrer que celles-là mêmes ne repugnent point à la lumiere de la raison, & c'est en cela qu'ils mettent leurs principales études. Mais pour les secondes, non-seulement ils estiment qu'elles ne repugnent point à la lumiere naturelle, mais même ils exhortent & encouragent les Philosophes de faire tous leurs efforts pour tâcher de les démontrer par des moyens humains, c'est-à-dire, tirez des seules lumieres de la raison. Mais je n'ai encore jamais vû personne, qui assurât qu'il ne repugne point à la nature des choses, qu'une chose soit autrement que la sainte Ecriture nous enseigne qu'elle est, si ce n'est n'est qu'il voulût montrer indirectement, qu'il ajoute peu de foi à cette Ecriture ; car comme nous avons été premierement hommes, que faits Chrétiens, il n'est pas croyable que quelqu'un embrasse sérieusement & tout de bon des opinions qu'il juge contraires à la raison qui le fait homme, pour s'attacher à la foy par laquelle il est Chrétien. Mais peut-être aussi que *nôtre Auteur* ne dit pas cela ; car il dit seulement *que ce qui de sa nature peut être douteux pour quelques-uns, nous est maintenant devenu certain & indubitable par la revelation qui nous en a été faite dans les saintes Lettres* ; dans lesquelles paroles je trouve encore deux contradictions ; la premiere, en ce qu'il suppose que l'essence d'une seule & même chose est douteuse de sa nature, & par conséquent sujette au changement ; car il repugne que l'essence d'une chose ne demeure pas toujours la même à cause que si l'on suppose qu'elle devienne autre qu'elle n'étoit, de cela même ce ne sera plus la même chose, mais une autre, qu'il faudra appeller d'un autre nom. La seconde est dans ces mots, *pour quelques-uns*, d'autant que tous les hommes ayant une même nature, ce qui ne peut être douteux que pour quelques-uns, n'est pas douteux de sa nature.

L'article cinquiéme doit plûtôt être rapporté au second que non pas au quatriéme; car nôtre Auteur ne parle point en cet article de la revelation divine, mais de la nature de l'esprit, sçavoir s'il est une substance ou un mode; & pour montrer que l'on peut soutenir qu'il n'est autre chose qu'un mode, il tâche de resoudre une objection qui est prise de mes écrits; car j'ai écrit en quelques endroits que nous ne pouvions nous-mêmes douter de l'existence de nôtre esprit, parce que de cela même que nous doutons, il suit necessairement que nôtre esprit existe, mais que dans ce temps-là même nous pouvions douter qu'il y eût aucun corps au monde : d'où j'ai inferé & demontré que nous concevions clairement nôtre esprit comme une chose existante, ou comme une substance, encore que nous ne conçûssions aucun corps comme existant, ou même que nous niassions qu'il y en eût aucun dans le monde; d'où il suit que la notion de l'esprit ne contient rien en soi qui appartienne en aucune façon à la notion du corps; & toutesfois *nôtre Auteur* pense comme dissiper & réduire en fumée tout ce raisonnement, & en faire voir suffisamment la foiblesse, lors qu'il dit que cet argument *prouve seulement que pendant que nous doutons de l'existence du corps, nous ne pouvons pas alors dire que l'esprit en soit un' mode*, où il fait voir qu'il ignore entierement ce que les Philosophes entendent par le nom de *mode* ; car c'est en cela que consiste la nature *du mode*, de ne pouvoir aucunement être conçû, sans enfermer dans sa notion, celle de la chose dont il est le mode, comme j'ai déja expliqué ci-dessus ; cependant il demeure d'accord que l'esprit peut quelquefois être conçû sans le corps, à sçavoir, lorsqu'on doute de l'existence du corps, d'où il suit que pour lors au moins il ne peut être dit un mode du corps ; or est-il que ce qui est une fois vrai de l'essence ou de la nature d'une chose est toujours vrai ; & neanmoins il ne laisse pas d'assurer *qu'il ne repugne point à la nature des choses que l'esprit soit seulement un mode du corps*, mais il est évident que ces deux choses se contrarient.

Je ne comprens point ce qu'il veut dire dans le sixiéme article par ces paroles : *Quoi que l'esprit humain, ou l'ame raisonnable soit une substance distincte réellement du corps, neanmoins pendant qu'elle est dans le corps, elle est* Organique *en toutes ses actions*. Je me souviens bien d'avoir autrefois oüi dire dans les Ecoles, *que l'ame est l'acte du corps organique*, mais qu'elle même soit *organique*, je confesse que je ne l'avois point encore oüi dire jusqu'à present ; c'est pourquoi, comme je n'ai ici rien de certain que je puisse écrire, je supplie *nôtre Auteur* de me permettre d'exposer ici mes conjectures, que je ne donne pas pour quelque chose de vrai, mais seulement pour telles qu'elles sont.

Il me semble que j'apperçois en ce qu'il dit deux choses qui se contrarient. L'une desquelles est, que l'esprit humain est une substance réellement distincte du corps; & j'avoüe que nôtre Auteur le dit ouvertement, mais il dissuade autant qu'il peut par ses raisons de le croire, & soutient que cela ne peut être prouvé que par le témoignage seul de la sainte Ecriture. L'autre est, que ce même esprit humain en toutes ses actions est *Organique*, ou ne sert que d'instrument, comme n'agissant point de soi-même, mais dont le corps se sert, comme il fait de la conformation de ses membres, & des autres modes corporels; & ainsi s'il ne le dit de paroles, il assure neanmoins en effet, *que l'esprit n'est rien autre chose qu'un mode du corps*; comme aussi ne semble-t il avoir disposé toutes ses raisons que pour la preuve de cela seul. Or ces deux choses sont si manifestement contraires, à sçavoir, que l'esprit humain soit une substance & un mode, que je ne pense pas que *cet Auteur* veüille que ses lecteurs les croyent toutes deux ensemble; mais bien qu'il les a ainsi à dessein entremêlées, pour contenter les simples, & satisfaire en quelque façon ses Theologiens sur l'autorité de l'Ecriture Sainte; mais neanmoins pour faire ensorte que les plus clairvoyans puissent reconnoître que ce n'est pas tout de bon qu'il dit, *que l'esprit ou l'ame est distincte du corps*, & qu'en effet son opinion est qu'elle n'est rien autre chose qu'un mode.

Dans le septiéme & huitiéme article, il semble continuer à dire les choses autrement qu'il ne pense, & se sert encore de cette figure de Rhetorique, qu'on nomme ironie, vers la fin *du neuviéme article*; mais au commencement il ajoute la raison de ce qu'il avance, c'est pourquoi il y a lieu de croire qu'en cet endroit-là il parle tout de bon, & qu'il agit de bonne foy : Voici ce qu'il dit ; *il est naturellement incertain si nous appercevons veritablement aucun corps*, & la raison qu'il en apporte est, *que les choses qui ne sont qu'imaginaires peuvent aussi-bien faire impression sur l'esprit, que celles qui sont vrayes*. Mais cette raison ne peut être bonne, si l'on ne suppose que nous ne pouvons en aucune façon nous servir de cette faculté que les Philosophes appellent d'un nom propre *l'Entendement*, mais seulement de celles qu'ils nomment *le sens commun*, dans laquelle les images des choses, soit vrayes, soit imaginaires, sont reçûës pour toucher l'esprit, & qu'ils disent nous être communes avec les bêtes. Mais certes ceux qui ont de l'entendement, & qui ne ressemblent pas tout-à-fait aux chevaux & aux mulets, encore qu'ils ne soient pas seulement touchez par les images que la presence des choses vrayes imprime dans le cerveau, mais aussi par celles que d'autres causes y excitent, comme il arrive dans les songes ; ceux-là, dis-je, discernent neanmoins très-clairement par la lumiere de la raison les unes d'avec les autres. Et j'ai expliqué si nettement & si exactement dans mes écrits par quel moyen cela se peut infailliblement reconnoître, que je m'assure qu'il n'y a personne qui ait un peu d'entendement, qui après les avoir lûs puisse être encore en cela Sceptique.

Dans le dixiéme & onziéme article, il y a encore lieu de soupçonner qu'il ne parle pas tout de bon : car si l'on croit que l'ame soit une substance, il est ridicule & impertinent de dire *que le lien qui tient l'ame unie & conjointe au corps, n'est autre que la loy de l'immutabilité de la nature, qui est telle, que chaque chose demeure en l'état qu'elle est* : car les choses qui sont separées, aussi-bien que celles qui sont conjointes, demeurent dans leur même état, pendant que rien ne le change; mais ce n'est pas de quoi il s'agit en ce lieu-là, mais bien de sçavoir, comment & par quel moyen l'esprit est joint avec le corps, & n'en est point separé : mais si l'on suppose que l'ame soit un mode du corps, c'est bien répondre, que de dire qu'il ne faut point chercher d'autre lien par quoi elle lui soit conjointe, sinon qu'elle demeure dans le même état où elle est, d'autant que les modes n'ont point d'autre état, ou d'autre maniere d'être, que celui d'être attachez ou inherans aux choses dont ils sont les Modes.

Dans le douziéme article, je trouve qu'il n'est different de ce que je dis qu'en la maniere de s'exprimer : car quand il dit que *l'esprit n'a pas besoin d'idées, ou de notions, ou d'axiomes qui soient nez, ou naturellement imprimez en lui*, & que cependant il lui attribuë la faculté de penser, c'est-à dire une faculté *naturelle & née avec lui*, il dit en effet la même chose que moi, quoi qu'il semble ne le pas dire. Car je n'ai jamais écrit, ni jugé que l'esprit ait besoin d'idées naturelles, qui soient quelque chose de different de la faculté qu'il a de penser. Mais bien est-il vrai, que reconnoissant qu'il y avoit certaines pensées, qui ne procedoient ni des objets de dehors, ni de la détermination de ma volonté, mais seulement de la faculté que j'ai de penser ; Pour établir quelque différence entre les idées ou les notions qui sont les formes de ces pensées, & les distinguer des autres qu'on peut appeller *étrangeres* ou *faites à plaisir*, je les ai nommées *naturelles* ; mais je l'ai dit au même sens que nous disons que la generosité, par exemple, est naturelle à certaines familles ; ou que certaines maladies, comme la goutte, ou la gravelle, sont naturelles à d'autres ; non pas que les enfans qui prennent naissance dans ces familles soient travaillez de ces maladies aux ventres de leurs meres, mais parce qu'ils naissent avec la disposition, ou la faculté de les contracter.

Mais remarquez, je vous prie, la belle conséquence que dans *l'article treiziéme*, il tire du précedent. Il avoit dit en cet article, *que l'esprit n'a pas besoin d'idées qui soient naturellement imprimées en lui, mais que la seule faculté qu'il a de penser lui suffit pour exercer ses actions :* c'est pourquoi conclut-il dans celui-ci, *toutes les communes notions qui se trouvent empreintes en l'esprit, tirent toute leur origine ou de l'observation des choses, ou de la tradition*, comme si la faculté de penser qu'a l'esprit, ne pouvoit d'elle-même rien produire,

& qu'elle n'eût jamais aucunes perceptions ou pensées, que celles qu'elles a reçûës de l'observation des choses, ou de la tradition, c'est-à-dire, des sens. Ce qui est tellement faux, que quiconque a bien compris jusqu'où s'étendent nos sens, & ce que ce peut être précisément qui est porté par eux jusqu'à la faculté que nous avons de penser, doit avoüer au contraire qu'aucunes idées des choses ne nous sont representées par eux, telles que nous les formons par la pensée ; ensorte qu'il n'y a rien dans nos idées qui ne soit naturel à l'esprit, ou à la faculté qu'il a de penser ; si seulement on excepte certaines circonstances qui n'appartiennent qu'à l'experience ; par exemple, c'est la seule experience qui fait que nous jugeons que telles ou telles idées, que nous avons maintenant presentes à l'esprit, se rapportent à quelques choses qui sont hors de nous ; non pas à la verité que ces choses les ayent transmises en nôtre esprit par les organes des sens telles que nous les sentons ; mais à cause qu'elles ont transmis quelque chose, qui a donné occasion à nôtre esprit, par la faculté naturelle qu'il en a, de les former en ce temps-là plûtôt qu'en un autre. Car, comme *nôtre Auteur* même assure dans l'article dix-neuviéme, conformément à ce qu'il a appris de mes Principes, rien ne peut venir des objets extérieurs jusqu'à nôtre ame par l'entremise des sens, que quelques mouvemens corporels ; mais ni ces mouvemens mêmes, (ni les figures qui en proviennent) ne sont point conçûs par nous tels qu'ils sont dans les organes des sens, comme j'ai amplement expliqué dans la Dioptrique ; d'où il suit que même les idées du mouvement & des figures sont naturellement en nous : & à plus forte raison les idées de la douleur, des couleurs, des sons, & de toutes les choses semblables, nous doivent-elles être naturelles, afin que nôtre esprit, à l'occasion de certains mouvemens corporels avec lesquels elles n'ont aucune ressemblance, se les puisse representer. Mais que peut-on feindre de plus absurde, que de dire que toutes les notions communes qui sont en nôtre esprit procedent de ces mouvemens, & qu'elles ne peuvent être sans eux. Je voudrois bien que *nôtre Auteur* m'apprît quel est le mouvement corporel qui peut former en nôtre esprit quelque notion commune, par exemple celle-ci, *que les choses qui conviennent à une troisième conviennent entr'elles*, ou telle autre qu'il lui plaira ; car tous ces mouvemens sont particuliers, & ces notions sont universelles, qui n'ont aucune affinité ni rapport avec le mouvement.

Neanmoins *dans l'article quatorziéme*, appuyé sur ce beau fondement, il continuë d'assurer que l'idée même de Dieu, qui est en nous, ne vient pas de la faculté que nous avons de penser, comme une chose qui lui soit naturelle, *mais qu'elle vient de la revelation divine, ou de la tradition, ou de l'observation des choses*. Et pour mieux reconnoître l'erreur de cette assertion, il faut considerer, qu'on peut dire en deux façons qu'une chose vient d'une autre ; à sçavoir, ou parce que cet autre en est la cause prochaine & principale sans laquelle elle ne peut être, ou parce qu'elle en est la cause éloignée & accidentelle seulement, qui donne occasion à la principale de produire son effet en un temps plûtôt qu'en un autre. C'est ainsi que tous les ouvriers sont les causes principales & prochaines de leurs ouvrages, & que ceux qui leur ordonnent de les faire, ou qui leur promettent quelque recompense s'ils les font, en sont les causes accidentelles & éloignées, à cause que peut-être ils ne les feroient point, si on ne leur commandoit. Or il n'y a point de doute que la tradition, ou l'observation des choses, ne soit souvent la cause éloignée qui fait que nous venons à penser à l'idée que nous pouvons avoir de Dieu, & à la rendre presente à nôtre esprit ; mais que c'en soit la cause prochaine & effectrice de cette idée, cela ne se peut dire, que par celui qui croit que nous ne concevons jamais rien autre chose de Dieu, sinon quel est ce nom-là, *Dieu*, ou quelle est la figure corporelle sous laquelle il nous est ordinairement representé par les Peintres. Car de vrai, si l'observation s'en fait par la vûë, elle ne peut d'elle-même representer autre chose à l'esprit que des peintures, & même des peintures dont toute la varieté ne consiste que dans celles de certains mouvemens corporels, comme *nôtre Auteur* même l'enseigne; si elle se fait par l'oüie, elle ne peut representer que des sons & des paroles; que si c'est par les autres sens qu'elle se fasse, une telle observation ne sçauroit rien contenir qui puisse être rapporté à Dieu. Et certes c'est une chose si veritable que la vûë ne represente de soy rien autre chose à l'esprit que des peintures, ni l'oüie que des sons & des paroles, que personne ne le revoque en doute. Si bien que ce que nous concevons de plus que ces paroles & ces peintures, comme les choses signifiées par ces signes, doit necessairement nous être representé par des idées, qui ne viennent point d'ailleurs que de la faculté que nous avons de penser, & qui par consequent sont naturellement en elle, c'est-à-dire, sont toujours en nous en puissance; car être naturellement dans une faculté, ne veut pas dire y être en acte, mais en puissance seulement, vû que le nom même de faculté ne veut dire autre chose que puissance. Or personne, s'il ne veut passer ouvertement pour un athée, & même pour un homme qui a perdu le sens, ne peut assurer que nous ne sçaurions rien connoître de Dieu que le nom, ou la figure corporelle dont les Peintres ou les Sculpteurs se servent pour nous le representer.

Après que *nôtre Auteur* a exposé l'opinion qu'il a touchant la maniere dont nous pouvons connoître Dieu, il refute *dans l'article quinziéme* tous les argumens par lesquels j'ai demontré son existence; ou je ne puis que je n'admire la grande confiance ou présomption de cet homme, de croire qu'il puisse avec tant de facilité, & en si peu de paroles, renverser tout ce que j'ai composé après une longue & serieuse meditation, & que je n'ai pû expliquer que dans un livre entier. Toutes les raisons que j'ai apportées pour cette preuve se rapportent à deux. La premiere est, que nous avons une connoissance de Dieu, ou une idée, qui est telle, que si nous faisons bien reflexion sur ce qu'elle contient, & si nous l'examinons avec soin, en la maniere que j'ai montré qu'il falloit faire, la seule consideration que nous en ferons nous fera connoître, qu'il ne se peut pas faire que Dieu n'existe, d'autant que sa notion ou son idée ne contient pas seulement une existence possible ou contingente, ainsi que celles de toutes les autres choses, mais bien une existence absolument necessaire & actuelle. Cependant *l'Auteur de ce Placard*, pour refuter cette preuve, que plusieurs grands personnages éminens par dessus les autres en esprit & en science, après l'avoir diligemment examinée, tiennent aussi-bien que moi, pour une certaine & très-évidente demonstration, employe ce peu de paroles. *La notion que nous avons de Dieu, ou cette idée de Dieu qui est existante en nôtre esprit, n'est pas un argument assez fort & convaincant pour prouver que Dieu existe, puisqu'il est certain que toutes les choses dont nous avons en nous les idées n'existent pas actuellement.* Par où il fait voir à la verité qu'il a lû mes écrits, mais par même moyen il témoigne qu'il n'a pû en aucune façon les entendre, ou du moins qu'il ne l'a pas voulu; car la force de mon argument n'est pas prise de la nature de cette idée considerée en general, mais d'une proprieté particuliere qui lui convient, laquelle est très-évidente en l'idée que nous avons de Dieu, & qui ne se peut rencontrer dans l'idée de quelqu'autre chose que ce soit ; c'est à sçavoir, de la necessité de l'existence qui est requise pour le comble & l'accomplissement des perfections, sans lequel nous ne sçaurions concevoir Dieu. L'autre argument par lequel j'ai demontré qu'il y a un Dieu, est pris, de ce que j'ai évidemment prouvé que nous n'aurions point eu la faculté de connoître & de concevoir toutes ces perfections que nous reconnoissons en Dieu, s'il n'étoit vrai que Dieu existe, & que nous avons été créez par lui. Mais nôtre Auteur pense l'avoir abondamment refuté, en disant, *que l'idée que nous avons de Dieu n'est pas plus au dessus de la portée de nôtre esprit ou de nôtre pensée, & n'excede pas davantage la vertu naturelle que nous avons de penser, que l'idée d'aucune autre chose que ce soit.* Toutefois si par-là il entend seulement que l'idée que nous avons de Dieu, sans le secours surnaturel de la grace, ne nous est pas moins naturelle, que le sont toutes les autres idées que nous avons des autres choses, il est de mon avis ; mais on ne peut de là rien conclure contre moi : Que s'il estime que cette idée de Dieu ne contient pas plus de perfections objectives, que toutes les autres idées prises ensemble, il erre manifestement ; or c'est de ce seul excez de perfections, dont l'idée que nous avons de Dieu surpasse toutes les autres, que j'ai tiré mon argument.

Dans les six autres articles, il ne dit rien qui mérite d'être remarqué, sinon que voulant distinguer les proprietez de l'ame les unes d'avec les autres, il en parle en termes fort confus & fort impropres. Il est vrai que j'ai dit en quelque endroit qu'elles se rapportent toutes à deux principales ; à sçavoir, à la perception de l'entendement & à la détermination de la volonté ; mais *nôtre Auteur* les appelle d'un nom fort impropre *l'entendement & la volonté*; après quoi, il divise ce qu'il a appellé entendement en *perception, & jugement*; en quoi il s'éloigne de mon opinion: car pour moi, voyant qu'outre la perception, qui est absolument requise avant que nous puissions juger, il est encore besoin d'une affirmation ou d'une negation pour établir la forme d'un jugement ; & prenant garde que souvent il nous est libre d'arrêter & de suspendre nôtre consentement, encore que nous ayons la perception de la chose dont nous devons juger, j'ai rapporté cet acte de nôtre jugement, qui ne consiste que dans le consentement que nous donnons, c'est-à-dire, à-dire, dans l'affirmation, ou dans la negation de ce dont nous jugeons, à la détermination de la volonté, plûtôt qu'à la perception de l'entendement. Après cela faisant le dénombrement des especes de *perception*, il ne compte que *le sentiment, la reminiscence, & l'imagination*; d'où l'on peut inferer qu'il n'admet aucune intellection pure, c'est-à-dire aucune intellection qui soit indépendante de toute image corporelle; & partant on peut penser qu'il est de cette opinion, qu'on ne peut avoir aucune connoissance de Dieu, ni de l'ame humaine, ni d'aucune autre chose incorporelle, de quoi je ne puis m'imaginer d'autre cause, sinon que les pensées qu'il a de ces choses sont si confuses, qu'il n'en conçoit aucune qui soit pure, & entierement détachée de toute image corporelle.

Enfin, *après tous ces articles*, il a ajouté ces paroles qu'il a tirées d'un de mes écrits, *il n'y en a point qui parviennent plus aisément à une haute reputation de pieté que les superstitieux & les hypocrites*; par lesquelles je ne puis deviner ce qu'il a voulu dire, si ce n'est peut-être qu'il a imité les hypocrites, en ce que souvent il a dit les choses autrement qu'il ne les pensoit; mais je ne pense pas qu'il puisse jamais parvevenir par ce moyen à une grande reputation de pieté.

Au reste, je suis ici contraint de confesser, que j'ai beaucoup de confusion d'avoir autrefois loüé cet Auteur, comme un homme d'un esprit fort vif & penetrant, & d'avoir écrit en quelque endroit que je ne pensois pas qu'il enseignât aucunes opinions que je ne voulusse bien reconnoître pour miennes; il est vrai que pour lors je n'avois encore vû de lui aucun écrit, où il n'eût été un fidele copiste, si ce n'est peut-être en un seul mot qu'il s'étoit hazardé de dire de lui-même, mais qui lui avoit si mal succedé, & dont il avoit été si severement repris par ses collegues, que cela me faisoit croire qu'il n'entreprendroit plus rien de semblable; & pource que je voyois qu'en tout le reste il embrassoit avec grande affection des opinions que j'estimois être très-veritables, j'attribuois cela à la force & à la vivacité de son esprit. Mais maintenant plusieurs experiences m'obligent de croire que c'est plûtôt l'amour de la nouveauté que celle de la verité qui l'emporte. Et d'autant qu'il trouve trop vieux & trop hors d'usage tout ce qu'il a appris d'autrui, & que rien ne lui paroît assez nouveau que ce qu'il tire de sa propre cervelle; & aussi qu'il est si peu heureux en ses inventions, que je n'ai jamais remarqué aucun mot en ses écrits (si ce n'est qu'il l'eût tiré de ceux des autres) que je ne jugeasse contenir quelque erreur; je me sens obligé d'avertir ici tous ceux qui le tiennent pour un grand défenseur de mes opinions, qu'il n'y en a presque aucune, non-seulement en ce qui concerne les choses Metaphysiques, où il ne feint point de me contredire ouvertement, mais aussi en celles qui concernent les choses Physiques, qu'il ne propose mal, & dont il ne corrompe le sens. De sorte que je suis plus indigné de voir qu'un tel Docteur s'ingere d'enseigner mes opinions, & prenne à tâche d'interpreter mes écrits, & d'y faire des commentaires, que d'en voir quelques autres qui les combattent avec aigreur & animosité.

Car je n'en ai encore vû pas un, qui ne m'ait attribué des opinions tout-à-fait differentes des miennes, & même si absurdes & si impertinentes, que je n'apprehende pas qu'on puisse jamais persuader à des personnes tant soit peu raisonnables que je sois l'Auteur de telles opinions. C'est ainsi qu'à ce moment même que j'écris, on me vient d'apporter deux libelles tout nouvellement composez par un écrivain de cette farine ; dans le premier desquels il est dit : *Qu'il y a certains novateurs qui* tâchent d'ôter toute la créance que l'on peut avoir aux sens, & qui soutiennent qu'un Philosophe peut nier qu'il y ait un Dieu, & douter de son existence, après avoir admis d'ailleurs que l'idée, l'espece, & la connoissance actuelle de Dieu est naturellement empreinte en nôtre esprit. Et dans l'autre il est dit, *Que ces novateurs prononcent hardiment, que Dieu ne doit pas être dit seulement negativement, mais même positivement la cause efficiente de soi-même.* Voilà tout ce dont il s'agit dans l'un & dans l'autre de ces libelles, qui ne contiennent rien de plus, sinon un ramas d'argumens pour prouver; Premierement, *que les enfans dans le ventre de leurs meres n'ont aucune connoissance actuelle de Dieu,* & partant, *que nous n'avons aucune idée, ou espece actuelle de Dieu, naturellement empreinte à nôtre esprit.* 2. *Qu'il ne faut pas nier qu'il y ait un Dieu, & que ceux-là qui le nient doivent être tenus pour des athées, & sont punissables par les loix*: Enfin, *que Dieu n'est pas la cause efficeinte de soi-même.* Toutes lesquelles choses je pourrois à la verité dissimuler, comme n'étant point écrites contre moi, à cause que mon nom ne se trouve point dans ces ecrits, & qu'il n'y a pas une opinion de celles qui y sont impugnées, que je ne tienne pour très-fausse & tout-à-fait absurde. Mais neamoins, pour ce qu'elles ressemblent fort à quelques-unes qui m'ont déja été plusieurs fois faussement imputées par des gens de cette robe, & qu'on n'en connoît point d'autres à qui on les puisse attribuer ; & aussi pource que tout le monde sçait que c'est contre moi que ces libelles ont été faits, je prendrai ici occasion d'avertir leur Auteur, *Premierement*, que lors que j'ai dit que l'idée de Dieu est naturellement en nous, je n'ai jamais entendu autre chose, que ce que lui-même, dans la sixième section de son second livre, dit en termes exprès être veritable, c'est à sçavoir, *que la nature a mis en nous une faculté, par laquelle nous pouvons connoître Dieu* ; mais que je n'ai jamais écrit ni pensé que telles idées fussent *actuelles*, ou qu'elles fussent des especes distinctes de la faculté même que nous avons de penser ; & même je dirai plus, qu'il n'y a personne qui soit si éloigné que moy de tout ce fatras d'entitez scholastiques, ensorte que je n'ai pû m'empêcher de rire, quand j'ai vû ce grand nombre de raisons, que cet homme, sans doute peu méchant, a ramassées avec grand soin & travail, pour montrer, *que les enfans n'ont point la connoissance actuelle de Dieu, tandis qu'ils sont au ventre de leur mere*, comme si par là il avoit trouvé un beau moyen de me combattre.

Secondement, que je n'ai aussi jamais

enseigné, qu'il falloit nier qu'il y eust un Dieu ; ou que Dieu pouvoit nous tromper ; ou qu'il falloit revoquer toutes choses en doute ; ou que l'on ne devoit donner aucune creance aux sens ; ou que le sommeil ne se pouvoit distinguer de la veille, & autres choses semblables qui m'ont quelquefois été objectées par des calomniateurs ignorans ; mais que j'ai rejetté toutes ces choses en paroles très-expresses, & que je les ai même refutées par des argumens très forts, & j'ose même dire plus forts qu'aucun autre ait fait avant moi. Et afin de le pouvoir faire plus commodément & plus efficacement, j'ai proposé toutes ces choses comme douteuses au commencement de mes Meditations ; mais je ne suis pas le premier qui les ai inventées, il y a long-temps qu'on a les oreilles battuës de semblables doutes proposez par les sceptiques. Mais qu'y a-t'il de plus inique, que d'attribuer à un Auteur des opinions qu'il ne propose que pour les refuter ? Qu'y a-t-il de plus impertinent que de feindre qu'on enseigne ces fausses opinions, au moins dans le temps qu'on les propose, & qu'elles ne sont pas encore refutées, & partant que celui qui raporte les argumens dont se servent les athées, est lui-même un athée pour un temps ? Qu'y a-t'il de plus puerile, que de dire, que s'il vient à mourir avant que d'avoir écrit ou inventé la démonstration qu'il espere, il meurt comme un athée ; & qu'il a enseigné par avance une pernicieuse doctrine, contre la maxime communément reçûë, qui dit, *qu'il n'est pas permis de faire du mal pour en tirer du bien*, & choses semblables ? Quelqu'un dira peut-être que je n'ai pas rapporté ces fausses opinions comme venant d'autruy, mais comme miennes ; mais qu'importe cela ? puisque dans le même livre où je les ai rapportées, je les ai aussi toutes refutées, & même qu'on peut voir aisément par le titre du livre, que j'étois fort éloigné de les croire, puisque j'y promettois *des démonstrations touchant l'existence de Dieu*. Et peut-on s'imaginer qu'il y en ait de si sots, ou de si simples, que de se persuader que celui qui compose un livre qui porte ce titre, ignore, quand il trace les premieres pages, ce qu'il a entrepris de démontrer dans les suivantes ? De plus, la façon d'écrire que je m'étois proposée, qui étoit en forme de Meditations, & que j'avois choisie comme fort propre pour expliquer plus clairement les raisons que j'avois à déduire, m'obligeoit de ne pas proposer ces objections autrement que comme miennes. Que si cette raison ne satisfait pas ceux qui se mêlent de censurer mes écrits, je voudrois bien sçavoir ce qu'ils disent des Ecritures saintes, avec lesquelles nuls autres écrits qui viennent de la main des hommes ne doivent être comparez, lorsqu'ils y voyent certaines choses qui ne se peuvent bien entendre, si l'on ne suppose qu'elles sont rapportées comme étant dites par des impies, ou du moins par d'autres, que par le Saint Esprit, ou les Propheres, telles que sont ces paroles de l'Ecclesiastique chap. 2. *Ne vaut-il pas mieux boire & manger & faire gouter à son ame des fruits de son travail ? & cela vient de la main de Dieu. Qui est-ce qui en pourra devorer autant, & qui pourra se gorger de plaisirs autant que moi ?* Et au chapitre suivant, *J'ai souhaité en mon cœur, pensant aux enfans des hommes, que Dieu les éprouvast, & fist connoître qu'ils sont semblables aux bêtes. C'est pourquoi l'homme & les chevaux perissent de même façon, leur condition est pareille ; comme l'homme meurt, ceux-ci meurent, ils ont tous une pareille respiration, & l'homme n'a rien de plus que le cheval, &c.* Pensent-ils que le Saint Esprit nous enseigne en ce lieu-là qu'il faut faire bonne chere, qu'il n'y a qu'à se donner du bon temps, & que nos ames ne sont pas plus immortelles que celles des chevaux ? Je ne pense pas qu'ils soient enragez & perdus à ce point ; mais aussi ne doivent-ils pas me calomnier, si

je

je n'ai pas gardé en écrivant des précautions qui n'ont jamais été observées par aucun autre qui ait écrit, non pas même par le Saint Esprit.

Et en troisiéme lieu, je donne avis à l'Auteur de ces libelles, que je n'ai jamais écrit, *Que Dieu ne doit pas être dit seulement negativement, mais même positivement la cause efficiente de soi-même*, ainsi qu'il assure fort inconsiderément en la page 8. de son dernier livre. Qu'il cherche dans mes écrits, qu'il les lise, qu'il les parcoure d'un bout à l'autre, au lieu d'y trouver rien de semblable, il y trouvera tout le contraire. Et il n'y a pas un de ceux qui ont lû mes écrits, ou qui me connoissent tant soit peu, ou du moins qui ne me tiennent pas tout-à-fait pour un fat, ou pour un insensé, qui ne sçache que je suis fort éloigné d'avoir des opinions si monstrueuses. Et c'est ce qui fait que j'admire grandement quel peut être le dessein de ces calomniateurs ; car s'ils prétendent de persuader aux hommes, que j'ai écrit des choses toutes contraires à celles qui se trouvent dans mes écrits, ils devroient auparavant prendre le soin de supprimer tous ceux que j'ai publiez, & même d'effacer de la memoire de ceux qui les ont lûs tout ce qu'ils en ont retenu ; car tandis qu'ils ne le font point, ils se nuisent plus qu'à moi. J'admire aussi qu'ils s'élevent si fort, & avec tant de chaleur & d'animosité contre une personne qui ne les a jamais ni attaqué, ni nui en aucune chose, mais qui pourroit peut-être bien leur nuire, s'ils m'avoient irrité, & que cependant ils ne disent mot à plusieurs autres qui ont refuté leur doctrine par des livres entiers, & qui se sont moquez d'eux, comme de gens simples & extravagans. Je ne veux pourtant rien ajourer icy, qui puisse davantage les détourner du dessein qu'ils peuvent avoir de m'attaquer par leurs libelles ; c'est avec plaisir que je vois qu'ils m'estiment assez pour m'attaquer de la sorte, mais cependant je souhaite qu'ils reviennent en leur bon sens.

Ceci a été écrit à Egmond en Hollande sur la fin du mois de Decembre en l'année 1647.

CLARISSIMO VIRO DOMINO***** CENSURA QUARUMDAM EPISTOLARUM DOMINI BALZACII.

LETTRE XXXI.

CLARISSIME DOMINE,

Quocunque animo legam has Epistolas, sive ut seriò examinem, sive magis ut oblecter, tantoperè mihi satisfaciunt, ut non modo nihil inveniam quod debeat reprehendi, sed nequidem etiam in rebus tam bonis facilè judicem quid præcipuè sit laudandum. Est enim in illis puritas elocutionis, tanquam in humano corpore valetudo, quæ scilicet ex eo maximè credenda est optima, quod nullum relinquat sui sensum. Est insuper elegantia & venustas, tanquam in perfectè formosa muliere pulchritudo, nempe quæ non in hac aut illâ re, sed in omnium tali consensu & temperamento consistit, ut nulla designari possit ejus pars inter cæteras eminentior, ne simul aliarum malè servata proportio imperfectionis arguatur. Sed veluti singulæ pulchritudinis partes, inter nævos & defectus formarum quas videre consuevimus, facilè distinguuntur, atque harum nonnullæ interdum tanta laude dignæ sunt, ut hinc optimè, quantò majora essent formæ omnibus numeris absolutæ merita, si quæ talis reperiretur, æstimemus; non dispari ratione, si ad aliorum scripta mentem converto, plurimas sæpe in illis virtutes orationis enumero, nempe quorumdam vitiorum mixtura distinctas. Et quoniam illæ etiam ibi suis laudibus non carent, hinc maximè percipio, quantò pluris hîc faciendæ sint, ubi puræ existunt. Apud alios enim sicubi verba lectissima, curioso ordine disposita, & liberali stilo profusa, non parum auribus fortassè satisfaciant, ibidem ut plurimùm sensus humilis, & in vastâ oratione dispersus, attenta ingenia frustratur. Si contra significantissimæ dictiones, nobilium cogitationum abundantiâ, mentes capaciores interdum oblectent, easdem presso & subobscuro stilo sæpius fatigant. Si vero inter hæc extrema medium tenentes, verum sermonis institutum in puris rebus exprimendis rigidiùs observent, tam austeri sunt, ut à delicatis non amentur. Si qui denique in salibus & locis teneriores musas exerceant, illi ferè omnes vel in vocum exoletarum fictâ majestate, vel in peregrinarum strepitu, vel in novarum mollitie, vel in ridiculis æquivocis, vel in cogitationibus poëticis, falsisque rationibus & puerilibus argutiis malè collocant orationis venustatem. Atque hæ nugæ severioris notæ hominibus non aliter placere possunt, quam histrionum ineptiæ, aut gesticulationes simiarum. In his autem Epistolis, & elegantissimæ orationis ubertas, quæ sola implendis lectorum animis posset sufficere, vires argumentorum non dissipat, nec obruit; & sententiarum dignitas, quæ se proprio pondere facilè sustineret, nullâ premitur inopiâ dictionum; sed cogitationes altissimi spiritus, atque à plebe semotæ, verbis in ore hominum frequentibus, & longo usu emendatis, accuratissimè exprimuntur: atque ex tam fœlici rerum cum sermone concordiâ, faciles quædam gratiæ exurgunt, ab ascititiis illis, quibus vulgus decipi solet, non minus diversæ, quam formosissimæ puellæ color ingenuus, à minio & cerussâ prurientium vetularum. Et hæc quidem de elocutione dicta sint, quæ sola ferè in hoc scribendi genere esset spectanda, nisi hæ litteræ aliquid altius saperent, quam quæ vulgò mittuntur ad familiares. Quia verò sæpius non minora tractant argumenta, quam ipsæ conciones quæ ab antiquis oratoribus publicè habebantur, quædam dicenda sunt de eximiâ illâ persuadendi scientiâ, quæ requiri solet ad eloquentiæ complementum. Hæc verò apud alios habuit etiam suas virtutes & sua vitia. Nam primis & incultis temporibus, antequam ulla fuissent adhuc in mundo dissidia, & cum lingua candidæ mentis affectus non invita sequebatur, erat quidem in majoribus ingeniis divina quædam eloquentiæ vis, quæ ex zelo veritatis & sensûs abundantiâ profluens, rudes homines ex sylvis eduxit, leges imposuit, urbes condidit, eademque habuit persuadendi potestatem simul & regnandi. Sed paulò post illam apud Græcos & Romanos fori contentio & concionum frequentia corrupit, dum nimis exercuit. Transmisit enim ad vulgares homines, qui, cum aperto Marte, & solius veritatis copiis, auditorum animos vincere desperarent, confugiebant ad sophismata, & inanes verborum insidias, quibus etsi non raro incautos fallerent, non meliori tamen jure cum prioribus de Oratoriâ laude contendebant, quam proditores, de verâ fortitudine, cum animosis militibus. Et quamvis fucatas suas rationes aliquando etiam ad veritatis patrocinium adhiberent, cum tamen præcipuam artis gloriam ponerent in deterioribus causis sustinendis, in hoc illos fuisse miserrimos puto, quod optimi Oratores esse non potuerint, quin mali homines viderentur. Hic verò Balzacius quæcumque dicenda suscipit, tam validis rationibus explicat, & tam grandibus exemplis illustrat, ut maximè admirer quandam in ejus stilo vehementiam, & naturæ impetum, curiosâ arte non frangi, sed inter elegantias & ornatum ætatis ultimæ, prioris eloquentiæ vires & majestatem retinere. Neque enim abutitur ille simplicitate lectoris, sed iis uti solet argumentis, quæ licet tam perspicua sint, ut apud vulgus facilè inveniant fidem, sunt nihilominus tam solida & vera, ut quo majori quisque ingenio est, eò certius ab illo convincatur, idque potissimùm quoties non alia probat, quam quæ sibi priùs ipse persuasit. Quamvis enim paradoxa veris interdum rationibus adornari posse non ignoret, periculosasque veritates aliquibus in locis prudentissimâ arte declinet, est tamen in ejus scriptis generosa quædam libertas, quæ satis indicat illum nihil ægriùs sustinere, quam mentiri. Hinc, si quando vitia nobilium describenda suscipiat, non servili potentiæ metu, si virtutes, nullâ animi malignitate à vero dicendo prohibetur. Si vero de seipso sermonem instituat, nec corporis morbos & naturæ imbecillitatem exponendo, contemptum, nec meritas ingenii sui laudes non dissimulando, invidiam reformidat. Quod non ignoro à multis primo intuitu in deteriorem partem sumi posse; vitia enim tam frequentia sunt hoc sæculo, & virtutes tam raræ, ut quotiescumque idem effectus potest ad honestam, vel turpem causam referri, de illo non dubitent mortales, juxta id quod sæpius accidit, judicare. Quisquis autem animadvertet eundem Balzacium, non bona tantum, sed mala etiam, tum sua tum aliena, in scriptis suis liberè declarare, nunquam profectò rebitur, adeò diversos in eodem homine mores existere, ut modò dedecora aliorum per malignam temeritatem, modò rectè facta per timidam adulationem divulget, modo etiam infirmitates suas per quandam animi vilitatem, modò egregias dotes per cupidinem inanis gloriæ describat: sed potius illum hæc omnia, tantùm quia talia esse sentit, ex amore veritatis, & per insitam quandam generositatem dissimulare non posse. Atque hunc candorem & antiquos mores, ingenii supra vulgus positi, rebitur æqua posteritas, etiamsi nunc in homine vivo lividi mortales tam sublime virtutis genus recusent admittere. Tanta est enim depravatio gentis humanæ, ut quemadmodum in cœtu corruptæ juventutis castum esse vel sobrium, ita ferè apud omnes vitio vertatur ingenuum esse & veracem, multóque avidiùs falsa crimina, quam veræ laudes audiantur; idque potissimùm, si quando viri egregii de se ipsis loqui velint; nam tunc maximè veritas superbiæ, dissimulatio verò & mendacium moderationi tribuuntur. Unde famosi in Balzacium libelli tam speciosam criminandi materiam habuere, ut quascunque alias, quantumlibet injustas vel ridiculas accusationes, capitali isti conjungerent, simul tamen omnes, tanquam hujus favore commendatas, imperitum vulgus admitteret; Et certè hoc in loco calamitosum mihi videtur, tam multos, ex iis qui se aliquos putant, vulgi appellatione comprehendi.

A

MONSIEUR *****

Jugement de Monsieur Descartes de quelques Lettres de Balzac.

LETTRE XXXI.

Version de la precedente.

Quelque dessein que j'aye en lisant ces Lettres, soit que je les lise pour les examiner, ou seulement pour me divertir, j'en retire toujours beaucoup de satisfaction ; & bien loin d'y trouver rien qui soit digne d'être repris, parmi tant de belles choses que j'y vois, j'ai de la peine à juger quelles sont celles qui meritent le plus de loüange. La pureté de l'élocution y regne par tout, comme fait la santé dans le corps, qui n'est jamais plus parfaite que lors qu'elle se fait le moins sentir. La grace & la politesse y reluisent comme la beauté dans une femme parfaitement belle, laquelle ne consiste pas dans l'éclat de quelque partie en particulier, mais dans un accord & un tempérament si juste de toutes les parties ensemble, qu'il n'y en doit avoir aucune qui l'emporte par dessus les autres, de peur que la proportion n'étant pas bien gardée dans le reste, le composé n'en soit moins parfait. Mais comme toutes les parties qui ont quelque avantage se reconnoissent facilement parmi les tâches qu'on a coutume de remarquer dans les beautez communes, & même qu'il s'en trouve quelquefois parmi celles où nous remarquons des défauts, qui sont dignes de tant de loüanges, que par là nous pouvons juger combien grand seroit le merite d'une beauté parfaite, s'il s'en rencontroit dans le monde; de même, quand je considere les écrits des autres, j'y trouve souvent à la verité plusieurs graces & ornemens dans le discours, mais qui ne sont point sans le mélange de quelque chose de vicieux ; Et parce que ces pieces toutes defectueuses qu'elles sont, ne laissent pas de meriter quelque approbation, je connois par là très-clairement l'estime que je dois faire des Lettres de Monsieur de Balzac, où les graces se voyent dans toute leur pureté. Car s'il y en a de qui le discours flatte quelquefois l'oreille, parce que les termes en sont choisis, les mots bien arrangez, & le stile diffus ; là aussi le plus souvent la bassesse des penfées, répanduë dans un vaste discours, satisfait peu l'attention du lecteur, qui ne trouve ordinairement que des paroles qui ne renferment que très-peu de sens. Et si d'autres au contraire par des mots fort significatifs, accompagnez de la richesse & de la sublimité des pensées, sont capables de contenter les plus grands esprits, souvent aussi un stile trop concis & obscur les lassent & les fatiguent. Que si quelques autres tenant le milieu entre ces deux extremitez, sans se soucier de la pompe & de l'abondance des paroles, se contentent de les faire servir selon leur vrai usage à exprimer simplement leurs pensées, ils sont si rudes & si austeres que des oreilles un peu delicates ne les sçauroient souffrir. Enfin s'il y en a qui s'adonnans à des études plus faciles & plus enjoüées, ne s'occupent qu'à la recherche de quelques bons mots, & de quelques jeux de l'esprit, ceux-là pour l'ordinaire font consister mal à propos la politesse du discours, ou dans la feinte majesté de quelques termes abolis, ou dans l'usage frequent de quelques mots étrangers, ou dans la douceur de quelques façons de parler nouvelles, ou enfin dans des équivoques ridicules, des fictions poëtiques, des argumentations sophistiques, & des subtilitez pueriles; mais pour dire la verité, toutes ces gentilleſſes, ou plûtôt ces vains amuſemens d'eſprit, ne ſçauroient davantage ſatisfaire des perſonnes un peu graves, que les niaiſeries d'un bouffon, ou les ſoupleſſes d'un bâteleur. Mais dans ces épîtres, ni l'étenduë d'un diſcours très-éloquent, qui pourroit ſeul remplir ſuffiſamment l'eſprit des lecteurs, ne diſſipe & n'étouffe point la force des argumens, ni la grandeur & la dignité des ſentences, qui pourroit aiſément ſe ſoutenir par ſon propre poids, n'eſt point ravalée par l'indigence des paroles: mais au contraire on y voit des penſées très-relevées, & qui ſont hors de la portée du vulgaire, fort nettement exprimées par des termes qui ſont toujours dans la bouche des hommes, & que l'uſage a corrigé. Et de cette heureuſe alliance des choſes avec le diſcours, il en reſulte des graces ſi faciles & ſi naturelles, qu'elles ne ſont pas moins differentes de ces beautez trompeuſes & contrefaites, dont le peuple a coutume de ſe laiſſer charmer, que le teint & le coloris d'une belle & jeune fille eſt different du fard & du vermillon d'une vieille qui fait l'amour. Ce que j'ai dit juſques icy ne regarde que l'élocution, qui eſt preſque tout [ce qu'on a coutume de conſiderer dans ce genre d'écrire; mais ces lettres contiennent quelque chose de plus relevé que ce qui s'écrit ordinairement à des amis ; & d'autant que les argumens dont elles traitent, souvent ne sont pas moindres que ceux de ces harangues que ces anciens orateurs declamoient autrefois devant le peuple, je me trouve obligé de dire ici quelque chose de ce rare & excellent art de persuader, qui est le comble & la perfection de l'éloquence. Cet art, comme toutes les autres choses, a eu dans tous les temps ses vices aussi-bien que ses vertus. Car dans les premiers siecles où les hommes n'étoient pas encore civilisez, où l'avarice & l'ambition n'avoient encore excité aucune dissention dans le monde, & où la langue sans aucune contrainte suivoit les affections & les sentimens d'un esprit sincere & veritable ; il y a eu à la verité dans les grands hommes une certaine force d'éloquence, qui avoit quelque chose de divin, laquelle provenant de l'abondance du bon sens, & du zele de la verité, a retiré des bois les hommes à demi sauvages, leur a imposé des loix, leur a fait bâtir des villes, & qui n'a pas eu plûtôt la puissance de persuader, qu'elle a eu celle de regner. Mais peu de temps après, les disputes du barreau, & l'usage frequent des harangues, l'ont corrompuë chez les Grecs

& chez les Romains, pour l'avoir trop exercée; car de la bouche des sages, elle est passée dans celle des hommes du commun, qui desesperans de se pouvoir rendre maîtres de l'esprit de leurs auditeurs, en n'employant point d'autres armes que celles de la verité, ont eu recours aux sophismes & aux vaines subtilitez du discours; & bien qu'ils surprissent assez souvent l'esprit des personnes simples & peu prudentes, & que par ce moyen ils s'en rendissent les maitres, ils n'ont pas eu neanmoins plus de raison de disputer de la gloire de l'éloquence avec ces premiers Orateurs, que des traîtres en pourroient avoir de contester de la veritable generosité avec des soldats fideles & aguerris; & quoi qu'ils employassent quelquefois leurs fausses raisons pour la défense de la verité, neanmoins parce qu'ils faisoient consister la principale gloire de leur art à défendre de mauvaises causes, je les trouve avoir été en cela très-miserables, de n'avoir pû passer pour bons Orateurs, sans paroître de méchans hommes. Mais pour Monsieur de Balzac, il explique avec tant de force tout ce qu'il entreprend de traiter, & l'enrichit de si grands exemples, qu'il y a lieu de s'étonner que l'exacte observation de toutes les regles de l'art n'ait point affoibly la vehemence de son stile, ni retenu l'impetuosité de son naturel, & que parmi l'ornement & l'élegance de nôtre âge, il ait pû conserver la force & la majesté de l'éloquence des premiers siecles. Car il n'abuse point, comme font la plûpart, de la simplicité de ses lecteurs; & quoique les raisons qu'il employe soient si plausibles, qu'elles gagnent facilement l'esprit du peuple, elles sont avec cela si solides & si veritables, que plus une personne a d'esprit, & plus infailliblement il en est convaincu, principalement lors qu'il n'a dessein de prouver aux autres, que ce qu'il s'est auparavant persuadé à lui-même. Car bien qu'il n'ignore pas qu'il est quelquefois permis d'appuyer de bonnes raisons les propositions les plus paradoxes, & d'éviter avec adresse les veritez un peu perilleuses, on apperçoit neanmoins dans ses écrits une certaine liberté genereuse, qui fait assez voir qu'il n'y a rien qui lui soit plus insupportable que de mentir. De là vient que si quelquefois son discours le porte à décrire les vices des grands, la crainte & la flatterie ne lui font rien dissimuler; & si au contraire l'occasion se presente de parler de leurs vertus, il ne les couvre point par une malice affectée, & dit par tout la verité. Que si quelquefois il est obligé de parler de lui-même, il en parle avec la même me liberté; car ni la crainte du mépris ne l'empêche point de découvrir aux autres les foiblesses & les maladies de son corps, ni la malice de ses envieux ne lui fait point dissimuler les avantages de son esprit. Ce que je sçai pouvoir être d'abord interpreté par plusieurs en mauvaise part; car les vices sont si ordinaires en ce siecle, & les vertus si rares, que dès lors qu'un même effet peut dépendre d'une bonne, ou d'une mauvaise cause, les hommes ne manquent jamais de le rapporter à celle qui est mauvaise, & d'en juger par ce qui arrive le plus souvent. Mais qui voudra prendre garde que Monsieur de Balzac declare librement dans ses écrits les vices & les vertus des autres, aussi-bien que les siens, ne pourra jamais se persuader qu'il y ait dans un même homme des mœurs si differentes, que de découvrir tantôt par une liberté malicieuse les fautes d'autrui, & tantôt de publier leurs belles actions par une honteuse flatterie; ou de parler de ses propres infirmitez par une bassesse d'esprit, & de décrire les avantages & les prerogatives de son ame par le desir d'une vaine gloire, mais il croira bien plûtôt qu'il ne parle comme il fait de toutes ces choses que par l'amour qu'il porte à la verité, & par une generosité qui lui est naturelle. Et la posterité lui faisant justice, & voyant en lui des mœurs toutes conformes à celles de ces grands hommes de l'antiquité, admirera la candeur & l'ingenuité de cet esprit élevé au dessus du commun, quoy que les hommes jaloux maintenant de sa gloire ne veüillent pas reconnoître une vertu si sublime. Car la dépravation du genre humain est aujourd'hui si grande, que comme dans une troupe de jeunes gens débauchez on auroit honte de paroître chaste & temperant, de même aussi la plûpart du monde se mocque aujourd'hui d'une personne qui fait profession d'être sincere & veritable ; & l'on prend bien plus de plaisir à entendre de fausses accusations que de veritables loüanges, principalement quand les personnes de merite parlent un peu avantageusement d'eux-mêmes ; car c'est pour lors que la verité passe pour orgüeil, & la dissimulation ou le mensonge pour moderation. Et c'est de là que tant de libelles diffamatoires qu'on a faits contre lui, ont pris le specieux pretexte & la matiere de toutes leurs accusations ; cette calomnie a autorisé toutes les autres, & leur a donné cours, pour injustes & ridicules qu'elles ayent été, & a fait qu'elles ont toutes trouvé quelque creance dans l'esprit du vulgaire : mais à dire le vrai, ce qui est icy déplorable, c'est que sous ce mot de vulgaire, la plûpart de ceux-là se trouvent compris, qui s'imaginent être quelque chose, & qui s'estiment plus que les autres.

A

MONSIEUR

DE BALZAC.

LETTRE XXXII.

MONSIEUR,

Encore que pendant que vous avez été à Balzac, je sçusse bien que tout autre entretien que celui de vous-même, vous devoit être importun, si est-ce que je n'eusse pû m'empêcher de vous y envoyer par fois quelque mauvais compliment, si j'eusse crû que vous y eussiez dû demeurer si long-temps, comme vous avez fait. Mais ayant eu l'honneur de recevoir une de vos Lettres, par laquelle vous me faisiez esperer que vous seriez bien-tôt à la Cour, je fis un peu de scrupule d'aller troubler vôtre repos jusques dans le desert, & crus qu'il valoit mieux que j'attendisse à vous écrire, que vous en fussiez sorti ; c'est ce qui m'a fait differer d'un voyage à l'autre l'espace de dix-huit mois, ce que je n'ai jamais eu intention de differer plus de huit jours ; & ainsi sans que vous m'en ayez obligation, je vous ay exempté tout ce temps-là de l'importunité de mes Lettres. Mais puisque vous êtes maintenant à Paris, il faut que je vous demande ma part du temps que vous avez resolu d'y perdre à l'entretien de ceux qui vous iront visiter, & que je vous dise que depuis deux ans que je suis dehors, je n'ai pas été une seule fois tenté d'y retourner, sinon depuis qu'on m'a mandé que vous y étiez ; mais cette nouvelle m'a fait connoître que je pourrois être maintenant quelque autre part, plus heureux que je ne suis icy ; & si l'occupation qui m'y retient n'étoit selon mon petit jugement la plus importante, en laquelle je puisse jamais être employé, la seule esperance d'avoir l'honneur de vôtre conversation, & de voir naître naturellement devant moi ces fortes pensées que nous admirons dans vos ouvrages, seroit suffisante pour m'en faire sortir. Ne me demandez point, s'il vous plaît, quelle peut être cette occupation que j'estime si importante, car j'aurois honte de vous la dire ; je suis devenu si Philosophe, que je méprise la plûpart des choses qui sont ordinairement estimées, & en estime quelques autres dont on n'a point accoûtumé de faire cas. Toutefois, pource que vos sentimens sont fort éloignez de ceux du peuple, & que vous m'avez souvent témoigné que vous jugiez plus favorablement de moi que je ne meritois, je ne laisserai pas de vous en entretenir plus ouvertement quelque jour, si vous ne l'avez point desagréable. Pour cette heure, je me contenterai de vous dire que je ne suis plus en humeur de rien mettre par écrit, ainsi que vous m'y avez autrefois vû disposé ; ce n'est pas que je ne fasse grand état de la reputation lorsqu'on est certain de l'acquerir bonne & grande comme vous avez fait ; mais pour une mediocre & incertaine, telle que je la pourrois esperer, je l'estime beaucoup moins que le repos & la tranquillité d'esprit que je possede. Je dors icy dix heures toutes les nuits ; & sans que jamais aucun soin me réveille, après que le sommeil a long-temps promené mon esprit dans des buys, des jardins, & des palais enchantez, où j'éprouve tous les plaisirs qui sont imaginez dans les fables, je mêle insensiblement mes réveries du jour avec celles de la nuit ; & quand je m'apperçois d'être éveillé, c'est seulement afin que mon contentement soit plus parfait, & que mes sens y participent ; car je ne suis pas si severe, que de leur refuser aucune chose, qu'un Philosophe leur puisse permettre, sans offenser sa conscience. Enfin il ne manque rien ici que la douceur de vôtre conversation ; mais elle m'est si necessaire pour être heureux, que peu s'en faut que je ne rompe tous mes desseins, afin de vous aller dire de bouche que je suis de tout mon cœur,

Monsieur,

Vôtre très-humble & très-obéïssant serviteur,
DESCARTES.

A MONSIEUR DE BALZAC.

Lettre XXXIII.

MONSIEUR,

J'ai porté ma main contre mes yeux pour voir si je ne dormois point, lors que j'ai lû dans vôtre Lettre que vous aviez dessein de venir icy, & maintenant encore je n'ose me réjoüir autrement de cette nouvelle, que comme si je l'avois seulement songée. Toutefois je ne trouve pas fort étrange qu'un esprit grand & genereux comme le vôtre, ne se puisse accommoder à ces contraintes serviles, ausquelles on est obligé dans la Cour ; & puisque vous m'assurez tout de bon que Dieu vous a inspiré de quitter le monde, je croirois pecher contre le Saint-Esprit, si je tâchois à vous détourner d'une si sainte resolution ; même vous devez pardonner à mon zele, si je vous convie de choisir Amsterdam pour vôtre retraite, & de le preferer ; je ne dirai pas seulement à tous les Convens des Capucins & des Chartreux, où force honnêtes gens se retirent, mais aussi à toutes les plus belles demeures de France & d'Italie, & même à ce celebre Hermitage dans lequel vous étiez l'année passée. Quelque accomplie que puisse être une maison des champs, il y manque toujours une infinité de commoditez qui ne se trouvent que dans les Villes, & la solitude même qu'on y espere, ne s'y rencontre jamais toute parfaite. Je veux bien que vous y trouviez un canal, qui fasse rêver les plus grands parleurs, & une valée si solitaire, qu'elle puisse leur inspirer du transport & de la joye; mais mal aisément se peut-il faire que vous n'ayez aussi quantité de petits voisins, qui vous vont quelquefois importuner, & de qui les visites sont encore plus incommodes, que celles que vous recevez à Paris; au lieu qu'en cette grande Ville où je suis, n'y ayant aucun homme excepté moi, qui n'exerce la marchandise, chacun y est tellement attentif à son profit, que j'y pourrois demeurer toute ma vie sans être jamais vû de personne: Je me vais promener tous les jours parmi la confusion d'un grand peuple, avec autant de liberté & de repos, que vous sçauriez faire dans vos allées, & je n'y considere pas autrement les hommes que j'y vois,

vois, que je ferois les arbres qui se rencontrent en vos forests, ou les animaux qui y paissent. Le bruit même de leur tracas n'interrompt pas plus mes rêveries, que feroit celui de quelque ruisseau. Que si je fais quelquefois reflexion sur leurs actions, j'en reçois le même plaisir, que vous feriez de voir les païsans qui cultivent vos campagnes ; car je vois que tout leur travail sert à embellir le lieu de ma demeure, & à faire que je n'y aye manque d'aucune chose Que s'il y a du plaisir à voir croître les fruits en vos vergers, & à y être dans l'abondance jusques aux yeux, pensez-vous qu'il n'y en ait pas bien autant à voir venir icy des vaisseaux, qui nous apportent abondamment tout ce que produisent les Indes, & tout ce qu'il y a de rare en l'Europe. Quel autre lieu pourroit-on choisir au reste du monde, où toutes les commoditez de la vie, & toutes les curiositez qui peuvent être souhaitées, soient si faciles à trouver qu'en cettui-ci. Quel autre païs où l'on puisse joüir d'une liberté si entiere, où l'on puisse dormir avec moins d'inquietude, où il y ait toujours des armées sur pied, exprès pour nous garder, où les empoisonnemens, les trahisons, les calomnies soient moins conuës, & où il soit demeuré plus de reste de l'innocence de nos ayeuls. Je ne sçai comment vous pouvez tant aimer l'air d'Italie, avec lequel on respire si souvent la peste, & où toujours la chaleur du jour est insupportable, la fraîcheur du soir mal saine, & où l'obscurité de la nuit couvre des larcins & des meurtres. Que si vous craignez les hyvers du Septentrion, dites-moi quelles ombres, quel éventail, quelles fontaines vous pourroient si bien preserver à Rome des incommoditez de la chaleur, comme un poêle & un grand feu vous exempteront ici d'avoir froid. Au reste, je vous dirai que je vous attens avec un petit recüeil de rêveries, qui ne vous seront peut-être pas desagreables ; & soit que vous veniez, ou que vous ne veniez pas, je serai toujours passionnément, &c.

A

MONSIEUR *****.

LETTRE XXXIV.

Monsieur,

J'avouë qu'il y a un grand défaut dans l'écrit que vous avez vû, ainsi que vous le remarquez, & que je n'y ai pas assez étendu les raisons, par lesquelles je pense prouver qu'il n'y a rien au monde qui soit de soi plus évident & plus certain que l'existence de Dieu, & de l'ame humaine, pour les rendre faciles à tout le monde; mais je n'ai osé tâcher de le faire, d'autant qu'il m'eût fallu expliquer bien au long les plus fortes raisons des Sceptiques, pour faire voir qu'il n'y a aucune chose materielle, de l'existence de laquelle on soit assuré, & par même moyen accoutumer le lecteur à détacher sa pensée des choses sensibles, puis montrer que celui qui doute ainsi de tout ce qui est materiel, ne peut aucunement pour cela douter de sa propre existence; d'où il suit que celui-là, c'est-à-dire l'ame, est un estre, ou une substance qui n'est point du tout corporelle; & que sa nature n'est que de penser, & aussi qu'elle est la premiere chose qu'on puisse connoître certainement, même en s'arrêtant assez long-temps sur cette meditation, on acquert peu à peu une connoissance très-claire, & si j'ose ainsi parler, intuitive, de la naturelle intellectuelle en general; l'idée de laquelle étant considerée sans limitation, est celle qui nous represente Dieu, & limitée, est celle d'un Ange, ou d'une ame humaine; or il n'est pas possible de bien entendre ce que j'ai dit après de l'existence de Dieu, si ce n'est qu'on commence par là, ainsi que j'ai assez donné à entendre en la page 48. Mais j'ai eu peur que cette entrée, qui eût semblé d'abord vouloir introduire l'opinion des Sceptiques, ne troublât les plus foibles esprits, principalement à cause que j'écrivois en langue vulgaire: de façon que je n'en ai même osé mettre le peu qui est à la page 41. qu'après avoir usé de preface: & pour vous, Monsieur, & vos semblables, qui sont des plus intelligens, j'ai esperé que s'ils prennent la peine, non pas seulement de lire, mais aussi de mediter par ordre les mêmes choses que j'ai dit avoir meditées, en s'arrêtant assez long-temps sur chaque point, pour voir si j'ai failly, ou non, ils en tireront les mêmes conclusions que j'ai fait; je serai bien aise au premier loisir que j'aurai, de faire un effort pour tâcher d'éclaircir davantage cette matiere, & d'avoir eu en cela quelque occasion de vous témoigner que je suis, &c.

A MONSIEUR****.

Lettre XXXV.

MONSIEUR,

Ayant eu dernierement l'honneur d'aller en vôtre compagnie au logis de Monsieur de Charnassé pour lui faire offre de mon service, j'ai pensé que vous n'auriez pas désagreable que je vous priasse de lui presenter l'un des exemplaires que je vous envoye, & ensemble de lui en offrir encore deux autres, l'un pour le Roy, & l'autre pour Monsieur le Cardinal de Richelieu, s'il lui plaît de me tant obliger, que de trouver bon que ce soit par son entremise que je les leur presente, afin de leur témoigner en tout le peu que je puis, ma très-humble devotion à leur service.

Il est vrai que n'ayant pas voulu mettre mon nom en ces écrits, je n'avois aucunement esperé qu'il me dûssent donner occasion de le faire dire à des personnes si hautes & si éminentes ; mais ayant reçû ces jours derniers un Privilege du Roy, dans lequel il a été mis, quelque soin que j'aye eu de le celer, je crois devoir faire maintenant quasi le même, que si j'avois eu dessein de le publier, & ne pouvoir plus supposer qu'il soit inconnu; & pour ce qu'on a ajouté quelques clauses en ce Privilege, que je n'ai jamais vûës en d'autres Livres, & qui sont beaucoup plus avantageuses pour moy, que je ne merite, bien que je ne les aye point desirées, & que je n'aye demandé qu'à être reçû au nombre des Ecrivains les plus vulgaires ; je leur en suis tellement obligé, que je ne sçai quels moyens je dois chercher pour leur faire paroître ma reconnoissance ; car je ne crois pas que nous soyons seulement redevables aux grandes faveurs que nous recevons immediatement de leurs mains, mais aussi de toutes celles qui nous viennent de leurs Ministres, tant à cause que ce sont eux qui leur en donnent le pouvoir, que principalement aussi à cause qu'ayant fait choix de telles personnes plûtôt que d'autres, nous devons croire que leurs inclinations à nous obliger, sont les mêmes que nous remarquons en ceux ausquels ils donnent le pouvoir de nous bien faire. Et ainsi encore que je ne sois pas si vain, que de m'imaginer que les pensées du Roy, ou de Monsieur le Cardinal, se soient abaissées jusques à moi, ni qu'ils sçachent rien du Privilege que Monsieur le Chancelier m'a obligé de sceller, je ne laisse pas de leur en avoir la premiere & la principale obligation, & je reconnois en cela que la France est bien autrement & bien mieux gouvernée que n'étoit autrefois la ville d'Ephese, en laquelle il étoit défendu d'exceller, vû qu'au contraire on y gratifie non-seulement ceux qui excellent, au rang desquels je n'ose aspirer, mais même ceux qui font quelque effort pour bien faire, encore que ce soit par des voyes extraordinaires, qui est une chose de laquelle je confesse qu'on auroit eu droit de m'accuser, si j'eusse vêcu parmi les Ephesiens. Au reste, je ne m'excuse point envers Monsieur de Charnassé de la liberté que je prens de l'employer en cette occasion : car la charge d'Ambassadeur qu'il a ici, le bon accüeil dont il m'a obligé lors que j'ai eu l'honneur de le voir, & la connoissance très-particuliere qu'il a des sciences dont j'ai traité en ces écrits, me font plûtôt croire qu'il trouveroit mauvais que je m'adressasse à un autre. Et je ne doute point que ma priere ne lui soit plus agreable, en lui étant adressée par une personne de vôtre merite, que par mes lettres ou par moi. C'est pourquoi je vous donnerai s'il vous plaît cette peine, & serai toute ma vie, &c.

A UN REVEREND PERE DE L'ORATOIRE, DOCTEUR DE SORBONNE.

LETTRE XXXVI.

MONSIEUR ET REVEREND PERE,

J'ai assez éprouvé combien vous favorisiez le desir que j'ai de faire quelque progrez en la recherche de la verité, & le témoignage que vous m'en rendez encore par lettres m'oblige extrémement. Je suis aussi très-obligé au R. P. de la Barde pour avoir pris la peine de lire mes pensées de Metaphysique, & m'avoir fait la faveur de les défendre, contre ceux qui m'accusoient de mettre tout en doute : il a très-parfaitement pris mon intention ; &

si j'avois plusieurs protecteurs tels que vous & lui, je ne douterois point que mon parti ne se rendît bien-tôt le plus fort; mais quoi que je n'en aye que fort peu, je ne laisse pas d'avoir beaucoup de satisfaction, de ce que ce sont les plus grands hommes & les meilleurs esprits qui goutent & favorisent le plus mes opinions. Je me laisse aisément persuader que si le R. P. G. eût vêcu, il en auroit été des principaux, & bien qu'il n'y ait pas long-temps que Monsieur Arnauld soit Docteur, je ne laisse pas d'estimer plus son jugement, que celui d'une moitié des anciens. Mon esperance n'a point été d'obtenir leur approbation en corps; j'ai trop bien sçû, & prédit il y a long-temps, que mes pensées ne seroient pas au goût de la multitude, & qu'où la pluralité des voix auroit lieu, elles seroient aisément condamnées. Je n'ai pas aussi desiré celle des particuliers, à cause que je serois marry qu'ils fissent rien à mon sujet qui pût être désagreable à leurs confreres, & aussi qu'elle s'obtient si facilement pour les autres livres, que j'ai crû que la cause pour laquelle on pourroit juger que je ne l'ai pas, ne me seroit point desavantageuse; mais cela ne m'a pas empêché d'offrir mes Meditations à vôtre Faculté, afin de les faire d'autant mieux examiner; & que si ceux d'un corps si celebre ne trouvoient point de justes raisons pour les reprendre, cela me pût assurer des veritez qu'elles contiennent.

Pour ce qui est du principe par lequel il me semble connoître que l'idée que j'ai d'une chose, *non redditur à me inadæquata per abstractionem intellectûs*, je ne le tire que de ma propre pensée; car étant assuré que je ne puis avoir aucune connoissance de ce qui est hors de moi, que par l'entremise des idées que j'en ai en moi, je me garde bien de rapporter mes jugemens immediatement aux choses, & de leur rien attribuer de positif, que je ne l'apperçoive auparavant en leurs idées: mais je crois aussi que tout ce qui se trouve en ces idées, est necessairement dans les choses; ainsi pour sçavoir si mon idée n'est point renduë non complette, ou *inadæquata*, par quelque abstraction de mon esprit, j'examine seulement si je ne l'ai point tirée, non de quelque sujet plus complet, mais de quelqu'autre idée plus complette & plus parfaite que j'aye en moi, & si je ne l'en ai point tirée *per abstractionem intellectûs*, c'est-à-dire, en détournant ma pensée d'une partie de ce qui est compris en cette idée complette, pour l'appliquer d'autant mieux, & me rendre d'autant plus attentif à l'autre partie; comme lors que je considere une figure, sans penser à la substance ni à la quantité dont elle est figure, je fais une abstraction d'esprit que je puis aisément reconnoître par après, en examinant si je n'ai point tiré cette idée que j'ai de la figure, de quelqu'autre que j'ai eu auparavant, & à qui elle est tellement jointe, que bien qu'on puisse penser à l'une, sans avoir aucune attention à l'autre, on ne puisse toutefois la nier de cette autre, lors qu'on pense à toutes les deux; car je vois clairement que l'idée de la figure, est ainsi jointe à l'idée de l'extension & de la substance, vû qu'il est impossible que je conçoive une figure, en niant qu'elle ait aucune extension, & en niant qu'elle soit l'extension d'une substance; mais l'idée d'une substance étenduë & figurée est complette, à cause que je la puis concevoir toute seule, & nier d'elle toutes les autres choses dont j'ai des idées. Or il est ce me semble fort clair, que l'idée que j'ai d'une substance qui pense, est complette en cette façon, & que je n'ai aucune autre idée en mon esprit qui la precede, & qui lui soit tellement jointe, que je ne les puisse bien concevoir en les niant l'une de l'autre; car il ne peut y en avoir de telle en moy, que je ne la connoisse. Et enfin ce ne sont que les modes seuls, dont les idées sont renduës non complettes par l'abstraction de nôtre esprit, lors que nous les considerons sans la chose dont ils sont modes ; car pour les substances elles ne peuvent n'être pas complettes ; & même il est impossible de concevoir aucune de ces qualitez qu'on nomme réelles, que par cela seul qu'on les nomme réelles, on ne les conçoive comme complettes, ce qui fait aussi qu'on avoüe qu'elles peuvent être separées de la substance, sinon naturellement, au moins surnaturellement, ce qui suffit. On dira peut-être que la difficulté demeure encore, à cause que bien que je conçoive l'ame & le corps comme deux substances qui peuvent être l'une sans l'autre, je ne suis pas toutefois assuré qu'elles soient telles que je les crois. Mais il en faut revenir à la regle cy-devant posée, à sçavoir, que nous ne pouvons avoir aucune connoissance des choses, que par les idées que nous en concevons, & que par conséquent nous n'en devons juger que suivant ces idées, & même penser que tout ce qui repugne à ces idées est absolument impossible, & implique contradiction. Ainsi nous n'avons aucune autre raison pour assurer qu'il n'y a point de montagne sans vallée, sinon que nous voyons que leurs idées ne peuvent être complettes, quand nous les considerons l'une sans l'autre, bien que nous puissions par abstraction, avoir l'idée d'une montagne, ou d'un lieu par lequel on monte de bas en haut, sans considerer qu'on peut aussi descendre par le même de haut en bas. Ainsi nous pouvons dire qu'il implique contradiction, qu'il y ait des atomes, ou des parties de matiere qui ayent de l'extension, & toutefois qui soient indivisibles, à cause qu'on ne peut avoir l'idée d'aucune extension, sans avoir aussi celle de sa moitié, ou de son tiers, ni par conséquent sans la concevoir comme divisible en deux ou en trois ; car de cela seul que je considere les deux moitiez d'une partie de matiere, tant petite qu'elle puisse être, comme deux substances complettes, & *quarum idea non redduntur à me inadæquata per abstractionem intellectûs*, je conclus certainement qu'elles sont réellement divisibles ; & si l'on me disoit que nonobstant que je les puisse concevoir l'une sans l'autre, je ne sçai pas pour cela, si Dieu ne les a point unies ou jointes l'une à l'autre d'un lien si étroit, qu'elles soient entierement inséparables, & ainsi que je n'ai pas raison de l'assurer ; je répondrois que de quelque lieu qu'il puisse les avoir jointes, je suis assuré qu'il les peut separer, & ainsi absolument parlant qu'elles peuvent être separées, puisqu'il m'a donné la faculté de les concevoir comme separées; & je dis tout de même de l'ame & du corps, & generalement de toutes les choses dont nous avons des idées diverses & complettes; mais je ne nie pas pour cela qu'il ne puisse y avoir dans l'ame ou dans le corps plusieurs choses dont je n'ai aucunes idées; je nie seulement qu'il y ait rien qui repugne aux idées que j'en ai, car autrement Dieu seroit trompeur, & nous n'aurions aucune regle pour nous assurer de la verité.

La raison pour laquelle je crois que l'ame pense toujours, elle est la même qui me fait croire que la lumiere luit toujours, bien qu'il n'y a point d'yeux qui la regardent; que la chaleur est toujours chaude bien qu'on ne s'y chauffe point; que le corps, ou la substance étenduë, a toujours de l'extension, & generalement que ce qui constituë la nature d'une chose y est toujours pendant qu'elle existe; en sorte qu'il me seroit bien plus aisé de croire que l'ame cesseroit d'être, quand on dit qu'elle cesse de penser, que non pas de concevoir qu'elle soit sans pensée. Et je ne vois ici aucune difficulté, qu'à cause qu'on juge superflu de croire qu'elle pense, lors qu'il ne nous en reste aucun souvenir par après; mais si on considere que nous avons toutes les nuits mille pensées, & même qu'en veillant nous en avons eu mille depuis une heure, dont il ne nous reste aucune trace, & dont nous ne voyons pas mieux l'utilité, que de celles que nous pouvons avoir euës avant que de naître, on aura bien moins de peine à se le persuader, qu'à juger, qu'une substance dont la nature est de penser, puisse exister, & toutefois ne penser point. Je ne vois aussi aucune difficulté à entendre que les facultez d'imaginer & de sentir appartiennent à l'ame, à cause que ce sont des especes de pensées ; & neanmoins elles n'appartiennent à l'ame qu'entant qu'elle est jointe au corps, à cause que ce sont des especes de pensées, sans lesquelles on peut concevoir l'ame toute pure. Pour ce qui est des animaux, nous connoissons bien en eux des mouvemens semblables à ceux qui suivent de nos imaginations ou sentimens, mais non pas pour cela des imaginations ou sentimens ; & au contraire, ces mêmes mouvemens se pouvant faire sans imagination, nous avons raison de croire que c'est ainsi qu'ils se font en eux, ainsi que j'espere faire voir clairement, en décrivant par le menu toute l'architecture de leur corps, & les causes de leurs mouvemens. Mais je crains que je ne vous aye déja ennuyé par la longueur de cette lettre; je me tiendrai très-heureux si vous me continuez l'honneur de vôtre bienveillance, & la faveur de vôtre protection, comme à celui qui est, &c.

A MONSIEUR DE ZUITLICHEN.

Lettre XXXVII.

MONSIEUR,

Encore que je me sois retiré assez loin hors du monde, la triste nouvelle de vôtre affliction n'a pas laissé de parvenir jusques à moi. Si je vous mesurois au pied des ames vulgaires, la tristesse que vous avez témoignée dès le commencement de la maladie de feuë Madame de Z. me feroit craindre que son decez ne vous fût du tout insupportable; mais ne doutant point que vous ne vous gouverniez entierement selon la raison, je me persuade qu'il vous est beaucoup plus aisé de vous consoler, & de reprendre vôtre tranquillité d'esprit accoutumée, maintenant qu'il n'y a plus du tout de remede, que lors que vous aviez encore occasion de craindre & d'esperer. Car il est certain

tain que l'esperance étant du tout ôtée, le desir cesse, ou du moins se relâche & perd sa force, & quand on n'a que peu ou point de desir de r'avoir ce qu'on a perdu, le regret n'en peut être fort sensible. Il est vrai que les esprits foibles ne goutent point du tout cette raison, & que sans sçavoir eux-mêmes ce qu'ils s'imaginent, ils s'imaginent que tout ce qui a autrefois été, peut encore être, & que Dieu est comme obligé de faire pour l'amour d'eux tout ce qu'ils veulent ; mais une ame forte & genereuse comme la vôtre, sçachant la condition de nôtre nature, se soumet toujours à la necessité de sa loy ; & bien que ce ne soit pas sans quelque peine, j'estime si fort l'amitié, que je crois que tout ce que l'on souffre à son occasion est agreable, ensorte que ceux même qui vont à la mort pour le bien des personnes qu'ils affectionnent, me semblent heureux jusques au dernier moment de leur vie. Et quoi que j'apprehendasse pour vôtre santé, pendant que vous perdiez le manger & le repos pour servir vous-même vôtre malade, j'eusse pensé commettre un sacrilege, si j'eusse tâché à vous divertir d'un office si pieux & si doux. Mais maintenant que vôtre deüil ne lui pouvant plus être utile, ne sçauroit aussi être si juste qu'auparavant, ni par conséquent accompagné de cette joye & satisfaction interieure qui suit les actions vertueuses, & fait que les sages se trouvent heureux en toutes les rencontres de la fortune, si je pensois que vôtre raison ne le pût vaincre, j'irois importunément vous trouver, & tâcherois par tous moyens à vous divertir, à cause que je ne sçache point d'autre remede pour un tel mal. Je ne mets pas icy en ligne de compte la perte que vous avez faite entant qu'elle vous regarde, & que vous êtes privé d'une compagnie que vous cherissiez extrêmement ; car il me semble que les maux qui nous touchent nous-mêmes ne sont point comparables à ceux qui touchent nos amis, & qu'au lieu que c'est une vertu d'avoir pitié des moindres afflictions qu'ont les autres, c'est une espece de lâcheté de s'affliger pour aucune des disgraces que la fortune nous peut envoyer; outre que vous avez tant de proches qui vous cherissent, que vous ne sçauriez pour cela rien trouver à dire en vôtre famille, & que quand vous n'auriez que Madame de V. pour sœur, je crois qu'elle seule est suffisante pour vous délivrer de la solitude & des soins d'un ménage, qu'un autre que vous pourroit craindre, après avoir perdu sa compagnie. Je vous supplie d'excuser la liberté que je prens de mettre icy mes sentimens en Philosophe, au même moment que je viens de recevoir un pacquet de vôtre part par Mr G. où je ne comprens point le procedé du P. M. car il ne m'envoye encore aucun privilege, & semble vouloir m'obliger, en faisant tout le contraire de ce dont je le prie. Je suis, &c.

A MONSIEUR ***.

Lettre XXXVIII.

MONSIEUR,

Je viens d'apprendre la triste nouvelle de vôtre affliction, & bien que je ne me promette pas de rien mettre en cette lettre, qui ait grande force pour adoucir vôtre douleur, je ne puis toutefois m'abstenir d'y tâcher, pour vous témoigner au moins que j'y participe. Je ne suis pas de ceux qui estiment que les larmes & la tristesse n'appartiennent qu'aux femmes, & que pour paroître homme de cœur, on se doive contraindre à montrer toujours un visage tranquille ; j'ai senti depuis peu la perte de deux personnes qui m'étoient très-proches, & j'ai éprouvé que ceux qui me vouloient défendre la tristesse l'irritoient, au lieu que j'étois soulagé par la complaisance de ceux que je voyois touchez de mon déplaisir. Ainsi je m'assure que vous me souffrirez mieux, si je ne m'oppose point à vos larmes, que si j'entreprenois de vous détourner d'un ressentiment que je crois juste; mais il doit neanmoins y avoir quelque mesure; & comme ce seroit être barbare que de ne se point affliger du tout, lors qu'on en a du sujet, aussi seroit-ce être trop lâche de s'abandonner entierement au déplaisir, & ce seroit faire fort mal son compte, que de ne tâcher pas de tout son pouvoir à se délivrer d'une passion si incommode. La profession des armes en laquelle vous êtes nourri, accoutume les hommes à voir mourir inopinément leurs meilleurs amis, & il n'y a rien au monde de si fâcheux, que l'accoutumance ne le rende supportable. Il y a, ce me semble, beaucoup de rapport entre la perte d'une main & d'un frere, vous avez ci-devant souffert la premiere sans que j'aye jamais remarqué que vous en fussiez affligé, pourquoi le seriez-vous davantage de la seconde. Si c'est pour vôtre propre interest, il est certain que vous la pouvez mieux reparer que l'autre, en ce que l'acquisition d'un fidele ami peut autant valoir que l'amitié d'un bon frere; & si c'est pour l'interest de celui que vous regrettez, comme sans doute vôtre generosité ne vous permet pas d'être touché d'autre chose, vous sçavez qu'il n'y a aucune raison ni religion, qui fasse craindre du mal après cette vie, à ceux qui ont vêcu en gens d'honneur, mais qu'au contraire l'une & l'autre leur promet des joyes & des recompenses. Enfin, Monsieur, toutes nos afflictions, quelles qu'elles soient, ne dépendent que fort peu des raisons ausquelles nous les attribuons, mais seulement de l'émotion & du trouble interieur que la nature excite en nousmêmes ; car lorsque cette émotion est appaisée, encore que toutes les raisons que nous avions auparavant demeurent les mêmes, nous ne nous sentons plus affligez. Or je ne veux point vous conseiller d'employer toutes les forces de vôtre resolution & constance, pour arrêter tout d'un coup l'agitation interieure que vous sentez, ce seroit peut-être un remede plus fâcheux que la maladie, mais je ne vous conseille pas aussi d'attendre que le tems seul vous guerisse, & beaucoup moins d'entretenir & prolonger vôtre mal par vos pensées ; je vous prie seulement de tâcher peu à peu de l'adoucir, en ne regardant ce qui vous est arrivé que du biais qui vous le peut faire paroître le plus supportable, & en vous divertissant le plus que vous pourrez par d'autres occupations. Je sçai bien que je ne vous apprens ici rien de nouveau, mais on ne doit pas méprifer les bons remedes pour être vulgaires, & m'étant servi de celui-ci avec fruit, j'ai crû être obligé de vous l'écrire : car je suis, &c.

A MONSIEUR ***.

Lettre XXXIX.

Monsieur,

Je sçai que vous avez tant d'occupations, qui valent mieux que de vous arrêter à lire des complimens d'un homme qui ne frequente ici que des Païsans, que je n'ose m'ingerer de vous écrire, que lors que j'ai quelque occasion de vous importuner. Celle qui se presente maintenant est pour vous donner sujet d'exercer vôtre charité en la personne d'un pauvre païsan de mon voisinage, qui a eu le malheur d'en tuër un autre. Ses parens ont dessein d'avoir recours à la clemence de son Altesse, afin de tâcher d'obtenir sa grace, & ils ont desiré aussi que je vous en écrivisse, pour vous supplier de vouloir seconder leur requeste d'un mot favorable, en cas que l'occasion s'en presente. Pour moi, qui ne recherche rien tant que la securité & le repos, je suis bien aise d'être en un païs où les crimes soient châtiez avec rigueur, pource que l'impunité des méchans leur donne trop de licence; mais pource que tous les mouvemens de nos passions n'étant pas toujours en nôtre pouvoir, il arrive quelquefois que les meilleurs hommes commettent de très-grandes fautes, pour cela l'usage des graces est plus utile que celui des loix, à cause qu'il vaut mieux qu'un homme de bien soit sauvé, que non pas que mille méchans soient punis; aussi est-ce l'action la plus glorieuse & la plus auguste que puissent faire les Princes que de pardonner. Le païsan pour qui je vous prie est icy en reputation de n'être nullement querelleur, & de n'avoir jamais fait de déplaisir à personne avant ce malheur. Tout ce qu'on peut dire le plus à son désavantage, est que sa mere étoit mariée avec celui qui est mort; mais si on ajoute qu'elle en étoit aussi fort outrageusement batuë, & l'avoit été pendant plusieurs années qu'elle avoit tenu ménage avec lui, jusqu'à ce qu'enfin elle s'en étoit séparée, & ainsi ne le consideroit plus comme son mari, mais comme son persecuteur & son ennemi, lequel même pour se vanger de cette separation, la menaçoit d'ôter la vie à quelqu'un de ses enfans (l'un desquels est cettuy-ci) on trouvera que cela même sert beaucoup à l'excuser. Et comme vous sçavez que j'ai coutume de philosopher sur tout ce qui se presente, je vous dirai que j'ai voulu rechercher la cause qui a pû porter ce pauvre homme à faire une action, de laquelle son humeur paroissoit fort éloignée; & j'ai sçû qu'au temps que ce malheur lui est arrivé, il avoit une extréme affliction, à cause de la maladie d'un sien enfant dont il attendoit la mort à chaque moment, & que pendant qu'il étoit auprès de lui, on le vint appeller pour secourir son beaufrere, qui étoit attaqué par leur commun ennemy. Ce qui fait que je ne trouve nullement étrange, de ce qu'il ne fut pas maître de soi-même en telle rencontre : car lors qu'on a quelque grande affliction, & qu'on est mis au désespoir par la tristesse, il est certain qu'on se laisse bien plus emporter à la colere, s'il en survient alors quelque sujet, qu'on ne feroit en un autre temps. Et ce sont ordinairement

dinairement les meilleurs hommes, qui voyans d'un côté la mort d'un fils, & de l'autre le peril d'un frere, en sont le plus violemment émûs. C'est pourquoi les fautes ainsi commises sans aucune malice premeditée, sont, ce me semble, les plus excusables; aussi lui fut-il pardonné par tous les principaux parens du mort, au jour même qu'ils étoient assemblez pour le mettre en terre. Et de plus les Juges d'icy l'ont absous, mais par une faveur trop precipitée, laquelle ayant obligé le Fiscal à se porter appellant de leur sentence, il n'ose pas se presenter derechef devant la Justice, laquelle doit suivre la rigueur des loix, sans avoir égard aux personnes, mais il supplie que l'innocence de sa vie passée, lui puisse faire obtenir grace de son Altesse. Je sçai bien qu'il est très-utile de laisser quelquefois faire des exemples, pour donner de la crainte aux méchans; mais il me semble que le sujet qui se presente n'y est pas propre; car outre que le criminel étant absent, tout ce qu'on lui peut faire n'est que de l'empêcher de revenir dans le pays, & ainsi punir sa femme & ses enfans plus que lui, j'apprens qu'il y a quantité d'autres Païsans en ces Provinces qui ont commis des meurtres moins excusables, & dont la vie est moins innocente, qui ne laissent pas d'y demeurer, sans avoir aucun pardon de son Altesse (& le mort étoit de ce nombre); ce qui me fait croire, que si on commençoit par mon voisin à faire un exemple, ceux qui sont plus accoutumez que lui à tirer le couteau, diroient qu'il n'y a que les innocens & les idiots, qui tombent entre les mains de la Justice, & seroient confirmez par là en leur licence. Enfin si vous contribuez quelque chose à faire que ce pauvre homme puisse revenir auprès de ses enfans, je puis dire que vous ferez une bonne action, & que ce sera une nouvelle obligation que vous aura, &c.

A MONSIEUR ***.

LETTRE XL.

MONSIEUR,

Le soin qu'il vous a plû avoir de vous enquerir des jugemens qu'on a fait de mes écrits au lieu où vous êtes, est un effet de vôtre amitié, pour lequel je vous ai beaucoup d'obligation ; mais encore que lors qu'on a publié quelque livre, l'on soit toujours bien aise de sçavoir ce que les lecteurs en disent, je vous puis toutefois assurer que c'est une chose dont je me soucie fort peu ; & même je pense connoître si bien la portée de la pluspart de ceux qui passent pour doctes, que j'aurois mauvaise opinion de mes pensées, si je voyois qu'ils les approuvassent. Je ne veux pas dire que celui dont vous m'avez envoyé le jugement soit de ce nombre, mais voyant qu'il dit que la façon dont j'ai éxpliqué l'Arc-en-Ciel est commune, & que mes Principes de Physique sont tirez de Democrite, je crois qu'il ne les a pas beaucoup lûs ; ce que me confirment aussi ses objections contre la rarefaction ; car s'il avoit pris garde à ce que j'ai écrit de celle qui se fait dans les Æolipiles, ou dans les machines où l'air est pressé violemment, & dans la poudre à canon, il ne me proposeroit pas celle qui se fait en sa fontaine artificielle. Et s'il avoit remarqué la façon dont j'ai expliqué que l'idée que nous avons du corps en general, ou de la matiere, ne differe point de celle que nous avons de l'espace, il ne s'arrêteroit point à vouloir faire concevoir la penetration des dimensions, par l'exemple du mouvement : car nous avons une idée très-distincte des diverses vîtesses du mouvement, mais il implique contradiction, & est impossible de concevoir que deux espaces se penetrent l'un l'autre. Je ne répons rien à celui qui dit que les démonstrations manquent en ma Geometrie, car il est vrai que j'en ai obmis plusieurs, mais vous les sçavez toutes, & vous sçavez aussi que ceux qui se plaignent que je les ai obmises, pource qu'ils ne les sçauroient inventer d'eux-mêmes, montrent par là qu'ils ne sont pas fort grands Geometres. Ce que je trouve le plus étrange est la conclusion du jugement que vous m'avez envoyé, à sçavoir, que ce qui empêchera mes Principes d'être reçûs dans l'école, est qu'ils ne sont pas assez confirmez par l'experience, & que je n'ai point refuté les raisons des autres. Car j'admire que nonobstant que j'aye de montré en particulier, presque autant d'experiences qu'il y a de lignes en mes écrits, & qu'ayant generalement rendu raison dans mes Principes de tous les Phénomenes de la nature, j'aye expliqué par même moyen toutes les experiences qui peuvent être faites touchant les corps inanimez, & qu'au contraire on n'en ait jamais bien expliqué aucune par les principes de la Philosophie vulgaire, ceux qui la suivent ne laissent pas de m'objecter le défaut d'experiences. Je trouve fort étrange aussi qu'ils desirent que je refute les argumens de l'école, car je crois que si je l'entreprenois, je leur rendrois un mauvais office ; & il y a long-temps que la malignité de quelques-uns m'a donné sujet de le faire, & peut-être qu'enfin ils m'y contraindront. Mais pource que ceux qui y ont le plus d'interest sont les Peres Jesuites, la consideration du Pere C. qui est mon parent, & qui est maintenant le premier de leur Compagnie, depuis la mort du General, duquel il étoit assistant, & celle du Pere D. & de quelques autres des principaux de leur Corps, lesquels je crois être veritablement mes amis, a été cause que je m'en suis abstenu jusques icy, & même que j'ai tellement composé mes Principes, qu'on peut dire qu'ils ne contrarient point du tout à la Philosophie commune, mais seulement qu'ils l'ont enrichie de plusieurs choses qui n'y étoient pas ; car puisqu'on y reçoit une infinité d'autres opinions qui sont contraires les unes aux autres, pourquoi n'y pourroit-on pas aussi-bien recevoir les miennes. Je ne voudrois pas toutefois les en prier ; car si elles sont fausses, je serois marry qu'ils fussent trompez ; & si elles sont vrayes, ils ont plus d'interest à les rechercher, que moi à les recommander. Quoi qu'il en soit, je vous suis très-obligé de la souvenance que vous avez de moi, je m'assure que M. Van. Z. vous mandera ce qui se passe à Utrecht, ce qui est cause que je n'ajouterai icy autre chose, sinon que le temps & l'absence ne diminuëront jamais rien du zele que j'ai à être toute ma vie, &c.

A MONSIEUR ***.

Lettre XLI.

MONSIEUR,

Encore que le Pere Mersenne ait fait directement contre mes prieres, en disant mon nom, je ne sçaurois toutefois lui vouloir mal, de ce que par son moyen j'ai l'honneur d'être connu d'une personne de vôtre merite. Mais j'ai bien sujet de m'inscrire en faux, contre un projet du privilege qu'il me mande vouloir tâcher d'impetrer pour moy ; car il m'y introduit me loüant moi-même, & me qualifiant inventeur de plusieurs belles choses, & me fait dire que j'offre de donner au public d'autres traitez, que ceux qui sont déja imprimez, ce qui est contraire à ce que j'ai écrit tant au commencement de la 77. page du discours qui sert de Préface, qu'ailleurs. Mais je m'assure qu'il vous fera voir ce que je lui mande, puisque j'apprens par celle que vous m'avez fait l'honneur de m'écrire, que c'est vous qui m'avez obligé de lui suggerer quelques-unes des objections ausquelles je lui fais réponse. Pour le traité de Physique dont vous me faites la faveur de me demander la publication, je n'aurois pas été si imprudent que d'en parler en la façon que j'ai fait, si je n'avois envie de le mettre au jour, en cas que le monde le desire, & que j'y trouve mon compte & mes sûretez. Mais je veux bien vous dire, que tout le dessein de ce que je fais imprimer à cette fois, n'est que de lui préparer le chemin, & sonder le gué. Je propose à cet effet une Methode generale, laquelle veritablement je n'enseigne pas, mais je tâche d'en donner des preuves par les trois traitez suivans, que je joins au discours où j'en parle, ayant pour le premier un sujet mêlé de Philosophie & de Mathematique ; pour le second, un tout pur de Philosophie ; & pour le troisiéme un tout pur de Mathematique, dans lesquels je puis dire que je me suis abstenu de parler d'aucune chose, (au moins de celles qui peuvent être connuës par la force du raisonnement) pource que j'ai crû ne la pas sçavoir, en sorte qu'il me semble par là donner occasion de juger que j'use d'une methode par laquelle je pourrois expliquer aussi-bien toute autre matiere, en cas que j'eusse les experiences qui y seroient necessaires, & le temps pour les considerer. Outre que pour montrer que cette methode s'étend à tout, j'ai inseré briévement quelque chose de Metaphysique, de Physique & de Medecine dans le premier discours; Que si je puis faire avoir au monde cette opinion de ma Methode, je croirai alors n'avoir plus tant de sujet de craindre que les principes de ma Physique soient mal reçûs; & si je ne rencontrois que des juges aussi favorables que vous, je ne le craindrois pas dés maintenant.

Vous me demandez *in quo genere causæ Deus disposuit æternas veritates*: Je vous répons que c'est *in eodem genere causæ*, qu'il a créé toutes choses, c'est-à-dire *ut efficiens & totalis causa*. Car il est certain qu'il est aussi-bien Auteur de l'essence comme de l'existence des creatures: or cette essence n'est autre chose que ces veritez éternelles, lesquelles je ne conçois point émaner de Dieu, comme les rayons du soleil; mais je sçai que Dieu est Auteur de toutes choses, & que ces veritez sont quelque chose, & par conséquent qu'il en est Auteur. Je dis que je le sçai, & non pas que je le conçois ni que je le comprens ; car on peut sçavoir que Dieu est infini & tout-puissant, encore que nôtre ame étant finie je ne le puisse comprendre ni concevoir ; de même que nous pouvons bien toucher avec les mains une montagne, mais non pas l'embrasser comme nous ferions un arbre, ou quelque autre chose que ce soit, qui n'excedât point la grandeur de nos bras : car comprendre, c'est embrasser de la pensée ; mais pour sçavoir une chose, il suffit de la toucher de la pensée. Vous demandez aussi qui a necessité Dieu à créer ces veritez ; & je dis qu'il a été aussi libre qu'il ne fût pas vrai que toutes lignes tirées du centre à la circonference fussent égales, comme de ne pas créer le monde : Et il est certain que ces veritez ne sont pas plus necessairement conjointes à son essence, que les autres creatures. Vous demandez ce que Dieu a fait pour les produire. Je dis que *ex hoc ipso quod illas ab æterno esse voluerit & intellexerit, illas creavit*, ou bien (si vous n'attribuez le mot de *creavit* qu'à l'existence des choses) *illas disposuit & fecit*. Car c'est en Dieu une même chose de vouloir, d'entendre & de créer, sans que l'un precede l'autre, *ne quidem ratione.* 2. Pour la question *an Dei bonitati sit conveniens homines in æternum damnare*, cela est de Theologie: c'est pourquoi absolument vous me permettrez s'il vous plaît de n'en rien dire, non pas que les raisons des libertins en ceci ayent quelque force, car elles me semblent frivoles & ridicules: mais pour ce que je tiens que c'est faire tort aux veritez qui dépendent de la foi, & qui ne peuvent être prouvées par démonstration naturelle, que de les vouloir affermir par des raisons humaines, & probables seulement. 3. Pour ce qui touche la liberté de Dieu, je suis tout à-fait de l'opinion que vous me mandez avoir été expliquée par le P. Gibieuf, je n'avois point sçû qu'il eût fait imprimer quelque chose, mais je tâcherai de faire venir son traité de Paris à la premiere commodité, afin de le voir, & je suis grandement aise que mes opinions suivent les siennes, car cela m'assure au moins qu'elles ne sont pas si extravagantes, qu'il n'y ait de très-habiles hommes qui les soutiennent. Les 4. 5. 6. 8. 9. & derniers points de vôtre Lettre sont tous de Theologie, c'est pourquoi je m'en tairai, s'il vous plaît. Pour le septiéme point touchant les marques qui s'impriment aux enfans par l'imagination de la mere, &c. j'avouë bien que c'est une chose digne d'être examinée, mais je ne m'y suis pas encore satisfait. Pour le dixiéme point, où ayant supposé que Dieu mene tout à sa perfection, & que rien ne s'aneantit, vous demandez ensuite, quelle est donc la perfection des bêtes brutes, & que deviennent leurs ames après la mort ? il n'est pas hors de mon sujet, & j'y répons que Dieu mene tout à sa perfection, c'est-à-dire tout *collectivè*, non pas chaque chose en particulier ; car cela même, que les choses particulieres perissent, & que d'autres renaissent en leur place, c'est une des principales perfections de l'univers. Pour les ames, & les autres formes & qualitez, ne vous mettez pas en peine de ce qu'elles deviendront, je suis après à l'expliquer en mon Traité, & j'espere de le faire entendre si clairement, que personne n'en pourra douter.

Pour ce que vous inferez, que si la nature de l'homme n'est que de penser, il n'a donc point de volonté, je n'en vois pas la consequence ; car vouloir, entendre, imaginer, sentir, &c. ne sont que des diverses façons de penser, qui appartiennent toutes à l'ame. Vous rejettez ce que j'ai dit, qu'il suffit de bien juger pour bien faire ; & toutefois il me semble que la doctrine ordinaire de l'école est que *voluntas non fertur in malum, nisi quatenus ei sub aliqua ratione boni repræsentatur ab intellectu* ; d'où vient ce mot, *omnis peccans est ignorans* ; ensorte que si jamais l'entendement ne representoit rien à la volonté comme bien, qui ne le fût, elle ne pourroit manquer en son élection. Mais il lui represente souvent diverses choses en même temps ; d'où vient le mot *video meliora proboque*, qui n'est que pour les esprits foibles, dont j'ai parlé en la page 26. Et le bien faire dont je parle ne se peut entendre en termes de Theologie, où il est parlé de la Grace, mais seulement de Philosophie morale & naturelle, où cette Grace n'est point consideréee ; ensorte qu'on ne me peut accuser pour cela de l'erreur des Pelagiens, non plus que si je disois qu'il ne faut qu'avoir un bon sens pour être honnête homme, on ne m'objecteroit pas qu'il faut aussi avoir le sexe qui nous distingue des femmes, pource que cela ne vient point alors à propos ; tout de même en disant qu'il est vraisemblable (à sçavoir selon la raison humaine) que le monde a été créé tel qu'il devoit être, je ne nie point pour cela qu'il ne soit certain par la foy qu'il est parfait. Enfin pour ceux qui vous ont demandé de quelle Religion j'étois, s'ils avoient pris garde, que j'ai écrit en la page 29. que je n'eusse pas crû me devoir contenter des opinions d'autrui un seul moment, si je ne me fusse proposé d'employer mon propre jugement à les examiner lors qu'il seroit temps, ils verroient qu'on ne peut inferer de mon discours, que les infideles doivent demeurer en la religion de leurs parens. Je ne trouve plus rien en vos deux lettres qui ait besoin de réponse, sinon qu'il semble que vous craigniez que la publication de mon premier discours, ne m'engage de parole à ne point faire voir ci-aprés ma Physique, de quoi toutesfois il ne faut point avoir peur ; car je n'y promets en aucun lieu de ne la point publier pendant ma vie ; mais je dis que j'ai eu ci-devant dessein de la publier, que depuis pour les raisons que j'allegue, je me suis proposé de ne le point faire pendant ma vie, & que maintenant je prens resolution de publier les traitez contenus en ce volume, d'où tout de même, l'on peut inferer, que si les raisons qui m'empêchent de la publier étoient changées, je pourrois prendre une autre resolution, sans pour cela être changeant ; car *sublatâ causâ tollitur effectus.* Vous dites aussi, qu'on peut attribuer à vanterie ce que je dis de ma Physique, puisque je ne la donne pas, ce qui peut avoir lieu pour ceux qui ne me connoissent point, & qui n'auront vû que mon premier discours; mais pour ceux qui verront tout le livre, ou qui me connoissent, je ne crains pas qu'ils m'accusent de ce vice, non plus que de celui que vous me reprochez, de mépriser les hommes, à cause que je ne leur donne pas étourdiment, ce que je ne sçai pas encore s'ils veulent avoir : car enfin je n'ai parlé comme j'ai fait de ma Physique, qu'afin de convier ceux qui la desireront, à faire changer les causes qui m'empêchent de la publier. Derechef je vous prie de nous envoyer ou le Privilege ou son refus, le plus promptement qu'il sera possible, & plûtôt en la façon la plus simple un jour devant, qu'en la meilleure le jour d'après. Je suis, &c.

AU REVEREND PERE
MERSENNE.
Lettre XLII.

MON REVEREND PERE,

Cette propofition d'une nouvelle langue, femble plus admirable à l'abord, que je ne la trouve en y regardant de près; car il n'y a que deux chofes à apprendre en toutes les langues, à fçavoir la fignification des mots, & la Grammaire. Pour la fignification des mots, il n'y promet rien de particulier, car il dit en la quatriéme propofition, *linguam illam interpretari ex dictionario*; qu'eft-ce qu'un homme un peu verfé aux langues peut faire fans lui en toutes les langues communes? Et je m'affure que vous donniez à Monfieur Hardy un bon Dictionnaire en Chinois, ou en quelqu'autre langue que ce foit, & un livre écrit en la même langue, qu'il entreprendra d'en tirer le fens. Ce qui empêche que tout le monde ne le pourroit pas faire, c'eft la difficulté de la Grammaire, & je devine que c'est tout le secret de vôtre homme ; mais ce n'est rien qui ne soit très-aisé ; car faisant une langue, où il n'y ait qu'une façon de conjuguer, de décliner, & de construire les mots, qu'il n'y en ait point de défectifs ni d'irreguliers, qui sont toutes choses venuës de la corruption de l'usage ; & même par l'inflexion des noms ou des verbes & la construction se fassent par affixes, ou devant ou après les mots primitifs, lesquelles affixes soient toutes specifiées dans le Dictionnaire, ce ne sera pas merveille que les esprits vulgaires, apprennent en moins de six heures à composer en cette langue avec l'aide du Dictionnaire, qui est le sujet de la premiere proposition. Pour la seconde, à sçavoir, *cognitâ hâc linguâ cæteras omnes, ut ejus dialectos, cognoscere,* ce n'est que pour faire valoir la drogue; car il ne met point en combien de temps on les pourroit connoître, mais seulement qu'on les considereroit comme des dialectes de celle-ci, c'est-à-dire que n'y ayant point en celle-ci d'irregularitez de Grammaire comme aux autres, il la prend pour leur primitive. Et de plus il est à noter qu'il peut en son Dictionnaire, pour les mots primitifs, se servir de ceux qui sont en usage en toutes les langues, comme de synonimes. Comme par exemple, pour signifier

signifier *l'amour*, il prendra *aimer*, *amare*, φιλειν, &c. Et un François en ajoûtant l'affixe, qui marque le nom substantif, à *aimer*, fera *l'amour*, un Grec ajoûtera le même à φιλειν, & ainsi des autres. Ensuite de quoi la sixiéme proposition est fort aisée à entendre, *scripturam invenire*, &c. car mettant en son Dictionnaire un seul chiffre, qui se rapporte à *aimer*, *amare*, φιλειν, & tous les synonimes, le livre qui sera écrit avec ces caracteres pourra être interpreté par tous ceux qui auront ce Dictionnaire. La cinquiéme proposition n'est aussi ce semble que pour loüer sa marchandise, & si-tôt que je vois seulement le mot d'*arcanum* en quelque proposition, je commence à en avoir mauvaise opinion; mais je crois qu'il ne veut dire autre chose, sinon que pource qu'il a fort philosophé sur les Grammaires de toutes ces langues qu'il nomme, pour abreger la sienne, il pourroit plus facilement les enseigner que les maîtres ordinaires. Il reste la troisiéme proposition, qui m'est tout-à-fait un *arcanum* : car de dire qu'il expliquera les pensées des Anciens, par les mots desquels ils se sont servis, en prenant chaque mot pour la vraye définition de la chose, c'est proprement dire qu'il expliquera les pensées des Anciens en prenant leurs paroles en autre sens.

Tome II. Zz

qu'ils ne les ont jamais prises ; ce qui répugne, mais il l'entend peut-être autrement. Or cette pensée de reformer la Grammaire, ou plûtôt d'en faire une nouvelle qui se puisse apprendre en cinq ou six heures, & laquelle on puisse rendre commune pour toutes les langues, ne laisseroit pas d'être une invention utile au public, si tous les hommes se vouloient accorder à la mettre en usage, sans deux inconveniens que je prévois. Le premier est pour la mauvaise rencontre des lettres, qui feroient souvent des sons désagréables & insupportables à l'oüie : car toute la difference des inflexions des mots ne s'est faite par l'usage que pour éviter ce défaut, & il est impossible que vôtre Auteur ait pû remedier à cet inconvenient, faisant sa Grammaire universelle pour toutes sortes de Nations ; car ce qui est facile & agreable à nôtre langue, est rude & insupportable aux Allemans, & ainsi des autres : Si bien que tout ce qui se peut, c'est d'avoir évité cette mauvaise rencontre des syllabes en une ou deux langues ; & ainsi la langue universelle ne seroit que pour un pays ; mais nous n'avons que faire d'apprendre une nouvelle langue, pour parler seulement avec les François. Le second inconvenient est pour la difficulté d'apprendre les mots de cette langue; car si pour les mots primitifs chacun se sert de sa langue, il est vrai qu'il n'aura pas tant de peine, mais il ne sera aussi entendu que par ceux de son pays, sinon par écrit, lors que celui qui le voudra entendre prendra la peine de chercher tous les mots dans le Dictionnaire, ce qui est trop ennuyeux pour esperer qu'il passe en usage. Que s'il veut qu'on apprenne des mots primitifs, communs pour toutes les langues, il ne trouvera jamais personne qui veüille prendre cette peine, & il seroit plus aisé de faire que tous les hommes s'accordassent à apprendre la latine, ou quelqu'autre de celles qui sont en usage, que non pas celle-ci, en laquelle il n'y a point encore de livres écrits, par le moyen desquels on se puisse exercer, ni d'hommes qui la sçachent, avec qui l'on puisse acquerir l'usage de la parler. Toute l'utilité donc que je vois qui peut réüssir de cette invention, c'est pour l'écriture : A sçavoir, qu'il fist imprimer un gros Dictionnaire en toutes les langues ausquelles il voudroit être entendu; & mist des caracteres communs pour chaque mot primitif, qui répondissent au sens, & non pas aux syllabes, comme un même caractere pour *aimer, amare,* & φιλειν; & ceux qui auroient ce Dictionnaire, & sçauroient sa Grammaire, pourroient en

Z z ij

cherchant tous ces caracteres l'un après l'autre interpreter en leur langue ce qui seroit écrit ; mais cela ne seroit bon que pour lire des mysteres & des revelations ; car pour d'autres choses, il faudroit n'avoir gueres à faire, pour prendre la peine de chercher tous les mots dans un Dictionnaire, & ainsi je ne vois pas ceci de grand usage ; mais peut-être que je me trompe, seulement vous ai-je voulu écrire tout ce que je pouvois conjecturer sur ces six propositions que vous m'avez envoyées, afin que lors que vous aurez vû l'invention, vous puissiez dire si je l'aurai bien déchifrée. Au reste je trouve qu'on pourroit ajouter à ceci une invention, tant pour composer les mots primitifs de cette langue, que pour leurs caracteres ; en sorte qu'elle pourroit être enseignée en fort peu de temps, & ce par le moyen de l'ordre, c'est-à-dire, établissant un ordre entre toutes les pensées qui peuvent entrer en l'esprit humain, de même qu'il y en a un naturellement établi entre les nombres ; & comme on peut apprendre en un jour à nommer tous les nombres jusques à l'infini, & à les écrire en une langue inconnuë, qui sont toutefois une infinité de mots differens, qu'on pust faire le même de tous les autres mots necessaires pour exprimer toutes les autres choses qui tombent en l'esprit des hommes. Si cela étoit trouvé, je ne doute point que cette langue n'eût bien-tôt cours parmi le monde; car il y a force gens qui employeroient volontiers cinq ou six jours de temps pour se pouvoir faire entendre par tous les hommes. Mais je ne crois pas que vôtre Auteur ait pensé à cela, tant pource qu'il n'y a rien en toutes ses propositions qui le témoigne, que pour ce que l'invention de cette langue dépend de la vraye Philosophie; car il est impossible autrement de dénombrer toutes les pensées des hommes, & de les mettre par ordre, ni seulement de les distinguer ensorte qu'elles soient claires & simples, qui est à mon avis le plus grand secret qu'on puisse avoir pour acquerir la bonne science; & si quelqu'un avoit bien expliqué les idées simples qui sont en l'imagination des hommes, desquelles se compose tout ce qu'ils pensent, & que cela fût reçû par tout le monde, j'oserois esperer ensuite une langue universelle fort aisée à apprendre, à prononcer, & à écrire; & ce qui est le principal, qui aideroit au jugement, lui representant si distinctement toutes choses, qu'il lui seroit presque impossible de se tromper, au lieu que tout au rebours, les mots que nous avons n'ont quasi que des significations confuses, ausquelles l'esprit des hommes s'étant accoutumé de longue main, cela est cause qu'il n'entend presque rien parfaitement. Or je tiens que cette langue est possible, & qu'on peut trouver la science de qui elle dépend, par le moyen de laquelle les païsans pourroient mieux juger de la verité des choses, que ne font maintenant les Philosophes. Mais n'esperez pas de la voir jamais en usage, cela présuppose de grands changemens en l'ordre des choses, & il faudroit que tout le monde ne fût qu'un paradis terrestre, ce qui n'est bon à proposer que dans le pays des Romans.

Maintenant pour vos questions de Musique, ce que j'avois dit que le sault de la quinte en la basse n'est pas plus que celui de la tierce au dessus, est ce me semble fort aisé à juger, sur ce que la basse va naturellement par de plus grands intervalles que le dessus ; car de même qu'un homme qui marche à plus grand pas qu'un enfant de quatre ans, on peut dire que le sault de quinze semelles sera moindre pour lui, que celui de dix à un enfant de trois ou quatre ans. Vous demandez ensuite pourquoi les choses égales reveillent plus l'attention en montant qu'en descendant : Je ne me souviens plus de ce que je vous avois écrit ; toutefois je vous dirai que ce n'est point pource qu'elles sont égales ou inegales, mais generalement le son aigu qui se fait en montant, frappe plus l'oreille que le grave; & en un concert de Musique, si les voix vont toujours également, ou qu'elles s'abbaissent, & allentissent peu à peu, cela endormira les Auditeurs; mais si au contraire ou rehausse la voix tout d'un coup, ce sera le moyen de les reveiller. Selon diverses considerations on peut dire que le son grave est plus ou moins sage que l'aigu, car il consiste en plus d'étenduë, se peut entendre de plus loin, &c. mais il est dit fondement de la Musique principalement pource qu'il a ses mouvemens plus lents, & par conséquent qui peuvent être divisez en plus de parties; car on nomme fondement, ce qui est comme le plus ample, & le moins diversifié, & qui peut servir de sujet sur lequel on peut bâtir le reste. Pour vôtre façon d'examiner la bonté des consonances, vous m'avez appris ce que j'en devois dire, qu'elle est trop subtile pour être distinguée de l'oreille, qui est seule juge de cela. Et pour le passage de la tierce majeure à l'union, je me tiens à la raison des Praticiens.

Il n'y a point de doute en quelque sens que vous mettiez un soliveau ou colomne, qu'elle peze toujours & tire contre bas, & nôtre tête peze sur nos épaules,

& tout nôtre corps sur nos jambes, encore que nous n'y prenions pas garde. Il ne reste plus que quelque chose touchant la vîtesse du mouvement, que vous dites que Monsieur Beecman vous a mandé, mais cela viendra mieux en répondant à vôtre derniere. Pour la proportion de vîtesse selon laquelle descendent les poids, je vous en ai écrit ce que j'en sçavois en la précedente, *saltem in vacuo, sed in aëre*; ce que vous a mandé Monsieur Beecman est veritable, pourvû que vous supposiez que plus le poids descend vîte, plus l'air lui résiste, car si cela est, de quoi je ne suis pas encore du tout assuré, enfin il arrivera que l'air empêchera justement autant que la pesanteur ajouteroit de vîtesse au mouvement *in vacuo*, & cela étant, le mouvement demeurera toujours égal; mais cela ne se peut determiner que de la pensée; car en pratique il ne le faut pas esperer. Et pour vos experiences, qu'un poids descendant de cinquante pieds, employe autant de temps à parcourir les vingt-cinq derniers que les premiers, *salvâ pace*, je ne me sçaurois persuader qu'elles sont justes: car *in vacuo*, je trouve qu'il ne mettra que le tiers du temps à parcourir les vingt-cinq derniers, & je ne puis croire que l'empêchement de l'air soit si notable qu'il rende cette difference-là imperceptible. Je suis, &c.

A. U.

AU REVEREND PERE MERSENNE.

Lettre XLIII.

Mon Reverend Pere,

Je vous remercie de l'observation de la Couronne qui a été faite par Monsieur Gassendi. Pour le méchant Livre je ne vous prie plus de me l'envoyer ; car je me suis maintenant proposé d'autres occupations, & je crois qu'il seroit trop tard pour executer le dessein qui m'avoit obligé de vous mander à l'autre voyage, que si c'étoit un livre bien fait, & qu'il tombât entre mes mains, je tâcherois d'y faire sur le champ quelque réponse ; c'est que je pensois qu'encore qu'il n'y eût que trente-cinq exemplaires de ce livre, toutefois s'il étoit bien fait, qu'on en feroit une seconde impression, & qu'il auroit grand cours entre les curieux, quelques défenses qui en pussent être faites. Or je m'étois imaginé un remede pour empêcher cela, qui me sembloit plus fort que toutes les défenses de la justice ; qui étoit, avant qu'il se fist une autre impression de ce livre en cachette, d'en faire faire une avec permission, & ajouter après chaque periode, ou chaque chapitre, des raisons qui prouvassent tout le contraire des siennes, & qui en découvrissent les faussetez. Car je pensois que s'il se vendoit ainsi tout entier publiquement avec sa réponse, on ne daigneroit pas le vendre en cachette sans réponse, & ainsi que personne n'en apprendroit la fausse doctrine qui n'en fût désabusé au même tems; au lieu que les réponses separées qu'on fait à semblables livres sont d'ordinaire de peu de fruit, pource que chacun ne lisant que les livres qui plaisent à son humeur, ce ne sont pas les mêmes qui ont lû les mauvais livres, qui s'amusent à examiner les réponses. Vous me direz, je m'assure, que c'est à sçavoir si j'eusse pû répondre aux raisons de cet Auteur ; à quoi je n'ai rien à dire, sinon que j'y eusse au moins fait tout mon possible, & qu'ayant plusieurs raisons qui me persuadent, & qui m'assurent le contraire de ce que vous m'avez mandé être en ce livre, j'osois esperer qu'elles le pourroient aussi persuader à quelques autres, & que la verité expliquée par un esprit mediocre, devoit être plus forte que le mensonge, fût-il maintenu par les plus habiles gens qui fussent au monde.

Pour les veritez éternelles, je dis derechef que *sunt tantum vera aut possibiles, quia Deus illas veras aut possibiles cognoscit, non autem contra veras à Deo cognosci, quasi independenter ab illo sint vera.* Et si les hommes entendoient bien le sens de leurs paroles, ils ne pourroient jamais dire sans blasphéme, que la verité de quelque chose précede la connoissance que Dieu en a, car en Dieu ce n'est qu'un de vouloir & de connoître ; de sorte que *ex hoc ipso quod aliquid velit, ideò cognoscit, & ideò tantùm talis res est vera.* Il ne faut donc pas dire que *si Deus non esset, nihilominus istæ veritates essent veræ* ; car l'existence de Dieu est la premiere & la plus éternelle de toutes les veritez qui peuvent être, & la seule d'où procedent toutes les autres. Mais ce qui fait qu'il est aisé en ceci de se méprendre, c'est que la plûpart des hommes ne considerent pas Dieu comme un être infini & incomprehensible, & qui est le seul Auteur duquel toutes choses dépendent ; mais ils s'arrêtent aux syllabes de son nom, & pensent que c'est assez le connoître, si on sçait que *Dieu* veut dire le même que ce qui s'appelle *Deus* en latin, & qui est adoré par les hommes. Ceux qui n'ont point de plus hautes pensées que cela, peuvent aisément devenir athées; & pource qu'ils comprennent parfaitement les veritez mathematiques, & non pas celle de l'existence de Dieu, ce n'est pas merveille s'ils ne croyent pas qu'elles en dépendent. Mais ils devroient juger au contraire, que puisque Dieu est une cause dont la puissance surpasse les bornes de l'entendement humain, & que la necessité de ces veritez n'excede point nôtre connoissance, qu'elles sont quelque chose de moindre, & de sujet à cette puissance incomprehensible. Ce que vous dites de la production du *Verbe* ne répugne point, ce me semble, à ce que je dis; mais je ne veux pas me mêler de la Theologie; j'ai peur même que vous ne jugiez que ma Philosophie s'émancipe trop, d'oser dire son avis touchant des matieres si relevées.

Pour le libre arbitre, je suis entierement d'accord avec le R. P. Et pour expliquer encore plus nettement mon opinion, je desire premierement que l'on remarque, que *l'indifference* me semble signifier proprement cet état dans lequel la volonté se trouve, lors qu'elle n'est point portée par la connoissance de ce qui est vrai, ou de ce qui est bon, à suivre un parti plûtôt que l'autre; & c'est en ce sens que je l'ai prise, quand j'ai dit que le plus bas degré de la liberté consistoit à se pouvoir déterminer aux choses ausquelles nous sommes tout-à-fait indifferens. Mais peut-être que par ce mot *d'indifference* il y en a d'autres qui entendent cette faculté positive que nous avons de nous déterminer à l'un ou à l'autre de deux contraires, c'est-à-dire, à poursuivre ou à fuïr, à affirmer ou à nier une même chose. Sur quoi j'ai à dire que je n'ai jamais nié que cette faculté positive se trouvât en la volonté ; tant s'en faut, j'estime qu'elle s'y rencontre, non-seulement toutes les fois qu'elle se détermine à ces sortes d'actions, où elle n'est point emportée par le poids d'aucune raison vers un côté plûtôt que vers un autre ; mais même qu'elle se trouve mêlée dans toutes ses autres actions ; ensorte qu'elle ne se détermine jamais qu'elle ne la mette en usage ; jusques là que lors même qu'une raison fort évidente nous porte à une chose, quoi que *moralement* parlant il soit difficile que nous puissions faire le contraire ; parlant neanmoins *absolument*, nous le pouvons : car il nous est toujours libre de nous empêcher de poursuivre un bien qui nous est clairement connu, ou d'admettre une verité évidente, pourvû seulement que nous pensions que c'est un bien de témoigner par là la liberté de nôtre franc arbitre.

De plus, il faut remarquer que la liberté peut être considerée dans les actions de la volonté, ou avant qu'elles soient exercées, ou au moment même qu'on les exerce. Or il est certain, qu'étant considerée dans les actions de la volonté avant qu'elles soient exercées, elle emporte avec soi *l'indifference*, prise dans le second sens que je la viens d'expliquer, & non point dans le premier. C'est-à-dire, qu'avant que nôtre volonté se soit determinée, elle est toujours libre, ou a la puissance de choisir l'un ou l'autre de deux contraires, mais elle n'est pas toûjours indifferente; au contraire, nous ne deliberons jamais qu'à dessein de nous ôter de cet état où nous ne sçavons quel parti prendre, ou pour nous empêcher d'y tomber. Et bien qu'en opposant nôtre propre jugement aux commandemens des autres, nous ayons coutume de dire que nous sommes plus libres à faire les choses dont il ne nous est rien commandé, & où il nous est permis de suivre nôtre propre jugement, qu'à faire celles qui nous sont commandées ou défenduës; toutefois en opposant des jugemens, ou nos connoissances les unes aux autres, nous ne pouvons pas ainsi dire que nous soyons plus libres à faire les choses qui ne nous semblent ni bonnes ni mauvaises, ou dans lesquelles nous voyons autant de mal que de bien, qu'à faire celles où nous appercevons beaucoup plus de bien que de mal. Car la grandeur de la liberté consiste, ou dans la grande facilité que l'on a à se déterminer, ou dans le grand usage de cette puissance positive que nous avons de suivre le pire, encore que nous connoissions le meilleur. Or est-il que si nous embrassons les choses que nôtre raison nous persuade être bonnes, nous nous determinons alors avec beaucoup de facilité ; que si nous faisons le contraire, nous faisons alors un plus grand usage de cette puissance positive ; & ainsi nous pouvons toujours agir avec plus de liberté touchant les choses où nous voyons plus de bien que de mal, que touchant celles que nous appellons *indifferentes*. Et en ce sens-là aussi, il est vrai de dire que nous faisons beaucoup moins librement les choses qui nous sont commandées, & ausquelles sans cela nous ne nous porterions jamais de nous-mêmes, que nous ne faisons celles qui ne nous sont point commandées ; d'autant que le jugement, qui nous fait croire que ces choses-là sont difficiles, s'oppose à celui qui nous dit qu'il est bon de faire ce qui nous est commandé ; lesquels deux jugemens, d'autant plus également ils nous meuvent, plus mettent ils en nous de cette indifférence prise dans le sens que j'ai le premier expliqué, c'est-à-dire, qui met la volonté dans un état à ne sçavoir à quoi se déterminer. Maintenant la liberté étant considerée dans les actions de la volonté au moment même qu'elles sont exercées, alors elle ne contient aucune indifference, en quelque sens qu'on la veüille prendre, parce que ce qui se fait, ne peut pas ne se point faire, dans le tems même qu'il se fait : mais elle consiste seulement dans la facilité qu'on a d'operer, laquelle à mesure qu'elle croît, à mesure aussi la liberté augmente ; & alors faire *librement* une chose, ou la faire *volontiers*, ou bien la faire *volontairement*, ne sont qu'une même chose. Et c'est en ce sens-là que j'ai écrit, que je me portois d'autant plus *librement* à une chose, que j'y étois poussé par plus de raisons, parce qu'il est certain que nôtre volonté se meut alors plus facilement, & avec plus d'impetuosité.

Je trouve que vous avez bien mauvaise opinion de moi, & que vous me jugez bien peu ferme & peu resolu en mes actions, de penser que je doive deliberer sur ce que vous me mandez de changer mon dessein, & de joindre mon premier discours à ma Physique, comme si je la devois donner au Libraire dès aujourd'hui à lettre vûë ; & je n'ai pû m'empêcher de rire en lisant l'endroit où vous dites, que j'oblige le monde à ne tuer, afin qu'on puisse voir plûtôt mes écrits ; à quoi je n'ai autre chose à répondre, sinon qu'ils sont déja en lieu & en état que ceux qui m'auroient tué, ne les pourroient jamais avoir, & que si je ne meurs fort à loisir, & fort satisfait des hommes qui vivent, ils ne se verront assurément de plus de cent ans après ma mort. Je vous ai beaucoup d'obligation des objections que vous m'écrivez, & je vous supplie de continuer à me mander toutes celles que vous oyrez, & ce en la façon la plus désavantageuse pour moi qu'il se pourra ; ce sera le plus grand plaisir que vous me puissiez faire, car je n'ai point coutume de me plaindre pendant qu'on panse mes blessures, & ceux qui me feront la faveur de m'instruire, & qui m'enseigneront quelque chose, me trouveront toujours fort docile. Mais je n'ai sçû bien entendre ce que vous objectez touchant le titre ; car je ne mets pas Traité de la Methode, mais Discours de la Methode; ce qui est le même que Preface ou Avis touchant la Methode, pour montrer que je n'ai pas dessein de l'enseigner, mais seulement d'en parler. Car comme on peut voir de ce que j'en dis, elle consiste plus en Pratique qu'en Theorie, & je nomme les Traitez suivans des essais de cette Methode, pour ce que je prétens que les choses qu'ils contiennent n'ont pû être trouvées sans elle, & qu'on peut connoître par eux ce qu'elle vaut, comme aussi j'ai inseré quelque chose de Metaphysique, de Physique & de Medecine dans le premier discours, pour montrer qu'elle s'étend à toutes sortes de matieres. Pour vôtre seconde objection, à sçavoir que je n'ai pas expliqué assez au long, d'où je connois que l'ame est une substance distincte du corps, dont la nature n'est que de penser, qui est la seule chose qui rend obscure la démonstration touchant l'existence de Dieu, j'avouë que ce que vous en écrivez est très-vrai, & aussi que cela rend ma démonstration touchant l'existence de Dieu mal-aisée à entendre; mais je ne pouvois mieux traiter cette matiere, qu'en expliquant amplement la fausseté ou l'incertitude qui se trouvent en tous les jugemens qui dépendent du sens ou de l'imagination, afin de montrer ensuite quels sont ceux qui ne dépendent que de l'entendement pur, & combien ils sont évidens & certains. Ce que j'ai obmis tout à dessein, & par consideration, & principalement à cause que j'ay écrit en langue vulgaire, de peur que les esprits foibles venant à embrasser d'abord avidement les doutes & scrupules qu'il m'eust fallu proposer, ne pûssent après comprendre en même façon les raisons par lesquelles j'eusse tâché de les ôter, & ainsi que je les eusse engagez dans un mauvais pas, sans peut-être les en tirer. Mais il y a environ huit ans que j'ai écrit en latin un commencement de Metaphysique, où cela est déduit assez au long, & si l'on fait une version latine de ce livre, comme on s'y prépare, je l'y pourrai faire mettre. Cependant je me persuade que ceux qui prendront bien garde à mes raisons touchant l'existence de Dieu, les trouveront d'autant plus démonstratives, qu'ils mettront plus de peine à en chercher les défauts ; & je les prétens plus claires en elles-mêmes qu'aucune des démonstrations des Geometres ; ensorte qu'elles ne me semblent obscures, qu'au regard de ceux qui ne sçavent pas *abducere mentem à sensibus*, suivant ce que j'ai écrit en la p. 36.

Je vous ai une infinité d'obligations de la peine que vous vous offrez de prendre pour l'impression de mes écrits ; mais s'il y falloit faire quelque dépense, je n'aurois garde de souffrir que d'autres que moi la fissent, & ne manquerois pas de vous envoyer tout ce qu'il faudroit. Il est vrai que je ne crois pas qu'il en fust grand besoin, au moins y a-t'il eu des Libraires qui m'ont fait offrir un present, pour leur mettre ce que je ferois entre les mains, & cela dès auparavant même que je sortisse de Paris, ni que j'eusse commencé à rien écrire. De sorte que je juge qu'il y en pourra encore avoir d'assez fous pour les imprimer à leurs dépens, & qu'il se trouvera aussi des Lecteurs assez faciles pour en acheter les exemplaires, & les relever de leur folie. Car quoi que je fasse, je ne m'en cacherai point comme d'un crime; mais seulement pour éviter le bruit, & me retenir la même liberté que j'ai euë jusques icy, de sorte que je ne craindrai pas tant si quelques-uns sçavent mon nom; mais maintenant je suis bien aise qu'on n'en parle point du tout, afin que le monde n'attende rien, & que ce que je ferai ne soit pas moindre que ce qu'on auroit attendu. Je me moque avec vous des imaginations de ce Chymiste dont vous m'écrivez, & crois que semblables chimeres ne méritent pas d'occuper un seul moment les pensées d'un honnête homme. Je suis, &c.

A

UN REVEREND PERE

JESUITE.

Lettre XLIV.

Mon Reverend Pere,

Je sçai que vous avez tant d'occupations, qui valent mieux que de lire les lettres d'une personne qui n'est point capable de vous rendre aucun service, que je fais scrupule de vous importuner des miennes, lors que je n'ai point d'autre sujet de vous écrire, que pour vous assurer du zele que j'ai à vous honorer. Mais pource qu'il y a icy quelques personnes, qui me veulent persuader, que plusieurs des Peres de vôtre Compagnie parlent défavantageusement de mes écrits, & que cela incite un de mes amis à écrire un Traité dans lequel il veut faire une ample comparaison de la Philosophie qui s'enseigne en vos écoles, avec celle que j'ai publiée, afin qu'en montrant ce qu'il pense être mauvais en l'une, il fasse d'autant mieux voir ce qu'il juge meilleur en l'autre ; j'ai crû ne devoir pas consentir à ce dessein, que je ne vous en eusse auparavant averti, & supplié de me prescrire ce que vous jugez que je dois faire. L'obligation que j'ai à vos Peres de toute l'institution de ma jeunesse, l'inclination très-particuliere que j'ai toujours euë à les honorer, & celle que j'ai aussi à preferer les voyes douces & amiables, à celles qui peuvent déplaire, seroient des raisons assez fortes pour m'obliger à prier cet ami de vouloir exercer sa plume sur quelque autre sujet, où je ne fusse point mêlé, si je n'étois comme forcé de pancher de l'autre côté, par le tort qu'on dit que cela me fait, & par la regle de prudence, qui m'apprend qu'il vaut beaucoup mieux avoir des ennemis declarez, que couverts ; principalement en telle occasion, où n'étant question que d'honneur, d'autant que la querelle éclattera plus, d'autant sera-t'elle plus avantageuse à celui qui aura juste cause. Mais le respect que je vous dois, & l'affection que vous m'avez toujours fait la faveur de me témoigner, a plus de force sur moi, qu'aucune autre chose, & fait que je desire attendre vos commandemens sur ce sujet ; & je ne souhaite rien tant que de vous pouvoir montrer par effet que je suis, &c.

A

UN REVEREND PERE

JESUITE.

Lettre XLV.

Mon Reverend Pere,

Je suis ravi de la faveur que vous m'avez faite, de voir si soigneusement le Livre de mes Essais, & de m'en mander vos sentimens avec tant de témoignages de bienveillance ; je l'eusse accompagné d'une lettre en vous l'envoyant, & eusse pris cette occasion de vous assurer de mon très-humble service, n'eût été que j'esperois le faire passer par le monde sans que le nom de son Auteur fût connu; mais puisque ce dessein n'a pas pû réüssir, je dois croire que c'est plûtôt l'affection que vous avez euë pour le Pere, que le merite de l'enfant qui est cause du favorable accueil qu'il a reçû chez vous, & je suis très-particulierement obligé de vous en remercier. Je ne sçai si c'est que je me flatte de plusieurs choses extrémement à mon avantage, qui sont dans les deux lettres que j'ai reçûës de vôtre part, mais je vous dirai franchement, que de tous ceux qui m'ont obligé de m'apprendre le jugement qu'ils faisoient de mes écrits, il n'y en a aucun, ce me semble, qui m'ait rendu si bonne justice que vous, je veux dire si favorable, sans corruption, & avec plus de connoissance de cause. En quoi j'admire que vos deux lettres ayent pû s'entresuivre de si près, car je les ai presque reçûës en même temps, & voyant la premiere je me persuadois ne devoir attendre la seconde, qu'après vos vacances de la S. Luc. Mais afin que j'y réponde ponctuellement, je vous dirai premierement, que mon dessein n'a point été d'enseigner toute ma Methode dans le discours où je la propose, mais seulement d'en dire assez pour faire juger que les nouvelles opinions qui se verroient dans la Dioptrique & dans les Meteores, n'étoient point conçûës à la legere, & qu'elles valoient peut-être la peine d'être examinées. Je n'ai pû aussi montrer l'usage de cette Methode dans les 3. traitez que j'ai donnez, à cause qu'elle prescrit un ordre pour chercher les choses qui est assez different de celui dont j'ai crû devoir user pour les expliquer. J'en ai toutefois montré

tré quelque échantillon en décrivant l'arc-en-ciel, & si vous prenez la peine de le relire, j'espere qu'il vous contentera plus qu'il n'aura pû faire la premiere fois, car la matiere est de soy assez difficile. Or ce qui m'a fait joindre ces trois traitez au discours qui les précede, est que je me suis persuadé qu'ils pourroient suffire, pour faire que ceux qui les auront soigneusement examinez, & conferez avec ce qui a été ci-devant écrit des mêmes matieres, jugent que je me sers de quelqu'autre Methode que le commun, & qu'elle n'est peut-être pas des plus mauvaises. Il est vrai que j'ai été trop obscur en ce que j'ai écrit de l'existence de Dieu dans ce Traité de la Methode, & bien que ce soit la piece la plus importante, j'avouë que c'est la moins élabourée de tout l'ouvrage, ce qui vient en partie de ce que je ne me suis resolu de l'y joindre que sur la fin, & lors que le Libraire me pressoit. Mais la principale cause de son obscurité, vient de ce que je n'ai osé m'étendre sur les raisons des sceptiques, ni dire toutes les choses qui sont necessaires *ad abducendam mentem à sensibus*: car il n'est pas possible de bien connoître la certitude & l'évidence des raisons, qui prouvent l'existence de Dieu selon ma façon, qu'en se souvenant distinctement de celles qui nous font remarquer de l'incertitude en toutes les connoissances que nous avons des choses materielles; & ces pensées ne m'ont pas semblé être propres à mettre dans un livre, où j'ai voulu que les femmes mêmes pussent entendre quelque chose, & cependant que les plus subtils trouvassent aussi assez de matiere pour occuper leur attention. J'avoüe aussi que cette obscurité vient en partie, comme vous avez fort bien remarqué, de ce que j'ai supposé que certaines notions, que l'habitude de penser m'a rendu familieres & évidentes, le devoient être aussi à un chacun; comme par exemple, que nos idées ne pouvant recevoir leurs formes ni leurs êtres, que de quelques objets exterieurs, ou de nous-mêmes, ne peuvent representer aucune realité ou perfection, qui ne soit en ces objets, ou bien en nous, & semblables; sur quoi je me suis proposé de donner quelque éclaircissement dans une seconde impression.

J'ai bien pensé que ce que j'ai dit avoir mis en mon Traité de la Lumiere, touchant la creation de l'univers, seroit incroyable; car il n'y a que dix ans, que je n'eusse pas moi-même voulu croire que l'esprit humain eût pû atteindre jusqu'à de telles connoissances, si quelqu'autre l'eût écrit; mais ma conscience & la force de la verité m'a empêché de craindre d'avancer une chose, que j'ai crû ne pouvoir obmettre sans trahir mon propre parti, & de laquelle j'ai déja icy assez de témoins ; outre que si la partie de ma Physique, qui est achevée, & mise au net il y a déja quelque temps, voit jamais le jour, j'espere que nos neveux n'en pourront douter.

Je vous ai obligation du soin que vous avez pris d'examiner mon opinion touchant le mouvement du cœur ; si vôtre Medecin a quelques objections à y faire, je serai très-aise de les recevoir, & ne manquerai pas d'y répondre ; il n'y a que 8. jours que j'en ai reçû 7. ou 8. sur la même matiere d'un Professeur en Medecine de Louvain, qui est de mes amis, auquel j'ai renvoyé deux feuilles de réponse, & je souhaiterois que j'en pusse recevoir de même façon, touchant toutes les difficultez qui se rencontrent en ce que j'ai tâché d'expliquer ; je ne manquerois pas d'y répondre soigneusement, & je m'assure que ce seroit sans désobliger aucun de ceux qui me les auroient proposées. C'est une chose que plusieurs ensemble pourroient plus commodément faire qu'un seul, & il n'y en a point qui le pussent mieux, que ceux de vôtre Compagnie. Je tiendrois à très-grand honneur & faveur, qu'ils vouluſſent en prendre la peine, ce ſeroit ſans doute le plus court moyen pour découvrir toutes les erreurs, ou les veritez de mes écrits.

Pour ce qui eſt de la lumiere, ſi vous prenez garde à la quatriéme page de la Dioptrique, vous verrez que j'ai mis là expreſſément que je n'en parlerai que par hypotheſe; & en effet, à cauſe que le traité qui contient tout le corps de ma Phyſique porte le nom *de la Lumiere*, & qu'elle eſt la choſe que j'y explique le plus amplement & le plus curieuſement de toutes, je n'ai point voulu mettre ailleurs les mêmes choſes que là, mais ſeulement en repreſenter quelque idée par des comparaiſons & des ombrages, autant qu'il m'a ſemblé neceſſaire pour le ſujet de la Dioptrique.

Je vous ſuis obligé de ce que vous témoignez être bien aiſe, que je ne me ſois pas laiſſé devancer par d'autres en la publication de mes penſées, mais c'eſt de quoi je n'ai jamais eu aucune peur : car outre qu'il m'importe fort peu, ſi je ſuis le premier ou le dernier à écrire les choſes que j'écris, pourvû ſeulement qu'elles ſoient vrayes, toutes mes opinions ſont ſi jointes enſemble, & dépendent ſi fort les unes des autres, qu'on ne s'en ſçauroit approprier aucune ſans les ſçavoir toutes. Je vous prie de ne point differer de m'apprendre les difficultez que vous trouvez en ce que j'ai écrit de la refraction, ou d'autre chose ; car d'attendre que mes sentimens plus particuliers touchant la lumiere soient publiez, ce seroit peut-être attendre long-temps. Quant à ce que j'ai supposé au commencement des Meteores, je ne le sçaurois démontrer *à priori*, sinon en donnant toute ma Physique ; mais les experiences que j'en ai déduites necessairement, & qui ne peuvent être déduites en même façon d'aucuns autres principes ; me semblent le démontrer assez *à posteriori*. J'avois bien prévû que cette façon d'écrire choqueroit d'abord les lecteurs, & je crois que j'eusse pû aisément y remedier, en ôtant seulement le nom de suppositions aux premieres choses dont je parle, & ne les declarant qu'à mesure que je donnerois quelques raisons pour les prouver ; mais je vous dirai franchement que j'ai choisi cette façon de proposer mes pensées, tant pource que croyant les pouvoir déduire par ordre des premiers principes de ma Metaphysique, j'ai voulu negliger toutes autres sortes de preuves, que pource que j'ai desiré essayer si la seule exposition de la verité seroit suffisante pour la persuader ; sans y mêler aucunes disputes ni refutations des opinions contraires. En quoi ceux de mes amis qui ont lû le plus soigneusement mes Traitez de Dioptrique & des Meteores, m'assurent que j'ai réüssi : car bien que d'abord ils n'y trouvassent pas moins de difficulté que les autres, toutefois après les avoir lûs & relûs trois ou quatre fois, ils disent n'y trouver plus aucune chose qui leur semble pouvoir être revoquée en doute : comme en effet il n'est pas toujours necessaire d'avoir des raisons *à priori* pour persuader d'une verité ; & Thales, ou qui que ce soit, qui a dit le premier que la Lune reçoit sa lumiere du Soleil, n'en a donné sans doute aucune autre preuve, sinon qu'en supposant cela, on explique fort aisément toutes les diverses faces de sa lumiere ? Ce qui a été suffisant pour faire que depuis cette opinion ait passé par le monde sans contredit. Et la liaison de mes pensées est telle, que j'ose esperer qu'on trouvera mes Principes aussi bien prouvez par les conséquences que j'en tire, lors qu'on les aura assez remarquées pour se les rendre familieres, & les considerer toutes ensemble, que l'emprunt que la Lune fait de sa lumiere est prouvé par les croissances & décroissances. Je n'ai plus à vous répondre que touchant la publication de ma Physique & Metaphysique, sur quoi je vous prie de dire en un mot, que je la desire autant ou plus que personne; mais neanmoins avec les conditions sans lesquelles je serois imprudent de la desirer. Et je vous dirai que je ne crains aussi nullement au fond qu'il s'y trouve rien contre la foy; car au contraire j'ose me vanter qu'elle n'a jamais été si fort appuyée par les raisons humaines, qu'elle peut être, si l'on suit mes Principes, & particulierement la Transubstantiation, que les Calvinistes reprennent, comme impossible à expliquer par la Philosophie ordinaire, est très-facile par la mienne. Mais je ne vois aucune apparence que les conditions qui peuvent m'y obliger s'accomplissent, au moins de long-temps; & me contentant de faire de mon côté tout ce que je crois être de mon devoir, je me remets du reste à la providence qui regit le monde; car sçachant que c'est elle qui m'a donné les petits commencemens dont vous avez vû des essais, j'espere qu'elle me fera la grace d'achever, s'il est utile pour sa gloire, & s'il ne l'est pas, je me veux abstenir de le desirer. Au reste je vous assure que le plus doux fruit que j'aye recüeilli jusqu'à present, de ce que j'ai fait imprimer, est l'approbation que vous m'obligez de me donner par vôtre Lettre, car elle m'est particulierement chere & agreable, pource qu'elle vient d'une personne de vôtre merite & de vôtre robbe, & du lieu même où j'ai eu le bonheur de recevoir toutes les instructions de ma jeunesse, & qui est le séjour de mes Maîtres, envers lesquels je ne manquerai jamais de reconnoissance. Et je suis, &c.

A
UN REVEREND PERE
JESUITE.

Lettre XLVI.

MON REVEREND PERE,

Je sçai qu'il est très-mal-aisé d'entrer dans les pensées d'autrui, & l'experience m'a fait connoître combien les miennes semblent difficiles à plusieurs; ce qui fait que je vous ai grande obligation de la peine que vous avez prise à les examiner; & je ne puis avoir que très-grande opinion de vous, en voyant que vous les possedez

possedez de telle sorte, qu'elles sont maintenant plus vôtres que miennes. Et les difficultez qu'il vous a plû me proposer, sont plûtôt dans la matiere, & dans le défaut de mon expression, que dans aucun défaut de vôtre intelligence; car vous avez joint la solution des principales, mais je ne laisserai pas de dire ici mes sentimens de toutes.

J'avouë bien que dans les causes Physiques & Morales, qui sont particulieres & limitées, on éprouve souvent que celles qui produisent quelque effet, ne sont pas capables d'en produire plusieurs autres qui nous paroissent moindres ; ainsi un homme qui peut produire un autre homme ne peut pas produire une fourmi, & un Roy qui se fait obéïr par tout un peuple, ne se peut quelquefois faire obéïr par un cheval. Mais quand il est question d'une cause universelle & indeterminée, il me semble que c'est une notion commune très-évidente, que *quod potest plus, potest etiam minus*, aussi-bien que *totum est majus sua parte*. Et même cette notion étenduë, s'étend aussi à toutes les causes particulieres tant morales que physiques; car ce seroit plus à un homme de pouvoir produire des hommes & des fourmis, que de ne pouvoir produire que des hommes, & ce seroit une plus grande puissance à un Roy de commander même aux chevaux, que de ne commander qu'à son peuple ; comme on feint que la Musique d'Orphée pouvoit émouvoir même les bêtes, pour lui attribuer d'autant plus de force.

Il importe peu que ma seconde démonstration fondée sur nôtre propre existence soit considerée comme différente de la premiere, ou seulement comme une explication de cette premiere. Mais ainsi que c'est un effet de Dieu de m'avoir créé, aussi en est-ce un d'avoir mis en moi son idée, & il n'y a aucun effet venant de lui, par lequel on ne puisse démontrer son existence. Toutesfois il me semble que toutes ces démonstrations prises des effets reviennent à une, & même qu'elles ne sont pas accomplies si ces effets ne nous sont évidens; (c'est pourquoi j'ai plûtôt consideré ma propre existence, que celle du ciel & de la terre, de laquelle je ne suis pas si certain,) & si nous n'y joignons l'idée que nous avons de Dieu ; car mon ame étant finie, je ne puis connoître que l'ordre des causes n'est pas infini, sinon entant que j'ai en moi cette idée de la premiere cause ; & encore qu'on admette une premiere cause qui me conserve, je ne puis dire qu'elle soit Dieu, si je n'ai veritablement l'idée de Dieu : ce que j'ai insinué en ma réponse aux premieres objections, mais en peu de mots, afin de ne point méprifer les raisons des autres, qui admettent communément que *non datur progressus in infinitum*, & moi je ne l'admets pas, au contraire, je crois que *datur reverà talis progressus in divisione partium materiæ*, comme on verra dans mon traité de Philosophie qui s'acheve d'imprimer.

Je ne sçache point avoir determiné que Dieu fait toujours ce qu'il connoît être le plus parfait, & il ne me semble pas qu'un esprit fini puisse juger de cela ; mais j'ai tâché d'éclaircir la difficulté proposée touchant la cause des erreurs, en supposant que Dieu ait créé le monde très-parfait, & il ne me semble pas qu'un esprit fini puisse juger de cela : mais j'ai tâché d'éclaircir la difficulté proposée touchant la cause des erreurs, en supposant que Dieu ait créé le monde très-parfait, pource que supposant le contraire, cette difficulté cesse entierement.

Je vous suis bien obligé de ce que vous m'apprenez les endroits de saint Augustin qui peuvent servir pour autoriser mes opinions, quelques autres de mes amis avoient déja fait le semblable ; & j'ai très-grande satisfaction de ce que mes pensées s'accordent avec celles d'un si saint & exceldent personnage. Car je ne suis nullement de ceux qui desirent que leurs opinions paroissent nouvelles ; au contraire, j'accommode les miennes à celles des autres, autant que la verité me le permet.

Je ne mets autre difference entre l'ame & ses idées, que comme entre un morceau de cire, & les diverses figures qu'il peut recevoir ; & comme ce n'est pas proprement une action, mais une passion en la cire, de recevoir diverses figures ; il me semble que c'est aussi une passion en l'ame de recevoir telle ou telle idée, & qu'il n'y a que ses volontez qui soient des actions ; & que ses idées sont mises en elle, partie par les objets qui touchent les sens, partie par les impressions qui sont dans le cerveau, & partie aussi par les dispositions qui ont precedé en l'ame même & par les mouvemens de sa volonté ; ainsi que la cire reçoit ses figures, partie des autres corps qui la pressent, partie des figures ou autres qualitez qui sont déja en elle, comme de ce qu'elle est plus ou moins pesante ou molle, &c. & partie aussi de son mouvement, lors qu'ayant été agitée, elle a en soi la force de continuer à se mouvoir.

Pour la difficu'té d'apprendre les sciences, qui est en nous, & celle de nous representer clairement les idées qui nous font naturellement connuës, elle vient des faux préjugez de nôtre enfance, & des autres causes de nos erreurs, que j'ai tâché d'expliquer assez au long en l'écrit que j'ai sous la presse. Pour la memoire, je crois que celle des choses materielles dépend des vestiges qui demeurent dans le cerveau, après que quelque image y a été imprimée : & que celle des choses intellectuelles dépend de quelques autres vestiges qui demeurent en la pensée même; mais ceux-ci sont tout d'un autre genre que ceux-là, & je ne les sçaurois expliquer par aucun exemple tiré des choses corporelles, qui n'en soit fort different : au lieu que les vestiges du cerveau le rendent propre à mouvoir l'ame, en la même façon qu'il l'avoit mûë auparavant, & ainsi à la faire souvenir de quelque chose, tout de même que les plis qui sont dans un morceau de papier, ou dans un linge, font qu'il est plus propre à être plié derechef comme il a été auparavant, que s'il n'avoit jamais été ainsi plié.

L'erreur morale qui arrive quand on croit avec raison une chose fausse, pource qu'un homme de bien nous l'a dite, &c. ne contient aucune privation, lors que nous ne l'assurons que pour regler les actions de nôtre vie, en chose que nous ne pouvons moralement sçavoir mieux ; & ainsi ce n'est point proprement une erreur, mais c'en seroit une, si nous l'assurions comme une verité de Physique, pour ce que le témoignage d'un homme de bien ne suffit pas pour cela.

Pour le libre arbitre, je n'ai point vû ce que le R. P. Petau en a écrit ; mais de la façon que vous expliquez vôtre opinion sur ce sujet, il ne me semble pas que la mienne en soit fort éloignée. Car premierement je vous supplie de remarquer, que je n'ai point dit que l'homme ne fût indifferent que là où il manque de connoissance ; mais bien qu'il est d'autant plus indifferent qu'il connoît moins de raisons qui le poussent à choisir un parti plûtôt que l'autre, ce qui ne peut, ce me semble, être nié de personne. Et je suis d'accord avec vous, en ce que vous dites qu'on peut suspendre son jugement ; mais j'ai tâché d'expliquer le moyen par lequel on le peut suspendre : car il est ce me semble certain que *ex magnâ luce in intellectu sequitur magna propensio in voluntate*; ensorte que voyant très-clairement qu'une chose nous est propre, il est très-mal-aisé, & même comme je crois impossible, pendant qu'on demeure en cette pensée, d'arrester le cours de nôtre desir. Mais pource que la nature de l'ame est de n'être quasi qu'un moment attentive à une même chosé, si-tôt que nôtre attention se détourne des raisons qui nous font connoître que cette chose nous est propre, & que nous retenons seulement en nôtre memoire qu'elle nous a paru desirable, nous pouvons representer à nôtre esprit quelqu'autre raison qui nous en fasse douter, & ainsi suspendre nôtre jugement, & même aussi peut-être en former un contraire. Ainsi puisque vous ne mettez pas la liberté dans l'indifference précisément, mais dans une puissance réelle & positive de se déterminer, il n'y a de difference entre nos opinions que pour le nom ; car j'avoüe que cette puissance est en la volonté : mais pource que je ne vois point qu'elle soit autre, quand elle est accompagnée de l'indifference, laquelle vous avoüez être une imperfection, que quand elle n'en est point accompagnée, & qu'il n'y a rien dans l'entendement que de la lumiere, comme dans celui des bien-heureux qui sont confirmez en grace, je nomme generalement libre, tout ce qui est volontaire, & vous voulez restraindre ce nom à la puissance de se déterminer, qui est accompagnée de l'indifference. Mais je ne desire rien tant, touchant les noms, que de suivre l'usage & l'exemple.

Pour les animaux sans raison, il est évident qu'ils ne sont pas libres, à cause qu'ils n'ont pas cette puissance positive de se determiner ; mais c'est en eux une pure negation de n'être pas forcez ni contraints. Rien ne m'a empêché de parler de la liberté que nous avons à suivre le bien ou le mal, sinon que j'ai voulu éviter autant que j'ai pû les controverses de la Theologie, & me tenir dans les bornes de la Philosophie naturelle. Mais je vous avouë qu'en tout ce où il y a occasion de pecher, il y a de l'indifference, & je ne crois point que pour mal faire il soit besoin de voir clairement que ce que nous faisons est mauvais, il suffit de le voir confusément, ou seulement de se souvenir qu'on a jugé autrefois que cela l'étoit, sans le voir en aucune façon, c'est-à-dire, sans avoir attention aux raisons qui le prouvent ; car si nous le voyions clairement, il nous seroit impossible de pecher, pendant le temps que nous le verrions en cette sorte ; c'est pourquoi on dit que *Omnis peccans est ignorans.* Et on ne laisse pas de meriter, bien que voyant très-clairement ce qu'il faut faire, on le fasse infailliblement, & sans aucune indifference, comme a fait JESUS-CHRIST en cette vie; car l'homme pouvant n'avoir pas toujours une parfaite attention aux choses qu'il doit faire, c'est une bonne action que de l'avoir, & de faire par son moyen, que nôtre volonté suive si fort la lumiere de nôtre entendement, qu'elle ne soit point du tout indifferente. Au reste, je n'ai point écrit que la grace empêchât entierement l'indifference, mais seulement qu'elle nous fait pancher davantage vers un côté que vers l'autre, & ainsi qu'elle la diminuë, bien qu'elle ne diminuë pas la liberté; d'où il suit, ce me semble, que cette liberté ne consiste point en l'indifference.

Pour la difficulté de concevoir, comment il a été libre & indifferent à Dieu de faire qu'il ne fût pas vrai, que les trois angles d'un triangle fussent égaux à deux droits, ou generalement que les contradictoires ne peuvent être ensemble, on la peut aisément ôter, en considerant que la puissance de Dieu ne peut avoir aucunes bornes, puis aussi en considerant que nôtre esprit est fini, & créé de telle nature qu'il peut concevoir comme possibles les choses que Dieu a voulu être veritablement possibles, mais non pas de telle, qu'il puisse aussi concevoir comme possibles, celles que Dieu auroit pû rendre possibles, mais qu'il a voulu toutefois rendre impossibles. Car la premiere consideration nous fait connoître que Dieu ne peut avoir été determiné à faire qu'il fût vrai, que les contradictoires ne peuvent être ensemble, & que par conséquent il a pû faire le contraire; puis l'autre nous assure que bien que cela soit vrai, nous ne devons point tâcher de le comprendre, pour ce que nôtre nature n'en est pas capable. Et encore que Dieu ait voulu que quelques veritez fussent necessaires, ce n'est pas à dire qu'il les ait necessairement voulues; car c'est toute autre chose de vouloir qu'elles fussent necessaires, & de le vouloir necessairement, ou d'être necessité à le vouloir. J'avouë bien qu'il y a des contradictions qui sont si évidentes, que nous ne les pouvons representer à nôtre ésprit, sans que nous les jugions entierement impossibles, comme celle que vous proposez. Que Dieu auroit pû faire que les creatures ne fussent point dépendantes de lui; mais nous ne nous les devons point representer pour connoître l'immensité de sa puissance, ni concevoir aucune preference ou priorité entre son entendement & sa volonté: car l'idée que nous avons de Dieu nous apprend qu'il n'y a en lui qu'une seule action toute simple & toute pure; ce que ces mots de Saint Augustin expriment fort bien, *Quia vides ea, sunt*, &c. pour ce qu'en Dieu *videre* & *velle* ne sont qu'une même chose.

Je distingue les lignes des superficies,

& les points des lignes, comme un mode d'un autre mode, mais je diſtingue le corps des ſuperficies, des lignes, & des points qui le modifient, comme une ſubſtance de ſes modes; & il n'y a point de doute que quelque mode qui appartenoit au pain, demeure au Saint Sacrement, vû que ſa figure exterieure, qui eſt un mode, y demeure. Pour l'extenſion de JESUS-CHRIST en ce Saint Sacrement, je ne l'ai point expliquée, pource que je n'y ai pas été obligé, & que je m'abſtiens le plus qu'il m'eſt poſſible des queſtions de Theologie, & même que le Concile de Trente a dit qu'il y eſt *ea exiſtendi ratione quam verbis exprimere vix poſſumus*; leſquels mots j'ai inſerez à deſſein, à la fin de ma réponſe aux quatriémes objections, pour m'exempter de l'expliquer. Mais j'oſe dire, que ſi les hommes étoient un peu plus accoutumez qu'ils ne ſont à ma façon de philoſopher, on pourroit leur faire entendre un moyen d'expliquer ce myſtere, qui fermeroit la bouche aux ennemis de nôtre Religion, & auquel ils ne pourroient contredire.

Il y a grande difference entre *l'abſtraction* & *l'excluſion*; ſi je diſois ſeulement que l'idée que j'ai de mon ame ne me la repreſente pas dépendante du corps,

& identifiée avec lui, ce ne seroit qu'une abstraction, de laquelle je ne pourrois former qu'un argument negatif, qui concluroit mal ; mais je dis que cette idée me la represente comme une substance qui peut exister, encore que tout ce qui appartient au corps en soit exclus ; d'où je forme un argument positif, & conclus qu'elle peut exister sans le corps. Et cette exclusion de l'extension se voit fort clairement en la nature de l'ame, de ce qu'on ne peut concevoir de moitié d'une chose qui pense, ainsi que vous avez très-bien remarqué. Je ne voudrois pas vous donner la peine de m'envoyer ce qu'il vous a plû écrire sur le sujet de mes Meditations, pource que j'espere aller en France bien-tôt, où j'aurai, si je puis, l'honneur de vous voir, & cependant je vous suplie de me croire, &c.

A

UN REVEREND PERE

JESUITE.

LETTRE XLVII.

MON REVEREND PERE,

Je ne me souviens point que jamais personne m'ait dit que vous aviez dessein de censurer mes écrits, & je n'en ai eu aussi aucune opinion ; car je ne suis pas d'humeur à m'imaginer des choses dont je n'ai point de preuves, principalement de celles qui me pourroient être déplaisantes, comme je vous avouë que seroit celle-là, pource que vous ayant en très-grande estime, je ne pourrois penser que vous eussiez dessein de me blâmer, que je ne crusse par même moyen le meriter ; Et bien que je ne doute point que ce que j'ai écrit ne contienne plusieurs fautes, je me suis toutefois persuadé qu'il contenoit aussi quelques veritez, qui donneroient sujet aux esprits de la trempe du vôtre, & qui auroient autant de franchise que vous, d'en excuser les défauts. Ce que je me suis persuadé de telle sorte, qu'en écrivant il y a quatre ou cinq mois au R. P. Charlet, touchant les objections du P. Bourdin, je le priai, si ses occupations le lui permettoient qu'il examinât lui-même les pieces de mon procez, qu'il vous en voulût croire, vous & vos semblables, plûtôt que les semblables de mon adversaire, & ne nommant que vous en ce lieu-là, il me semble que je montrois assez, que vous êtes celui de tous ceux de vôtre Compagnie que j'ai l'honneur de connoître, duquel j'ai esperé le plus favorable jugement. Il y a quatre ou cinq ans que vous me fites l'honneur de m'écrire une lettre qui me donna cette esperance, & j'ai été maintenant ravi d'en recevoir une seconde qui me la confirme. Je vous supplie très-humblement de croire, que ce n'a été qu'avec une très-grande répugnance que j'ai répondu à ces septiémes objections qui précedent ma lettre au R. P. Dinet, laquelle vous avez vûë ; & il m'y a fallu employer la même résolution, qu'à me faire couper un bras, ou une jambe, si j'y avois quelque mal auquel je ne sçusse point de remede plus doux ; car j'ai toujours eu une grande veneration &

affection pour vôtre Compagnie ; mais ayant sçû le peu d'estime qu'on avoit fait de mes écrits, en des disputes publiques à Paris, il y a deux ans ; & voyant que nonobstant les très-humbles prieres que j'avois faites, qu'on me voulût avertir de mes fautes, si on les connoissoit, afin que je les corrigeasse, plûtôt que de les blâmer en mon absence, & sans m'oüir, on continuoit à les méprifer d'une façon qui pourroit me rendre ridicule, auprès de ceux qui ne me connoissent pas, je n'ai pû imaginer de meilleur remede, que celui dont je me suis servi. Je me tiens extrémement obligé au R. P. Dinet, de la franchise & de la prudence qu'il a temoignée en cette occasion, & je ne me promets pas moins de faveur du R. P. Filleau, qui lui a succedé, bien que je n'aye point eu ci-devant l'honneur de le connoître ; car je sçai que ce ne sont que les plus éminens en prudence & en vertu, qu'on a coutume de choisir pour la charge qu'il a. Je crains seulement que mon adversaire n'ait des amis à Paris, qui fassent entendre la chose aux superieurs, d'autre façon qu'elle n'est. Je souhaitterois pour ce sujet, que vous y fussiez plûtôt qu'à Orleans, car je m'assure que vous me les rendriez favorables. Je ne sçaurois trouver étrange que plusieurs n'entendent pas mes Meditations, puisque même

Monsieur de Beaune y a de la difficulté; car j'estime extrémement son esprit ; & encore qu'on les entendît, je croirois être injuste, si je desirois qu'on les approuvât, avant qu'on sçache comment elles seront reçûës du public ; ou bien qu'on se declarât pour ma Philosophie, avant que de l'avoir toute vûë & entenduë. Ce n'est pas cette faveur-là que je demande, mais seulement qu'on s'abstienne de blâmer ce qu'on n'entend pas, & si on a quelque chose à dire contre mes écrits, ou contre moi, qu'on me la veüille dire à moi-même, plûtôt que d'en médire en mon absence, & y employer des moyens, qui ne peuvent tourner qu'à la honte & à la confusion de ceux qui s'en servent.

Pour ce qui est de la distinction entre l'essence & l'existence, je ne me souviens pas du lieu où j'en ai parlé ; mais je distingue *Inter modos propriè dictos, & attributa sine quibus res quarum sunt attributa esse non possunt ; sive inter modos rerum ipsarum, & modos cogitandi ;* pardonnez-moi si je change ici de langue, pour tâcher de m'exprimer mieux.) *Ita figura & motus sunt modi propriè dicti substantiæ Corporeæ, quia idem corpus potest existere, nunc cum hac figura, nunc cum alia ; nunc cum motu, nunc sine motu, quamvis ex adverso neque hac figura, neque hic motus, possint esse*

esse sine hoc corpore ; Ita amor, odium, affirmatio, dubitatio, &c. sunt veri modi in mente : existentia autem, duratio, magnitudo, numerus, & universalia omnia, non mihi videntur esse modi propriè dicti, ut neque etiam in Deo justitia, misericordia, &c. Sed latiori vocabulo dicuntur attributa, sive modi cogitandi, quia intelligimus quidem alio modo rei alicujus essentiam, abstrahendo ab hoc, quod existat, vel non existat, & alio, considerando ipsam ut existentem ; sed res ipsa sine existentia sua esse non potest extra nostram cogitationem, ut neque etiam sine sua duratione, vel sua magnitudine; &c. Atque ideo dico quidem figuram, & alios similes modos, distingui propriè modaliter à substantia cujus sunt modi, sed inter alia attributa esse minorem distinctionem, quæ non nisi latè usurpando nomen modi, vocari potest modalis, ut illam vocavi in fine meæ responsionis ad primas objectiones, & melius fortè dicetur Formalis ; sed ad confusionem evitandam, in prima parte meæ Philosophiæ, articulo 60. in qua de ipsa expressè ago, illam voco distinctionem Rationis, (nempe rationis Ratiocinatæ ;) & quia nullam agnosco rationis Ratiocinantis, hoc est, quæ non habeat fundamentum in rebus (neque enim quicquam possumus cogitare absque fundamento) idcirco in illo articulo verbum Ratiocinatæ non addo. Nihil autem aliud mihi videtur in hac materia parere difficultatem, nisi quod non satis distinguamus res extra cogitationem nostram existentes, à rerum ideis, quæ sunt in nostra cogitatione: Ita cum cogito essentiam trianguli, & existentiam ejusdem trianguli, duæ istæ cogitationes, quatenus sunt cogitationes, etiam objectivè sumptæ, modaliter differunt, strictè sumendo nomen modi; sed non idem est de triangulo extra cogitationem existente, in quo manifestum mihi videtur, essentiam & existentiam nullo modo distingui; & idem est de omnibus universalibus: ut cum dico, Petrus est homo, cogitatio quidem quâ cogito Petrum, differt modaliter ab ea quâ cogito hominem, sed in ipso Petro nihil aliud est esse hominem, quam esse Petrum, &c. Sic igitur pono tantùm tres distinctiones; Realem, quæ est inter duas substantias; Modalem, & Formalem, sive rationis ratiocinatæ; quæ tamen res, si opponantur distinctioni rationis Ratiocinantis, dici possunt Reales, & hoc sensu, dici poterit essentia, realiter distingui ab existentiâ; Ut etiam, cum per essentiam intelligimus rem, prout objectivè in intellectu, per existentiam vero rem eandem, prout est extra intellectum, manifestum est illa duo realiter distingui. Ainsi la figure & le mouvement sont des modes proprement dits de la substance corporelle, parce que le même corps peut exister tantôt sous une figure, & tantôt sous une autre; tantôt avec du mouvement, tantôt sans mouvement ; au lieu que ni cette figure, ni ce mouvement, ne sçauroient être sans corps. De même l'amour, la haine, l'affirmation, le doute, &c. sont de veritables modes dans l'ame ; mais je ne crois pas que l'existence, la durée, la grandeur, le nombre, & tous les universaux soient proprement des modes ; non plus que la justice, la misericorde, &c en Dieu ; mais on les appelle d'un nom plus general Attributs, ou manieres de penser : car il y a de la difference entre connoître l'essence de quelque chose, sans considerer si elle existe, ou non, & connoître ce même être comme existant ; mais cette même chose ne sçauroit être hors de nôtre pensée sans existence, non plus que sans durée ou grandeur, &c.

C'est pourquoi je dis que la figure & les autres modes sont proprement distinguez modalement de la substance dont ils sont modes, & qu'entre les autres attributs il y a une moindre distinction qui ne sçauroit être appellée modale, qu'en prenant le nom de mode d'une maniere plus generale, comme je l'ai appellée à la fin de ma réponse sur les premieres objections, & qui meriteroient peut-être mieux le nom de formelles : mais pour éviter la confusion dans la premiere partie de ma Philosophie art. 60. où je traite expressément cette question, je l'appelle distinction de raison, c'est-à-dire, raisonnée; & comme je ne connoi aucune distinction de raison raisonnante, c'est-à-dire qui n'ait aucun fondement dans les choses, car nous ne sçaurions rien penser sans fondement; c'est pourquoi je n'ajoute point dans cet article le nom de raisonnée, & la seule chose qui me paroît faire une difficulté sur cette matiere, est que nous ne distinguons pas assez les choses qui existent hors de nôtre pensée, des idées des choses qui sont dans nôtre pensée; ainsi lorsque je pense à l'essence d'un triangle, & à son existence, ces deux pensées, en tant que pensées, même prises objectivement, different modalement en prenant le nom de mode d'une maniere moins generale; mais il n'en est pas de même du triangle qui existe hors de la pensée, dans lequel il me paroît clairement que l'essence & l'existence ne sont distinguées en aucune façon : disons la même chose de tous les universaux : comme lors que je dis que Pierre est homme, la pensée par laquelle je pense à Pierre, differe modalement de celle par laquelle je pense à un homme: mais dans Pierre, homme & Pierre sont la même chose, &c. Ainsi je n'admets que trois distinctions, la réelle qui est entre deux substances, la modale & la formelle ou de raison raisonnée, qui toutes trois neanmoins, en tant qu'opposées à la distinction de raison raisonnante, peuvent être appellées réelles, & en ce sens on pourra dire que l'essence est réellement distinguée de l'existence; ensorte que lors que par l'essence nous entendons une chose en tant qu'elle est objectivement dans l'intellect, & que par existence nous entendons la même chose en tant qu'elle est hors de l'intellect, il est certain que ces deux choses sont réellement distinctes : ainsi quasi toutes les controverses de la Philosophie, ne viennent que de ce qu'on ne s'entend pas bien les uns les autres. Excusez si ce discours est trop confus, le Messager va partir, & ne me donne le temps que d'ajouter icy, que je me tiens extrémement vôtre obligé, de la souvenance que vous avez de moi, & que je suis, &c.

A MONSIEUR CLERSELIER.

Lettre XLVIII.

MONSIEUR,

La raison qui me fait dire qu'un corps qui est sans mouvement ne sçauroit jamais être mû par un autre plus petit que lui, de quelque vîtesse que ce plus petit se puisse mouvoir, est, que c'est une loi de la nature, qu'il faut que le corps qui en meut un autre ait plus de force à le mouvoir, que l'autre n'en a pour resister ; mais ce plus ne peut dépendre que de sa grandeur ; car celui qui est sans mouvement a autant de degrez de resistance, que l'autre qui se meut en a de vîtesse : Dont la raison est, que s'il est mû par un corps qui se meuve deux fois plus vite qu'un autre, il doit en recevoir deux fois autant de mouvement, mais il resiste deux fois davantage à ces deux fois autant de mouvement. Par exemple, le corps B. (*Voyez fig. 24. t. 2.*) ne peut pousser le corps C qu'il ne le fasse mouvoir aussi vîte qu'il se mouvera soi-même après l'avoir poussé. A sçavoir, si B est à C comme 5. & 4. de 9. degrez de mouvement qui seront en B. il faut qu'il en transfere 4. à C pour le faire aller aussi vîte que lui ; ce qui lui est aisé, car il a la force de transferer jusques à 4. & demi, (c'est-à-dire la moitié de tout ce qu'il a) plûtôt que de refléchir son mouvement de l'autre côté. Mais si B est à C comme 4. à 5. B ne peut mouvoir C, si de ces neuf degrez de mouvement il ne lui en transfere 5. qui est plus de la moitié de ce qu'il a, & par conséquent à quoi le corps C resiste plus que B n'a de force pour agir : c'est pourquoi B se doit reflechir de l'autre côté, plûtôt que de mouvoir C. Et sans cela jamais aucun corps ne seroit refléchi par la rencontre d'un autre. Au reste, je suis bien-aise de ce que la premiere & la principale difficulté que vous avez trouvée en mes Principes est touchant les regles, suivant lesquelles se change le mouvement des corps qui se rencontrent ; car je juge de là que vous n'en avez point trouvé en ce qui les precede, & que vous n'en trouverez pas aussi beaucoup de reste, ni en ces regles non plus, lors que vous aurez pris garde qu'elles ne dépendent que d'un seul principe, qui est, *Que lors que deux corps se rencon-*

trent qui ont en eux des modes incompatibles, il se doit veritablement faire quelque changement en ces modes pour les rendre compatibles, mais que ce changement est toujours le moindre qui puisse être, c'est-à-dire, que si certaine quantité de ces modes étant changée ils peuvent devenir compatibles, il ne s'en changera point une plus grande quantité. Et il faut considerer dans le mouvement deux divers modes, l'un est la motion seule ou la vîtesse, & l'autre est la détermination de cette motion vers certain côté, lesquels deux modes se changent aussi difficilement l'un que l'autre. Ainsi donc pour entendre les quatre, cinq & sixiéme regles, où le mouvement du corps B & le repos du corps C sont incompatibles, il faut prendre garde qu'ils peuvent devenir compatibles en deux façons, à sçavoir, si B change toute la determination de son mouvement, ou bien, s'il change le repos du corps C, en lui transferant telle partie de son mouvement qu'il le puisse chasser devant soi aussi vîte qu'il ira lui-même. Et je n'ai dit autre chose en ces trois regles, sinon que lors que C est plus grand que B (*Voy. fig.* 24. *t.* 2.) c'est la premiere de ces deux façons qui a lieu ; & quand il est plus petit, que c'est la seconde ; & enfin quand ils sont egaux, que ce changement se fait moitié par l'une & moitié par l'autre. Car lors que C est plus grand, B ne le peut pousser devant soi, si ce n'est qu'il lui transfere plus de la moitié de sa vitesse, & ensemble plus de la moitié de sa détermination à aller de la main droite vers la gauche, d'autant que cette détermination est jointe à sa vîtesse; au lieu que se reflèchissant sans mouvoir le corps C, il change seulement toute sa détermination, ce qui est un moindre changement que celui qui se feroit de plus de la moitié de cette même determination, & de plus de la moitié de la vîtesse. Au contraire, si C est moindre que B, il doit estre poussé par lui; car alors B lui donne moitié de sa vîtesse, & moins que la moitié de la détermination qui lui est jointe, ce qui fait moins que toute cette détermination, laquelle il devroit changer, s'il se reflechissoit; Et ceci ne repugne point à l'experience; car par un corps qui est sans mouvement, j'entens un corps qui n'est point en action pour separer sa superficie de celle des autres corps qui l'environnent, & par conséquent qui fait partie d'un autre corps dur qui est plus grand: car j'ai dit ailleurs, que lors que les superficies des deux corps se séparent, tout ce qu'il y a de positif en la nature du mouvement, se trouve aussi-bien en celui qu'on dit vulgairement ne se point mouvoir, qu'en celui qu'on dit se

Tome II. Eee

mouvoir, & j'ai expliqué par après pourquoi un corps suspendu en l'air peut estre mû par la moindre force. Mais il faut pourtant icy que je vous avouë que ces regles ne sont pas sans difficulté, & je tâcherois de les éclaircir davantage si j'en estois maintenant capable; mais pource que j'ai l'esprit occupé par d'autres pensées, j'attendray, s'il vous plaist à une autre fois à vous en mander plus au long mon opinion. Je vous ay bien de l'obligation des victoires que vous gagnez pour moi aux occasions, & vôtre solution de l'argument que *Pagani habuerunt ideam plurium deorum*, &c. est très-vraie; car encore que l'idée de Dieu *soit tellement empreinte en l'esprit humain*, qu'il n'y ait personne qui n'ait en soy la faculté de le connoître, cela n'empêche pas que plusieurs personnes n'ayent pû passer toute leur vie sans jamais se representer distinctement cette idée; & en effet, ceux qui la pensent avoir de plusieurs dieux, ne l'ont point du tout; car il implique contradiction d'en concevoir plusieurs souverainement parfaits, comme vous avez très-bien remarqué; & quand les anciens nommoient plusieurs dieux, ils n'entendoient pas plusieurs tous-puissans, mais seulement plusieurs fort puissans, au dessus desquels ils imaginoient un seul Jupiter comme souverain, & auquel seul par conséquent ils appliquoient l'idée du vrai Dieu, qui se presentoit confusément à eux.

A MONSIEUR CLERSELIER.

Lettre XLIX.

Monsieur,

L'esperance que j'ai d'estre bien-tost à Paris, est cause que je suis moins soigneux d'écrire à ceux que j'espere avoir l'honneur d'y voir. Ainsi il y a déjà quelque tems que j'ai reçû celle que vous avez pris la peine de m'écrire; mais j'ai pensé que vous ne vous souciyez pas fort d'avoir réponse à la question qu'il vous a plû m'y proposer, touchant ce qu'on doit prendre pour *le premier principe*, à cause que vous y avez déja répondu mieux que je ne sçaurois faire. J'ajoute seulement que le mot de *principe* se peut prendre en divers sens, & que c'est autre chose de chercher *une notion commune*, qui soit si claire & si generale qu'elle puisse servir de principe pour prouver l'existence de tous les

Estres, *les Entia*, qu'on connoîtra par après; & autre chose de chercher *un Estre*, l'existence duquel nous soit plus connuë que celle d'aucuns autres, ensorte qu'elle nous puisse servir *de principe* pour les connoître : Au premier sens, on peut dire que *impossibile est idem simul esse & non esse* est un principe, & qu'il peut generalement servir, non pas proprement à faire connoître l'existence d'aucune chose, mais seulement à faire que lors qu'on la connoît, on en confirme la verité par un tel raisonnement. *Il est impossible que ce qui est ne soit pas; Or, je connois que telle chose est; donc, je connois qu'il est impossible qu'elle ne soit pas.* Ce qui est de bien peu d'importance, & ne nous rend de rien plus sçavans : En l'autre sens, le premier principe est *que nostre Ame existe*, à cause qu'il n'y a rien dont l'existence nous soit plus notoire. J'ajoute aussi que ce n'est pas une condition qu'on doive requerir au premier principe, que d'estre tel que toutes les autres propositions se puissent réduire & prouver par luy, c'est assez qu'il puisse servir à en trouver plusieurs, & qu'il n'y en ait point d'autre dont il dépende, ni qu'on puisse plûtost trouver que lui. Car il se peut faire qu'il n'y ait point au monde aucun principe auquel seul toutes les choses se puissent réduire; & la façon dont on réduit les autres propositions à celle-cy, *impossibile est idem simul esse & non esse* est superfluë & de nul usage ; au lieu que c'est avec très-grande utilité qu'on commence à s'assurer de *l'existence de Dieu*, & ensuite de celle de toutes les creatures, *par la consideration de sa propre existence.*

Le Pere Mersenne m'avoit mandé que M. le Conte a pris la peine de faire quelques objections contre ma Philosophie, mais je ne les ay point encore vûës, je vous prie de l'assurer que je les attens, & que je tiens à faveur qu'il ait pris la peine de les écrire.

L'Achille de Zenon ne sera pas difficile à soudre, si on prend garde que si à la 10e partie de quelque quantité, on ajoute la 10e de cette 10e, qui est une 100e, & encore la dixiéme de cette derniere, qui n'est qu'une milliéme de la premiere; & ainsi à l'infiny; toutes ces dixiémes jointes ensemble, quoi qu'elles soient suposées réellement infinies, ne composent toutefois qu'une quantité finie, sçavoir une neuviéme de la premiere quantité, ce qui peut facilement être demontré. Car, par exemple, si de la ligne A B on oste la dixiéme partie du côté qui est vers A (*Voy. fig. 25.*) à sçavoir A C, & qu'au mème temps on en oste huit fois autant de l'autre côté, à sçavoir B D, il ne reste entre deux que C D qui est égal à A C, puis derechef si de C D on oste sa dixiéme partie vers A, à sçavoir CE, & huit fois autant de l'autre costé, à sçavoir DF, il ne restera entre deux que EF, qui est la dixiéme de la toute CD, & si on continuë indefiniment à oster du costé marqué A un dixiéme de ce qu'on avoit osté auparavant, & huit fois autant de l'autre côté, on trouvera toujours entre les deux dernieres lignes qu'on aura ostées, qu'il restera une dixiéme partie de toute la ligne dont elles auront esté ostées, de laquelle dixiéme on pourra derechef oster deux autres lignes en même façon ; mais si on suppose que cela ait esté fait un nombre de fois actuellement infini, alors il ne restera plus rien du tout entre les deux dernieres lignes qui auront ainsi esté ostées, & on sera justement parvenu des deux costez au point G, suposant que AG est la neuviéme partie de la toute AB, & par conséquent que BG est octuple de AG ; car puisque ce qu'on aura osté du costé de B aura toujours esté octuple de ce qu'on aura osté du costé de A, il faut que l'*aggregatum*, ou la somme de toutes ces lignes ostées du costé de B, qui toutes ensemble composent la ligne BG soit aussi octuple de AG qui est l'aggregé de toutes celles qui ont esté ostées du costé de A ; & par conséquent, si à la ligne AC on ajoûte CE, qui est la dixiéme partie, & de plus une dixiéme de cette dixiéme, & ainsi à l'infini, toutes ces lignes jointes ensemble ne composeront que la ligne AG qui est la neuviéme de la toute AB, ainsi que j'avois entrepris de démontrer. Or cela estant sçû, si quelqu'un dit qu'une tortuë qui a dix lieuës d'avance sur un cheval, qui va dix fois aussi vîte qu'elle, ne peut jamais être devancée par luy, à cause que pendant que le cheval fait ces dix lieuës, la tortuë en fait une de plus, & que pendant que le cheval fait cette lieuë, la tortuë avance encore de la dixiéme partie d'une lieuë, & ainsi à l'infini, il faut répondre que veritablement le cheval ne la devancera point pendant qu'elle fera cette lieuë, & cette dixiéme & $\frac{1}{100}$ & $\frac{1}{1000}$ &c. de lieuë, mais qu'il ne suit pas de là qu'il ne la devance jamais, pource que cette $\frac{1}{10}$ & $\frac{1}{100}$ & $\frac{1}{1000}$ &c. ne font que $\frac{1}{9}$ d'une lieuë, au bout de laquelle le cheval commencera de la devancer ; & la caption est en ce qu'on imagine que cette neuviéme partie d'une lieuë est une quantité infinie, à cause qu'on la divise par son imagination en des parties infinies. Je suis infiniment, &c.

A MONSIEUR CLERSELIER.

Lettre L.

Monsieur,

Je ne m'étendray point icy à vous remercier de tous les soins & des précautions dont il vous a plû user, afin que les lettres que j'ai eu l'honneur de recevoir du païs du Nord ne manquassent pas de tomber entre mes mains, car je vous suis d'ailleurs si acquis, & j'ai tant d'autres preuves de vôtre amitié, que cela ne m'est pas nouveau. Je vous dirai seulement qu'il ne s'en est égaré aucune, & que je me résous au voyage auquel j'ai été convié par les dernieres, bien que j'y aye eu d'abord plus de répugnance que vous ne pourriez peut-être imaginer. Celui que j'ai fait à Paris l'esté passé m'avoit rebuté, & je vous puis assurer que l'estime extraordinaire que je fais de Monsieur Chanut, & l'assurance que j'ai de son amitié, ne sont pas les moins principales raisons qui m'ont fait résoudre.

Pour le traité des passions, je n'espere pas qu'il soit imprimé qu'après que je serai en Suede, car j'ai esté negligent à le revoir, & y ajoûter les choses que vous avez jugé y manquer, lesquelles l'augmenteront d'un tiers ; car il contiendra trois parties, dont la premiere sera des passions en general, & par occasion de la nature de l'Ame, &c. la seconde des six passions primitives, & la troisiéme de toutes les autres.

Pour ce qui est des difficultez qu'il vous a plû me proposer, je répons à la premiere, qu'ayant dessein de tirer une preuve de l'existence de Dieu, de l'idée ou de la pensée que nous avons de luy, j'ai crû être obligé de distinguer premierement toutes nos pensées en certains genres, pour remarquer lesquelles ce sont qui peuvent tromper ; & en montrant que les chimeres mêne n'ont point en elles de fausseté, prévenir l'opinion de ceux qui pourroient rejetter mon raisonnement, sur ce qu'ils mettent l'idée qu'on a de Dieu au nombre des chimeres. J'ai dû aussi distinguer entre les idées qui sont nées avec nous, & celles qui viennent d'ailleurs, ou sont faites par nous, pour prévenir l'opinion de ceux qui pourroient dire que l'idée de Dieu est faite par nous, ou acquise parce que nous en avons oüi dire. De plus, j'ai insisté sur le peu de certitude que nous avons de ce que nous persuadent toutes les idées que nous pensons venir d'ailleurs, pour montrer qu'il n'y en a aucune qui fasse rien connoître de si certain que celle que nous avons de Dieu. Enfin, je n'aurois pû dire *qu'il se presente encore une autre voye*, &c. si je n'avois auparavant rejetté toutes les autres, & par ce moyen préparé les lecteurs à mieux concevoir ce que j'avois à écrire.

2. Je répons à la seconde, qu'il me semble voir très-clairement qu'il ne peut y avoir de progrès à l'infini, au regard des idées qui sont en moi, à cause que je me sens fini, & qu'au lieu où j'ai écrit cela, je n'admets en moi rien de plus que ce que je connois y estre ; mais quand je n'ose par après nier le progrès à l'infini, c'est au regard des œuvres de Dieu, lequel je sçay estre infini, & par conséquent que ce n'est pas à moy à prescrire aucune fin à ses ouvrages.

3. A ces mots, *substantiam, durationem, numerum*, &c. J'aurois pû ajouter *veritatem, perfectionem, ordinem*, & plusieurs autres dont le nombre n'est pas aisé à définir, & on peut disputer de toutes, si elles doivent estre distinguées, ou non, des premieres que j'ai nommées ; car *veritas non distinguitur à re verâ, sive substantiâ, nec perfectio à re perfectâ*, &c. c'est pourquoi je me suis contenté de mettre, *& si qua alia sint ejusmodi*.

4. *Per infinitam substantiam, intelligo, substantiam perfectiones veras & reales actu infinitas & immensas habentem. Quod non est accidens notioni substantiæ superadditum, sed ipsa essentia substantiæ absoluta sumpta, nullisque defectibus terminata, qui defectus ratione substantiæ accidentia sunt, non autem infinitas, vel infinitudo.* Et il faut remarquer que je ne me sers jamais du mot *d'infini*, pour signifier seulement n'avoir point de fin, ce qui est négatif, & à quoi j'ai appliqué le mot *d'indefini*, mais pour signifier une chose réelle, qui est incomparablement plus grande que toutes celles qui ont quelque fin. 5. Or je dis que la notion que j'ay de l'*infini*, est en moy avant celle du *finy*; pour ce que de cela seul que je conçoy *l'estre ou ce qui est*, sans penser s'il est fini ou infini, c'est l'estre *infini* que je conçois ; mais afin que je puisse concevoir un estre *fini*, il faut que je retranche quelque chose de cette notion generale de l'estre, laquelle par conséquent doit préceder.

6. *Est inquam hæc idea summè vera*, &c. La verité consiste en *l'estre* & la fausseté au *non estre* seulement, ensorte que l'idée de l'infini comprenant tout l'estre, comprend tout ce qu'il y a de vrai dans les choses, & ne peut avoir en soy rien de faux, encore que d'ailleurs on veüille supposer qu'il n'est pas vrai que cet *estre* infini existe.

7. *Et sufficit, me hoc ipsum intelligere.* Nempe sufficit me intelligere hoc ipsum quod *Deus à me non comprehendatur* ut Deum juxta rei veritatem & qualis est intelligam, modo præterea judicem omnes in eo esse perfectiones quas clarè intelligo, & insuper multò plures, quas comprehendere non possum.

8. *Quantum ad parentes, ut omnia vera sint,* &c. & c'est-à-dire, encore que tout ce que nous avons coûtume de croire d'eux soit peut-être vrai, à sçavoir, qu'ils ont engendré nos corps, je ne puis pas toutefois imaginer qu'ils m'ayent fait, en tant que je ne me considere que comme une chose qui pense, à cause que je ne voy aucun raport entre l'action corporelle par laquelle j'ai coûtume de croire qu'ils m'ont engendré, & la production d'une substance qui pense.

Omnem fraudem à defectu pendere, mihi est lumini naturale manifestum : quia ens in quo nulla est imperfectio non potest tendere in non ens, hoc est, pro fine & instituto suo habere non ens, sive non bonum, sive non verum, hæc enim tria idem sunt. In omni autem fraude esse falsitatem manifestum est, falsitatemque esse aliquid non verum, & ex consequenti non ens & non bonum. Excusez si j'ai entrelardé cette Lettre de latin, le peu de loisir que j'ai eu l'écrivant ne me permet pas de penser aux paroles, & j'ai seulement desir de vous assurer que je suis, &c.

Fin du second Tome.

TABLE DES LETTRES
CONTENUES
Dans ce second Volume.

Lettre Premiere, *de M. Morus à M. Descartes, en latin, avec la version,* p. 1. & suiv.

Lettre II. *Du même à M. Descartes, Latine, avec la version,* 56. & suiv.

Lettre III. *Fragment trouvé parmi les papiers de M. Descartes, en réponse aux deux précedentes, le Latin & la version,* 95. & suiv.

Lettre IV. *Au R. P. Mersenne,* 106.

Lettre V. *Au R. P. Mersenne, pour démonstration au principe suposé cy-dessus,* 133.

Lettre VI. *De Mr Beverovic à Mr Descartes, le Latin & la version,* 144. & suiv.

Lettre VII. *Réponse de Mr Descartes à la precedente, le Latin & la version,* 146. & suiv.

Lettre VIII. *D'un Medecin de Louvain à Mr Descartes, sur le mouvement du cœur & la circulation du sang, le Latin & la version,* 155.& suiv.

Lettre IX. *Réponse de Mr Descartes à la precedente, le Latin & la version,* 164.& suiv.

Lettre X. *Instance du même Medecin de Louvain aux réponses précedentes, le Latin & la version,* 199.& suiv.

Lettre XI. *Réponse de Mr Descartes aux instances précedentes, le Latin & la version,* 208.& suiv.

Lettre XII. *A Mr Regius, le Latin & la version,* 228.& suiv.

Lettre XIII. *Au même, avec la version,* 247. & suiv.

Lettre XIV. *Au même, avec la version,* 252. & suiv.

Lettre XV. *Au même, avec la version,* 259.& suiv.

Lettre XVI. *Au même, avec la version,* 272. & suiv.

Lettre XVII. *Au même, avec la version,* 275. & suiv.

Lettre XVIII. *Au même avec la version,* 280. & suiv.

Lettre XIX. *Au même, avec la version,* 283. & suiv.

Lettre XX. *Au même, avec la version, & la réponse de Mr Regius à l'Appendix & aux Corollaires de Theologie & de Philosophie* de *Mr Gisbert Voëtius*, 290. & suiv.

Lettre XXI. *Au même, avec la version,* 339. & suiv.

Lettre XXII. *Au même, avec la version,* 346. & suiv.

Lettre XXIII. *Au même, avec la version,* 349. & suiv.

Lettre XXIV. *Au même, avec la version,* 353. & suiv.

Lettre XXV. *Au même, avec la version,* 371. & suiv.

Lettre XXVI. *Au même, avec la version,* 376. & suiv.

Lettre XXVII. *Au même, avec la version,* 385. & suiv.

Lettre XXVIII. *Au même, avec la version,* 389. & suiv.

Lettre XXIX. *Au même, avec la version,* 396. & suiv.

Lettre XXX. *A Monsieur* *** 401.

Remarques de Mr Descartes sur un certain Placart imprimé aux Pays-Bas vers la fin de l'année 1647. *qui portoit pour titre:* Explication de l'esprit humain, ou de l'Ame raisonnable, où il est montré ce qu'elle est, & ce qu'elle peut être, *avec la version,* 403. & suiv.

Lettre XXXI. *Jugement de Mr Descartes sur quelques Lettres de Balzac, avec la version,* 483. & suiv.

Lettre XXXII. *A Monsieur de Balzac,* 499.

Lettre XXXIII. *Au même,* 503.
Lettre XXXIV. *A Monsieur* * * * * * 507
Lettre XXXV. *A Monsieur* * * * * 509
Lettre XXXVI. *A un R. P. de l'Oratoire,*
   Docteur de Sorbonne, 512.
Lettre XXXVII. *A Mr de Zuitlichen,* 520.
Lettre XXXVIII. *A Monsieur* * * * 523.
Lettre XXXIX. *A Monsieur* * * * 526.
Lettre XL. *A Monsieur* * * * 530.
Lettre XLI. *A Monsieur* * * * 534.
Lettre XLII. *Au R. P. Mersenne,* 543.
Lettre XLIII. *Au même,* 553.
Lettre XLIV. *A un R. P. Jesuite,* 565.
Lettre XLV. *A un R. P. Jesuite,* 567.
Lettre XLVI. *A un R. P. Jesuite,* 576.
Lettre XLVII. *A un R. P. Jesuite,* 589.
Lettre XLVIII. *A Mr Clerselier,* 598.
Lettre XLIX. *Au même,* 603.
Lettre L. *Au même,* 608.

Fin de la Table du second Tome.

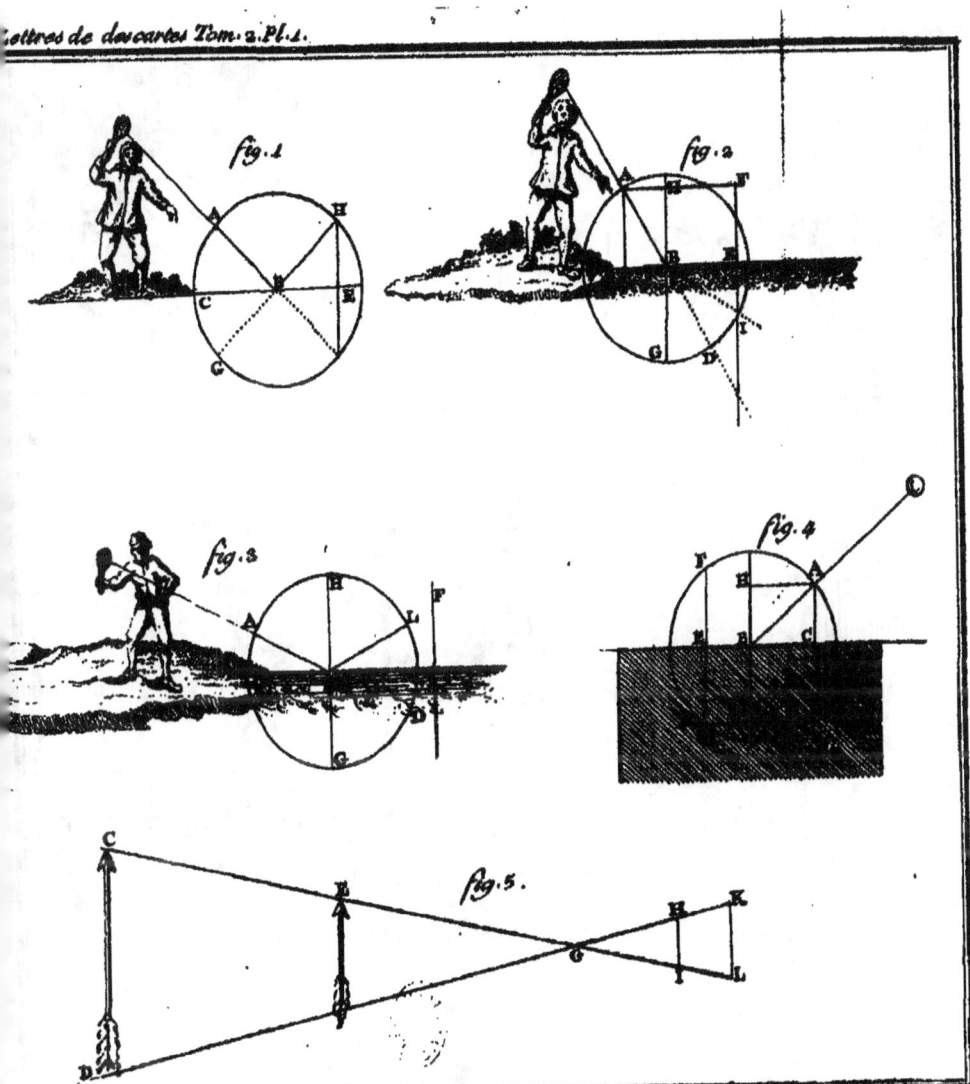

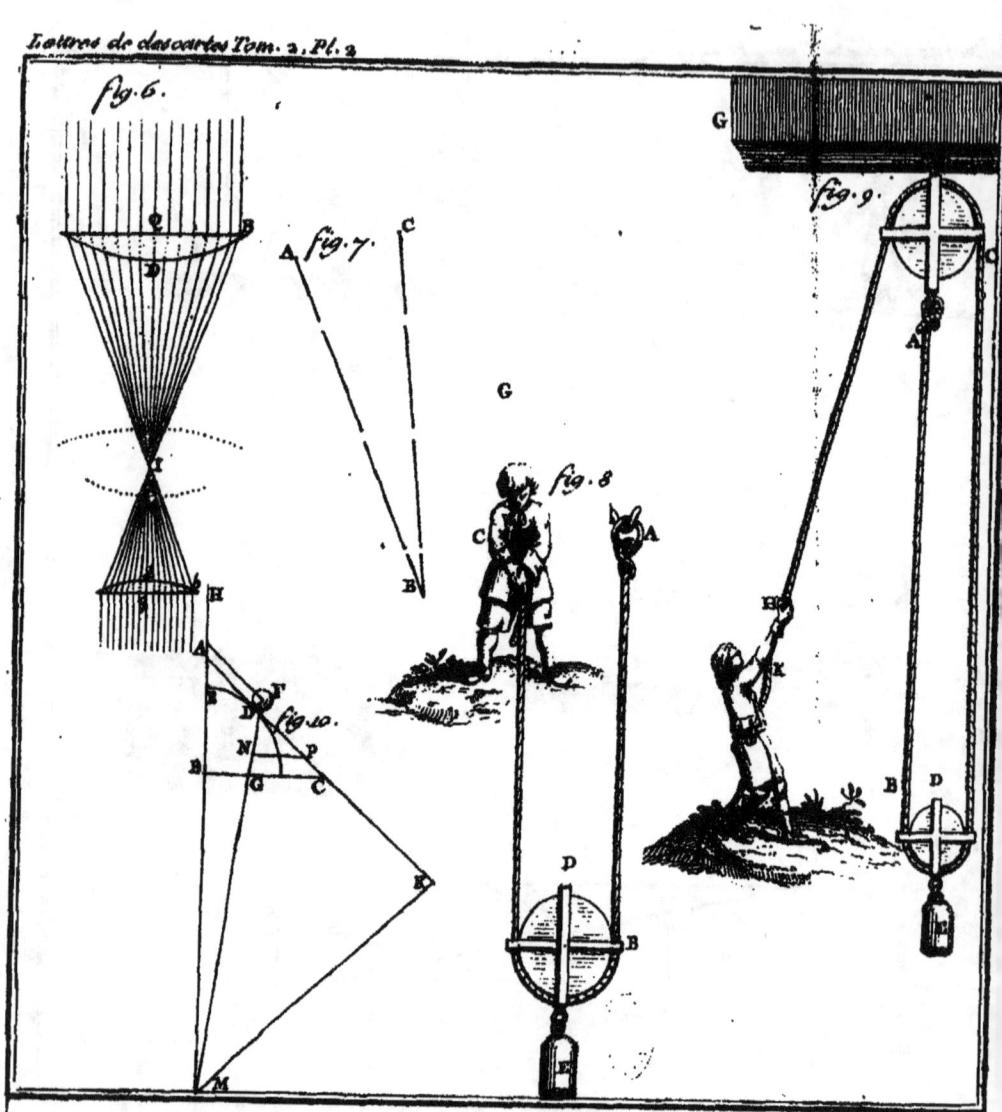

fig. 11   fig. 12   fig. 13   fig. 15

fig. 14   fig. 10

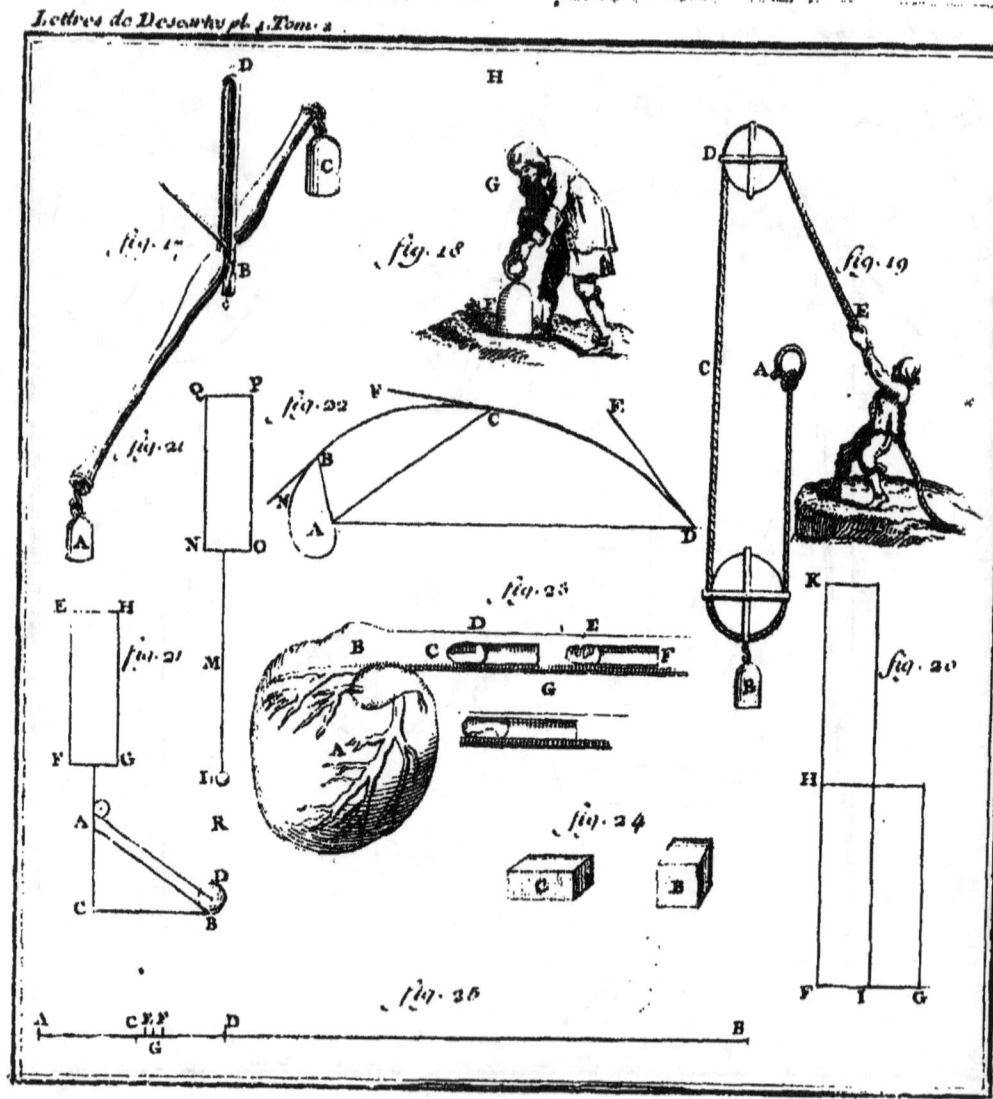

www.ingramcontent.com/pod-product-compliance
Lightning Source LLC
Chambersburg PA
CBHW060359230426

43663CB00008B/1323